中世末期日本語の
テンス・アスペクト・モダリティ体系

古代から現代までの変遷を見通す

福嶋健伸 著

三省堂

中世末期日本語の
テンス・アスペクト・モダリティ体系

古代から現代までの変遷を見通す

まえがき

本書は、中世末期日本語のテンス・アスペクト・モダリティ体系を中心的に扱った研究書である。このテーマを扱った研究書としては、国内外を見ても、おそらく本書が初めてのものではないかと思う。

日本語に非常に大きな変化があったことは、よく知られている。テンス・アスペクト・モダリティに関して、概ね、中世を境に、「～キ、～ケリ、～ツ、～ヌ、～タリ、～ム、～ムズ」等といった、古代日本語(『源氏物語』等の言語)の形式が、ほぼ全て姿を消し(あるいは形を変え)、かわって、「～タ、～テイル」等の近代日本語の形式が台頭してくる。

本書が研究対象とする中世末期日本語とは、概ね、西暦 1550 ～ 1600 年前後の日本語(主に口語)のことである。この時代には、～タや～テイル等の形式が盛んに用いられるようになっており、この意味で、まさに、「近代日本語のスタート地点」ともいえる言語である。一方、～ムや～ムズの後継の形式である、～ウや～ウズ(ル)も盛んに用いられており、この意味で、古代日本語の面影を色濃く残している言語でもある。時期的にも、古代日本語と現代日本語のほぼ中間に位置する言語であって、日本語の変遷を考える上で、極めて重要な言語であるといえる。しかし、そのテンス・アスペクト・モダリティ体系は、実は、よく分かっていないのである。

例えば、現代日本語では、動詞基本形(スルの形)と～テイルとで、「非状態(完成的)/状態(継続的)」の対立を成している。具体的に述べると、「走る/走っている」のような対立がアスペクト体系を形成しているのだが、これと同様のことが中世末期日本語でいえるのだろうか。また、現代日本語では、～ウや～ダロウ等がモダリティの形式として扱われ、動詞基本形との関係が議論されているが、中世末期日本語において、～ウ等と、動詞基本形とは、どのような分布を成しており、どのような体系を形成しているのだろうか。従来の研究では、これらの問いに明確に答えることはできない。

この段階で回答できないわけだから、「〜ウ・〜ウズ（ル）、動詞基本形、〜テイル、〜タ」の各形式が、どのように分布しており、どのような体系を形成していたのかと問われても、もちろん、回答できない。

このため、近代日本語の体系の発達が、どのようであったのかを把握することもできず、さらには、古代日本語から現代日本語への変遷が、どのようなものであったのか、全体を見通すことも難しい。分かりやすく示すと、次のような状況なのである。

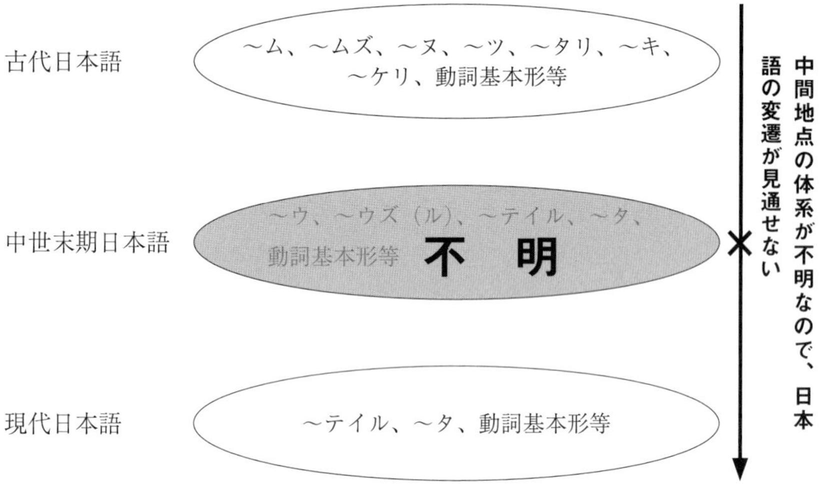

この不明な部分を知りたい。これが本研究の動機である。この部分が分かれば、全体の見通しもすっきりするではないか。なまじ使用されている形式が分かっているだけに、はっきりしないことが余計もどかしい。

本書は、この不明な部分を明らかにするものである。本書の内容は多岐にわたるが、その中心的な部分を端的に述べれば、この一点に尽きる。

【古典文学に興味がある方や、敬語に詳しくなりたい方へ】

本書は、歴史的な文法の専門書であるが、古典文学に興味がある方や、敬語に詳しくなりたい方にも、是非、読んでもらいたい。例えば『平家物語』等の主な丁寧語は「候ふ」であり、この語は古文の読解上、重要である。では、丁寧語の「候ふ」は、現代日本語の丁寧語である「です・ます」と、どう違うのだろうか。両者の違いを整理して答えることは難しい。しかし、本書の第9章と第10章を読むだけでも、両者の違いがはっきりと整理できるようになるだろう。共に、丁寧語とされてきた、「候ふ」と「です・ます」だが、実際には大きな違いがある。当該の章だけでもよいので、是非とも読んでもらいたいと思う。

【古典文法がよく分からなかったという方や、国語教育に関係する方へ】

本書は、歴史的な文法の専門書であるが、高校での古典文法がよく分からなかったという方にこそ、是非とも、読んでもらいたい。本書の第12章～第14章を読むだけでも、「なぜ古典文法が分からなかったのか」という理由がよく分かると思う。実は、「古典文法がよく分からなかった」というのは、自然な反応であり、むしろ、「古典文法がよく分かっている」ということの方が問題といえる。この意味で、国語教育に関係する方にも、当該の章を、是非とも読んでもらいたいと思う。本書は、古典文法教育が有する根本的な問題の一つに、確実に切り込んでいる。

「候ふ」や「です・ます」等の丁寧語、高校での古典文法教育、これらと中世末期日本語のテンス・アスペクト・モダリティ体系は、一体どう関係するのか。これらは、一見、全く関係がないように思える。

しかし、本書を第1部から順を追って読むと、これらは全て関係してくることがよく分かると思う。テンス・アスペクト・モダリティ体系は、動詞述語文の根幹をなすだけに、その影響は、思いのほか大きいものなのである。

目　次

序章

本書の目的と意義等

序章　本書の目的と意義等

1. 本書の目的と意義

この序章では、「本書の目的と意義」「先行研究」「本書の研究方法の特徴」「本書の研究史上の位置付け」「基本的な用語と考え方」「本書の結論の一部」「本書の構成」について述べる。

最初に、「本書の目的と意義」について述べたい。本書の目的は次の通りである。

(01)　**本書の目的**：中世末期日本語のテンス・アスペクト・モダリティ体系を記述する。さらに、それを踏まえて、古代日本語から現代日本語までの体系の変遷を示す。

具体的に述べると、中世末期日本語の「〜タ」「〜テイル」「〜テアル」「動詞基本形」「〜ウ・〜ウズ（ル）」といった形式が、どのように分布して体系を形成しているのか明らかにするということである。当然、それぞれの形式の違いを把握できるレベルで記述する必要がある。この体系を明らかにした後に、古代日本語から現代日本語までのテンス・アスペクト・モダリティ体系の変遷を示したい。

続いて、本書の意義について述べる。

「まえがき」でも述べた通り、日本語に非常に大きな変化があったことはよく知られており、概ね、中世を境に、〜キ、〜ケリ、〜ツ、〜ヌ、〜タリ、〜ム、〜ムズ等といった古代日本語の形式がほぼ全て姿を消し（あるいは形を変え）、かわって、〜タ、〜テイル等の近代日本語の形式が台頭してくる。つまり、中世を境に、日本語は、古代日本語から近代日本語に変化するのである。なお、言語の歴史として見れば、現代日本語も近代日本語の一部であり、近代日本語の最も新しい形といえる（日本史や日本文学史における「近代」は、明治以降を指すことが多く、ここで用いる「近代」とは時代が異なるので、注意が必要である）。以下に分かりやすく示す。

(02)

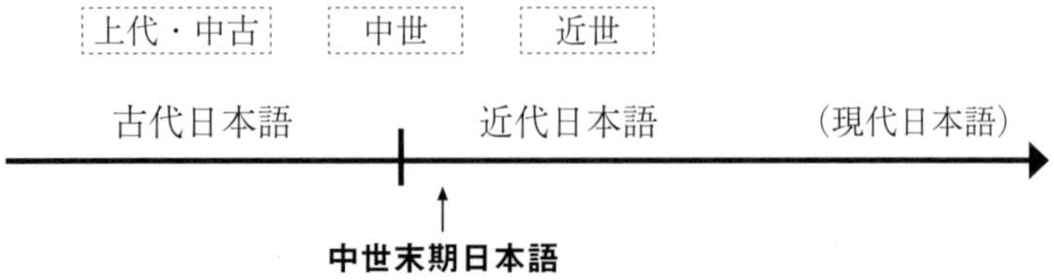

中世末期日本語は、近代日本語のスタート地点ともいえる言語であると同時に、古代日本語の特徴をまだ残している言語でもある。この意味で、極めて興味深い言語といえる。時期的にも、概ね、古代日本語と現代日本語の中間に位置する言語といえるだろう。

これらのことを踏まえると、中世末期日本語のテンス・アスペクト・モダリティ体系を明らかにすることは、次の三つの点で重要である。

(03)　①近代日本語のスタート地点の体系が分かることで、現代日本語へどのように体系が変化してきたのかが分かる。【近代日本語の体系の変遷が分かる】

②近代日本語のスタート地点の体系が分かることで、古代日本語から近代日本語に、どのように体系が変化したのかが分かる。【古代日本語から近代日本語への体系の変遷が分かる】

③上記の①②が分かることで、古代日本語から現代日本語に、どのように体系が変化したのか、全体像を把握できるようになる。【古代日本語から現代日本語への体系の変遷が見通せる】

近代日本語のスタート地点の体系が不明であれば、どのようにして現代日本語のような体系に変化してきたのかを考察することはできない。さらにいえば、中世末期日本語の体系が把握できていないために、どのような過程を経て、古代日本語の体系から、近代日本語の体系にシフトしたのかも明らかではなかった。本書の成果により、中世末期日本語のテンス・アスペクト・モダリティ体系が明らかになり、古代日本語から現代日本語までの体系の変遷が見通せるようになる。つまり、「日本語のテンス・アスペクト・モダリティ体系の変遷」が研究できるようになるわけである。

本書の意義を端的にまとめると、次のようになるだろう。

(04)　**本書の意義**：「古代日本語から現代日本語までのテンス・アスペクト・モダリティ体系の変遷」という研究が可能になる。本書は、その変遷の基本的な部分の一部を示すものといえる。

しかし、中世末期日本語のテンス・アスペクト・モダリティ体系が不明であるということは、本当なのだろうか。議論のポイントとなる重要な時代の、しかも、テンス・アスペクト・モダリティ体系という、動詞述語文の中心的な体系が不明であるといわれれば、このような疑問は当然である。

実は、先行研究には、方法論上の限界があり、この時代の当該体系を明らかにできていなかったのである。次節以降で、その点を分かりやすく説明していきたい。まず、2.節で先行研究が明らかにしていることと、明らかにしていないことを整理する。その後、3.節で、本書の研究方法の特徴について述べる。この2.節と3.節で、「先行研究の方法論上の限界とは何か」「本書がその限界をどのように乗り越えるのか」が把握できる。4.節で、本書の研究史上の位置付けを明確にする。5.節で、「テンス」「アスペクト」「モダリティ」に関する用語と考え方を簡単に説明した後、6.節で、本書の結論の一部を先取りして示すことにする。最後に7.節で、本書の構成について述べる。

2. 先行研究で明らかになっていることと、明らかになっていないこと

当然のことながら、中世末期日本語のテンス、アスペクト、モダリティに関する研究がなかったわけではない。まずは、先行研究がどこまで明らかにしているのかを確認していきたい。

2.1. 先行研究で明らかになっていること

最初に、中世末期日本語の～タ、～テイル、～テアルという、テンス・アスペクトに関する形式から見ていこう。これらの形式については、湯澤幸吉郎（1928・1929）、坪井美樹（1976）、柳田征司（1991）、高山百合子（1995）、山下和弘（1996）、手坂凡子（1999）、金水敏（2006）等の研究によって、各形式の特徴が明らかにされている。

特に、高山百合子（1995）は、当時の～タ、～テイル、～テアルの関係を分かりやすく示しているので、以下で確認したい。

中世末期日本語の～タは、過去を表していることが知られているが、さらに、高山百合子（1995）は、次のような～タに着目する。

(05)　さだめてあの入日記をしらぬ事はあるまひ、しつたか

（高山百合子（1995:1)、下線も高山百合子（1995）による）

この例は、現代日本語で解釈する場合、「知っているか」のように、現在の状態として解釈されるだろう。高山百合子（1995）は、主に狂言台本を資料として調査を行い、虎明本で状態を表している～タを、柳田征司（1991）の図に手を加えて、次のように位置付けている。

(06)　室町末期江戸初期の進行態・既然態表現

有情物		非情物	
テオル	テイル	テアル	進行態
テオル	テイル	テイル（ママ）	既然態
タ			

（高山百合子（1995:7）、塗りつぶしも高山百合子（1995）による）

(06) の「テイル（ママ）」は、おそらく「テアル」のことだろうと思われるので、本書では「テアル」として話を進めたい。また、当該の資料において、～テオルの用例数は極端に少ないので、ここでは、～タ、～テイル、～テアルに絞って議論を進める。

高山百合子（1995）の論述から考えて、この (06) は、中世末期日本語の各形式に関して、次のことを意味しているだろう。

(07)　中世末期日本語には、既然態を表している～タが存在する。

(08)　既然態を表している～タの主格名詞は、有情物（本書でいう有生物）に限られる。

(09)　～テイルは、進行態と既然態を表し、その主格名詞は、有情物に限られる。

(10)　～テアルは、進行態と既然態を表し、その主格名詞は、有情物でも非情物（本書でいう無生物）でもよい。

この高山百合子（1995）の論述によって、各形式のアウトラインを把握することができる。

次に、モダリティに関する形式について述べたい。中世末期日本語のモダリティに関する形式には、～ウや～ウズ、～ウズル等がある。これらの形式に関しては、蜂谷清人（1971）、山内洋一郎（1997）、大鹿薫久（2004）等の先行研究によって、各形式の異なりや特徴、成立等が明らかにされている。また、山口堯二（1991）では、古代日本語のム・ラム・ケムが連体法や準体法に多用されるのは、これらの形式が、ムードという主体の作用面だけではなく、対象のありようも表していた（作用面と対象面が強く融合していた）ことの結果であると考え、（中世末期の）ウ・ウズもこのような融合性を保っていることを指摘している。

先行研究の成果によって、ここまでは明らかになっている。中世末期日本語のテンス、アスペクト、モダリティに関する先行研究は、このような状況であったのである。

2.2. 先行研究では明らかになっていないこと
—回答できない11の疑問—

では、前小節の先行研究の成果を踏まえた上で、次の記述上の疑問①～⑪に答えられるか考えてもらいたい。便宜上、Ⅰ～Ⅲに分けて疑問を示す。

Ⅰ　中世末期日本語の各形式の違いが分からない

疑問①：中世末期日本語の～タと～テイルは、いずれも、既然態を表していることが知られている。では、～タが既然態を表している場合と、～テイルが既然態を表している場合とで、違いはないのか。違いがあるとすれば、どのように違うのか。そして、その違いの背景には、どのようなことがあるのか。【中世末期日本語で、既然態を表している～タと～テイルの違いが分からない】

疑問②：中世末期日本語の～タと～テアルは、いずれも、既然態を表していることが知られている。では、～タが既然態を表している場合と、～テアルが既然態を表している場合とで、（主格名詞の有生／無生の制約以外に）違いはないのか。違いがあるとすれば、どのように違うのか。そして、その違いの背景には、どのようなことがあるのか。【中世末期日本語で、既然態を表している～タと～テアルの違いが分からない】

疑問③：中世末期日本語の動詞基本形（スルの形）は、どのように分布しており、当時の～テイルや～テアル、～タの分布と、どのような関係であったのか。また、当時の無標形式と有標形式の分布は、日本語の歴史の中で、どのように考えられるのか。そして、当時の無標形式と有標形式の分布の背景には、どのようなことがあるのか。【中世末期日本語の動詞基本形と、～テイル、～テアル、～タの分布の関係が分からない】

疑問④：中世末期日本語において、既然態を表している～タの主格名詞と、～テイルの主格名詞に、制約の異なりはないのか（先ほどの(06)を見る限り、共に、有生物に限定されているようにも見える）。もし、異なりがあるとすれば、どのように異なっているのか。そして、その異なりの背景には、どのようなことがあるのか。【中世末期日本語の既然態を表している～タと当時の～テイルに関して、主格名詞の制約に異なりがあるのか分からない】

疑問⑤：中世末期日本語の動詞基本形の分布は、当時の～ウや～ウズ（ル）の分布と、異なりがあるのか。異なりがあるとすれば、どのように異なっているのか。そして、その異なりの背景には、どのようなことがあるのか。また、当時の動詞基本形と～ウや～ウズ（ル）は、どのような関係であったのか。【中世末期日本語の

動詞基本形と、～ウ・～ウズ（ル）の分布の異なりが分からない】

Ⅱ　古代日本語と中世末期日本語とで類似する形式があるが、それらがどのように違うのか分からない

疑問⑥：古代日本語の～タリも、既然態を表していることが知られている。では、古代日本語の～タリが既然態を表している場合と、中世末期日本語の～タが既然態を表している場合とで、違いはないのか。違いがあるとすれば、どのように違うのか。そして、その違いの背景には、どのようなことがあるのか。【古代日本語の既然態を表している～タリと、中世末期日本語の既然態を表している～タの違いが分からない】

疑問⑦：古代日本語にも、動詞基本形があったことが知られている。では、古代日本語の動詞基本形と、中世末期日本語の動詞基本形とで、分布に異なりはないのか。異なりがあるとすれば、どのように異なっているのか。そして、その異なりの背景には、どのようなことがあるのか。【古代日本語の動詞基本形と、中世末期日本語の動詞基本形の分布の異なりが分からない】

Ⅲ　現代日本語と中世末期日本語とで類似する形式があるが、それらがどのように違うのか分からない

疑問⑧：現代日本語の～テイルも、進行態と既然態を表すことが知られている。では、現代日本語の～テイルが表している進行態や既然態と、中世末期日本語の～テイルが表している進行態や既然態とで、（主格名詞の有生／無生の制約以外に）違いはないのか。違いがあるとすれば、どのように違うのか。そして、その違いの背景には、どのようなことがあるのか。【現代日本語の～テイルが表している進行態や既然態と、中世末期日本語の～テイルが表し

ている進行態や既然態との違いが分からない】

疑問⑨：上記⑧の疑問と関連して、現代日本語の～テイルが表している進行態や既然態と、中世末期日本語の～テアルが表している進行態や既然態とで、違いはないのか。違いがあるとすれば、どのように違うのか。そして、その違いの背景には、どのようなことがあるのか。【現代日本語の～テイルが表している進行態や既然態と、中世末期日本語の～テアルが表している進行態や既然態との違いが分からない】

疑問⑩：現代日本語にも、動詞基本形が存在する。では、現代日本語の動詞基本形と、中世末期日本語の動詞基本形とで、分布に異なりはないのか。異なりがあるとすれば、どのように異なるのか。そして、その異なりの背景には、どのようなことがあるのか。【現代日本語の動詞基本形と、中世末期日本語の動詞基本形の分布の異なりが分からない】

この疑問⑩や、先の疑問③と関連することだが、次のような形式間の関係も不明である。

疑問⑪：中世末期日本語にも、無標形式である動詞基本形と、有標形式である～テイルが存在している。現代日本語では、動詞基本形と～テイルとが、〈非状態（完成的）〉〈状態（継続的）〉の対立を成し、体系を形成しているが、中世末期日本語ではどうなのか。【動詞基本形と～テイルの関係が、現代日本語と同じかどうか分からない】

どうだろうか。おそらく、これらの疑問にきちんと答えることはできないだろう。つまり、かなりのことが不明なのである。結局のところ、各形式の分布の異なりが分からないわけであって、これでは、当時の体系が把握できていないといわざるをえない。

なお、山下和弘（1996）により、当時の〜テイル・〜テアルの統語的特徴の分析がなされている。また、手坂凡子（1999）によって、当時の〜テアルの分布が偏っていること（『狂言台本虎明本』を調査すると、特定の曲に、〜テアルが集中していること）等が指摘されている。金水敏（2006）では、存在表現（イルやアル等）の歴史を考察した上で、アスペクト形式の歴史的な変遷が示されている。本書でも、これらの指摘を参考にして考察を進めているが、しかし、これらの研究も、上記①〜⑪の疑問に、正面から回答するものではない。

つまり、先行研究の段階では、上記①〜⑪の疑問に答えることはできず、中世末期日本語のテンス・アスペクト・モダリティ体系は、よく分からない状況であったのである。

本書では、上記①〜⑪の疑問に、具体的な数値を根拠として、明確な回答を示す。本書の記述により、各形式の分布の異なりが把握できるようになるだろう。また、できれば、統一的な観点からの記述が望ましいと思う。つまり、各形式ごとに、特別な記述概念を用意するのではなく、一つの観点から、これら①〜⑪の疑問に答えることができれば、そちらの方がよいと思う。

さらに、「どうして、そのような分布になっているのか」ということに対しても、明確な回答を示したい。この回答は、「なぜ、中世末期日本語において、そのような分布になっているのか」ということに答えられるような、自然なものが望ましいだろう。加えて、どうしてそのような回答ができるのか、という根拠も必要である。本書の見解は、これらの全ての条件を満たすものである（終章では、分かりやすいように、この①〜⑪の疑問に対応させた形で、回答を示す）。

3. 本書の研究方法の特徴

前節では、先行研究においては、中世末期日本語の体系が、きちんと把握できていないことを述べた。本書は、これまで不明であった当該の体系を明らかにするわけだが、「なぜ、不明であったことを明らかにできるのか」という点を分かりやすく述べたい。そもそも、本書と先行研究では、研究方法が異なるのである。

本書では、以下に述べるような研究方法をもって、中世末期日本語のテンス・アスペクト・モダリティ体系の記述に取り組んでいる。

まず、研究方法のオリジナル・ポイントとして大きいのは、次の点である。

(11)　無標の形式である「動詞基本形（助動詞や補助動詞が接続していない形、「スル」で代表される形）」と、有標形式の関係に着目して、体系を考えている。

これまでの中世末期日本語の研究では、～タ、～テイル、～テアル、～ウ、～ウズ（ル）等の有標形式のみが注目されており、無標形式である動詞基本形は全くといってよいほど、注目されてこなかった。しかし、言語の体系を考える際、有標形式と無標形式とで構成される体系は、中核的な位置を占めるともいえる。少なくとも、動詞基本形の分布を考えずに、当該言語のテンス・アスペクト・モダリティ体系が記述できるということはない。

さらに、次の点も、本書の研究方法のオリジナル・ポイントとして、述べておきたい。

(12)　形式と意味との関係を記述する際、「○○という意味を表しているXという形式が存在する」ということと、「Xという形式は、全ての○○という意味を表せる」ということを、明確に分けて記述する。

以下で、分かりやすく説明したい。

例えば、「中世末期日本語の～テイルは、進行態を表している」という先行研究の指摘は、誤りではない。しかし、現代日本語の～テイルも進行態を表しているわけである。では、両者の違いは（主格名詞の有生／無生の違い以外に）ないのかということになる。詳しくは、第2章等で述べるが、中世末期日本語の～テイルには、「歩いている」「走っている」「折っている」等のような具体的な動きを伴う進行態の確例は、実は、ほとんど見られない。一方、現代日本語においては、「歩いている」「走っている」「折っている」等の例は、全く自然である。先行研究の指摘では、このような違いを捉えることができないのである。

このようなことの背景には、先に（11）で述べたことに加え、この（12）の問題があると思う。

つまり、「中世末期日本語には、進行態を表している～テイルの例がある」ということと、「当時の～テイルは、（現代日本語の～テイルのように）全ての運動動詞の進行態を表せる」ということは別のことであり、明確に分けて記述する必要がある。しかし、先行研究は、この点に関して曖昧なのである。要は、「○○という意味を表しているXという形式が存在する」ということと、「Xという形式は、全ての○○という意味を表せる」ということの違いが明確には意識されていないということである（やや抽象的な言い方をすれば、（12）は、論理学的な見方の導入ともいえるだろう）。

さらには、形式と意味との関係が、必要十分条件的なものか、必要条件的なものか、十分条件的なものかという観点も、実は、意識されているわけではない。例えば、中世末期日本語において、進行態を表す（ように見える）形式は、～テイル・～テアルだけなのか、それとも他にもあるのか等のことが、よく分からないのである。これらの点を明確に意識して記述しなければ、各形式の分布の異なりを捉えることはできない。

各形式の分布が分からなければ、「なぜ、この時代に、このような分布になっているのか」を考察することもできないのである。

さらに、本書の研究方法のオリジナル・ポイントの三つ目として、次のことを挙げたい。

(13)　中世末期日本語のテンス・アスペクト・モダリティに関する各形式の分布を、「体系」として把握し、「面」として捉える（共時的な把握）。その後、その体系を、現代日本語や古代日本語の体系と対照する（通時的な把握）。

この点を説明していきたい。例えば、中世末期日本語の～タの特徴を述べたとしよう。これは、特定の時代の、特定の形式について述べているので、いわば「点」の記述である。以下にイメージを示す。

(14)　中世末期日本語　～タ　●

この中世末期日本語の～タと、現代日本語の～タを比べることで、近代日本語において、～タがどのように変化したのかということが分かる。これが「線」の記述といえる。

(15)　中世末期日本語　～タ

現代日本語　　　～タ

これらの研究（点や線の研究）も重要であるが、本書が目指すのは、「面」としての把握である。具体的には、～タ、～テイル、～テアル、動詞基本形、～ウ、～ウズ（ル）という、中世末期日本語のテンス・アスペクト・モダリティに関する各形式の分布を、体系として把握する。つまり、共時的な把握である。次の（16）にイメージを示す。

(16)

中世末期日本語　～ウ、～ウズ（ル）、～テイル、～タ、動詞基本形等

その後、体系（面）を、その前後の時代と比べて、体系がどのように変化したのかを見ていくというわけである。つまり、通時的な把握をするということである。

(17)

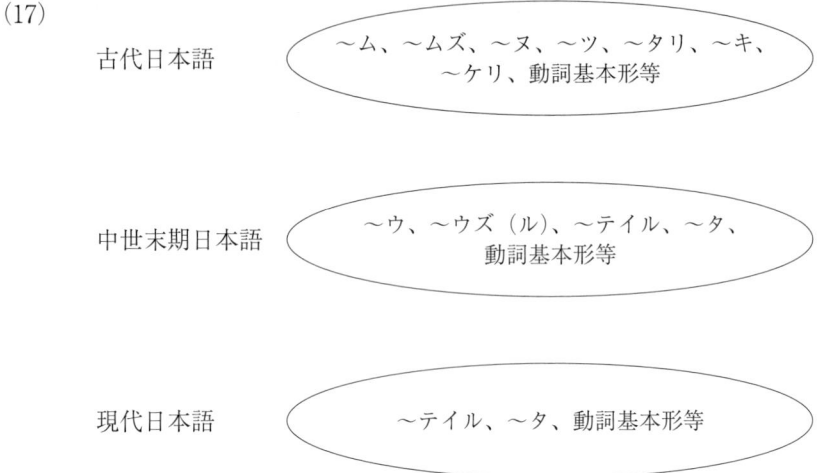

古代日本語　～ム、～ムズ、～ヌ、～ツ、～タリ、～キ、～ケリ、動詞基本形等

中世末期日本語　～ウ、～ウズ（ル）、～テイル、～タ、動詞基本形等

現代日本語　～テイル、～タ、動詞基本形等

この点、もう少し説明を加えたい。例えば、～タと～テイルの変化を追ったとしよう。次のようなイメージである。

(18)　中世末期日本語　～タ　～テイル

　　　現代日本語　～タ　～テイル

このような研究をすれば、～タと～テイルが、それぞれ、どのように変化したのかは分かるだろう。複数の形式を扱っているため、一見、～タや～テ

イルの体系的な研究をしたかのようにみえるが、実は全くそうではない。中世末期日本語における、～タと～テイルの関係（分布の異なりに見られる、形式間の張り合い）が不明なので、結局、(18) は、線としての記述なのである。(17) と (18) を見比べると分かるように、「中世末期日本語の各形式の関係を記述した上で、別の時代の体系と比べること」と、「各形式の歴史的な変化を、ただ述べること」とは、別のことなのである。

「形式」という目に見えるものだけではなく、「(各形式の) 関係」という目に見えないものをおさえないと、体系的な把握はできない。さらに具体的に述べれば、「資料の全数調査を行い、各形式の分布の異なりを割合として把握して、各形式の関係を擬似的に可視化する」という作業を経なければ、体系的な把握はできないのである。

筆者（福嶋）の研究が出る前は、中世末期日本語の「～タ、～テイル、～テアル、動詞基本形、～ウ、～ウズ（ル)」を、テンス・アスペクト・モダリティ体系として把握するという発想はなかった。このため、各形式の変遷は、個々別々に示されていた（また、当時の動詞基本形は、そもそも研究対象になっていなかった)。これらの形式を体系として把握するという発想がなかったため、体系的に見ることで得られる、「～ウ・～ウズ（ル）の減少」と「～テイルの発達」を関連付けるという見方も、もちろん、できなかった。

このような状況であったので、(13) で述べたような体系的な把握は、本書の研究方法の大きなオリジナル・ポイントの一つといえる。

いうまでもなく、(13) の発想は、ソシュールによる、「共時」「通時」という考え方を応用したものである。この「面」の記述という発想自体は、言語学の様々な分野で見られるものであり、この発想が本書のオリジナルだと主張しているわけではない。中世末期日本語の「～タ、～テイル、～テアル、動詞基本形、～ウ、～ウズ（ル)」においては、体系的に見るという発想がなかった（「面」の記述を行っていなかった）ので、この点に本書の特徴があると述べたいのである。

これら (11) ～ (13) の観点を取り入れることで、これまで明らかにされてこなかった、2.2.節の①～⑪の疑問に答えられるようになる。

以上、本書の研究方法の特徴を説明した。

4. 本書の研究史上の位置付け

ここで、本書の研究史上の位置付けを明確にしておきたい。具体的な論点は各章で述べることとして、ここでは、巨視的観点からの位置付けを確認する。

本書は、大きな流れからいえば、「文献に基づく実証的な研究」「日本語のアスペクト研究」「一般言語学や言語類型論の研究」「従属節の従属度の上昇に関する研究」の延長上にあるものとして位置付けられる。

「文献に基づく実証的な研究」とは、具体的には、湯澤幸吉郎（1929）『室町時代の言語研究』等の流れを受けた、～テイルや～タ等の形式に関する文献調査の研究のことであり、坪井美樹（1976）、柳田征司（1991）という研究を経て、既に見たように、高山百合子（1995）にまとめられている。また、モダリティ形式に関しては、山口堯二（1991）等が有名であろう。本書も、これらの「文献調査に基づく実証的な研究」を、継承・発展させるものである。

次に、「日本語のアスペクト研究」について述べたい。日本語の本格的なアスペクト研究は、金田一春彦（1950）に始まるだろう。金田一春彦（1950）の研究が、～テイルという有標形式に重点をおいたものであるのに対して、無標形式であるスル（本書でいう動詞基本形）と、有標形式であるシテイル（本書でいう～テイル）との関係が重要であると主張したのが、奥田靖雄（1978）である。この奥田靖雄（1978）の考えを受け、「動詞基本形と有標形式が形成する体系」という観点を、鈴木泰（1992）等が古代日本語の研究に適用する。本書も、「動詞基本形と有標形式が形成する体系が、重要である」という観点を、継承・発展させるものであり、大きな流れの中では、この観点を中世末期日本語に適用したものといえる。

一方で、本書は、奥田靖雄（1978）を始めとする言語学研究会系の研究を、そのまま引き継いでいるわけではない。なぜなら、本書は、野村剛史（1994）等の主張する、「存在」という意味も含めてアスペクト形式を把握するという観点を導入しているからである。～テイルは、存在動詞「イル」と深い繋がりをもつ存在型アスペクト形式である。～テアルも同様に存在型アスペクト形式である。このため、存在という意味も含めて形式を把握するという方法も、不自然なものではないだろう。この捉え方は、事実上、「動作継続（progressive）」や「結果継続（resultative）」、「限界性（telicity）」とは、異なった見方を導入するものである。

まとめると、本書は、「動詞基本形と有標形式が形成する体系」という流れと「存在という意味も含めて、アスペクト形式を把握する」という流れを、あわせたものとして位置付けられる。

既に見た通り、本書は、ソシュールの『一般言語学講義』に始まる、「共時」「通時」という観点を意識するものである。また、本書第2部では、「意志・推量形式が従属節内で減少する」という現象について、それが日本語の変遷の中で、どのように解釈できるのかを考える。本書で示す解釈は二つであり、その一つは「古代日本語はムード優位言語（Mood-prominent language）であったが、現代日本語に近づくにつれ、その特徴が崩れていった」というもの、もう一つは、「現代日本語に近づくにつれ、一部の従属節の従属度が上がった」というものである。この一つ目の解釈における、ムード優位言語という捉え方は、Bhat（1999）の *The Prominence of Tense, Aspect and Mood*、及び、ナロックハイコ（2005）等の流れを受けるものとして位置付けられる。このような類型論的な観点は、「古代日本語も、中世末期日本語も、現代日本語も、数ある言語のうちの一つ」ということを意識したものである。先の「存在型アスペクト形式」という観点も、類型論的な考え方を取り入れたものといえる。

最後になるが、従属節の従属度の上昇（従属節の自立性の希薄化）について述べたい。本書第2部で、「現代日本語に近づくにつれ、一部の従属節の従属度が上がった」という解釈を示すことは既に述べたが、この見解は、表現の仕方は異なっても、阪倉篤義（1970）の「開いた構造（開いた表現）」、小松英雄（1997）の「連接構文」、近藤泰弘（2012）の「節連鎖」等で言及されてきたことである。本書は、これらの流れを受け、「意志・推量形式が従属節内で減少する」ことと、「現代日本語に近づくにつれ、一部の従属節の従属度が上がった」ことを結びつけるものである。さらに、本書は、大きなテーマであるために具体的な議論がしにくい側面のあった「従属節の従属度の上昇」という問題について、検討の材料となる具体的な数値を提供するものでもある。

これまで述べてきたことをまとめ、本書の研究史上の位置付けを、はっきりとさせておこう。

(19)　**本書の研究史上の位置付け**

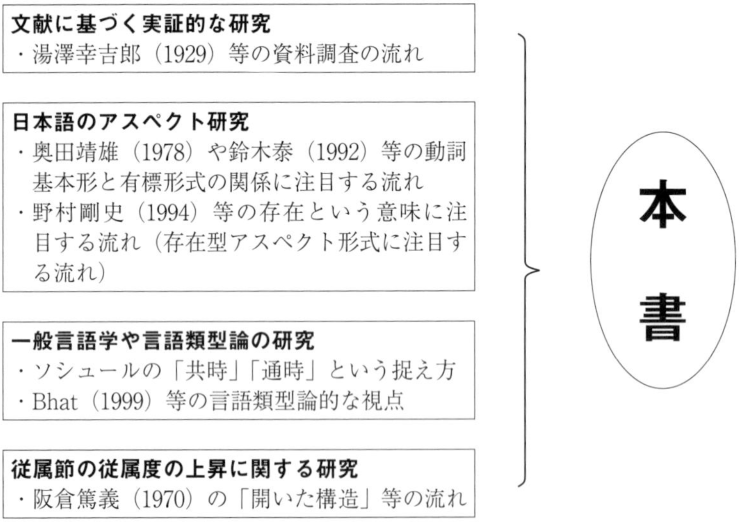
文献に基づく実証的な研究
・湯澤幸吉郎（1929）等の資料調査の流れ
日本語のアスペクト研究
・奥田靖雄（1978）や鈴木泰（1992）等の動詞基本形と有標形式の関係に注目する流れ
・野村剛史（1994）等の存在という意味に注目する流れ（存在型アスペクト形式に注目する流れ）
一般言語学や言語類型論の研究
・ソシュールの「共時」「通時」という捉え方
・Bhat（1999）等の言語類型論的な視点
従属節の従属度の上昇に関する研究
・阪倉篤義（1970）の「開いた構造」等の流れ
本書

このような流れに位置付けられる本書は、これまでの研究とは異なった研究成果を示しつつも、先行研究の英知に、その土台の多くを支えられた研究書といえる。

各先行研究の長所を融合させたところに、本書最大のオリジナル・ポイントがある。また、このような発想をもたないと、日本語の当該体系の変遷は描けないともいえる。

5.「テンス」「アスペクト」「モダリティ」に関する基本的な用語と考え方

本節では、「テンス」「アスペクト」「モダリティ」に関する基本的な用語と考え方を、簡単にまとめておくことにする。

まず、テンスとアスペクトについて、現代日本語の「明日、校庭で走る」「今、校庭で走っている」「昨日、校庭で走った」という三つの文を例として示すと、次のようになる。

(20)　テンス：〈未来〉〈現在〉〈過去〉の対立。具体的には、「明日、校庭で走る〈未来〉」「今、校庭で走っている〈現在〉」「昨日、校庭で走った〈過去〉」の対立である。～タの有無による、〈過去〉と〈非過去〉の対立もテンスと考える。

(21)　アスペクト：〈状態（継続的）〉と〈非状態（完成的）〉の対立。具体的には、「今、校庭で走っている〈状態（継続的）〉」と、「明日、校庭で走る〈非状態（完成的）〉」「昨日、校庭で走った〈非状態（完成的）〉」の対立である。

現代日本語の場合、テンス（〈未来〉〈現在〉〈過去〉）によって、比較的きれいに形式が分かれるので、本書では、便宜的に、テンスで整理して、各時代の形式を示すことがある。

また、本書では、古代日本語の～ヌ・～ツの有無による、〈完了〉と〈未完了〉の対立もアスペクトと考えている。ただし、これらの形式による〈完了〉と〈未完了〉の対立は、中世末期日本語では、既に消滅している。このため、～ヌ・～ツについては、必要に応じて言及するに留め、基本的には、〈状態〉と〈非状態〉の対立をアスペクトと考えて議論を進めていく。

次にモダリティについて述べる。モダリティには、複数の定義があると思われるが、本書では、次の（22）のようにモダリティを考えている（モダリティの定義については、本書第8章や第18章で詳しく議論する）。

(22)　モダリティ：〈現実（realis）〉と〈非現実（irrealis）〉の表し分けに関する概念。先の例文でいえば、「今、校庭で走っている」「昨日、校庭で走った」は、既に起こっていることなので、〈現実〉に属し、一方、「明日、校庭で走る」は、まだ起こっていないことなので、〈非現実〉に属することになる。

古代日本語と現代日本語とでは、〈現実〉〈非現実〉の対立を表現する手段が異なる（詳しくは本書第8章で述べる。古代日本語では、ムードを用いて〈現実〉〈非現実〉の対立を、ほぼ義務的に表しているが、現代日本語はそうではない）。このため、（22）のように考えると、古代日本語から現代日本語までの変遷が見通しやすくなる。

なお、本書において、テンスとアスペクトは、「義務的な形式的対立」というレベルで考えているが、一方で、モダリティは、「義務的な形式的対立」というレベルでは考えていない。「テンスとテンポラリティ」「アスペクトとアスペクチュアリティ」という関係でいえば、「ムードとモダリティ」という関係である（テンス、アスペクト、ムードは「義務的な形式的対立」というレベルである）。

この他の用語や考え方については、必要に応じて、各章で説明をしていきたいと思う。

6.　本書の結論の一部 ―近代日本語のスタート地点を記述して、古代日本語から現代日本語までの体系の変遷を示す―

どのような方向に議論が進むのか分かっている方が、本書を読みやすいと思う。そこで、本書の結論の一部である、「中世末期日本語の体系」と、「日本語における体系の変遷」を、本節で簡単に示しておきたい。

まず、先行研究で指摘されている、古代日本語や現代日本語の状況について整理しておく。いずれも、よく知られていることである。

古代日本語では、～ムや～ムズの形式が〈非現実〉を表していたことが知られている。あわせて、～ムや～ムズの用例が、〈未来〉の領域に分布していることも指摘されている。これは、テンスでいう〈未来〉は、まだ起こっていないことなので、〈非現実〉に属するためだろう（〈未来〉は、〈非現実〉の一部である）。〈非現実〉を表す～ムや～ムズで、〈未来〉の出来事を表しているわけである。また、古代日本語において、動詞基本形は、〈現在〉の領域に分布していることも指摘されている。～タリは、既然態を表す形式として〈現在〉に分布していること、また、〈完了〉を表す場合があることが知られている。～キや～ケリが〈過去〉を表すこともよく知られているだろう。なお、〈現実〉／〈非現実〉という観点からすれば、〈現在〉や〈過去〉は、〈現実〉に属する（〈現在〉や〈過去〉は、〈現実〉の一部である）。よって、動詞基本形、～タリ、～キ、～ケリは、単独で用いられた場合、基本的に、〈現実〉に属する形式といえる。～ヌや～ツは〈完了〉を表す形式であるが、ここでは触れないでおく。

現代日本語においては、動詞基本形が〈未来〉の領域に分布している。～テイルは進行態と既然態の両方を表すことができ、〈現在〉に分布している。～タは〈過去〉を表す形式として知られている。

まとめると、次のようになるだろう。

(23)　**表１　古代日本語と現代日本語の**
テンス・アスペクト・モダリティ体系

<table>
<tr><td></td><td>非現実の一部</td><td colspan="2">現実の一部</td></tr>
<tr><td></td><td>未来</td><td>現在</td><td>過去</td></tr>
<tr><td>古代日本語</td><td>～ム・～ムズ</td><td colspan="2">動詞基本形 ～タリ ～ケリ ～キ</td></tr>
<tr><td>現代日本語</td><td>動詞基本形</td><td>～テイル</td><td>～タ</td></tr>
</table>

※古代日本語の～タリは、現在の〈状態〉を表す場合と、〈完了〉を表す場合とがある。〈完了〉は、結果として、〈過去〉に近い位置に分布することが多いので、～タリは、□で囲んで、〈現在〉と〈過去〉の中間に位置付ける。なお、現代日本語の文中（連体節等）では、～タが既然態、動詞基本形が進行態を表すことが指摘されているが、これらは略して示す。

本書が対象とする中世末期日本語は、ちょうど、古代日本語と現代日本語の中間的な様相を呈している。中世末期日本語の状況を、(23) に付け加えると次のようになる（～テアルは省略する。スペースの都合上、動詞基本形は、「ス」「スル」で示す）。

(24)　**表 2　古代日本語／中世末期日本語／現代日本語のテンス・アスペクト・モダリティ体系の変遷**

	非現実の一部	現実の一部	
	未来	現在	過去
古代日本語	～ム・～ムズ	ス　［～タリ］	～ケリ　～キ
中世末期日本語	～ウ・～ウズ（ル）［スル］	～テイル　［～タ］	
現代日本語	スル	～テイル	～タ

中世末期日本語では、～テイルという形式が台頭してくる。しかし、当時の～テイルは、まだ、存在動詞「イル」の意味が、現代日本語に比べて強く残っており、状態化形式として、現代日本語の～テイルほど発達していない。このため、現代日本語であれば、「歩いている」「待っている」「立っている」「似ている」等の表現は全く問題ないのだが、当時の～テイルは、「待っている」「立っている」のような、（具体的な動きがなく）そこに存在している、という意味に近いものに、分布が偏っているのである。

〈過去〉を表す形式に目を移すと、中世末期日本語においては、～ケリや～キが生産的に使用されることはない。当時、〈過去〉を表す形式は～タであり、この点は、現代日本語と同様である。しかし、中世末期日本語では、

〈現在〉を表す～タリの影響が完全になくなったわけではない。例えば、文末で、「似た」という形式で「似ている」の意味になるような例が多数存在する。つまり、〈過去〉だけではなく、〈現在〉にも、～タが分布している。この点、現代日本語とは状況が根本的に異なっており、「～タの有無によって、〈過去〉と〈非過去〉の対立が表現される」というシステムは確立していない。

〈未来〉を表す形式に目を移すと、中世末期日本語においては、～ム・～ムズの後継の形式である、～ウ・～ウズ（ル）が広く分布している。当時の動詞基本形は、古代日本語と比べれば〈未来〉に進出しているとはいえるものの、依然として、〈現在〉の領域に広く分布している。例えば、現代日本語では、「歩いている」という表現を用いるべき場面（つまり、～テイルを用いるべき場面）で、中世末期日本語では、「歩く」という形式（動詞基本形）が、用いられている。

〈現在〉に動詞基本形が広く分布しているという点で、現代日本語とは状況が根本的に異なっており、「～テイルの有無によって、〈状態（継続的）〉と〈非状態（完成的）〉の対立が表現される」というシステムは確立していない。

〈現在〉を表す形式に注目して、中世末期日本語と現代日本語の分布を示すと次のようになる（形式による表し分けは、完全なものではない。あくまでも形式の分布の偏りを示すものである）。

(25)　中世末期日本語　歩く　待っている　立っている　似た

存在文的

現代日本語　歩いている　待っている　立っている　似ている

要は、～テイルは、存在文的な意味から発達したということである。また、中世末期日本語の～タや動詞基本形は、古代日本語の～タリや動詞基本形に見られる、〈現在〉に分布しているという特徴を受け継いでいる。これらの形式によって、中世末期日本語の体系が形成されているのである。

～テイルが存在文的な意味から発達したという見解は、自然なものだろう。また、中世末期日本語は、時期的に、古代日本語と現代日本語のほぼ中間に位置する言語であるので、その体系が、中間的であったという本書の見解も、説得力があるものだと思う。

形式だけを見れば、中世末期日本語でも、「動詞基本形」「～テイル」「～タ」が用いられているので、現代日本語と同様である。しかし、一方で、〈非現実〉を表す有標形式である～ウ・～ウズ（ル）が広く分布しており、「動詞基本形」「～テイル」「～タ」は、〈現実〉領域内での表し分けを担っている。これは、～ム・～ムズが広く分布しており、他の形式が〈現実〉領域内での表し分けを担っているという古代日本語の体系に近い。つまり、中世末期日本語は、形式としては、現代日本語に近いものの、体系の内実としては、古代日本語に近いといえる。

さて、中世末期日本語の体系がほぼ分かったところで、日本語の変遷に関して全体像を述べておこう。

現代日本語に近づくにつれ、～テイルが存在文的な意味から発達して、状態化形式として成立する。～テイルが状態化形式として成立すると、「～テイルの有無によって、〈状態（継続的）〉と〈非状態（完成的）〉の対立が表現される」というシステムが確立する。～テイルと動詞基本形が、〈状態（継続的）〉と〈非状態（完成的）〉の対立を成すようになるわけである（【現代日本語のアスペクト体系の確立】）。

～テイルが状態化形式として成立すると、〈現在〉の領域をカバーできるようになる。そうすると、「似ている」等が広く分布するようになり、「似た」等で〈現在〉を表すことがなくなる。～タが〈過去〉の領域のみに分布することになり、ここにおいて、「～タの有無によって、〈過去〉と〈非過去〉の対立が表現される」というシステムが確立する。また、～テイルと動詞基本形が、〈状態（継続的）〉と〈非状態（完成的）〉の対立を成すようになると、動詞基本形は、ひとまとまりの完成的な運動を表すようになるため、〈現在〉には分布しにくくなって、〈未来〉に分布するようになる。このため、「～タが〈過去〉、～テイルが〈現在〉、動詞基本形が〈未来〉」というテンスのシステムも確立する（【現代日本語のテンス体系の確立】）。

さらにいえば、〈未来〉とは、〈非現実〉の領域の一部である。無標の形式である動詞基本形が、そのままの形で、〈非現実〉の領域を表すようになると、「～ウ・～ウズ（ル）の有無によって、〈非現実〉と〈現実〉の対立が表現される」というシステムが崩壊する。ここにおいて、古代日本語の～ム・～ムズから継続していた、有標の形式で〈非現実〉を表し、無標の形式で〈現実〉を表すという対立が崩れる（【古代日本語から継続していたムード体系の崩壊】）。現代日本語にも、～ダロウや～ウ等の形式があるが、これらの形式の表す意味は、〈非現実〉よりもずっと狭いものとなる（【新しいモダリティ体系の台頭】）。

当該体系に関する日本語の変遷をまとめると、次のようになる。

(26)　①～テイルが状態化形式として発達し、「～テイルの有無によって、〈状態（継続的）〉と〈非状態（完成的）〉の対立が表現される」というシステムが確立する。【現代日本語のアスペクト体系の確立】

②上記の①により、～テイルが〈現在〉の領域をカバーするようになると、～タが〈過去〉のみを表す形式となる。「～タの有無によって、〈過去〉と〈非過去〉の対立が表現される」というシステムが確立する。また、「～タが〈過去〉、～テイルが〈現在〉、動詞基本形が〈未来〉」というシステムも確立する。【現代日本語のテンス体系の確立】

③上記の①により、～テイルが〈現在〉の領域をカバーするようになると、動詞基本形が〈非状態〉の意味を担い、〈未来〉の領域（〈非現実〉の領域）に分布するようになる。無標の形式である動詞基本形が、〈非現実〉の領域を表すようになると、「～ウ・～ウズ（ル）の有無によって、〈非現実〉と〈現実〉の対立が表現される」というシステムが崩壊する。崩壊したシステムにかわって、～ダロウ等の特定の意味を表すモダリティ形式が台頭してく

る。【古代日本語から続いていたムード体系の崩壊と、新しいモダリティ体系の台頭】

（26）の①②③は切り離すことができない変化であり、〜テイル、〜タ、動詞基本形、〜ウ・〜ウズ（ル）、〜ダロウ等に見られる変化は、大局的に見れば、体系的なものである。一言でいえば、これが、テンス・アスペクト・モダリティ体系の変遷といえる。古代日本語から現代日本語までの体系の変遷は、このように見通せるのである。

本書で主張したいことは、この他にもある。しかし、「中世末期日本語の体系」と、「古代日本語から現代日本語までの体系の変遷」に絞って、簡潔に結論を述べると、以上のようになる。

7. 本書の構成

本書は、3部構成になっている。

第1部では、中世末期日本語のテンス・アスペクト・モダリティ体系を記述する。体系の記述という点で、本書のメインとなる部分である。

第2部では、第1部で明らかになった、中世末期日本語のテンス・アスペクト・モダリティ体系を踏まえた上で、古代日本語から現代日本語までの体系の変遷を読み解いていく。このパートでは、従属節内に意志・推量形式が見られなくなるという現象に対し、「①現代日本語に近づくにつれ、ムード優位言語ではなくなった」「②現代日本語に近づくにつれ、一部の従属節の従属度が上がった」という二つの解釈を示す。第2部最大の焦点は、「一部の従属節の従属度が上がった」という証拠を、解釈される現象（つまり、従属節内に意志・推量形式が見られなくなるという現象）以外に指摘できるか、ということにある。本書では、これまで先行研究で指摘されてこなかった現象（証拠）を、具体的な数値をもとに指摘する。その現象とは、丁寧語「候ふ」の分布である。

第3部では、本書で述べたことが、「国語教育」「現代日本語のアスペクト研究」「形式と意味の関係の記述方法」「日本語学史」の各領域にどのように関わっていくのかを述べたい。このパートは、本書で明らかになったことの応用という側面がある。第３部の考察を通して、本書で指摘してきたことが、「中世末期日本語のみに通用するアドホックな見解」ではなく、各領域に関わりを持ってくるような、汎用性と妥当性を有したものであることが明らかになるだろう。

なお、章の番号は、本書全体を通したものであり、第２部は、第８章から始まる（第２部第１章があるわけではない）。

どの章から読んでもよいし、興味のある章を読むだけでも、読解に支障がないように配慮したつもりである。ただし、その影響で、各章に重複する部分が生じている。この点は、ご容赦願いたい。

第1部

中世末期日本語の
テンス・アスペクト・モダリティ体系を記述する

体系を記述する上で重要なことは、調査資料の全数調査を行い、各形式の割合を確認することだと考えています。
「各形式の割合が確認できる調査」と「各形式の割合が確認できない調査」とでは、調査結果の質に根本的な違いがあります。形式間の関係という目に見えないものを把握するためには、前者の調査を行う必要があるでしょう。

第1部について

第1部は、中世末期日本語のテンス・アスペクト・モダリティ体系を記述するという点で、本書のメインとなる部分である。特に、第1章〜第3章は、第1部のダイジェスト版ともいえる内容であり、この第1章〜第3章を読むだけでも、体系の全体像が分かるようになっている。

以下、簡単に第1部の構成を説明したい。

第1章では、文末で状態を表している〜タと、〜テイル・〜テアルの分布の異なりを記述する。また併せて、当該の〜タと、中世前期日本語の〜タリとの異なりも示す。第2章では、動詞基本形と、〜テイル・〜テアルの分布の異なりを記述する。第3章では、〜ウ・〜ウズ（ル）と、動詞基本形の分布の異なりを記述する。

第1章〜第3章の記述で、これまで不明であった、中世末期日本語のテンス・アスペクト・モダリティ体系の全貌が明らかになるだろう。

第4章以降は、その細部の検証である。第4章では、「動的な進行態」「静的な進行態」という観点から、当時の〜テイル・〜テアルを細かく観察する。併せて、「動的な進行態」「静的な進行態」という概念が、従来のアスペクト研究の理論とどのような関係にあるのかも述べたい。続く第5章では、〜ウチ（ニ）節の節述語を細かく観察する。本章の観察により、当時の形式（〜テイルや動詞基本形等）の分布を記述するためには、telicity（限界性）という観点からの分類では不十分なことがはっきりと分かる。第6章では、〜テアルの条件表現である「〜テアレバ」を中心に調査を行い、この調査結果が、当時の〜テアルの用例解釈にいきてくることを述べる。第7章では、従来の研究では不明であった、文末で状態を表している〜タの主格名詞の実態を探っていく。付章では、〜テアルの変遷について述べる。

第１章　中世末期日本語の〜タと〜テイル・〜テアル

要　旨

中世末期日本語では〜タが文末で状態を表している場合がある。本章では、このような〜タを、同時期の〜テイル・〜テアルと対比しながら考察する。まず、存在様態（存在文的な意味に近い状態）という概念を導入し、①のような分布の偏りがあることを指摘する。

①〜タが文末で状態を表している例には、存在様態を表している例が少ない。一方、〜テイルと〜テアルの例には、〜タと比べて存在様態を表している例が多い。

その後、中世末期日本語の〜タが状態を表していることの背景を②のように考察する。

②中世末期日本語の〜テイルと〜テアルには制約（存在動詞の意味が比較的強いことによる制約、あるいは、文体的な特徴による制約）があり、存在様態ではない状態（存在文的な意味から遠い状態）を表しにくかった。そのため、〜タがそれ以前の〜タリに引き続き、存在様態ではない状態を表していた。

1. はじめに

中世末期日本語の〜タは、過去を表せることが知られている[*1]。次のような

*1　この時代の〜タが過去を表すことは、鎌田廣夫（1989・1990・1991）や江口泰生（1990）にも指摘がある。また、この時代の〜タには、「しらなんだ（知らなんだ）」（『狂言台本虎明本』上 p.76）のように、否定に下接する例が見られる。ここからも、テンスを表している〜タの存在を確認できる（この点は、矢澤真人（1990）を参照のこと）。

例は、過去を表している〜タと考えられるだろう（必要に応じて［　］内に場面・解釈などを注記した）。

（01）　それならはいふてきかせう、去年の七月の十五日に、身があたりにすまふがあつたは　（『狂言台本虎明本』中 p.351）

（02）　［つしま祭りの様子を太郎冠者が教えている場面で］
つしまゝつりのふえ、太こがおもしろかつたと云て、
（『狂言台本虎明本』中 p.154）

当時、過去を表す場合には、基本的に、〜タが用いられており、この点は、現代日本語と同様である。

しかし、現代日本語と異なっている点もある。文末[*2]において現在の状態[*3]を表している〜タがあるのである。次のような例である。

（03）　あのみゝのきつとしたは、其まゝ女共が耳ににた、又あの目のくるりとしたもにたよ［自分の妻の顔と似ている鬼瓦を見ながらの発話］　（『狂言台本虎明本』上 p.179）

（04）　しらぬものにことばをかくるものか、しつた［私はあなたのことを知っている］　（『狂言台本虎明本』下 p.13）

これらの例は、現代日本語で解釈する場合、「似ている」「知っている」のように現在の状態として解釈されるだろう。この（03）（04）のような〜タ

---

*2　引用ト節の節述語も文末の例に含めている。

*3　先行研究で用いられている用語を整理しつつ、ここでいう「状態」の外延を、議論に必要な範囲内で明確にしておきたい。

〜テイルの意味として用いられる、「単なる状態（例：似ている）」と「結果継続（例：立っている）」「過去の経験（例：2年前にすでに走っている）」は、全て「既然態」と考えられる。一方、「動作継続（例：走っている）」は「進行態」といえる。

には、現在の状態を表すという点において、～タの前身である～タリとの近さをうかがうことができる。このような～タの存在は、先行研究で指摘されており、既に序章で見たように、この種の～タを対象として調査を行った研究に、高山百合子（1995）がある。ここで、高山百合子（1995）の研究成果とその問題点を、もう一度確認しておこう。高山百合子（1995）は、『狂言台本虎明本』の調査から、このような～タに関して既然態を表していると記述している。この記述は、この種の～タのアウトラインを把握する上では有効であると思われる。しかし、既然態を表しているという記述だけでは、以下の諸点が問題となり不十分である。

まず第一に、中世末期日本語では、～テイル・～テアル[*4]という形式が既に用いられるようになっており、これらの形式も既然態を表していたことが、坪井美樹（1976）や柳田征司（1991）の指摘によって知られている。高山百合子（1995）の記述だけでは、～タが表している既然態と、～テイル・～テアルが表している既然態とで、どのような違いがあるのか明らかではないので、この種の～タを特徴付けることができない。

第二に、どのような動詞が～タという形式をとって状態を表していたのか正しく予測できない。具体的には3.節で述べるが、～タという形式をとって状態を表している動詞には、「似る」「知る」等が多く、「立つ」「臥す」「来る」「出る」等は少ない。「既然態を表している」と記述するだけでは、このような分布の偏りを見落とすことになる。

第三に、～タの前身である～タリも既然態を表すことが知られているが（松下大三郎（1928:413）等参照）、本章の5.節で述べるように、中世前期日

ここでいう「状態」とは、「単なる状態」「結果継続」「動作継続」の上位概念である。また、本章2.節で説明する「存在様態」という概念も「状態」の一種である。ただし、「過去の経験」は、「状態」から除外して考えている。「状態」の対立概念としては、「非状態」を想定している。「非状態」とは、現代日本語のスルやシタが表すような、完成的な意味のことである。

*4　時制を問題としない場合、～テイル・～テアルの例には、～テイタ・～テアッタの例も含めている。また、尊敬等を表す助動詞・補助動詞が接続していても、～テイル・～テアルで代表させる（この点は、～タも～タリも同様である）。

本語で既然態を表している〜タリと、中世末期日本語で既然態を表している〜タとでは分布状況が異なっている。したがって、両者を「既然態を表している」と記述するだけでは、この異なりを把握できない。

第四に、今までみてきた第一から第三までの問題が残っているために、中世末期日本語の〜タが文末で状態を表していたことの背景を考察することが困難である。

このような状況では、当該の〜タも、さらにいえば、同時期の〜テイル・〜テアルも、歴史的な変化の中で、正しく位置付けることはできない。

本章では、これらの問題を解決するために、野村剛史（1994）（及び野村剛史（2003b）等）の提唱する「存在様態」という概念を導入する。その後、中世末期日本語の〜テイル・〜テアル、及び〜タの前身である〜タリと対比しながら、文末で状態を表している〜タについて考察し、従来の研究では詳らかではなかった以下の点を明らかにする。

（05）　中世末期日本語の文末で状態を表している〜タについて
①状態の特徴
②動詞の特徴
③〜タが状態を表していることの背景

本章の観察と考察を通して、先ほど問題としたような、〜タと〜テイル・〜テアルの違い[*5]、及び、〜タと〜タリの違いも明らかになる。

本章の構成は次の通りである。まず2.節では、存在様態という概念について確認する。次に3.節で、〜タが表している状態の特徴として、存在様態を表している例が少ないことを指摘し、その後、〜タという形式をとって

---

*5　当時の言語について包括的に考えれば、〜テゴザル等に関しても調査をする必要があるとは思う。しかし、例えば、〜テゴザルに関しては、福田嘉一郎（1992）の議論からも分かるように、テンスの問題と当該形式との関わりについて検討する必要がある（〜テイルと同列に論じることはできない）。よって、今の段階では、現代日本語への変遷を念頭におきながら、〜タと、〜テイル・〜テアルを調査した方がよいと判断した。

状態を表している動詞の特徴を確認する。4.節では、〜テイル・〜テアルが表している状態の特徴として、〜タに比べて存在様態を表している例が多いことを指摘する。5.節では、〜タの前身である〜タリが、中世前期において存在様態も存在様態ではない状態も表していたことを確認する。6.節では、これらの傾向の背景を考察し、7.節で本章の主張をまとめる。付節では、本章の内容を補足する。

2.「存在様態」について

各形式の違いを捉えるためには、「存在様態」という概念が有効であると考えている。この概念は野村剛史（1994）が提唱した概念である。以下では、野村剛史（1994）を参考にしながら、現代日本語の〜テイルを例に挙げて存在様態という概念を説明したい。

例えば「廊下に太郎が立っている」という文は、「廊下に太郎がいる」という存在文が表す意味と、かなり近い意味を持っている。同様に、「庭に花が咲いている」という文も、「庭に花がある」という存在文が表す意味と、かなり近い意味を持っている。存在文とは「〜ガ存在スル」ということを表している文のことであり、いわば「（ドコドコニ）〜ガ、イル・アル」を表している文である。ただし存在文では、どのような様態で存在するか、ということまでは表していない。「立っている」「咲いている」等は（当該の文に本動詞としての「イル」は用いられていないが）存在するという意味に加え、「ヒト・モノがどのようにあるか」ということも述べている。このような「（ドコドコニ）〜ガ、イル・アル」という主体の存在と「ヒト・モノがどのようにあるか」という様態をあわせて表している状態を、「存在様態」と呼ぶ。

野村剛史（1994）は、従来のアスペクト研究の重要性を認めつつも、〜テイルの把握が一面的であると指摘し、以下に述べるような捉え方を提案する。まず、「存在様態」を加えた次の五つの意味を「動詞＋テイル」に認める（福嶋が下線を加え、論旨を変えない範囲で例文の一部を差し替えた）。

(06)　[存在様態] 廊下に太郎が立っている
[動作の継続] 少年がグランドを走っている
[完了] 既にその家から引っ越している
[結果の状態] 水が白く濁っている
[性質・単なる状態] 太郎は顔が弟と似ている

野村剛史（1994）は、この五つの意味に対して、「存在様態」を核とした、(07) のような連続的な捉え方を提案する。

(07)　《野村剛史（1994）の捉え方》

○動作の継続		○完了
	○存在様態	
○性質・単なる状態		○結果の状態

ここでのポイントは、「(07) の捉え方は、存在文との意味的な近さという観点からみた場合、（〜テイル等で表される）状態の中にも程度差があることを意味している」ということである。具体的にいえば、「太郎は顔が弟と似ている」のような例は、太郎が存在する［場所］ニ格句が想定しにくく、存在文的な意味に近いとはいえない[*6]。少なくとも「廊下に太郎が立っている」（及び「庭に花が咲いている」）のような例と比べると、存在文的な意味からは遠いといえる。この存在文的意味からの遠近を、存在様態という概念は捉えることができるのである。

日本語のアスペクト形式は、〜テイルや〜テアルのように、存在動詞を含

*6　例えば、「この家に太郎は顔が弟と似ている」とはいえないので、「似ている」は、主体の存在場所を表す［場所］ニ格句を想定しにくい。「太郎が事実を知っている」「太郎は土地を持っている」等も同様である。なお、「太郎は東京に土地を持っている」とはいえるが、この場合、「太郎が東京に存在する」ことを意味しないので、「東京」が主体の存在場所を表しているとはいえない。

むことから、存在型のアスペクト形式といえる。従来の研究で用いられてきた、「進行態」「既然態」「動作継続」「結果継続」といった概念も日本語の記述に有効であるが、存在型のアスペクト形式を有するという日本語の類型を考慮するとき、「存在」という意味を含めて、〜テイル等の形式を把握するような見方もまた必要だろう。

次に、存在様態を表しているか否かの判断基準について述べる。存在様態の定義から考えて、当該の例が、「立っている」のように姿勢に関わる状態であれば、この例は存在様態を表していると考えて問題ないだろう。同様に「来ている」のように位置変化後の状態を表している場合も、存在様態を表していると考えられる。また、主体の存在場所を表す［場所］ニ格句と共起している例であれば、これも、存在様態を表していると考えて差し支えないだろう。本書では、以上の三つを存在様態を表しているか否かの判断基準としている。それでは、次節から、それぞれの形式を具体的にみていきたい。

3. 〜タが文末で状態を表している場合

『狂言台本虎明本』『天草版平家物語』『天草版伊曽保物語』『醒睡笑』『きのふはけふの物語』を中世末期日本語の資料として調査を行った。本章では、現代日本語で解釈する場合において、〜テイルもしくは〜テアルで解釈しなければ不自然な例のみを、状態を表している〜タとして採集した（用例の解釈については本章の付節も参照のこと）。アスペクト的意味に影響がないと判断した場合、尊敬を表す助動詞等が接続している例も調査対象としている。なお、虎明本の謡と語りの部分、また、抹消部分は調査対象から外している。

調査の結果、〜タが文末で状態を表している例として、延べ135例（異なり49例）が採集できた。以下、(08)(09)に虎明本の会話文にみられる具体例をいくつか挙げ、(10)に、どのような動詞が〜タで状態を表しているのかを示す（便宜上、他動詞と自動詞に分ける）。

(08)　〈他動詞の例〉

（ア）「知る」: さだめてあの入日記をしらぬ事はあるまひ、しつたか［目代が壺の所有者を確認するため、「入日記を知っているか」と聞いている］

（『狂言台本虎明本』下 p.21）

（イ）「持つ」: いやさいぜんから某ばかりもつた、又おぬしもたしめ［さっきから自分ばかりが手紙を持たされているので二郎冠者が不満を述べている］

（『狂言台本虎明本』中 p.110）

（ウ）「書く」: 誠にあれはすみ絵にかひたよ［屏風の絵は墨絵であると述べている］（『狂言台本虎明本』下 p.77）

（エ）「存ずる」: さりながらたのふだ人の心はそれがしがぞんじた、［ご主人様のお気持ち（好み）は、私が知っている］

（『狂言台本虎明本』中 p.141）

(09)　〈自動詞の例〉

（ア）「似る」: この人形は、ざい人の作物に似た、［罪人の作り物に似ている人形（実は人形ではなく本物の人間）を見ての発話］（『狂言台本虎明本』下 p.41）

（イ）「好く」: 某がしう句にすひたと云事は、どこできひたぞ［私が秀句好きということをどこで聞いたのだと質問している］（『狂言台本虎明本』中 p.314）

（ウ）「空く」: それ左の手があいたは［大名が、昆布売の左手があいていると指摘する場面］

（『狂言台本虎明本』上 p.285）

（エ）「みだれる」: 物うちからうへゝは、くわつ〳〵とみだれた［田舎者が自分の刀の焼目を描写している場面］

（『狂言台本虎明本』下 p.9）

（10）　動詞のリスト[*7]〈延べ135例、異なり49例〉

〈他動詞〉

知る（17例）、持つ（12例）、書く（11例）、存ずる（10例）、聞き及ぶ（3例）、作る（3例）、見知る（3例）、得る（2例）、置く（2例）、覚える（2例）、差す（2例）、付く／付ける（2例／1例）、［以下1例］思う、飾る、刻む[*8]、着る、定める、抱く、たて並べる、同道する、塗る、開く、ほめる、巻く、設け（を）する

〈自動詞〉

似る（14例）、済む（6例）、違う（4例）、劣る（3例）、好く（3例）、（身体の一部が）さし出る（2例）、定まる（2例）、過ぎる（2例）、［以下1例］（脈に）合う、空く、当たる、（まゆが）屈む、優れる、澄みきる、たつ、着座する、ながらえる、（古歯が）残る、載る、ふさう、震いつく、隔たる、増す、みだれる

参考までに資料ごとの動詞のリストと延べ数を示しておく。

---

*7　このリストは、全ての調査資料から得られた動詞（一部、動詞句）のリストである。尊敬を表す助動詞等を省き動詞のみを挙げている。また、活用、漢字表記、仮名遣い等に手を加えている場合がある。以下、動詞を挙げる場合は同様である。括弧内の数字は延べ数である。

*8　この例は、「その所に棺の有つたに、七つの文字を刻うだ（qizōda）」（『天草版伊曽保物語』p.419）というもので、「七つの文字が刻んである」と解釈できる例である。なお、金水敏（1995b）では、現代日本語（現代共通語）の〜テイルが表す状態について、「即ち、結果状態とは主語の指示対象の状態であって、目的語のそれではない。」（金水敏 1995b:175）等のことを述べ、〜テイルは主語に着目した形式、〜テアルは目的語に着目した形式と整理した上で、現代日本語のアスペクト形式の体系を「統語的アスペクト体系」と呼んでいる（金水敏 1995b:175）。一方、古代日本語の〜タリについては、金水敏（1995b:194）で「意味的アスペクト体系」（福嶋注：結果状態の所属先が主語に限定されていない体系）という指摘をしている。「刻うだ」の例を、目的語の指示対象の状態と考えると、中世末期日本語で状態を表している〜タにも、「意味的アスペクト体

(11)　『狂言台本虎明本』(延べ71例)：[他] 得る、置く、覚える、思う、書く、飾る、聞き及ぶ、差す、知る、存ずる、たて並べる、付く、同道する、塗る、見知る、持つ　[自] 空く、当たる、(まゆが) 屈む、(身体の一部が) さし出る、定まる、好く、優れる、違う、似る、(古歯が) 残る、載る、みだれる

『天草版平家物語』(延べ27例)：[他] 書く、聞き及ぶ、差す、知る、存ずる、抱く、付ける、開く、巻く、設け (を) する、持つ　[自] 劣る、過ぎる、着座する、ながらえる、似る、増す

『天草版伊曽保物語』(延べ12例)：[他] 刻む、着る、知る、存ずる　[自] 劣る、似る、震いつく、隔たる

『醒睡笑』(延べ22例)：[他] 書く、定める、知る、付く、作る、ほめる [自] (脈に) 合う、澄みきる、済む、たつ、違う、似る

『きのふはけふの物語』(延べ3例)：[他] 該当例なし。[自] 違う、ふさう

まず、存在様態を表しているか否かという基準から、状態を表している～タをみると、主体の姿勢を表している例、及び主体の存在場所を表す [場所] ニ格句と共起している例は、135例中、(12) ～ (14) の3例しかない。

(12)　うたにはよまぬと云、うたにのつたとあど云て

(『狂言台本虎明本』下 p.88)

(13)　[重盛が] 門の内えさし入ってみらるれば、(略) 一門の人々 (略) 中門の廊に二行に着座せられた (chacuza xerareta)。

(『天草版平家物語』p.44)

系」の特徴が見られることになる。なお、この「刻うだ」のような～タに関しては、Ogihara & Fukushima (2015) において、現代日本語の～テアルとの近さを念頭に、考察がなされている。

(14)　［自分が］まだこの世にながらえた（nagarayeta）と知らせたうわ思われたれども、（『天草版平家物語』p.287-288）

また、位置変化後の状態について述べている例も（15）と（16）の２例のみである（次の（16）の例における「たつ」は「建つ」と解釈した）。

(15)　ふるはが二三まいのこつた（『狂言台本虎明本』中 p.68）

(16)　されはこそ天照大神もないくうげくうと立せられたと（『醒睡笑』p.138）

存在様態と考えられる例はこれで全てであり、このような例が～タ全体の延べ数（135例）の中で占める割合は、４％にも満たないのである（この（12）～（16）の～タに関する見解は、本章の付節も参照のこと）。後述する～テイル・～テアルに比べると、存在様態だと明確に判断できる例が少ないので、この種の～タに関して次のような記述ができるだろう。

(17)　中世末期日本語の文末で状態を表している～タには、存在様態（存在文的な意味に近い状態）を表している例が少ない。

次に（10）に挙げた動詞の特徴について述べ、（17）の記述が、動詞にみられる分布の偏りを反映していることを確認したい。本章の冒頭でも簡単に触れたが、ここで注目される傾向は次のものである。

(18)　～タで状態を表している動詞には、他動詞、自動詞ともに変化を意味する動詞が多いが、その中に「立つ」「寝る」のような主体の姿勢の変化を表す動詞や「来る」「出る」のような主体の位置変化を表す動詞は少ない。

(10) をみると、他動詞も自動詞も、ほとんどが何らかの変化を表す動詞であることが確認できる。他動詞に関していえば、再帰動詞と主体動作・客体変化動詞がほとんどであり、「揺らす」「まわす」のような典型的な主体動作・客体動き動詞はない。自動詞に関しても、何らかの変化を表す動詞であるという点は同じであり、そのほとんどが、(〜タという形式をとって) 既然態を表している。これらのことから、他動詞・自動詞ともに、何らかの変化を表す動詞であるといえる。しかし、それにもかかわらず、「立つ」「寝る」のような主体の姿勢の変化を表す動詞や「来る」「出る」のような主体の位置変化を表す動詞が少ないことが注目される。(10) をみる限り、主体の姿勢の変化を表す動詞は、(13) の「着座する」のみであり、主体の位置変化を表す動詞は、(12) の「載る」、(15) の「残る」、(16) の「たつ」のみである。〜タには、「似る」「持つ」「知る」等の動詞が多くみられるが、一方で「立つ」「寝る」「来る」「出る」等の動詞は、ほとんどみられない。〜タではあまりみられないこれらの動詞は、ほとんどが (後述する) 〜テイル・〜テアルという形式をとって状態を表しているのである。

実は、この分布の偏りは、(〜タの前身である) 〜タリにはみられないものであり、中世末期日本語の〜タの特徴を記述する際には、このような分布の偏りを反映させる必要がある。従来の研究のように、この種の〜タに関して「既然態を表している」と記述するだけでは、この「主体の姿勢の変化や、主体の位置変化を表す動詞が少ない」という分布の偏りを見落とすことになり、不十分である。(17) のように存在様態という観点 (存在文との近さという観点) から記述することによって、この不十分な点を補うことができると考えている。

4. 〜テイル・〜テアルが文末で状態を表している場合

前節で挙げた中世末期日本語の資料中、〜テイルが文末で状態を表している例は延べ77例 (異なり61例)、〜テアルが文末で状態を表している例は延べ57例（異なり40例）あった[*9]。前節でみた通り、～タが文末で状態を表している例は、延べ135例（異なり49例）である。以上の数値を念頭においた上で、～テイル・～テアルが文末で状態を表している場合をみていきたい（以下に挙げる用例数は全て延べ数である）。

～テイル・～テアルには存在様態を表していると考えられる例が、～タとは対照的に多くみられる。まず、次の（19）～（22）の例にみられるような主体の存在場所を表す［場所］ニ格句と共起している例が存在する[*10]。

(19)　つれほしうて是にやすらふていまらした

（『狂言台本虎明本』上 p.43）

(20)　河尻に（Cauaxirini）源氏どもが多う浮うでいまらする（vcŏde ymaraſuru）　（『天草版平家物語』p.330）

(21)　幾千万とも数を知らず、兵ども前後に（jengoni）うち囲うであった（vchicacôdeatta）。

（『天草版平家物語』p.349（原本には348とある））

---

*9　～テイケリ、～テアリシ等の例が若干あったが、念のため、これらも調査対象としている（なお、このような例を除いたとしても、本書の結論に支障はない）。～テアルが過去を表し、状態を表していると解釈できない場合は調査対象から除外する。金水敏（1997・2006）等の記述から明らかなように、～テイタリの例は、～テイルと別に扱う必要があるので調査対象から外した。～テイルのイルが明らかに「入る」「座（ゐ）る」であると判断できる例も調査対象から外した。当該の～テイルのイルを「入る」「座る」と解釈してよいのか、また当該の～テアルが現在の状態を表していると解釈してよいのか、判断に迷う例もあったが、これらの例も調査対象から外した（なお、このような例を調査対象に入れても本書の結論に支障はない）。

*10　中世末期日本語のニ格句には、存在の場所を表すニ格句だけではなく、動作の行われる場所を表していると考えられるニ格句もある（現代日本語で解釈する場合、デ格句で解釈されるようなニ格句である）。このため、現代日本語のニ格句と完全に同一視することはできない。しかし、～タの例の中には、［場所］ニ格句と共起している例がそもそも少ないため、本書の議論に影響はないと判断した。

(22)　壁の根に菊一本咲てあり　(『醒睡笑』p.303)

次に、主体の位置変化を表す動詞も、～テイル・～テアルという形式をとって状態を表している。

(23)　いや是に一のたなとおぼしき所に、女がまいつているよ、(『狂言台本虎明本』中 p.247)

(24)　何としてひつこふでいたぞ　(『狂言台本虎明本』上 p.306)

(25)　たのしうなさうと思ふて、是へ出て有よ　(『狂言台本虎明本』上 p.35)

(26)　[占いで] 其内に草中蛍か出て有り　(『醒睡笑』p.289)

さらに、～タと比べると、～テイルには、「立っている」「寝ている」等の姿勢に関わる状態を表している例が多い。今回の調査で、主体の姿勢の変化を表すと考えられる動詞には、「立つ」「臥す」「臥せる」「ねる」等があった。

(27)　あけの日も猶寝て居る　(『醒睡笑』p.183)

(28)　西もんに立ている　(『狂言台本虎明本』中 p.424)

(29)　されはこそ是にふせつてゐる　(『狂言台本虎明本』中 p.54)

これら (19) ～ (29) のような例は、皆、存在様態を表していると考えられる。このような例は全部で47例あり、今回調査した～テイル・～テアル全体の延べ数 (134例) の中で、存在様態が占める割合は、約35％に当たる[*11]。また、〜テイル・〜テアルで用例数が多いものは、「寝ている（5例）」「来てある（5例）」「出てある（5例）」などの存在様態の例である。加えて「来る」「出る」「立つ」「臥す」「臥せる」が状態を表す場合は、必ず〜テイルか〜テアルが使用されている。

さらにいえば、今回の調査で存在様態と考えられる例は、前節でみた〜タの例（5例）と本節でみた〜テイル・〜テアルの例（47例）を合わせて52例あったが、存在様態と考えられる例の約9割が、〜テイル・〜テアルの形式を採用しているのである。

以上のことから、「存在様態」という観点からみた場合、〜テイル・〜テアルと〜タとで、傾向が異なることは明らかである。従来の研究では、既然態という概念だけで記述していたので、このような分布の異なりを捉えることができなかったのである。本節で述べたことをまとめると次のようになる。

(30)　中世末期日本語で状態を表している〜テイル・〜テアルには、〜タが状態を表している場合と比べて、存在様態（存在文的な意味に近い状態）を表している例が多い。

この（30）の記述は、「〜タと比べた場合、〜テイル・〜テアルには主体

---

*11　参考までに、資料ごとの〜テイル・〜テアルの延べ数を示す。便宜上、〜テイルと〜テアルに分けている。（　）の中には、存在様態の用例数と存在様態が占める割合を示すことにする。なお、「約」が付いているものは、百分率の小数第一位を四捨五入したものである（以下同様である）。

	〜テイルの例	〜テアルの例
『狂言台本虎明本』	51例（18例：約35%）	26例（13例：50%）
『天草版平家物語』	12例（4例：約33%）	13例（5例：約38%）
『天草版伊曽保物語』	2例（0例：0%）	0例
『醒睡笑』	10例（3例：30%）	16例（4例：25%）
『きのふはけふの物語』	2例（0例：0%）	2例（0例：0%）

の姿勢の変化や位置変化を表す動詞が多い」という分布の偏りも同時に捉えることができる。主体の姿勢の変化や位置変化を表す動詞が状態を表す場合には、存在様態を表すことになるからである。

次に、存在様態とは数えなかった～テイルの例がどのような例であるのか、また、本書が、それらの例をどのように捉えているのかについて述べたい。

『天草版伊曽保物語』から例を挙げて説明しよう。

(31)　我は少しも志をたをめず、不断けなげにして居る（qenagueni xite yru）［樫櫚の自慢話。竹は風に靡くが自分はそうではないというもの］　（『天草版伊曽保物語』p.471）

(32)　この穴の戸をうちよりよう閉ぢて居よ（togite iyo）［野牛の母が留守番をする子供に指示している］　（『天草版伊曽保物語』p.489）

これらの例は、存在様態の判断基準から外れるので、存在様態の例として数えることはできないが、「具体的な動きを伴わず、（ある場所に）存在する」ことを結果的に表しており、存在様態という概念への近さをうかがわせる。(31) や (32) の例を含め、残りの～テイルの例には、このような例が多いのである。さらに述べると、「走っている」「歩いている」などの具体的な動きを伴う典型的な進行態を表している確例はほとんど採集できず、進行態を表す～テイルは、この時期では、まだそれほど生産的ではない。このことは、全体的な傾向として、～テイルが存在様態的な例に偏ることを示している（詳しくは、本書の第２章、第４章、第５章を参照のこと）。

また、大局的にみると、本節や前節でみてきた～テイルや～タの傾向は、現代日本語のようなテンス・アスペクト体系を形成する過程の一段階を示していると捉えられ、このような過渡期には、それぞれの形式が完全な相補分布を成している必要はないと考える[*12]。よって、〜テイルの用例に存在様態とはいえない例がみられるのも不自然なことではないのである。本節で指摘していることは、(30) のような分布の偏りがみられるということであって、それぞれの形式が完全な相補分布を成しているということではない。この点、誤解のないように強調しておきたい。

なお、〜テアルには、〜テイルにはない文体的な特徴がみられる場合があるので、〜テアルと〜テイルを完全に同一視することはできない。そこで、存在様態とは言い難い〜テアルの例に関しては、6. 節で改めて述べることにする（〜テアルに関しては、第1部の付章も参照のこと）。

5. 中世前期日本語の〜タリが文末で状態を表している場合

本節では、〜タの前身である〜タリと、存在様態との関係をみるため、『平家物語』（覚一本）、『保元物語』、『平治物語』を中世前期日本語の資料として、文末の〜タリを調査した[*13]。

次の例から、〜タリは、存在様態も、存在様態ではないと考えられる状態も広く表していたことが分かる。

(33)　主体の存在場所を表す［場所］ニ格句と共起している例（存在様態）

（ア）西八條ちかうな（ッ）てみ給へば、四五町に軍兵みち〳〵たり。（『平家物語』上 p.153）

（イ）軍兵ども前後左右にうちかこみたり。（『平家物語』上 p.179）

（ウ）後陣はいまだ興福寺の南大門にゆらへたり。

---

*12　文末で状態を表している〜タには、「知る」「持つ」「似る」等のような動詞が多かった。比較するため、文末の〜テイルを見ると、「持っている」の例が1例採集できる。

*13　『平家物語』『保元物語』『平治物語』は、いずれも旧日本古典文学大系（岩波書店）を調査した。また、〜タリの例には、〜タリケリの例も含めている（なお、〜タリケリの例を除いたとしても、結論に支障はない）。

（『平家物語』上 p.318）

（エ）うちよりてみれば、塚に松生たり。　（『平治物語』p.236）

(34)　主体の姿勢の変化や位置変化を表す動詞の例（存在様態）

（ア）入道すこしもさはがず、はたとにらまへてしばらくたゝれたり。（『平家物語』上 p.342）

（イ）くろ馬に黒鞍をきてぞのつたりける。　（『保元物語』p.69）

（ウ）「こゝさすれ、かしこうて。」などいひてふしたりけり。（『平治物語』p.217）

(35)　存在様態ではない例

（ア）「法勝寺執行御房と申人の御行へやしりたる」と問に、（『平家物語』上 p.233）

（イ）おもはしき物をみんとすれば、父の命をそむくに似たり。（『平家物語』下 p.268）

（ウ）義朝は、赤地の直垂に、脇楯・小具足計にて、太刀はきたり。（『保元物語』p.90）

今回の調査では、～タリが文末で状態を表している用例において、存在様態か否かによる明確な分布の偏りは見い出せず、～タリは、存在様態も存在様態ではない状態も、共に表していたと考えられる[*14]。

この事実を確認するために、「立ちたり」「乗りたり」「知りたり」「似たり」が文末で状態を表している用例数を示すと、「立ちたり」8例、「乗りたり」17例、「似たり」15例、「知りたり」7例である。参考までに資料ごと

*14　上代日本語の～タリが、存在様態も、そうでない状態も広く表していたことは、野村剛史（1994）の指摘から分かる。また、今回の調査では、典型的な進行態（「走る」等の進行態）を表していると解釈できる～タリの例は見つからなかった（これは、野村剛史（1994）、金水敏（2006）、福沢将樹（1997）等の指摘から、ある程度、予測できることである）。

の数値を示すと次のようになる。

(36)　**表　中世前期日本語における〜タリの分布**

	『平家物語』	『保元物語』	『平治物語』	計
立ちたり	5	1	2	8
乗りたり	13	4	0	17
似たり	12	2	1	15
知りたり	6	1	0	7

※「立(ッ)たり」のように促音と考えられる例や、〜タリケリの例も、「立ちたり」で代表させている。「乗りたり」等も同様である。

「立ちたり」「乗りたり」は存在様態であり、「似たり」「知りたり」は存在様態ではない。鈴木泰（1999）等の専門的な研究書だけではなく、一般的な文法概説書で指摘されている〜タリの用例から考えても、「立ちたり」「乗りたり」や、「似たり」「知りたり」等の例は、特殊なものではない。これらのことから、〜タリが存在様態も存在様態ではない状態も表していたという指摘は、妥当だと思われる。ここに、（〜タの前身である）〜タリが表している状態と、中世末期日本語の〜タが表している状態の違いがみて取れる[*15]。

6.　傾向の背景

それでは、3.節〜5.節で行った記述をもとに、〜タが状態を表している背景について考えてみたい。この背景として、中世末期日本語の〜テイル・〜テアルに、以下に述べるような制約があったことが考えられる。

*15　なお、〜タリには、弱進行態（非限界動詞の進行態）を表している例が指摘されている（金水敏（2006）等）。この点も、中世末期日本語の〜タとの違いといえる。ただ、本章のポイントは、「従来の研究では、〜タリも、〜タも、既然態を表しているとされてきたが、それだけでは、各形式の分布を捉えることができず、存在様態のような、存在文的意味を意識した記述概念を導入する必要がある」ということである。

まず、〜テイルについていえば、中世末期日本語の〜テイルは、現代日本語の〜テイルと比べて、存在動詞「イル」の意味を強く残していたことが指摘できる。具体的に述べると、現代日本語の〜テイルは、存在動詞「イル」の意味が薄れているので、(37) のように主格名詞が無生物であっても文として自然であり、また (38) のように過去の経験（外延的には工藤真由美 (1995) でいう動作パーフェクトにほぼ一致する）を表すこともできる。

(37)　道に財布が落ちている

(38)　10年前に一度その道を走っている

しかし、中世末期日本語の〜テイルには (37) のような例はなく、主格名詞は有生物のものに限定されている（坪井美樹 (1976)、柳田征司 (1991)、本書第7章参照）。

また、当時の資料には、(38) のような過去の経験と解釈できる〜テイルの例もない[*16]。これらのことから当時の〜テイルには「イル」の意味が残っていることが確かめられる。さらに、この時代には、〜テル形（〜テイルからイの脱落した形）の例がない（坪井美樹 (1976) によると、〜テル形が使われ始めるのは近世後期の江戸語からのようである）。このことも、〜テイルにイルの意味が、比較的強く残っていたことの傍証となるだろう。このように中世末期日本語の〜テイルは、現代日本語に比べて存在動詞「イル」の意味を強く残していたため[*17]、存在様態から遠い状態を表しにくかったと考

*16　過去の経験（動作パーフェクト）は、中世末期日本語では、(〜タリから引き続き)、〜タが表していたと考えられる。例えば、次のような例は、動作パーフェクトの〜テイル（「汝は口伝を聞いているか」）で解釈してもよいと思われる。

・［よろいを買ってきた太郎冠者に果報者が質問する］一段とめでたい事じや、そのおくに、ひすべし〳〵口伝にありとは、汝は口伝をきいたか　（『狂言台本虎明本』上 p.77）

*17　青木博史 (2019:30) には、「本動詞「いる」の存在動詞化を待たなくても、「補助動

えられる。

次に～テアルについていえば、中世末期日本語の～テアルの一部は、～テイルの場合と同様、存在動詞の意味を比較的強く残していたと考えられる。というのは、当時の～テアルと存在動詞「アル」は共に、主格名詞が有生物であっても無生物であってもよいことが知られており、この現象を、「アル」の主格名詞に有生／無生の制限がないから～テアルの主格名詞にも有生／無生の制限がないのだ、と考える点は（それぞれの立場や用語に違いはあるものの）坪井美樹（1976）、柳田征司（1991）、山下和弘（1996）等の先行研究における事実上の前提となっているからである[*18]。

ただし、～テアルの例に関して次のような例がある。

(39)　言語道断にくひ事にて有、汝はたしかにしつてあるか

（『狂言台本虎明本』下 p.69）

(40)　朝くらて有か［食べた物の名前を忘れてしまった太郎冠者に、大名が質問している］　（『狂言台本虎明本』上 p.233）

※「食らうて」の「う」の脱落と解釈した。

詞」として用いられる場合から「いる」の状態動詞化が進んだ可能性が想定されるのではないかと思う。」という指摘がある。この指摘と本書の関係について述べておきたい。青木博史（2019）は、言語の変化において、「一方向性（「本動詞→補助動詞」という方向性）」以外の可能性を検討しているものであり、「中世末期日本語の～テイルと、存在動詞「イル」に、影響関係はない」というようなことを主張している研究ではない。「一方向性」の検討結果がどのようになったとしても、本節で述べている複数の根拠から「中世末期日本語の～テイルは、現代日本語の～テイルと比べて、存在動詞「イル」との結びつきが強い」という点が動くことはなく、本書の主張に影響はないといえる。

*18　この時代の～テアルに「アル」の影響が残っていると考える背後には、［有情（福嶋注：有生物）の存在＝イル／非情（福嶋注：無生物）の存在＝アル］の使い分けと［（既然態における）有情物の状態＝テイル／非情物の状態＝テアル］の使い分けが、ほぼ元禄・享保期を境として併行して成立したという事実（坪井美樹（1976）参照）があるだろう。つまり、元禄・享保期以前の～テイル・～テアルにイル・アルの影響があったので、有情／非情に関する使い分けが併行していたのだという見方である。中世末期

(39) の〜テアルは「知っている」と解釈される例、(40) の〜テアルは過去の経験を表していると解釈される例である。これらの〜テアルに存在動詞「アル」の意味が強く残っているとは考えにくい。しかし、柳田征司(1991)、手坂凡子(1999)、金水敏 (2006) 等の指摘から、このような〜テアルには文体的な制約があったことが分かる。柳田征司 (1991) は、虎明本の中で主格が有情物である場合（つまり、主格名詞が有生物である場合)、〜テアルは荘重さをもたせて語る会話文に用いられる、という傾向を指摘し、「文語色を帯びてきていたのではないか」(柳田征司 1991:218) と述べている。さらに、柳田征司 (1991:218) は「鶏猫」という曲に、〜テアルが集中していることを指摘している。また、手坂凡子 (1999) では、狂言台本虎明本の〜テアルは、主に対話中で上位者から下位者へ使用されること、「鶏猫」「朝比奈」「夷毘沙門」の3曲に〜テアルが集中して現れることなどを指摘しており、ここからも〜テアルの使用できる場面が限られていたことがうかがえる。さらに、金水敏 (2006:274) も、柳田征司 (1991) や手坂凡子(1999) の指摘と同様の分布の偏りに注目し、「「-てある」の一部の用法が、古風な言い方になってきていることを表しているもの」と述べている。

この時代の全ての〜テアルに文体的な制約がみられるわけではないが、先行研究の指摘から、少なくとも (39) や (40) のような〜テアルは使用できる場面が限られていたことが分かる。

以上のことから、中世末期日本語の〜テイル・〜テアルには制約（存在動詞「イル」「アル」の意味が比較的強いことによる制約、及び文体的な特徴による制約）があったと考えられる。

本章の5.節で、〜タリは存在様態も存在様態ではない状態も表していたことを確認した。中世末期日本語の〜テイル・〜テアルには、上記のような制約があったので、存在様態から遠い状態等を〜テイル・〜テアルでは表しにくく、〜タが前の時代の〜タリに引き続き表していたと考えられる。

日本語の〜テアルと、元禄・享保期の〜テアルは、アスペクト的性質において同一視できない部分もあるが、その点を考慮したとしても、このような先行研究の見方は成り立つと思われる。

このように考えると、「～タに、主体の姿勢の変化や位置変化を表す動詞が少ないのはなぜか」ということも自ずと明らかになる。これらの動詞が状態を表す場合には、存在様態を表すことになる。例えば「立つ」は「立っている」、「出る」は「出ている」という存在様態を表す。したがって、これらの動詞は～テイル・～テアルという形式を用いることができ、～タを用いる必要がなかったのである。

7. おわりに

本章では、存在様態という概念を導入し、中世末期日本語の文末で状態を表している～タについて、中世末期日本語の～テイル・～テアルや中世前期日本語の～タリと対比させながら考察を行った。本章で述べてきたことを冒頭の（05）に対応させた形でまとめると、次の（41）のようになる。また、図にすると（42）のようになる。

（41）　**中世末期日本語の文末で状態を表している～タについて**

①～タには存在様態（存在文的な意味に近い状態）を表している例が少ない。

②～タをとる動詞には、変化を意味する動詞が多いが、その中に主体の姿勢の変化を表す動詞や主体の位置変化を表す動詞は少ない。

③～テイル・～テアルには制約があったため、～タがそれ以前の～タリに引き続き、当時の～テイル・～テアルの表しにくい状態（主に存在様態から遠い状態）を表していたと考えられる。

(42)

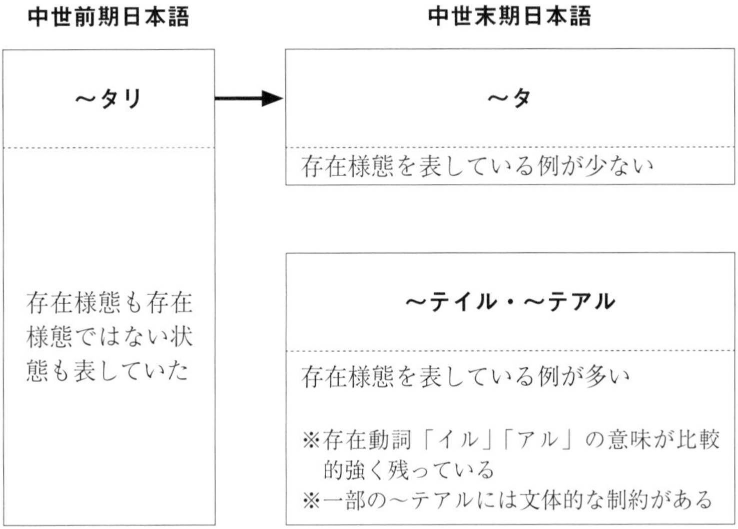

図　中世前期日本語の〜タリ、中世末期日本語の〜タ、及び〜テイル・〜テアルの関係

本章の考察を通して、文末で状態を表している〜タの特徴を、中世末期日本語の〜テイル・〜テアルや中世前期日本語の〜タリから区別できる形で捉えることができたと思う。

本章では中世末期日本語の〜テイル・〜テアルという形式に対して、存在動詞の意味が比較的強く残っていると述べたが、このような捉え方は、〜テイル・〜テアルの成立や文法化（grammaticalization）の問題として位置付けることができるだろう。

なお、「存在様態」という用語の受け取り方には、研究者によって差があるかもしれない。しかし、ここでは、「存在文的な意味に近いもの」ということを押さえてもらえれば十分である。

従来のアスペクト研究で用いられてきた「進行態」「既然態」「動作継続」「結果継続」等の概念も有効であるが、「存在」という意味に注目して、〜テイル等の形式を把握するような見方もまた必要である。この点が、本章（及び本書）の重要なポイントの一つである。今後の研究によって、(07) でみたような把握の仕方に部分的な変更が生じたとしても、「存在という意味を含めて、～テイル等の形式で表されている意味を把握する」という観点に立つ限り、本書の主張に支障をきたすことはないだろう。

また、本章で扱った問題は、「現代日本語の～タは、どのような過程を経て成立したのか」という～タの変遷に関する問題や、「～タリ（現在の状態を表す形式）が、～タ（過去を表す形式）になるとほぼ同時期に、～テイル（現在の状態を表す形式）が台頭してくる」というテンス・アスペクト体系の変転に関する問題に密接に関連していると思われる（この点に関しては、鈴木泰（1993）、高山百合子（2000）、本書第11章等も参照のこと）。本章の結論は、次のことを意味しているからである。

(43)　①中世末期日本語においては、～テイルはまだ存在文的な意味に偏っており、～テイルの有無によって、〈状態〉〈非状態〉の対立が表現されるという、現代日本語のようなシステムを有していない。

②中世末期日本語においては、この①に見られるような～テイルの発達の未熟さを、～タが補って体系を成している。このため、中世末期日本語では、～タの有無によって、〈過去〉〈非過去〉の対立が表現されるという、現代日本語のようなシステムを有していない。

つまり、現代日本語への変遷を念頭におけば、～テイルの発達に伴う、〈状態〉〈非状態〉の対立というアスペクトシステムの確立と、〈過去〉〈非過去〉というテンスシステムの確立が、テンス・アスペクト体系として相関しているわけである。

序章でも述べた通り、中世末期日本語は、近代日本語のスタート地点ともいえる言語であり、時期的にも古代日本語と現代日本語のほぼ中間といえる言語である。古代日本語の～タリの状況や、現代日本語の～テイルや～タの状況を押さえた上で、本章の結論である（41）や（42）をみると、まさに、古代日本語と現代日本語の中間といえる様相を呈している。また、使用され始めて間もない存在型アスペクト形式の分布が、存在文的な意味に偏ることは、むしろ自然なことだろう。存在文的な意味から、存在型アスペクト形式が発達していったということであり、本章の結論は、歴史的な変化の中で考えても、ごく自然なものと思われる。

付節で本書の内容を補足した後、次章では、「体系」を記述するという意味で重要な、動詞基本形をみていきたい。

8. 付節　用例解釈の揺れや例外的と思われる例をどう考えるか

歴史的な文献を扱う研究においては、用例の解釈が研究者によって分かれることがある。また、資料調査において、一見、例外的と思われる例も存在する。このような点に、本書がどのように対応しているのか、補足したい。

8.1. 「強い解釈」と「弱い解釈」

解釈の揺れをおさえるのに一番よい方法は、解釈の揺れが少ない従属節に注目することである。第2章、第3章、第5章では、その方法を採用している。

しかし、本章のように文末の例を解釈する場合は、この方法を採用できない。そこで、本章の場合、文末に現れる～タに関して、前後の文脈から、「～テイルもしくは～テアルで解釈しなければ不自然な例のみを、状態を表している～タとする」という方針をとっている。これは、いわば、「強い解釈」であり、状態を表している～タと解釈しないと不自然、というものを集めているということである（本章で扱う～タに、単なる状態と思われる例が多いのも、この方針のためだと思われる）。

このような方針であるため、「どちらかというと、状態を表している～タに解釈できるが、状態と解釈しなくてもよい例」や「状態を表している～タにも解釈できないことはない例」等は、除外されることになる。このように、「状態を表している～タとも解釈することができる」というものは、「弱い解釈」といえるだろう。

8.2. ～タに見られる解釈の揺れへの対応

文献の研究において、研究者間で用例解釈の差が出ることは、仕方のないことだと思う。また、文献研究の場合、当該の文献が、必ずしも規範的な文言ばかりとは限らないという可能性もある。

これらの点を踏まえた上で、本章の立場から説明を要するのは、次のことだろう。それは、「弱い解釈」で用例を集めた場合に、「存在文的な意味に近い状態を表している～タ」の用例数が、本章で示した数よりも増えてしまう可能性があるということである。実際に、本章で示した（12）～（16）の～タの例のように、強い解釈で用例を集めた場合でも、「存在文的な意味に近い」と思われる～タが存在する。「状態を表している～タとも解釈することができる」（弱い解釈）という方針で用例を集めると、このような例は増えることになる（もちろん、「存在文的な意味から遠い状態を表している～タ」の例も増えることになる）。

このような問題については、次のように考えている。

まず、上接する動詞の傾向から見るに、～テイル・～テアルが存在文的な意味に傾くという点は動かないと思う（～テイル・～テアルには、そもそも「似る」「持つ」「知る」等の動詞は少ないためである）。このため、～テイル・～テアルと、～タを比べると、「～テイル・～テアルには存在様態（存在文的意味に近い状態）を表している例が多い」という記述は、いずれにせよ、妥当だろう。

一方、弱い解釈で用例を考えた場合、状態を表している～タの内実は変わってくる。もしかすると、次のようなことかもしれない。

（44）　当該の～タは、実は、存在文的な意味に近い状態も表すことができる（同じ時代に、～テイル・～テアルがあるので、それが見えにくいだけである)。当該の〜タに見られる、存在文に近いと思われる例は、この点を反映している。

現代日本語の〜テイルと比べると、当時の〜テイル・〜テアルに制約があったことは、いずれにせよ、主張できると思う。ただし、〜タの方に、どれだけの制約があったのか、つまり、当該の〜タは、存在文的な意味を表しにくかったのか、それとも、そのような制約はなかったのかは、厳密には、はっきりとしない。用例の解釈によってしまうのである。しかし、仮に、弱い解釈を採用し、(44) のように考えても、「現代日本語の〜テイルと比べると、当時の〜テイル・〜テアルには制約があった」ということは動かないだろうし、また、「当時の〜テイル・〜テアルが表しにくい部分に、〜タが分布していた」ということも動かない。このため、本書の主要な主張に、決定的な支障をきたすことはないと思われる。

〜テイルが存在文的な意味から発達した場合の、〜タの分布のあり方の一つとして、ここで (44) の可能性を述べておく次第である。

8.3. 〜テイルに関する例外的と思われる例への対応

そもそも、言語は、ある程度の時間をかけて変化するものなので、多少、典型的ではないような例が見られるのは、むしろ自然なことだと筆者（福嶋）は考えている。この点を踏まえた上で、次のことを補足したい。

例外的と思われる例の対応で、重要なことは、「①例外的と見られる例の割合はどのくらいか」「②例外的と見られる例は、歴史的な流れの中で、どのように位置付けられるのか」ということだろう。

具体的に述べると、本書では、「当時の〜テイルは、存在文的な意味に近い状態に偏る」と述べているわけだから、「持っている」のような例は、一見、例外的に思える（本章注 12 で述べたように、文末において、「持っている」は、1 例採集できる)。当時、「持つ」の状態化は、〜タによって示されることが多く、〜テイルの例（「持っている」の例）の割合は少ない。本章

3.節の調査と注12を参考にすると、「12（～タ）：1（～テイル）」である。

これを踏まえた上で、「歴史的な流れの中で、どのように位置付けられるのか」を考えると、ゆくゆく、～テイルは、「持っている」のような、存在文的ではない例も問題なく表せるようになり、一方で、文末の～タでは、このような状態を表せなくなる。よって、この中世末期日本語の「持っている」は、歴史的な流れの中で、～テイルが発達していく一段階を表していると位置付けることができるだろう。「12（～タ）：1（～テイル）」という割合も、～テイルが発達し、～タが過去専用の形式となっていく流れの中で、問題のない割合であると思える。よって、例外的と思われる例があるからといって、本書の結論が根本から覆るということはないと思われる。

第２章　中世末期日本語の～テイル・～テアルと動詞基本形

要　旨

中世末期日本語の～テイル・～テアルは、発話に関係する例を除くと、具体的な動きを伴う進行態（例えば「歩いている」等）を表している確例が少ない。現代日本語の～テイルには見られないこのような偏りが、中世末期日本語の～テイル・～テアルに見られるのは、当時の～テイル・～テアルには、まだ、存在動詞「イル」「アル」の意味が、現代日本語に比べて強く残っており、アスペクト形式への発達が相対的に不十分だったからである。また、当時の～テアルには文体的な特徴があったことも理由に挙げられる。当時の体系では、～テイル・～テアルに見られるこの不十分さを、動詞基本形が補っていたと考えられる。

1. はじめに

前章では、中世末期日本語の～テイル・～テアルと、～タの関係を見た。～タが状態を表す場合、既然態を表すことが多いので、前章での議論は、既然態に重きをおくものであった。

本章では、中世末期日本語の～テイル・～テアルと動詞基本形（「スル」で代表される形）との関係を考察し、当時の時間表現の体系に見られる特徴を記述する。本章での議論は、進行態に重きをおくものになる。前章と本章の議論を通して、中世末期日本語の～テイル・～テアルと、～タ、動詞基本形の関係が明らかになるだろう。

中世末期頃、日本語において、～テイル・～テアルという形式が頻繁に用いられるようになったことはよく知られており[*1]、その意味で、この時期は、日本語の近代語的な時間表現体系の出発点ともいえる興味深い時期である。本節では、まず、中世末期前後の～テイル・～テアルに関して、先行研究がどこまで明らかにしているのかを整理し、その後、先行研究の問題点を指摘したい。

この時期の～テイル・～テアルに関する研究として、湯澤幸吉郎（1929）、坪井美樹（1976）、柳田征司（1991）等があり、これらの研究成果は概ね次のように整理できる。

まず、上接する動詞についていえば、～テイルも～テアルも共に自動詞・他動詞の別なく接続していたことが湯澤幸吉郎（1929）や坪井美樹（1976）によって指摘されている。つまり、当時の～テアルの状況は現代日本語と異なっており、次のように自動詞に接続する～テアルの例が存在する[*2]。

(01)　その風呂屋の前に鋭な石が一つ出てあつた（dete atta）が、出入りの人の足を傷(やぶ)り、　（『天草版伊曽保物語』p.417）

次に、主格名詞の制限、及び形式と意味との対応についていえば、柳田征司（1991）が次のようにまとめている[*3]。

---

*1　金水敏（1993b・2006）等も参照のこと。また、上代の～テアリと近代の～テアルとを連続したものとして考える柳田征司（1987）では、「テアルの復活」という表現を用いている。

*2　本章の（01）（03）（04）（05）の例は先行研究紹介の便宜のために、筆者（福嶋）が補ったものである。

*3　（02）は、柳田征司（1991:217）の図4をもとに筆者（福嶋）が作成した。なお、柳田征司（1991）の図4では「テオル」についても言及があるが、この形式は、用例数が少ないので考察の対象から外している（本章の（02）からも外している）。

(02)　室町末期江戸初期の進行態・既然態表現

有情物	非情物	
テイル	テアル	進行態
テイル	テアル	既然態

（柳田征司（1991:217）の図4より）

この（02）は、「〜テイルの主格名詞は有生物（有情物）に限定されるが、〜テアルの主格名詞は有生物・無生物（有情物・非情物）のどちらでもよい」ことを示している。

つまり、当時の〜テイルには「石ガ出テイル」等の無生物が主格名詞にくる例はなく、一方、〜テアルには、先ほどの（01）のように、「石ガ出テアル」のような無生物が主格名詞にくる例もあれば、次の例のように、有生物が主格名詞にくる例もある。

(03)　なんぢがきたつて有程に、　（『狂言台本虎明本』中 p.8）

また、(02）は、柳田征司（1991）の論述からみて、「当時の〜テイル・〜テアルは既然態を表していただけではなく、進行態も表していた」ことを意味している。〜テイル・〜テアルが共に進行態を表していたという点に関しては、湯澤幸吉郎（1929）や坪井美樹（1976）等にも同様の指摘があり、この時代の〜テイル・〜テアルの重要な特徴の一つとなっている。以下に、〜テイルと〜テアルが進行態を表していると考えられる例を挙げる。

(04)　つれほしうて是にまつてゐる、　（『狂言台本虎明本』上 p.283）

(05)　てひどしそこなはふと思ふて、色々あんじて有に、
（『狂言台本虎明本』上 p.311）

以上のように先行研究の指摘は非常に重要なものばかりである。しかし、進行態の記述に関しては次のような問題点を指摘できる。

それは、（2. 節及び本書第4章で詳しく確認するが）当時の～テイル・～テアルには、「歩いている」「折っている」等のような具体的な動きを伴う進行態の確例が、実は、（一部の例外を除いて）見られないということである。この事実が先行研究の記述からは予測できない。

さらにいえば、こうした事実が見過ごされてきた背後には、次の二つの要因があると思われる。第一に、「当時の～テイル・～テアルには進行態を表している例がある」ということと、「当時の～テイル・～テアルは（現代日本語の～テイルのように）、全ての運動動詞の進行態を表せる」ということは別のことであり、明確に分けて記述する必要があると思われるが、先行研究は、この点に関して明示的ではないのである[*4]。

第二に、～テイル・～テアルという有標の形式のみに着目し、無標の形式である動詞基本形との関係を扱っていない点である。端的にいって、有標形式の特徴を指摘しただけでは、当時の体系を記述したことにはならない。既に、現代日本語では奥田靖雄（1978）、また中古日本語では鈴木泰（1992）等が指摘している通り、動詞基本形と他の形式との関係に着目することによって、初めて時間表現の体系が記述できるようになるのである。先ほど、当時の～テイル・～テアルには、具体的な動きを伴う進行態の確例が（一部

---

*4　なお、既然態という観点から見ても「当時の～テイル・～テアルには既然態を表している例がある」ということと、「当時の～テイル・～テアルは（現代日本語の～テイルのように）、全ての運動動詞の既然態を表せる」ということは別のことである。よって、当時の～テイル・～テアルが既然態を表す場合にも問題があるといえるのだが、この問題に関しては、第1章で本書なりの回答を示している。

の例外を除いて）見られないことを述べたが、一方で、（3.節で詳しく確認するが）当時の動詞基本形は、具体的な動きを伴う進行態の解釈が期待される場面で使用されており、～テイル・～テアルの表しにくい部分を補っているといえる。このような体系は、～テイル・～テアルと動詞基本形の分布を明らかにすることで、初めて見えてくることであり、～テイル・～テアルだけを観察していたのでは分からないことである。

本章では、先行研究のこのような問題点を踏まえて、現代日本語の～テイルと、当時の～テイル・～テアルとでは、それらが表す進行態の範囲に違いがあるのではないか、ということを念頭において観察を行う。加えて、～テイル・～テアルと動詞基本形の関係にも着目する。本章の考察を通して、従来の研究では明らかにされてこなかった、中世末期日本語の時間表現の体系を記述できると考えている。

本章の構成は次の通りである。まず、2.節で、中世末期日本語の～テイル・～テアルには、具体的な動きを伴う進行態の確例が（一部の例外を除いて）見られないことを指摘する。次に3.節で、中世末期日本語の動詞基本形が、具体的な動きを伴う進行態の解釈が期待される場面で使用されていることを指摘する。4.節で、～テイル・～テアルと動詞基本形によって構成される体系について、その背景を考察し、最後に5.節で本章の主張をまとめる。

2. 中世末期日本語の～テイル・～テアル

本章では、中世末期日本語の資料として、『狂言台本虎明本』『天草版平家物語』『天草版伊曽保物語』『醒睡笑』『きのふはけふの物語』を調査した[*5]。

---

*5　アスペクト的意味に影響がないと判断した場合、尊敬を表す助動詞等が接続している例も調査対象とした。金水敏（1997・2006）等の記述からも明らかなように、～テイタリの例は、～テイルと別に扱う必要があるので、調査対象から外している。なお、～テアルが過去を表している場合は用例として数えていない。～テイル・～テアルの例には、～テイタ・～テアッタのような～タが接続した例も含まれている（～ケリや～キが接続している例も若干あり、念のため、これらも調査対象としている。ただし、これら

調査結果を見ると、先行研究が指摘している通り、当時の～テイル・～テアルには進行態を表している例が確かに存在する（前節の（04）と（05）を参照）。

しかし、よく見ると、「歩いている」「折っている」等のように眼の前で具体的な動きが展開されているという進行態の確例は、ほとんど見られない。具体的な動きを伴う例は、進行態の典型的な例だと思われるが、それが、ほとんど見られないということになる（以下では、具体的な動きを伴う進行態を、便宜上、単に、「動きのある進行態」と呼ぶことにする。「動きのある進行態」に関する詳しい説明は、第4章を参照のこと）。本節では、この事実を確認していきたい。

まず、文末に見られる～テイル・～テアルは、延べ149例（～テイル90例、～テアル59例）あり、異なりは、～テイル68例、～テアル40例であった。次に、文中に見られる～テイル・～テアルは、延べ224例（～テイル150例、～テアル74例）あり、異なりは、～テイル96例、～テアル54例であった。つまり、当該資料中には、延べ373例の～テイル・～テアルがある[*6]。以下に具体例を示す。

の例を除いたとしても、本書の結論に支障はない）。また、～テイルのイルが明らかに「入る」「座（ゐ）る」であると判断できる例も用例から外した。ここまでは第1章の調査方針と同様である。ただし、本章の調査では、「具体的な動きが展開されている進行態の確例は、用例を広く採集しても、ほとんど見られない」ということを確認したいので、～テイルのイルが「入る」「座（ゐ）る」か意見がわかれそうな場合や、当該の～テアルが過去を表しているのか判断に迷う場合は、念のため、用例として数えた。この点が、第1章の調査方針とは異なる。このため、第1章とは用例数が一部異なっている。もちろん、今回調査対象に含めた例を用例数から外しても本書の結論に支障はない。

*6　資料ごとの～テイル・～テアルの延べ数（文末と文中の数を合計したもの）を示す。

	虎明本	天草平家	天草伊曽保	醒睡笑	きのふはけふ
～テイル	138	46	22	27	7
～テアル	67	28	1	32	5

(06)　～テイルの例

（ア）よびにやつて参るあひだまつていまらした
（『狂言台本虎明本』上 p.320）

（イ）つれほしうて是にやすらふていまらした
（『狂言台本虎明本』上 p.43）

（ウ）たつてゐるをひきすゆる　（『狂言台本虎明本』中 p.10）

(07)　～テアルの例

（エ）いまだこの者どもわ命の生きてある（iqite aru）にこそ
（『天草版平家物語』p.67）

（オ）壁の根に菊一本咲てあり　（『醒睡笑』p.303）

（カ）もはやかたはしはちりがたになつて、下におちて有がなを見事で、　（『狂言台本虎明本』上 p.298）

そのほとんどが、具体的な動きのない進行態（（ア）（イ）や（エ））か、あるいは既然態（（ウ）や（オ）（カ））を表している[*7]。動きのある進行態の確例は、次の（08）～（10）のような発話に関係する例に見られるのみであり、この意味で、確例は極めて限定されているといえる[*8]。

(08)　［太郎冠者が独り言を言っているのを主人が見つける］
むさとしたる事を、ひとり事に云ている、

---

*7　具体的な動きのない進行態と、既然態との区別は、研究者によって揺れがあるかもしれない。しかし、ここでのポイントは、「動きのある進行態の確例が（一部の例外を除いて）見られない」ということなので、具体的な動きのない進行態と既然態の区別に揺れがあっても、本書の結論に対して決定的な支障にはならないと判断した。

*8　（08）～（10）のような例について筆者（福嶋）の見解を述べたい。大局的に見ると、本章が確認している傾向は、現代日本語のようなテンス・アスペクト・モダリティ体系を形成する過程の一段階を示していると捉えられ、このような過渡期には、一部の動詞で、動きのある進行態を表している～テイル・～テアルの例が見られても、不自然なことではないと考えている。ただし、なぜ、「発話に関係するもの」に偏るのかということは、よく分からない。今後の課題としたい。

（『狂言台本虎明本』中 p.130）

（09）　親子三人念仏していた（nenbut xite yta）ところに

（『天草版平家物語』p.104）

（10）　沙汰のかきりそいつは観音経を一部いふてあつたと

（『醒睡笑』p.85）

発話に関係するものを除けば、あとは確例とは言い難い例が若干あるばかりである[*9]。

本章では、文末の例はもとより文中の例も調査しているので、もし、「歩いていて」「（木を）切っていた（が）」「回っている（ほどに）」等の例があれば、動きのある進行態の確例として採集するわけだが、当該資料中に、このような～テイル・～テアルの例は（先に見た少数の例以外には）ない。

詳しくは次節で見るが、当該資料中には動きのある進行態が期待される場面は少なからずあるので、当時の～テイル・～テアルが、現代日本語の～テイルと同じような範囲で進行態を表せるのであれば、「折っている」「夜回りをしている」「（鞠を）蹴っている」「（大豆を）蒔いている」「（水を）かけている」「酒盛りをしている」等の進行態の例があってもよいはずである。し

---

*9　用例の詳しい検討は、第4章で行うが、ここでも、簡単に言及しておきたい。確例とは言い難い例は次のものである。［　］の中に確例とはいえない理由を述べる。

・茶の湯にすいたれは、おくのまにしかけておいたが、いかにもりん〳〵と、たぎつてある、（『狂言台本虎明本』下 p.119）［この例は、「湯が沸き立っている」というような解釈であり、変化後の状態を述べている例（既然態の例）とも考えられる。］
・あるとき、昼事をしてゐられた。（『きのふはけふの物語』p.154）［「～事」がついている例は動きのある進行態の確例とは考えにくい。］
・親義とゆう者があなたにものを書いていたが、（『天草版平家物語』p.304）［この例には、［場所］ニ格句がある。このニ格句が主体の存在場所を表す［場所］ニ格句であれば、「あなたに（ものを書いている状態で）親義が存在する」という、存在文よりの解釈が可能である。］
・筑紫の五百羅漢へ参る時、はりまのいなみ野をとをつてあれは、おほきな牛がふせつ

かし、典型的な進行態の例ともいえる、このような〜テイル・〜テアルの例は、見つけることができないのである。

これらのことから、当時の〜テイル・〜テアルと、現代日本語の〜テイルとに異なりがあると考えるべきだろう。従来の研究では、中世末期日本語の〜テイル・〜テアルは進行態を表しているとされてきた。しかし、本章の調査から明らかなように、実は、動きのある進行態の確例はかなり限定されており、むしろ、進行態を十分に表せる段階ではないと考えた方が自然である。

なお、誤解のないように次の点を強調しておきたい。本書では、「当時の〜テイル・〜テアルに、動きのある進行態の例は全くないはずだ」という強すぎる主張をしているわけではない。例えば、「（今、目の前で）太郎が廊下を走っている」という例があったとしたら、どの研究者も具体的な動きのある進行態の例と考えるだろう（このような例を確例と考えている）。こういった分かりやすい例が、ほとんど存在しない、ということに、現代日本語の〜テイルとの差を見ているということである。

3. 中世末期日本語の動詞基本形

前節で見たことから、当時の〜テイル・〜テアルは、現代日本語の〜テイルと比べて表せる範囲が限られているといえる。一方で、当時の動詞基本形を見ると、現代日本語の動詞基本形よりも、〈現在〉の領域（現代日本語で解釈する場合、〜テイルで解釈したくなるような領域）に分布しており、ここに、〜テイル・〜テアルと動詞基本形とで構成される、当時の体系を見ることができる。いわば、〜テイル・〜テアルの表せる範囲の狭さを、動詞基

ておつて、（『狂言台本虎明本』下 p.66）［この例は条件表現である。このような〜テアレバの例は、進行態の確例とはいえない。詳細は第６章を参照のこと。］

ただし、これらの例を動きのある進行態と考えたとしても、全体的な傾向に変わりはないので、ここでの主張に決定的な支障をきたすことはない。

本形が補っていたと考えられるのである。本節では、このことを端的に確認できる、文末の述語と、ウチ（ニ）節の節述語とに着目し[*10]、そこに現れる動詞基本形を調査することで、〜テイル・〜テアルの表せる範囲の狭さを、動詞基本形が補っていたことを確認する。

3. 1.　文末の場合

文末の述語に見られる動詞基本形を調査すると、現代日本語で解釈する場合に、動きのある進行態を表す〜テイルが期待される場面で、動詞基本形が使用されている例がある。次のような例である。

（11）　されはこそ竹の子をおるよな、　（『狂言台本虎明本』下 p.84）

（12）　あらきどくや、おくびやうなやつじやがきどくに夜まはりをするよ、　（『狂言台本虎明本』中 p.126）

（13）　おとのするをけると云て　（『狂言台本虎明本』中 p.427）

（14）　いや太郎くわじやをせつかん致す　（『狂言台本虎明本』中 p.116）

（15）　「雨は降るか、降らぬか」と問ふ時、田夫のむすこ見ていふ　（『醒睡笑』p.196、かぎ括弧は福嶋）

（16）　田夫畠をうつ折節隣郷の百姓とをり合せ「是は何をまくぞ」と云に

---

*10　前節では、「当時の〜テイル・〜テアルには、動きのある進行態の確例が（一部の例外を除いて）見られない」ことを確認するために、〜テイル・〜テアルの全用例を見た。本節では、「動きのある進行態の解釈が期待される場面に、動詞基本形が使用されている例がある」ことを確認するために、現象を比較的分かりやすく把握できる環境に着目する。なお、ウチ節とウチニ節をまとめて考察するので、ウチ（ニ）節と表記している。

（略）己れか調子をひきく「大豆をまく鳩か聞く程に」
（『醒睡笑』p.225、かぎ括弧は福嶋）

（11）は、竹藪の主が見回りに行き、隣の畑のものが竹の子を折っているところに出くわすという場面である。（12）は、太郎冠者がちゃんと留守番をしているか主人が確かめに行き、夜回りをしている太郎冠者を見つけるという場面である。また、（13）は、勾当達が蹴鞠しているのを通りがかりの男が見つける場面である。（14）は、太郎冠者を叩いている主人に、仲裁人が何をしているのかと問い、主人が自分のしていることを説明している場面である。（15）は、子供に雨が降っているかどうかを聞いている場面である（今後の天気を聞いている場面ではない）。（16）は、何を蒔いているかという問いに、大豆を蒔いていると答える場面である。これらの例は、いずれも、現代日本語においては、「折っている」「夜回りをしている」「蹴っている」「折檻している（折檻しています）」「降っている」「蒔いている」のように、～テイルで解釈する方が自然だろう。次の（17）～（19）も同様である。

（17）　雨もふらぬにかさをさひて歩くは　（『狂言台本虎明本』下 p.77）

（18）　［女が嘘泣きのために、水を顔に塗っている。それを見つけた太郎冠者］誠になくかと思ふたれは、そばに水ををひて目へぬる、扨々にくひ事じや、　（『狂言台本虎明本』上 p.175）

（19）　［山伏が柿を盗み食いしている所を見回りに来た柿主が見つけて］言語道断の事、いかめの山ぶしが、かきをとつてたぶる、何とがないたさう、　（『狂言台本虎明本』上 p.416）

この（11）～（19）のように、動きのある進行態を表す～テイルが期待される場面で、動詞基本形が現れている例は、延べ72例あった[*11]。動詞（一部、動詞句）のリストを挙げると次のようになる。

(20)　遊ぶ、歩く、息をつく、言ふ、おしやる、折る、からかふ（問答するの意）、食ふ、蹴る、死なうとする、鍬す、すくふ、せつかん致す、せつかん仕る、たづぬる、たぶる、袂をしぼる、つとめを致す、とをる、泣く、塗る、念仏申す、降る、へへする、仏参りを仕る、ほへる、蒔く、むせぶ、むつかる、申す、よばはる、呼ぶ、夜回りをする、落涙する、狼藉をふるまふ、渡る、笑ふ

以上のことから、動きのある進行態と解釈される場面で、動詞基本形が使用されていることが分かる[*12]。

現代日本語でも、「またおかしなことを<u>言う</u>」等のように（主に、相手の動作に対して）評価的なニュアンスが強い場合に動詞基本形が使用される場合があり、先に挙げた中世末期日本語の用例にも、このような例が混じっている可能性はある。しかし、そのことを考慮しても、以下の二つの理由により、この時代の動詞基本形は（動きのある進行態の解釈が期待される場面で使用されているという点で）現代日本語の動詞基本形よりも、中古日本語の

*11　研究者によって用例の解釈に揺れが出る場合があるが、この問題は、3. 2. 節の観察（より詳しくは、第5章での観察）で克服したい。参考までに、資料ごとの延べ数を示しておく（『天草版平家物語』で用例がないのは、そもそも、文末で動詞基本形が用いられている例が少ないことによると思われる）。

	虎明本	天草平家	天草伊曽保	醒睡笑	きのふはけふ
用例数	51	0	1	16	4

*12　ただし、当時の動詞基本形が積極的に進行態を表す形式であったと主張しているわけではない。ここでは、「動きのある進行態と解釈される場面で、動詞基本形が使用されている」ということを主張しているのである。このあたりの、形式と意味の記述方法に関しては、第17章で議論しているので、そちらを参照して頂きたい。なお、「前後の状況から結果的に進行態を表しているように解釈できるだけという可能性」は、福嶋健伸（2004a）の注13でもはっきりと指摘している。また、本書で議論している動詞基本

動詞基本形に近い分布をしていると思われる。まず、第一に、例えば（14）〜（16）のように、評価的なニュアンスが強いとは言い難い用例が存在する。第二に、前節で確認した通り、中世末期日本語の〜テイル・〜テアルの表せる範囲が現代日本語の〜テイルよりも狭いという事実がある以上、当時の動詞基本形の分布に関する本書の見解は自然であり、この時代の動詞基本形の分布が、現代日本語の動詞基本形と同じだと考えることは不自然である。

以上の二つの理由に加えて、次節でウチ（ニ）節の節述語を調査し、さらに観察の妥当性を高めたいと思う。

3. 2.　ウチ（ニ）節の節述語の場合

この 3.2. 節では、解釈の揺れが比較的少ないウチ（ニ）節の節述語に着目する。本小節の観察を通して、動詞基本形と〜テイル・〜テアルの分布がよりはっきりと確認できるようになる。

時間関係を表すウチ（ニ）節は「主節が表す出来事の発生する期間を限定する」という機能が基本であり、多くの場合、その節述語は、「ある程度の時間幅を有している出来事が継続している」と解釈される。つまり、節述語が動作動詞の場合は進行態の解釈が安定して得られるわけである。また、先行研究や、『ロドリゲス日本大文典』（ジョアン・ロドリゲス著、土井忠生（訳註）『日本大文典』三省堂、1955 年）及び『日葡辞書』（土井忠生・森田武・長南実（編訳）『邦訳 日葡辞書』岩波書店、1980 年）の記述などを見る限り、ウチ（ニ）節の節述語の解釈は、現代日本語と中世末期日本語とで大きな違いはないようである[*13]。さらに、ウチ（ニ）節の節述語の場合、評

形の分布に関しては、仁科明（2014）でいう「無標性」レベルの議論、つまり、他の形式との関係を念頭に、その分布を見ていくというレベルで考えている。

*13　先行研究では、日野資純（1991）、天野みどり（1997）を主に参考にした。また『ロドリゲス日本大文典』は「VCHI（内）の附則一」を、また『日葡辞書』は「Vchi.（ウチ）」の項を主に参考にした。なお、より詳しくは第５章を参照のこと。

価的なニュアンスによる問題もなく、その点でも観察対象として適切である。

ウチ（ニ）節の節述語を調査すると、動詞基本形は延べ62例あったが、そのうち、55例が、以下に見るように、動きのある進行態を表していると解釈される場面で使用されている。

(21)　水かくる内、女出て、なふかなしや、何といふぞ、
（『狂言台本虎明本』上 p.359）

(22)　酒をいだして、さかもりするうちに（『狂言台本虎明本』中 p.159）

(23)　ぶたい一反おいまはる内に、ちう人いでゝ、
（『狂言台本虎明本』中 p.186）

(24)　ひやうしにかかつてうつ内に、かたなをみせぬやうにいだす
（『狂言台本虎明本』上 p.87）

この（21）～（24）のような、動きのある進行態として解釈される動詞基本形の例には、他に次のものがある（助動詞等も接続させた形で示す）。

(25)　あなたこなたへよる、云ふ、（一いのり）いのる、いよふ（射よう）とする、うたふ、仰らるる、おしやう（押し合う）、きする（着せる）、きる（着る）、ける（蹴る）、こしらへる、こしらゆる、ざうたん（雑談）して行、じぎをする、しんをとる、せむる、漂い歩かるる、談合する、つえを尋る、つくる（付ける）、つれてくる、とかうすかしまらする、とりさへる、ぬぐ、（逆茂木を）のけなんどする、はやす、ほむる、まはる、申す、わきめふる、わたる、わらふ

ウチ（ニ）節の節述語において、動詞基本形の例が多く観察されるのに対して、〜テイルの例は、「つやしている」「生きている」「足をとられている」「はいつている」の、わずか4例のみであり、動きのある進行態の例は全くない[14]。

さらにウチ（ニ）節の節述語に見られる用例数とその比について、現代日本語の調査[15]と対照させて示すと、次のようになっている。比率がほぼ逆転しており、分布に大きな違いが見られることは明らかである（ここまではっきりとした違いがあれば統計的な検定をするまでもないが、念のため、数値を示すと、直接確率計算（2 × 2）の両側検定で、p=0.0000である）。

(26)　**表　中世末期日本語のウチ（ニ）節の節述語に見られる〜テイルと動詞基本形の用例数と比**

	〜テイル	動詞基本形	〜テイル：動詞基本形
中世末期日本語	4	62	約 1:16
現代日本語	112	9	約 12:1

このように当時のウチ（ニ）節の節述語からも、「中世末期日本語の動詞基本形は、動きのある進行態の解釈が期待される場面で使用されており、その点で現代日本語のそれよりも、〈現在〉に広く分布していること」が確認できる。

2.節と3.節の観察を通して、当時がどのような体系であったのか議論可能なレベルで確認できたと思う。それでは、次節で、当時の体系について、その背景を考察したい。

---

*14　ウチ（ニ）節の節述語には〜テアルの例がなかったことを付け加えておく。

*15　『CD-ROM版　新潮文庫の100冊』の中の1940年以降に生まれた日本人作家（赤川次郎、沢木耕太郎、椎名誠、高野悦子、藤原正彦、宮本輝、村上春樹）の作品全てを現代日本語の資料とした（詳細は、第5章を参照のこと）。

4. 考察

本節では、当時の〜テイル・〜テアルが進行態を十分に表せる段階ではないことの理由を指摘し、当時の体系の背景を考察する。

その理由として、まず、当時の〜テイルと〜テアルには、存在動詞「イル」「アル」の意味が比較的強く残っていたため、表せる範囲が限られていたということが考えられる。この指摘の根拠を述べると、〜テイルに関していえば、この時代にはまだ〜テル形（〜テイルからイの脱落した形）の例がなく[*16]、さらにいえば、前章で指摘したように「10年前に一度走っている」のような過去の経験として解釈できる〜テイルの例もない。加えて、本章1.節で確認した通り、当時の〜テイルの主格名詞は有生物に限られているが、これは存在動詞「イル」の特徴と一致している。〜テアルに関しても同様であり、当時の〜テアルと存在動詞「アル」は、共に主格名詞が有生物であっても無生物であってもよいことが知られている。この現象は、存在動詞「イル」「アル」の主格名詞の選択が、〜テイル・〜テアルに影響しているのだと考えられる（主格名詞の選択に関して、山下和弘（1996）にも、ほぼ同様の指摘がある）。これらのことから、当時の〜テイル・〜テアルには、存在動詞「イル」「アル」の意味が比較的強く残っていたといえる。そのため、進行態を十分に表せる段階ではなかったのだろう（繰り返すが、進行態を全く表さないというわけではなく、過渡的な段階だったと考えた方が現象に則していると思う）。そして無標の形式である動詞基本形がそれを補って体系を形成していたといえる[*17]。つまり、当時の〜テイル・〜テアルは進行態を

---

*16　坪井美樹（1976）によると、〜テル形が使われ始めるのは近世後期の江戸語からのようである。近世後期江戸語の〜テイルと〜テルに関しては、坂梨隆三（2002）も参照のこと。

*17　参考までに動詞基本形以外の形式について簡単に述べると、「動詞＋イル」の表現は、中古から中世の間に口語の世界においては衰退しており（柳田征司（1991）参照）、また、〜テゴザル（〜テゴザアル）等には〜テイル等にはない意味が付与されている。従って、動詞基本形が相対的に最も適当な候補であるといえる。

表す形式として現代日本語の〜テイルほど発達していなかったということが、〜テイル・〜テアルと動詞基本形の分布の背景として考えられるのである。

なお、（前章で述べた通り）〜テアルの一部には存在動詞の意味が強く残っているとは言い難い例もある。次のような例である。

(27)　言語道断にくひ事にて有、汝はたしかにしつてあるか
（『狂言台本虎明本』下 p.69）

(28)　［食べた物の名前を忘れてしまった太郎冠者に、大名が質問している］朝くらて有か　（『狂言台本虎明本』上 p.233）
※「食らうて」の「う」の脱落と解釈した。

（27）の〜テアルは「知っている」と解釈される例、（28）の〜テアルは、過去の経験を表していると解釈される例である。これらの〜テアルに「アル」の意味が強く残っているとは考えにくい。

しかし、このような〜テアルには文体的な特徴がある[*18]ので、当時の〜テアルの使用が限られていたことに変わりはなく、いずれにせよ、当時の〜テイル・〜テアルには制約があったといえる。つまり、当時の〜テイル・〜テアルには制約があったという、前章で述べたことと全く同じ観点から、各形

---

*18　柳田征司（1991:218）は、虎明本の中で主格が有情物である場合、〜テアルは荘重さをもたせて語る会話文に用いられる、という傾向を指摘し、「文語色を帯びてきていたのではないか」と述べている。さらに、柳田征司（1991:218）は虎明本の「鶏猫」という曲に、〜テアルが集中していることを指摘している。また、手坂凡子（1999）は、狂言台本虎明本の〜テアルは、主に対話中で上位者から下位者へ使用されること、「鶏猫」「朝比奈」「夷毘沙門」の三曲に〜テアルが集中して現れること等を指摘しており、〜テアルの使用できる場面が限られていたことがうかがえる。この時代の全ての〜テアルに文体的な制約が見られるわけではないが、先行研究の指摘から、少なくとも（27）や（28）のような〜テアルは、使用できる場面が限られていたことが分かる。このような文体的な特徴のある〜テアルは、柳田征司（1991:217）が「「テアル」後退のきざし」と表現しているように、中世末期以降、次第に無くなっていくようである。〜テアルに関しては、第1部付章も参照のこと。

式の分布を統一的に捉えることができるのである。

5. おわりに

本章で述べたことをまとめると次のようになる。

(29)　中世末期日本語の〜テイル・〜テアルは、進行態を十分に表せる段階ではない。このような〜テイル・〜テアルの表せる範囲の狭さを、動詞基本形が補う形で体系を形成していたといえる。

(30)　この（29）の背景として、当時の〜テイル・〜テアルには制約（存在動詞「イル」「アル」の意味が比較的強いことによる制約、文体的な特徴による制約）があったことが考えられる。

本章の観察と考察を通して、従来の研究では詳らかにされてこなかった中世末期日本語の〜テイル・〜テアルと動詞基本形の分布、及びその背景を捉えることができたと思う。

本章の結論は、「現代日本語の動詞基本形が、どのような過程を経て、〈非状態（完成的）〉を表すようになったのか」という動詞基本形の分布の変遷に関する問題が、「〜テイル（現在の状態を表す形式）が台頭してくる」ことに、密接に関係していることを示している。本章の結論は、次のことを意味しているからである。

(31)　①中世末期日本語においては、〜テイルはまだ存在文的な意味に偏っており、〜テイルの有無によって、〈状態（継続的）〉〈非状態（完成的）〉の対立が表現されるという、現代日本語のようなシステムを有していない。

②中世末期日本語においては、この①に見られるような〜テイルの発達の未熟さを、動詞基本形が補って体系を形成している。中世

末期日本語では、〜テイルと動詞基本形とが、〈状態〉〈非状態〉の対立を成しているわけではないのである。このため、〜テイルが〈現在〉、動詞基本形が〈未来〉のように、分かれて分布しているわけでもない。

つまり、現代日本語への変遷を念頭におけば、〜テイルの発達に伴う、〈状態〉〈非状態〉の対立というアスペクトシステムの確立と、動詞基本形が〈未来〉、〜テイルが〈現在〉というテンスシステムの確立が、テンス・アスペクト体系として相関していることになるわけである。

何度も述べた通り、中世末期日本語は、近代日本語のスタート地点ともいえる言語であり、時期的にも、古代日本語と現代日本語の中間ともいえる言語である。古代日本語の動詞基本形の状況や、現代日本語の〜テイルや動詞基本形の状況を押さえた上で、本章の結論である（29）や（30）をみると、まさに、古代日本語と現代日本語の中間といえる様相を呈している。使用され始めて間もない存在型アスペクト形式の分布が、存在文的な意味に偏ることは、自然なことだろう。存在文的な意味から、存在型アスペクト形式が発達していったということであり、本章の結論は、歴史的な変化の中で考えても、ごく自然なものと思われる。

また、本章が確認した「動きのある進行態の解釈が期待される場面で、動詞基本形が使用される」ということは、中古日本語の動詞基本形にも見られることである（鈴木泰（1992）等参照）。この点、中古日本語の動詞基本形の分布が、（少なくとも本章が問題とした部分に関しては）中世末期日本語にも、ある程度、引き継がれていると考えて差し支えないと思う。要は、現代日本語の動詞基本形の分布と比べると、中世末期日本語の動詞基本形の分布は、古代日本語の動詞基本形の分布に近いということであり、当然といえば当然のことである。

次章では、当時のテンス・アスペクト・モダリティ体系を記述するために必要不可欠な、〜ウ・〜ウズ（ル）と動詞基本形の関係を、見ていくことにする。

第3章　中世末期日本語の～ウ・～ウズ（ル）と動詞基本形— ～テイルを含めた体系的視点からの考察 —

要　旨

本章は、中世末期日本語の～ウ・～ウズ（ル）と動詞基本形の関係について、～テイルという形式も含めた体系的な視点から、考察を行うものである。

周知のことであるが、中世末期日本語では、意志・推量を表す形式である、～ウや～ウズ（ル）が、連体節内に多用されている。一方、現代日本語では、意志や推量を表す形式（～ウ／～ヨウ、ダロウ）は連体節には現れにくく、動詞基本形（スルの形）を用いるのが自然である。これらの現象自体はよく知られたことであるが、しかし、「中世末期日本語において、～ウ・～ウズ（ル）と動詞基本形はどのような関係にあったのか」という点は明らかではない。

そこで本章では、用例調査を行い、具体的な数値をもとに、両者の関係とその背景を考察する。結論を述べると、（ｉ）の事実を指摘し、その背景として、（ii）と（iii）が関わっていることを述べる。

（ｉ）　中世末期日本語の動詞基本形は、現代日本語の動詞基本形と比べて、〈未来（以後）〉を表しにくかった。そのような、当時の動詞基本形が表しにくい領域には、～ウ・～ウズ（ル）が分布していた。

（ii）　当時の動詞基本形の分布は〈現在（同時）〉に傾いていた。

（iii）　当時の～テイルは、現代日本語の～テイルと比べると、状態化形式としての発達の度合いが低く、〈現在（同時）〉の領域を、全て表せるわけではなかった。

「～ウ・～ウズ（ル）」の連体節内での多用という現象を、単に「～ウ・

〜ウズ（ル）」の特徴として記述するだけではなく、〜テイルも含めた当時の言語体系の中に位置付けて記述する点に、本章の意義がある。

1. はじめに

前章では、中世末期日本語の〜テイル・〜テアルと、動詞基本形の関係をみた。本章では、現代日本語への変化ということを念頭に置き、当時の意志・推量を表す形式である〜ウ・〜ウズ（ル）[*1]と、動詞基本形の関係について観察し、従来の研究では指摘されてこなかった各形式の分布の偏りを記述したい。なお、正確には、〜ウ・〜ウズ（ル）を「意志・推量を表す形式」とすることは妥当ではなく、〈非現実（irrealis)〉を表す形式とするべきだが、本章では、便宜上、「意志・推量」という用語を用いて議論を進める（〈非現実〉については、第８章の議論を参照のこと)。

中世末期日本語において、いわゆる意志・推量を表す形式である〜ウ・〜ウズ（ル）が、連体節内に問題なく生起することは、よく知られている。

(01)　この学者を殺さうこと（corofŏ coto）は本意無い
（『天草版伊曽保物語』p.433)

(02)　［忠盛が、闇討ちの情報を聞いた場面］今、不慮の恥にあわうずる事（auŏzuru coto）わ家のため、身のためこころ憂いことぢゃほどに
（『天草版平家物語』p.4)

---

*1　〜ウ・〜ウズ・〜ウズルに共通する、「現代日本語においては、動詞基本形（スルの形）で解釈される領域に分布していた」という問題を議論したいので、〜ウ・〜ウズ（ル）と表記し、まとめて扱う。蜂谷清人（1971）や山内洋一郎（1997）等の多くの先行研究によって、これらの形式の異なりや特徴、成立等が明らかにされており、当然のことながら、各形式の違いが全くないと主張したいわけではない（共通する部分を論じたいのである)。なお、先行研究の表記や問題意識にあわせる場合には、ウ・ウズ等と表記することがある。

一方、現代日本語においては、意志を表す形式である〜ウ／〜ヨウや、推量を表す形式である〜ダロウは、連体節内には現れにくく、〜ウコト・〜ダロウコト等とは言いにくいことも、よく知られている（金田一春彦（1953）、三原健一（1995）等参照）。この点、中世末期日本語の〜ウ・〜ウズ（ル）は、現代日本語の〜ウ／〜ヨウ、〜ダロウよりも分布が広いといえる。

このような問題について、山口堯二（1991）では、古代語から近現代語への変化を念頭に置き、古代語のム・ラム・ケムが連体法や準体法に多用されるのは、これらの形式が、ムードという主体の作用面だけではなく、対象のありようも表していた（作用面と対象面が強く融合していた）ことの結果であると考え、（中世末期の）ウ・ウズもこのような融合性を保っていること、一方で近現代語のダロウ、ウ／ヨウはムード形式化が進んでいること等を指摘している[*2]。

本章では、これらの研究を踏まえた上で、さらに「当時の〜ウ・〜ウズ（ル）と動詞基本形の分布」、及び「その分布の背景」を考えたい。

前述の（01）や（02）の例を現代日本語で解釈する場合は、「殺す（こと）」「あう（こと）」のように、動詞基本形（スルの形）で解釈するのが一般的である。しかし、中世末期日本語にも動詞基本形は存在していたわけであり、（01）や（02）の例に、〜ウ・〜ウズ（ル）が使用されていることを考察するにあたっては「動詞基本形が使用されていないこと」の背景を考える必要がある[*3]。

前章でも述べた通り、有標形式の特徴を指摘しただけでは、当時の体系を

---

*2　なお、山口堯二（1991）と本書とでは、ムードの定義が異なっている（本書のムードやモダリティの定義については、第8章を参照のこと）。また、山口堯二（1991）とは論点や枠組みが異なるため単純な比較はできないが、大鹿薫久（2004）も、当時の「う」が、対象性・作用性の分化という方向には向かわなかったことや、「うず」そのものは作用性が希薄であったかもしれないことを述べている。

*3　動詞基本形が使用されていないことの背景として、「（連体節内に入りうる）有標形式の〜ウ・〜ウズ（ル）が存在していたからだ」のように述べるだけでは、結局、観察できる現象の言いかえになってしまい、循環論となる。よって、本章が7.節以降で示すような観点からの考察が必要だと思われる。

記述したことにはならない。無標形式である動詞基本形と、有標形式（ここでは、〜ウ・〜ウズ（ル））との関係に着目することによって、初めて当時の体系が記述できるようになるのである。しかし、これまでの研究では、当時の動詞基本形と〜ウ・〜ウズ（ル）の関係は不明のままであった。これでは、当時の体系を記述することができず、さらには、体系的な変遷を見通すこともできない。

そこで本章では、当時の動詞基本形に着目し、動詞基本形と、有標形式である〜ウ・〜ウズ（ル）とが、どのような分布を成していたのか、という観点から調査を行い、考察を進める。

2. 仮説、及び本章の構成

ここで、本章が考えている仮説を示し、議論の流れと構成を説明したい。鈴木泰（1992）等の成果により、古代日本語の動詞基本形は、現代日本語のそれと比べて、〈未来（以後）〉[*4]を表しにくく、〈現在（同時）〉に傾いていたことが既に分かっている[*5]。また、〈未来（以後）〉を表す表現には、時間的な側面に加え、意志や推量といった側面（〈非現実〉の側面）が密接に関係してくることもよく知られている[*6]。これらのことを手がかりとして、次のような仮説を考えている。

---

*4　発話時基準の例では〈未来〉、主節時基準の例では〈以後〉ということになるが、本書では両者を一括して、〈未来（以後）〉と表記し、まとめて扱う。このような処理をする理由は、発話時・主節時の別にかかわらず、ある基準点より後であるという点が共通してさえいれば、本書の議論の範囲内では支障は生じないと判断したためである。〈過去〉と〈以前〉、〈現在〉と〈同時〉についても、同様に、〈過去（以前）〉、〈現在（同時）〉と記す。

*5　この点は、福沢将樹（1997）、仁科明（2014）、土岐留美江（2010）等の議論も参照のこと。

*6　例えば、工藤真由美（編）（2004:62）にも、「〈未来〉に、発話時以後というテンス的側面と、非現実あるいは予期というムード的側面があることは、既に常識になっている」とある。

（03）　**【仮説①】**中世末期日本語の動詞基本形は、現代日本語の動詞基本形と比べて、〈未来（以後）〉を表しにくかった[*7]。

【仮説②】当時の動詞基本形が表しにくい領域には、～ウ・～ウズ（ル）が分布していた[*8]。

本章の3.節～6.節では、この仮説が妥当であることを、具体的な数値をもとに検証したい。その後、7.節において、次の（04）の問題について考察する。

（04）　中世末期日本語の動詞基本形が、現代日本語の動詞基本形と比べて、〈未来（以後）〉を表しにくかったことの背景には、どのようなことがあったのか。

この（04）の問題には、当時の～テイルの分布が関与していることを指摘することになる。以上を踏まえた上で、8.節において、～ウ・～ウズ（ル）、動詞基本形、～テイルの分布が、体系的に捉えられることを示し、連体節における～ウ・～ウズ（ル）の多用という現象もこの体系を反映したものであることを述べる。最後に9.節において本章の主張をまとめる。

---

*7　ここで、「（現代日本語に比べて）表しにくい」という表現について補足したい。この表現は、中世末期日本語と現代日本語を比べた場合の相対的な違いを意識してのものである。具体的には、「中世末期日本語で、動詞基本形が〈未来（以後）〉を表している例の割合は、現代日本語に比べて低い」というような数値上の差が、両言語の特徴を考える上で無視できないくらいにあるという意味で用いている。なお、「当時の動詞基本形は〈未来（以後）〉を全く表さない」と主張しているのではない。5.1.節や6.1.節で示す調査結果から分かるように、中世末期日本語にも、〈未来（以後）〉を表す例は（現代日本語と比べて割合は低いが）存在する。これは、当時の動詞基本形が、〈未来（以後）〉の領域へと移行していく過渡期にあったことを示していると考えている。

*8　用例の解釈等において、「〈未来（以後）〉を表している～ウ・～ウズ（ル）」等の表現を用いる場合があるが、これは、「現代日本語で解釈する場合には、〈未来（以後）〉を表す動詞基本形で解釈することになる」という意味で用いている。よって、当該形式を、「意志・推量形式ではなく、純粋に〈未来（以後）〉を表す時制形式だ」と主張しているわけではない。既に述べた通り、～ウ・～ウズ（ル）は、〈非現実（irrealis）〉を表

3. 仮説の検証方法

検証方法としては、「(03) の仮説が正しければ、このような分布になるだろう」ということを予測し、その後、実際に調査して予測の妥当性を確かめるという方法をとる。

検証にあたっては、「〈未来（以後）〉か否か」という出来事の時間的前後関係を把握することが重要になるが、そのような調査に適した環境として、原因・理由節と目的節が考えられる。以下で、これらの従属節が調査に有効である理由と、予測される分布の偏りについて述べたい。

まず、原因・理由節について述べる。原因・理由節は、前件と後件の因果関係を示すものである。よって、どのような因果関係にあるかを考えることで、前件と後件の時間的前後関係を把握することができるため、調査に有効であると判断した。

もし (03) の仮説が誤っており、当時の動詞基本形が、現代日本語と同程度に、〈未来〉や〈以後〉を表すことができるのであれば、次の (05) のような〈未来〉かつ〈以後〉の例や、(06) のような〈未来〉の例、(07) のような〈以後〉の例が、ある程度まとまって（現代日本語と同じように）みられるはずである（本書が基準点をどのように考えているのか、ということもあわせて示す[*9]）。

(05)　（夕方に）人と会うから、（昼に）美容院にいく。
　※この例は、発話時を基準点としてみれば、〈未来〉の出来事を表してお

す形式だと考えている。

*9 「個々の例の基準点や前後関係を、どのように判断するのか」という用例処理の問題とは別に、「どのような場合に、どのように基準点が決まるのか（どのように相対テンスというシステムが台頭してきたのか）」という問題があるが、この点については、今後の課題と考えている。当時のテンス体系の詳細が分かれば、より精緻な記述が可能になることは事実であり、今後、橋本修（1994）や井島正博（1996・2011・2022）、末吉勇貴（2021・2024）等の成果をもとに検討していきたい。

り、また、主節時を基準点としてみれば、「美容院に行く」→「人と会う」の順なので、〈以後〉の出来事を表している。よって、いずれにせよ、〈未来（以後）〉の例ということになる。

(06)　彼が明日で会社を辞めるから、来月の出張は私が行く。

※この例は、発話時を基準点としてみれば、〈未来〉の出来事を表しており、また、主節時を基準点としてみれば、「辞める」→「行く」の順なので、〈以前〉の出来事を表している。本書では、このような場合は、〈未来〉を表している例として処理をした。仮に（06）の「辞める」が〈以前〉を表しているとすると、「辞めたから」と言いかえられるはずであるが、実際にはそのような言い方は許容できない。よって、〈以前〉の例ではなく、〈未来〉の例であることが分かる。

(07)　友達が来るから、部屋を掃除した。[「友達が来る」のは22日、「掃除した」のは21日、発話時は23日という状況]

※この例は、発話時を基準点としてみれば、〈過去〉の出来事を表しており、また、主節時を基準点としてみれば、「掃除する」→「来る」の順なので、〈以後〉の出来事を表している。本書では、このような場合は、〈以後〉を表している例として処理をした。仮に（07）の「来る」が〈過去〉を表しているとすると、「来たから」と言いかえられるはずであるが、実際には言いかえられない（意味が変わってしまう）。よって、〈過去〉ではなく〈以後〉の例であることが分かる。

しかし、もし、仮説が正しければ、(05)～(07)のような動詞基本形の例は割合が低く（あるいは分布が制限されており）、以下にみるような、〈未来（以後）〉以外の例、つまり、従属節の事態が、〈過去（以前）〉、〈現在（同時）〉、〈反復・習慣〉、〈恒常〉等である例に、偏ることになるだろう。

(08)　友達が真っ赤になって怒るから、おしゃべりをやめた。

※「怒る」→「やめる」の順であり、「怒ったから」という言い方にかえても大きな差がでない。岩崎卓（1994）の「従属節事態先行型」の例である。

(09)　彼女が（さっきから）寂しげに泣くから、目が離せない。

※「泣く」と「目が離せない」がほぼ同時であり、「泣いているから」という言い方にかえても大きな差がでない。

(10)　いつも肉をたくさん食べるから、筋肉が太い。

※一回的な出来事ではない。

そして、〈未来（以後）〉を表す場合には、基本的に、〜ウ・〜ウズ（ル）が用いられることが予測できる。

次に目的節について述べたい。現代日本語において、目的を表す〜タメ（ニ）の節述語は「食べるために」のように動詞基本形を用いるのが原則である。「食べるために来る」という文では、「来る」→「食べる」の順になるわけであり、目的を表すという性質上、節述語は、基本的に〈以後〉であることが強制されるのである（奥津敬一郎（1975）、前田直子（2009）等参照）。このため、本章の調査に有効であると判断した。

では、中世末期日本語において、目的を表す〜タメ（ニ）[*10]の節述語にはどのような形式が現れるのだろうか。先に見た仮説が正しければ、動詞基本形の占める割合は低く（あるいは分布が制限されており）、一方で〜ウ・〜ウズ（ル）の割合の高いことが予測される。まとめると次のようになる。

(11)　**【仮説①から予測されること】**当時の動詞基本形が、現代日本語の動詞基本形と比べて、〈未来（以後）〉を表しにくかったのであれば

---

*10　現代日本語においては、〜タメと〜タメニという形式は、〈目的〉〈原因・理由〉の二つを表せるが、上代〜鎌倉・室町時代においては、（一部の例外はあるものの）大部分は〈目的〉を表している（柴生田稔（1944）、生野浄子（1961）等を参照のこと）。本書が扱っている資料で確認しても、当時の〜タメと〜タメニは共に、基本的には〈目的〉を表す表現と考えて問題ないといえる（本書では、これらの形式をまとめて、〜タメ（ニ）と表記している）。

なお、当時の例の中には、6.1.節でみる（46）や（47）の例のように、〈目的〉を表す典型例とは解釈できない例もわずかながら存在するが、議論に支障をきたすことはない（詳しくは、6.1.節参照のこと）。

（ア）中世末期日本語の「動詞基本形＋原因・理由節」において、節述語が〈未来（以後）〉を表す例は、現代日本語の場合と比べて割合が低く（あるいは分布が制限されており）、〈未来（以後）〉以外の例は割合が高いはずである。

（イ）当時の目的節の節述語が動詞基本形である例の割合は、現代日本語の場合と比べて低い（あるいは分布が制限されている）はずである。

【仮説②から予測されること】中世末期日本語の～ウ・～ウズ（ル）が、（動詞基本形の代わりに）分布しているのであれば

（ウ）中世末期日本語の原因・理由節において、節述語が〈未来（以後）〉を表す場合は、～ウ・～ウズ（ル）の割合が、動詞基本形の割合よりも高いはずである。

（エ）当時の目的節の節述語が～ウ・～ウズ（ル）である例の割合は、動詞基本形である例の割合と比べて高いはずである。

管見の限り、当時の「動詞基本形＋原因・理由節」が、どれだけの割合で〈未来（以後）〉を表していたのかという調査は行われていない。また、当時の目的を表す～タメ（ニ）節に関しても、本章のような観点から節述語を調べた研究は管見の限りなく[*11]、各形式の分布は明らかにされていない。しかし、(03) の仮説が正しければ、(11) の（ア）～（エ）のような分布がみられるはずである。

---

*11　本章は、2008年の日本語学会での発表をもとにした福嶋健伸（2011a）に基づくものである。学会発表時（2008年）や福嶋健伸（2011a）発表の時点では、本章のような観点からの調査はなかったので、ここでも、「管見の限りなく」という表現を用いている。本書刊行時点（2025年3月）では、タメニ構文の調査を行った吉田永弘（2011・2019）の研究がある。

4. 調査資料と調査対象

先の（11）の予測が正しいかどうかを検証するために、中世末期日本語の資料として『天草版伊曽保物語』『天草版平家物語』『狂言台本虎明本』『天理本狂言六義』を調査した（それぞれ、天草伊曽保、天草平家、虎明本、天理本と表記する場合がある）。

ここで、これらの資料を選定した理由について簡潔に説明しておきたい。小林千草（1973）等の先行研究が述べるように、当時の言語状況を知る資料としては、「キリシタン資料」「狂言資料」「抄物資料」等が代表的である。ただし、抄物資料に関しては、「いた」という形式が、（過去ではなく）現在の存在を表す場合のあることが指摘されている（金水敏 1997・2006）。この場合の「いた」の「た」は、「たり」の状態の意味を保持していると考えられており、抄物資料の時間表現上の特徴といえる。さらに金水敏（1997・2006）の指摘は、抄物資料中の「〜テイタ」という文字列の中にも、（過去の状態ではなく）現在の状態を表している例があったのではないか、ということをうかがわせるものである。つまり、抄物資料は、時間表現の体系自体が、そもそも他の資料とは異なっている可能性があるといえる。

本書は、〈現在（同時）〉の状態を表す形式（具体的には〜テイル）を含めて時間表現の体系を考えるため、この問題を看過することができない。よって、念のため、本書では、キリシタン資料と狂言資料に絞って調査を進めたいと思う。キリシタン資料からは、ある程度の分量がある『天草版伊曽保物語』『天草版平家物語』を選び、狂言資料からは、資料的価値が高いといわれる『狂言台本虎明本』、及び、同じく狂言台本であり、ほぼ同時代資料と目される『天理本狂言六義』を選んだ。なお、虎明本の風流之本、万集類、及び、虎明本と天理本における謡と語りの部分、抹消部分は調査対象から外している。

調査対象は、原因・理由節[12]の〜ニヨッテ・〜ホドニ・〜トコロデと、目的節の〜タメ（ニ）であり、以下の（12）〜（14）のように、節述語が、動詞基本形（尊敬を表す助動詞等が接続している場合も含む）であるもの[13]と、（15）や（16）のように、〜ウ・〜ウズ（ル）であるものを採集した（〜ウが〜ンと表記されている例も調査対象とした）。

（12）　勅諚を背くによつて（ſomuquni yotte）、勅使帰つてこの由を奏し、
（『天草版伊曽保物語』p.428）

（13）　［平家が］十四が国ほどきり従えてはびこらるるところで（fabicoraruru tocorode）、木曽わこれを聞いて、
（『天草版平家物語』p.209）

（14）　心を見るために云た　（『天理本狂言六義』p.487）

（15）　今から人に、酒をもりまらせう程に、いのちをたすけてくだされひ
（『狂言台本虎明本』中 p.278）

（16）　その恥を助けうずるために（taſuqeôzuru tameni）、
（『天草版平家物語』p.8）

---

*12　中世末期日本語の原因・理由節については、当該の形式群が、積極的に、原因・理由を表しているといえるのか分からないところがある（我々の感覚を当てはめれば、原因・理由と解釈できるということであって、当時の理屈はまた別にあるのかもしれない）。しかし、そのようなことを考慮したとしても、本書の調査は、十分に成り立つだろう。このような問題については、第17章で述べる、「一般言語学的な手法」を参照のこと。

なお、〜ニヨッテについては、小林千草（1973）、吉田永弘（2007）等と同様、「に依て」等の漢字表記の例も用例に含めている。

*13　節述語が、形容詞や形容動詞、コピュラであるものは調査対象から外している。また、動詞であっても、否定を表す助動詞や、〜タ等の過去を表す助動詞が接続しているものは、調査対象から外している。

なお、(17) のように、節述語が、状態動詞（存在を表す動詞等）や、(18) のように、～（テ）ゴザル等である場合は、調査対象としていない。

(17)　定而（さだめて）、供の衆が、多くあらふほどに、遠侍へ、呼び入れうず、その分心得い　（『天理本狂言六義』p.216）

(18)　はらり〳〵とにげてござる程に、ながおい（長追）してはいらぬものじやと存て、　（『狂言台本虎明本』中 p.122）

また、中世末期日本語の資料の他、比較の参考のために、現代日本語の資料として小説を調査した[*14]。調査対象は、原因・理由節の～カラ[*15]と目的節の～タメ（ニ）である。

次節からは調査結果をみていきたい。5. 節で、原因・理由節をみて、(11) の（ア）と（ウ）について検証し、その後、6. 節で目的節をみて、(11) の（イ）と（エ）について検証する。

5. 原因・理由節の調査結果

前節の基準で採集した用例を、次のように分類した。

まず、原因・理由節における動詞基本形の例について、(19) のように〈未来（以後）〉を表している例と、(20) のように、〈非未来（非以後）〉を表している例とに分けた（～ニヨッテ、～ホドニ、～トコロデの順で示す。また、現代日本語の例も参考として挙げる）。

---

*14　1960年以降の生まれで東京都出身の作家の作品を調査した。具体的には、高野和明著『13階段』（講談社）、乃南アサ著『凍える牙』（新潮社）、山本幸久著『笑う招き猫』（集英社）、江國香織著『東京タワー』（マガジンハウス）である。

*15　中世末期日本語との比較を考慮し、白川博之（1995）等が考察対象とした、いわゆる、理由を表さない「カラ」や、主節が省略されていると考えられる～カラ等も調査対象とした。なお、「～カラだ／ね」等のコピュラや終助詞が接続したものは調査対象から外している。

(19)　〈未来（以後）〉の例

a. 今晩各（おのおの）御出あつて、お茶を参るによつて、清水を汲めと申付けられた、　（『天理本狂言六義』p.572）

b. ［来るのが］おそくは［売りに］だす程にさうおこゝろやれ　（『狂言台本虎明本』上 p.168）

c. はや国もとへくだる所で、子もちがかたへのみやげにせうといふ事な、にくひやつの　（『狂言台本虎明本』上 p.175）

（参考例）俺、シャワーあびてでかけるから（『東京タワー』p.221）

(20)　〈非未来（非以後）〉の例

a. 人の来る音がするによつて（votoga furuni yotte）、あわて騒いで山に入つたが、　（『天草版伊曽保物語』p.462）

b. 歌の返歌をせぬ者は、口無い虫に、生るゝと、申ほどに　（『天理本狂言六義』p.163）

c. 合戦の次第を尋ねらるるところで（tazzuneraruru tocorode）、義経申されたわ　（『天草版平家物語』p.241）

（参考例）お腹、痛いっていうから、見舞いに　（『笑う招き猫』p.140）

その後、動詞基本形の例の中で、〈未来（以後）〉を表している例の割合を出した。この結果を5.1.節でみて（11）の（ア）を検証する。

次に、原因・理由節における～ウ・～ウズ（ル）について、(21）のような〈未来（以後）〉の例と、(22）のような、〈非未来（非以後）〉、つまり現在の推量等を表している例とに分類した。

(21)　〈未来（以後）〉の例

a. 案内者をいたさう程に、命をたすきやれ　（『狂言台本虎明本』中 p.127）

b. どこでもこの物語にをいてわ、こなたもみごとあどをうたせられうほどに（vtaxe rareô fodoni）、重宝でござる。

（『天草版平家物語』p.408）

c. お供申まらせうずるほどに、お拵へをなされいと、申さるゝ

（『天理本狂言六義』p.133）

d. かやうの事をきかずは、そのまゝまひらふ所で、はぢをかかふ

（『狂言台本虎明本』上 p.331）

(22)　〈非未来（非以後）〉の例

a. ［今、都では、自分のことを心配しているだろうと、想像している場面］水の底にもや沈みつらうと嘆きなどしょうほどに（xô fodoni）、まだこの世にながらえたと知らせたうわ思われたれども

（『天草版平家物語』p.287-288）

b. 定てまちかねられうほどに、はやまいりまらする

（『狂言台本虎明本』上 p.338）

その後、〈未来（以後）〉を表す場面における、動詞基本形と、～ウ・～ウズ（ル）の比を出した。この結果を5.2.節でみて（11）の（ウ）を検証する。

5.1.　動詞基本形の分布

最初に動詞基本形について確認したい。調査結果は次の通りである。

(23)　**表1　動詞基本形＋原因・理由節における〈未来（以後）〉の比率**

	節形式	全用例数	非未来（非以後）：未来（以後）	未来（以後）の割合
天草伊曽保	ニヨッテ	45	45:0	0%
	ホドニ	9	9:0	0%
	トコロデ	14	14:0	0%
天草平家	ニヨッテ	47	47:0	0%
	ホドニ	23	21:2	約9%
	トコロデ	11	11:0	0%
虎明本	ニヨッテ	75	71:4	約5%
	ホドニ	350	280:70	20%
	トコロデ	19	18:1	約5%
天理本	ニヨッテ	68	64:4	約6%
	ホドニ	137	112:25	約18%
	トコロデ	1	1:0	0%
合計	**全形式**	**799**	**693:106**	**約13%**
現代小説	**カラ**	**75**	**31:44**	**約59%**

予測通り、中世末期日本語の原因・理由節において、動詞基本形を節述語とする計799例中、従属節事態が〈未来（以後）〉を表していると考えられる例は、検討を要する例を含めても106例（約13%）であり、現代日本語の約59%と比べて、割合はかなり低い。つまり、次のような例の割合は低いといえる。

(24)　又いそぎでなけれは、某が一細工［全部を自分一人で仕上げること］に致すに依て、来年の今比ならではできまらせぬよ

（『狂言台本虎明本』中 p.355）

(25)　［仏御前が］一番舞うほどに（mǒ fodoni）鼓打ちを呼べ
（『天草版平家物語』p.96）

(26)　官人どもがただいまを迎いに参るほどに（mairu fodoni）、急いで御所を出させられて、（『天草版平家物語』p.108）

(27)　只今、楽しうなる様を、教ゆるほどに、耳を澄まひて、聞け
（『天理本狂言六義』p.246）

さらに説明を加えると、その106例中、95例が虎明本と天理本の～ホドニの例であるが、この95例の内訳をみると、使用場面に偏りがあるように思われる。次の例のように、曲の冒頭部分の台詞「～スルほどに…（略）…（太郎冠者等への命令）」及びそれに準ずる例が、95例中、30例もあるのである。

(28)　汝は各(おのおの)のかたへゆき、かれい(嘉例)のことく、今日松はやしをいたす程に、ござつてくだされひといふて、よびまらしてこひ
（『狂言台本虎明本』上 p.103）

また、この30例以外に、次の例のような「行くほどに、（＋相手への依頼や命令）」等の（直後の）移動の意向を表している例が13例存在している。

(29)　是からすぐに行程に、跡のめこどもの事たのむ
（『狂言台本虎明本』上 p.310）

これらの例は、やや固定的な言い回しである可能性もあり[*16]、この点、検

*16　固定的な言い回しに動詞基本形が用いられる理由については今後の課題となる。これらの例は、一回的な運動というニュアンスが薄いのかもしれない。

討が必要と思われる。また、「許す」等のような遂行動詞[*17]の例が8例あり、これらの例も〈未来（以後）〉の確例とは言い難いと思われる。次のような例である。

(30)　さあらはり(利)のぶん(分)を<u>ゆるす</u>ほどに、心をはつたともて

（『狂言台本虎明本』下 p.107）

95例の中から、これらの検討を要する例を除くと、〈未来（以後）〉を表していると考えられる例は、わずか44例である。このような処理を行うと、〈未来（以後）〉を表している例として残るのは全体で55例となり、割合はかなり低いといえる（当然、これらの検討を要する例を、全て〈未来（以後）〉の例としても、既にみたように割合は低く、現代日本語との差が明確であるので、議論に支障はない）。

このように、現代日本語との分布の差は明確である。しかし一方で、〈未来（以後）〉が検討を要する例を含めて106例（約13%）あり、これは、極端に少ない数値とはいえないので、この数値をどのように考えるのかについて以下に述べておきたい。

中世末期日本語において、動詞基本形で〈未来（以後）〉の例が（割合は少ないながら）存在していることは、当該形式の〈現在（同時）〉から〈未来（以後）〉への移行が、この時代には、既に始まっていたことを意味しているといえる。より厳密にいえば、〈現実〉から〈非現実〉への移行である（本書第8章参照のこと）。つまり、次の時代への過渡的状況として捉えられる。なお、7.節でも触れるが、動詞基本形が〈未来（以後）〉に移行しつつあることは、～テイルという形式が、〈現在（同時）〉の領域を担い始めていることと、軌を一にしているとみることができる。

特定の資料のみ〈未来（以後）〉の割合が極端に高い、というわけではな

---

*17　遂行動詞とは、発言することで行為を遂行したことになる「許す」「約束する」等の動詞のことである。一般的な運動動詞とは、やや振る舞いが異なる（工藤真由美（1995:79）等を参照のこと）。

く、各資料にみられる数値は、ほぼ安定している。具体的には、各資料とも、動詞基本形が、〈未来（以後）〉を表している割合は、概ね、～ニヨッテ・～トコロデでは、0～6%、～ホドニでは、用例数の少ない天草伊曽保を除けば、9～20%である。このことからも、（資料の性格や従属節の環境によって差があるとはいえ）今回の調査結果は、当時の過渡的な状況を反映していると捉えるのが妥当であるように思う。

一方で、〈未来（以後）〉以外の動詞基本形の例は、中世末期日本語で693例（約87%）である。現代日本語の調査結果では、〈未来（以後）〉以外の例は、31例（約41%）なので、傾向が大きく異なることが分かる。つまり、当時の原因・理由節で、節述語が動詞基本形の場合は、次にみられるような例の割合が高いことになる。

(31)　敵に馬の腹を射られてしきりにはぬるによって（fanuru ni yotte）、［有国が］弓杖をついてをりたって、　（『天草版平家物語』p.169）

(32)　［夫が］因幡堂のお薬師へ、籠つたと申ほどに、参つて、見まらせうと存る　（『天理本狂言六義』p.68）

(33)　［獅子が］声を上げて叫ぶほどに（faqebu fodoni）、件の鼠が聞き付けて、　（『天草版伊曽保物語』p.452）

(34)　おぬしが、たつついつする所で、さけがしまぬ、　（『狂言台本虎明本』中 p.438）

よって、(11）の（ア）で述べたような分布は、実際の調査から確認できる。(11）の（ア）を再掲する。

(35)（＝（11））

【仮説①から予測されること】当時の動詞基本形が、現代日本語の

動詞基本形と比べて、〈未来（以後）〉を表しにくかったのであれば
（ア）中世末期日本語の「動詞基本形＋原因・理由節」において、節述語が〈未来（以後）〉を表す例は、現代日本語の場合と比べて割合が低く（あるいは分布が制限されており）、〈未来（以後）〉以外の例は割合が高いはずである。

当時の原因・理由節の節述語に、動詞基本形が用いられることは既に知られているが、本章の調査により「動詞基本形の場合は、〈未来（以後）〉の割合が少ない」という分布が新たに明らかになったといえる。

5. 2.　〜ウ・〜ウズ（ル）の分布

〜ウ・〜ウズ・〜ウズルについて、『ロドリゲス日本大文典』（三省堂、1955年）が「未来の三つの形（同書「未来に就いて」参照）」と述べていることからも、当該形式の分布は、〈未来（以後）〉に傾いていることがうかがえるが、本章の調査もそれを支持するものである。

中世末期日本語の原因・理由節において、〈未来（以後）〉を表している〜ウ・〜ウズ（ル）の用例数は次の通りである*18。

---

*18　表中、虎明本と天理本の〜ニヨッテにおいては、〜ウ・〜ウズ（ル）の例が見られず、〈未来（以後）〉を表す例は、動詞基本形のみである。これは、そもそも、当該節中に、〜ウ・〜ウズ（ル）が生起しにくいこと（小林千草（1973）、李淑姫（2000）、吉田永弘（2007）等の指摘を参照のこと）が影響していると思われる。

また、〈未来（以後）〉を表していない〜ウ・〜ウズ（ル）の例は、「[棚からひいておけといったけれども] 定て其まゝおきまらせう程に、大儀なりともあれへこざつて、（『狂言台本虎明本』上 p.169）」等の例であり、現在の推量を表していると思われる例である。本書は、「〜ウ・〜ウズ（ル）の全てが〈未来（以後）〉の領域に分布している」と主張しているわけではないので、このような例があっても、本書の議論の支障とはならないことを付け加えておく。

(36)　**表2「～ウ・～ウズ（ル）＋原因・理由節」の内訳、及び〈未来（以後）〉を表している～ウ・～ウズ（ル）と動詞基本形の割合**

	節形式	～ウ・～ウズ（ル）の合計	～ウ	～ウズ（ル）	未来（以後）の～ウ・～ウズ（ル）	非未来（非以後）の～ウ・～ウズ（ル）	未来（以後）の動詞基本形：未来（以後）の～ウ・～ウズ（ル）
天草伊曽保	ニヨッテ	0	0	0	0	0	0：0
	ホドニ	0	0	0	0	0	0：0
	トコロデ	0	0	0	0	0	0：0
天草平家	ニヨッテ	0	0	0	0	0	0：0
	ホドニ	3	2	1	2	1	2：2
	トコロデ	0	0	0	0	0	0：0
虎明本	ニヨッテ	0	0	0	0	0	0：4
	ホドニ	143	141	2	139	4	139：70
	トコロデ	10	10	0	10	0	10：1
天理本	ニヨッテ	0	0	0	0	0	0：4
	ホドニ	79	77	2	78	1	78：25
	トコロデ	1	1	0	1	0	1：0
合計	**全形式**	**236**	**231**	**5**	**230**	**6**	**230：106**

『天草版伊曽保物語』と『天草版平家物語』については、従属節事態が〈未来（以後）〉を表している例が、動詞基本形／～ウ・～ウズ（ル）の別を問わずそもそも少ないので、この点に課題が残るものの[*19]、用例数が多い虎

*19　ただし、本小節冒頭で述べたような『ロドリゲス日本大文典』の記述や、6.節で述べる目的節の調査結果から考えると、本書の結論を覆すことには繋がらないと判断している。

明本と天理本を含めると明らかに傾向が見て取れる。〈未来（以後)〉を表している、〜ウ・〜ウズ（ル）と動詞基本形の比は230:106であり、どちらの数が多いのかは明らかである。さらにいえば、〜ウ・〜ウズ（ル）に固定的な表現という印象はなく、〈未来（以後)〉を表している230例から、冒頭部分及びそれに準ずると考えられる例の4例、（直後の）移動の意向を表している例の13例、遂行動詞の例の4例を引いても、残りは209例もある。このような処理をした上で、同じ処理をした動詞基本形との比を示すと209:55であり、分布の偏りは明確である。つまり、現代日本語の感覚で動詞基本形が期待される、〈未来（以後)〉を表す場合には、当時、基本的には次のような表現を用いているのである。

(37)　ざぜんをいたさうほどに、七日七夜の隙をくれさしめ

（『狂言台本虎明本』中 p.209）

(38)　さあらば、かの朗詠の詩を、大方言わふほどに、その内にあらば、やかてそれと、おしやれ　（『天理本狂言六義』p.267）

(39)　おざしきへもつていでまらせう所で、上に御ざるおしうは、一つ宛とらせられうず、　（『狂言台本虎明本』中 p.103）

なお、参考として現代日本語について述べると、次にみるように動詞基本形の使用が最も自然である。

(40)　アイシャドー塗るから、まぶた閉じてと言われ

（『笑う招き猫』p.73）

(41)　大丈夫だよ。[自分は] もうすぐ刑務官は辞めるから

（『13階段』p.53）

5.1.節でみた通り、現代日本語の調査資料中、〈未来（以後）〉を表している動詞基本形の例は44例あったが、一方で、「〜ダロウ（〜デショウ）＋カラ」の例は、わずかに2例のみであり[*20]、この点でも、中世末期日本語の〜ウ・〜ウズ（ル）との差は明らかである。

ここから、「従属節事態が〈未来（以後）〉を表す場合、現代日本語では動詞基本形、中世末期日本語では〜ウ・〜ウズ（ル）が主に用いられる」という違いが把握できる。

以上のことから、(11) の（ウ）に関しても概ね予測通りであるといえる。(11) の（ウ）を以下に再掲する。

(42)（＝ (11)）

【仮説②から予測されること】 中世末期日本語の〜ウ・〜ウズ（ル）が、(動詞基本形の代わりに）分布しているのであれば

（ウ）中世末期日本語の原因・理由節において、節述語が〈未来（以後）〉を表す場合は、〜ウ・〜ウズ（ル）の割合が、動詞基本形の割合よりも高いはずである。

6. 目的節の調査結果

次に目的節をみていきたい。目的節の調査では、4.節の基準で採集した用例を、節述語の形式（動詞基本形か、〜ウ・〜ウズ（ル）か）に着目して分類した。

最初に、6.1.節で、節述語が動詞基本形である場合をみて (11) の（イ）を検証する。次に、6.2.節で、節述語が〜ウ・〜ウズ（ル）である場合をみ

---

*20　現代日本語の〈未来（以後）〉を表している「〜ダロウ（〜デショウ）＋カラ」の具体例は、「十年後には価値があがるだろうから、ちゃんととっとけよ」(『笑う招き猫』p.100）と「そこでうつぶせになって寝てるだけになるだろうから」(『笑う招き猫』p.151）である。なお、〜カラ等の理由節に「ダロウ」等が比較的現れにくいことに関しては、ナロックハイコ（2006）を参照のこと。

て（11）の（エ）を検証したい。

6. 1. 動詞基本形の分布

調査結果は以下の通りであり、こちらも予測通りであった（～ウ・～ウズ（ル）の数値もあわせて示す）。

(43)　**表3　～タメ（ニ）節の節述語の形式**[*21]

	天草伊曽保	天草平家	虎明本	天理本	計
動詞基本形	3	4	0	2	9
～ウ	3	3	8	8	22
～ウズ（ル）	1	10	0	0	11
合計	7	17	8	10	42

現代日本語においては、目的を表す～タメ（ニ）の節述語は基本的に動詞基本形であることが知られているが[*22]、一方で、中世末期日本語では、動詞基本形は、42例中9例（約21％）のみであり、既に動詞基本形の分布自体に明確な差がある。さらにいえば、中世末期日本語の動詞基本形の例は、次にみるように、9例中5例が、一回的な具体的運動ではないと思われるものや、解釈の際に説明が必要なものであり、分布の制約をうかがわせる。

(44)　ただし、朝家に武士を召さるるわ、叛逆のものを平らげ、違勅のものを亡ぼすため（foroboſu tame）ぢゃに

（『天草版平家物語』p.141）

---

*21　～ンタメ（ニ）の例も～ウタメ（ニ）の数値に入れている（天草平家で1例、虎明本で4例あった。また、天理本では8例全例が「～ン」の表記であった）。なお、～タメヂャ等の例も～タメ（ニ）の用例に入れている。

*22　参考までに、現代日本語の調査結果について述べると、目的を表す～タメ（ニ）の節述語は70例あり、このうち、65例（約93％）が動詞基本形であった。残りの5例は、「怪しまれないためにに」のような「～ナイタメ（ニ）」の例である。

※一回的な具体的運動ではない。

(45)　［タイトルの例］頼朝木曽が悪行を聞いてそれをしづむるために（xizzumuru tameni）、代官として弟の範頼と、（略）平家同心せられなんだこと　（『天草版平家物語』p.225）

※本文中では「しづめうずるために（xizzumeôzuru tameni）」となっており、タイトルであることが、動詞基本形の使用に影響している可能性がある。

(46)　［子どもが亡くなったことを有王から聞いた俊寛の台詞］人目も恥ぢず、いかにもして命を生けうと思うたも、これらを今ひとたびみょうと思うため（vomô tame）ぢゃ　（『天草版平家物語』p.91）

※この「ため」は典型的な「目的」とは言い難く、どちらかというと「理由」として解釈できる。

(47)　件の両人が悉く存じ尽いたによつて、私が存ずる為に（zonzuru tameni）何も残りまらせぬ　（『天草版伊曽保物語』p.414）

※井上章（1968:658）が「あの二人がみんな知り尽してしまいましたので、私が存ずる分として何も残って居ません」という解釈を示している通り、典型的な「目的」とは考えにくい。

6. 2.　〜ウ・〜ウズ（ル）の分布

最後に、〜タメ（ニ）節における、〜ウ・〜ウズ（ル）の例を確認したい。

〜タメ（ニ）節において、〜ウ・〜ウズ（ル）の例は動詞基本形の例の３倍以上あり、また、動詞基本形にみられるような偏りもない。ここから、当時の〜タメ（ニ）の節述語は、基本的に〜ウ・〜ウズ（ル）であることが分かる。

(48)　是までおつかくるも、汝をがいせうためじや、
（『狂言台本虎明本』下 p.18）

(49)　その御恩を報ぜう為に（fôjô tameni）、（『天草版伊曽保物語』p.431）

(50)　これわ当座の恥辱をのがれうずるために（nogareôzuru tameni）刀を差いたふりを人にわ見せられたれども　（『天草版平家物語』p.9）

(51)　それわ比叡の山を攻められうずため（xemerareôzu tame）と聞いたと、　（『天草版平家物語』p.21）

(52)　福を与へんために、出たるぞとよ　（『天理本狂言六義』p.93）

以上、(11) の（イ）（エ）の予測は正しく、仮説は妥当であると判断できる。(11) の（イ）（エ）を以下に再掲する。

(53)（＝ (11)）

【仮説①から予測されること】当時の動詞基本形が、現代日本語の動詞基本形と比べて、〈未来（以後）〉を表しにくかったのであれば

（イ）当時の目的節の節述語が動詞基本形である例の割合は、現代日本語の場合と比べて低い（あるいは分布が制限されている）はずである。

【仮説②から予測されること】中世末期日本語の〜ウ・〜ウズ（ル）が、（動詞基本形の代わりに）分布しているのであれば

（エ）当時の目的節の節述語が〜ウ・〜ウズ（ル）である例の割合は、動詞基本形である例の割合と比べて高いはずである。

7. 動詞基本形が〈未来（以後）〉を表しにくかったことの背景

本節では、分布の背景（2.節の（04））について考察したい。以下にこの問題を再掲する。

(54)（＝（04））中世末期日本語の動詞基本形が、現代日本語の動詞基本形と比べて、〈未来（以後）〉を表しにくかったことの背景には、どのようなことがあったのか。

この問題については、当時の動詞基本形と〜テイルの関係に着目し、体系的に考察していくことが重要であると思われる。以下で、具体的に説明したいと思う[*23]。

既にみたように、当時の動詞基本形は、現代日本語の動詞基本形と比べて、〈未来（以後）〉を表しにくいといえる。そうすると、一見、当時の動詞基本形は、現代日本語の動詞基本形よりも、表せる範囲が狭いようにみえるのだが、実はそのようなことはない。〈未来（以後）〉から、〈現在（同時）〉という領域に目を移すと、当時の動詞基本形の表せる範囲は、現代日本語のそれよりも、むしろ広いといえる。このことは、第2章で見た通りであるが、確認のため、本章でも具体的に述べていきたい。当時は、次の例のように、現代日本語で解釈する際に〜テイルが期待される場面で、動詞基本形が用いられているのである。

(55)　あらきどくや、おくびやうなやつじやがきどくに夜まはりをするよ［夜回りをしているのを見ての発話］（『狂言台本虎明本』中 p.126）

(56)　水かくる内、女出て、なふかなしや、何といふぞ

*23　本節で述べることの論拠等の詳細は、本書の第1章と第2章を参照のこと。

（『狂言台本虎明本』上 p.359）

第2章で論じたように、当時の資料に、(55) や (56) のような動詞基本形の例がみられることは、単なる偶然ではなく、体系的な問題である。なぜならば、現代日本語において〈現在（同時）〉を表す中心的な形式は～テイルであるが、当時の～テイルは、現代日本語の～テイルほど発達していないため（比較的、存在動詞「イル」の意味が強いため)、表せる範囲が限られており、〈現在（同時)〉の状態（具体的には、進行態や既然態）の全てを十分に表せる段階ではないのである[*24]。動詞基本形との関係でいえば、当時、具体的な動きを伴う進行態[*25]を表している～テイルの確例は少なく、現代日本語で解釈する場合に、～テイルが期待される場面では、(55) や (56) のように、動詞基本形が用いられているのである。この時代の～テイルに、進行態を表しているとも解釈できる例はあるにはあるが、実は、次の例のように、具体的な動きのない例に分布が偏っているのである。

(57)　　よびにやつて参るあひだまつていまらした

（『狂言台本虎明本』上 p.320）

(58)　　我がまだ生きて居るうちに（iqite yru vchini)、別の妻をば

（『天草版伊曽保物語』p.425）

つまり、当時、具体的な動きを伴う進行態を表す形式は、主に、動詞基本

---

*24　ここでは、～テイルに着目して考察を進めている。本書第1章・第2章で述べたように、当時の～テアルにも制限がある。しかし、現代日本語の～テアルは、「包括性の欠如」「他の文法的意味の共在」（工藤真由美 1995:32）が指摘されているように、現代日本語の～テイルほど自由に用いることができない。よって、現代日本語への変遷を考えた場合、まず、～テイルに着目して考察を進めるべきだと判断した。

*25 「具体的な動きを伴う進行態」とは、現代日本語で説明を加えると、「夜回りをしている」「(水を) かけている」のような目に見える動きを伴う進行態のことである（詳しくは、本書第4章の「動的な進行態」を参照のこと)。

形であり、〜テイルが表しにくい領域（進行態の一部）を、（中古日本語から引き続き）動詞基本形が表していたといえる[*26]。このように、〈現在（同時）〉という領域に目を移すと、当時の動詞基本形の表す範囲は、現代日本語のそれよりも、広いわけであり、ここに、無標形式である動詞基本形と有標形式である〜テイルによって構成される体系を見て取ることができる。

本章で調査した原因・理由節においても、同様のことがいえる。〜テイルの例はみられるものの、その数はわずかである。具体的に述べると、4.節で調査した動詞基本形と同じ条件で、中世末期日本語の同一資料中から〜テイルを採集すると、原因・理由節においては、天草伊曽保で1例（以下の(59)の例）、天草平家で0例、虎明本で8例（「まついまらする程に」「ついていらるゝほどに」等）、天理本で2例（「着ているによつて」「起きているによつて」）の合計11例のみである（なお、〜タメ（ニ）節では〜テイルの例はなかった）。

(59)　狐は知らぬ顔して居るによつて（xiranucauo xite yruni yotte）、野牛ののしつて言ふは　『天草版伊曽保物語』p.491）

参考までに、虎明本の用例も以下に示す。

(60)　よねんもなふねてゐる程に、いたしやうがある
（『狂言台本虎明本』中 p.177）

5.1.節の(23)を参考に、同一資料中の〈非未来（非以後）〉を表す動詞基本形との比を示すと、11：693となり、〜テイルの勢力が非常に弱く、動詞基本形の勢力が強いことが確認できる。参考までに、現代日本語の資料で同様の作業をすると、〜テイルの例は30例あり、当該の動詞基本形との比

---

*26　なお、当時、〜テイルが表しにくい既然態の一部については、〜タが表していた（本書第1章を参照のこと）。

は、30：31となる。加えて、「ヒトミは自転車、漕いでるから寒くないんだよぉ」(『笑う招き猫』p.26) のような、具体的な動きを伴う進行態の例も全く自然であり、中世末期日本語との差は明確である。

これも確認になるが、中世末期日本語においては、〈現在（同時)〉と解釈できる場面で、以下のように、動詞基本形の例が多くみられるのである。

(61)　[子牛が] かまのまへをよろり〳〵とめぐる程に、そのまゝとらへて、　(『狂言台本虎明本』下 p.136)

(62)　[蛙と鼠が合戦をしている場面] [蛙が] 喚き叫うで戦ふによつて (tatacǒniyotte)、その戦ひと叫びの音はことも業山にあつたところで、　(『天草版伊曽保物語』p.499)

ここまでの議論をまとめると、次のようになる。

(63)　①当時の動詞基本形は、〈未来（以後)〉を表しにくく、〈現在（同時)〉の領域に傾いている。
②上記の①の分布は、単なる偶然ではなく、体系的な問題である。なぜなら、当時の～テイルは、発達が十分ではなく、表せる範囲が限られており、～テイルが表しにくい領域を、動詞基本形が表していたといえるからである。

このようにみていくと、動詞基本形と～テイルは、補い合いながら体系を成していることが分かり、両者の分布が無関係であるとは考えにくい。

動詞基本形の表せる範囲の広さが、現代日本語と中世末期日本語とで、極端に異ならないことを前提とするのであれば、当時の動詞基本形は、〈未来（以後)〉に分布していないかわりに、〈現在（同時)〉に、発達の未熟な～テイルを補う形で分布していたといえるのである。本章が、動詞基本形が〈未来（以後)〉を表しにくかったことの背景に、当時の～テイルの分布が関与しているというのは、このような意味においてである。

さらに踏み込んでいえば、本章の見解は、〜テイルの発達（〈現在（同時)〉の領域を全て表せるようになる）とともに、動詞基本形の分布が、〈未来（以後)〉へと移行していくことを予測するものである。現に、中世末期日本語においては、分布が限られているものの、〜テイルという形式が存在しているわけだが、5.節と6.節でみたように、〈未来（以後)〉を表す動詞基本形も、割合は少ないながら存在している[*27]。この点からも、両者の分布が無関係ではないことがうかがえる。

8. 連体節内に〜ウ・〜ウズ（ル）が多用される理由

これまでの考察を簡単にまとめると次のようになる。

(64)　中世末期日本語の動詞基本形は、現代日本語と比べて、〈未来（以後)〉を表しにくく、当時の動詞基本形が表しにくい領域には、〜ウ・〜ウズ（ル）が分布していたといえる（<u>〜ウ・〜ウズ（ル）と動詞基本形による体系</u>)。

(65)　中世末期日本語の〜テイルは、〈現在（同時)〉を表す形式として（つまり状態化形式として)、現代日本語ほど発達しておらず、当時の〜テイルが表しにくい領域には動詞基本形が分布していたといえる（<u>動詞基本形と〜テイルによる体系</u>)。

---

*27　なお、柴生田稔（1944）は、『万葉集』を調査し、動詞に〜タメが下接する場合は、全て〜ムの付いた形になることを指摘している（柴生田稔（1944:814-815))。ここから考えると、中世末期日本語において、少数ながらも「動詞基本形＋〜タメ（ニ)」の例（〜ムの付かない例）が見られることは、動詞基本形の分布が、少しずつ〈未来（以後)〉に移行していることをうかがわせる。この点、古代日本語と中世末期日本語の、動詞基本形の分布の異なりといえる。また、この点は、吉田永弘（2019）の第4章も参照のこと。

本書では、これら二つの体系をあわせて考えたいと思う。つまり、現代日本語では、動詞基本形と～テイルの二つの形式が担っている、〈未来（以後）〉／〈現在（同時）〉の領域を、中世末期日本語では、～ウ・～ウズ（ル）、動詞基本形、（発達の未熟な）～テイルが担っていたと体系的に考えるのである[*28]。なお、第2章では、文末においても、動詞基本形の分布が〈現在（同時）〉に傾いていることや、～テイルの分布が制限されていることを論じた。このことから考えると、本節で述べる体系は、主節と従属節の両方に概ね当てはまると判断できる。

現代日本語において、〈未来（以後）〉を担う主な形式を動詞基本形、〈現在（同時）〉を担う主な形式を～テイルとし、中世末期日本語の各形式と対応させて簡略に示すと次のようになる（中世末期日本語において、発達が未熟であった～テイルは小書きで示す。また、〈未来（以後）〉は、〈非現実〉の一部であり、〈現在（同時）〉は、〈現実〉の一部なので、体系をイメージしやすいように、その情報もここで示しておく）。

(66)　**表4　中世末期日本語と現代日本語の各形式の分布**

<table>
<tr><td></td><td>未来（以後）
※非現実の一部</td><td>現在（同時）
※現実の一部</td></tr>
<tr><td>中世末期日本語</td><td colspan="2">～ウ・～ウズ（ル）　動詞基本形　～テイル</td></tr>
<tr><td>現代日本語</td><td>動詞基本形</td><td>～テイル</td></tr>
</table>

～ウ・～ウズ（ル）は、意志や推量を表すとされているが、それ故に、〈未来（以後）〉という時間的な意味と密接に関係している。そして〈未来（以後）〉に関係する以上は、〈現在（同時）〉に関与する～テイルの分布と無関係であるとは考えにくいわけであり、本書で提案する、動詞基本形を介した体系は、それほど不自然なものではないと思われる。

それでは、本章冒頭でみた、連体節内に～ウ・～ウズ（ル）が多用される

---

*28　この考え方の一部については、福嶋健伸（2006b）でも言及している。

という現象は、どのように説明されるのだろうか。

ポイントとなるのは、当時の体系では〜テイルの分布する範囲が狭く、その帳尻を合わせるかのように、〜ウ・〜ウズ（ル）が〈未来（以後）〉に分布しているということである。

（66）にまとめたように、当時の動詞基本形は、（相対的に）発達の未熟な〜テイルと体系を形成しているので、比較的、〈現在（同時）〉に偏って分布している。では、当時、〈未来（以後）〉を表す場合にはどの形式を用いていたのかというと、動詞基本形ではなく、〜ウ・〜ウズ（ル）という形式を採用していたわけである。現代日本語では動詞基本形を使用する場面で、〜ウ・〜ウズ（ル）が出現する理由は、ここにあるといえる。連体節における〜ウ・〜ウズ（ル）の多用という現象も、まさに、「現代日本語で動詞基本形を使用する場面で、〜ウ・〜ウズ（ル）が出現する」という現象であり、連体節の述語は（66）の体系をそのまま反映しているのだとみることができる。

現代日本語の感覚で考えると、連体節内に〜ウ・〜ウズ（ル）が多用されることに目がいってしまうが、当時の言語体系を考えれば、連体節内に〜ウ・〜ウズ（ル）が多用されていたというよりも、そもそも、〜ウ・〜ウズ（ル）が、文中・文末を問わず、多用されていたわけであって、連体節特有の問題ではない。連体節で、〈未来（以後）〉に関することを述べたいこともあるだろう。その場合、現代日本語であれば動詞基本形を使用するだろうが、中世末期日本語ではそうではなく、〜ウ・〜ウズ（ル）が最も有力な選択肢なのである。

本書の見解は、連体節内に〜ウ・〜ウズ（ル）が多用されるという現象が、当時の表現体系の中に解消されるということを意味しており、このような説明は、従来の研究のように、〜ウ・〜ウズ（ル）のみをみているだけではできないものである。

当然、本書は、「当時の動詞基本形は、〈未来（以後）〉を全く表せない」「当時の〜テイルは、全く文法化していない」等の極端な主張をしているわけではない。また、「まず〜テイルが発達し、その後、〜ウ・〜ウズ（ル）

や動詞基本形の変化が起こった」というような、時間的な前後関係を主張しているわけでもない。さらにいえば、「〜テイルの発達」「動詞基本形の分布のシフト」「〜ウ・〜ウズ（ル）の減少」という三つの変化が、必ず同時に、玉突き的に生じる、ということを主張しているわけでもない。例えば、一つの変化が起こった後に、しばらく間があってから、もう一つの変化が起こるということもあるかもしれない。言語体系全体として調整が行われる際、各変化に遅速があっても不思議ではないだろう。

改めて強調するが、本書で主張したいことは、現代日本語への過渡的段階の1コマが「体系」としてみることができるということである。

9. おわりに

以上、〜ウ・〜ウズ（ル）と動詞基本形の関係に注目し、具体的な数値をもとに考察を進め、各形式の分布を体系的に捉えた。つまり、次の（67）〜（69）のような各形式の分布を、単なる偶然ではなく、相互に補い合うもの（体系）として考えたということである。

（67）　発達が十分ではなく、〈現在（同時）〉を十分には表せない〜テイル

（68）　〈現在（同時）〉に分布が傾いており、〈未来（以後）〉を表しにくい動詞基本形

（69）　〈未来（以後）〉の領域に分布している〜ウ・〜ウズ（ル）

本書の見解は、1.節でみた「〜ウ・〜ウズ（ル）の連体節内での多用」という問題を、「〜テイルという形式が使われ始めたばかりで、発達が十分ではなかった」という一見関係のないような現象と関連付けて捉えるものであり、さらには、単に〜ウ・〜ウズ（ル）の特徴として記述するだけではなく、当時の言語体系の中に位置付けて記述するものである。

当時の～テイルと～ウ・～ウズ（ル）を関連付けて、体系的に捉えるという発想自体、従来の研究にはないものであり、本書のオリジナル・ポイントの一つといえるだろう。

ここで、第１章～第３章までの内容を整理しておきたい。〈未来（以後）〉は〈非現実〉の一部であり、〈現在（同時）〉〈過去（以前）〉は〈現実〉の一部なので、これらをあわせて示すと、次のようになる（動詞基本形はスルで示す。「以後」「同時」「以前」の表記は省略する）。

(70)　**表５　近代日本語のテンス・アスペクト・モダリティ体系の変遷**

	非現実の一部	現実の一部	
	未来	現在	過去
中世末期日本語	～ウ・～ウズ（ル）	スル　～テイル	～タ
現代日本語	スル	～テイル	～タ

このように整理すると、次のことが見えてくる。

(71)　①中世末期日本語では、～テイルはまだ存在文的な意味に偏っており、〈現在〉の領域全てを表せるわけではない。

②中世末期日本語では、この①に見られるような～テイルの発達の未熟さを、～タが補って体系を成している。このため、中世末期日本語では、～タの有無によって、〈過去〉〈非過去〉の対立が表現されるという、現代日本語のようなシステムを有していない。

③同様に、中世末期日本語では、～テイルの発達の未熟さを、動詞基本形が補って体系を成している。つまり、当時は、動詞基本形と～テイルとが、〈非状態（完成的）〉〈状態（継続的）〉の対立を成しているわけではない。よって、動詞基本形が〈未来〉、～テイルが〈現在〉のように、分かれて分布しているわけでもない。

④〈未来〉の領域には、〈非現実〉を表す形式である、～ウ・～ウズ（ル）が広く分布している。

現代日本語への変遷を示すと、次のようになる（ムードやモダリティの定義に関しては第８章を参照のこと）。

(72)　①～テイルと動詞基本形による〈状態（継続的）〉〈非状態（完成的）〉の対立という現代日本語のアスペクト体系の確立
②～タの有無によって〈過去〉〈非過去〉の対立を表すという現代日本語のテンス体系の確立
③動詞基本形が〈未来〉、～テイルが〈現在〉、～タが〈過去〉という現代日本語のテンス体系の確立
④～ウ・～ウズ（ル）の有無によって〈非現実〉〈現実〉の対立を表すムード体系の崩壊（これは、つまり、「意志」を表す～ウ、「推量」を表す～ダロウ等の新たなモダリティ体系の台頭と表裏である）

(72) の①～④は、互いに関連することである。このように、～テイルの発達に伴い、テンス・アスペクト・モダリティ体系に変化があったことが見て取れる。

本書で繰り返し述べてきたことだが、中世末期日本語は、近代日本語のスタート地点ともいえる言語であり、時期的に、古代日本語と現代日本語の中間地点ともいえる言語である。本章で見た各形式の分布は、まさに、古代日本語と現代日本語の中間といえる様相を呈している。使用され始めて間もない存在型アスペクト形式の分布が、存在文的な意味に偏ることは自然なことだろう。存在文的な意味から、存在型アスペクト形式が発達していったということである。中世末期日本語の～タや動詞基本形の分布も、古代日本語の～タリや動詞基本形の分布の影響を受けているものであるし、～ム・～ムズの後継の形式である～ウ・～ウズ（ル）が、～ム・～ムズに近い分布を示しているのも、自然なことだと思う。よって、本書の結論は、歴史的な変化の中で考えても、ごく自然なものと思われる。

また、本章で述べたような体系的な視点は、歴史的な変遷を捉える上でも

有意義である。中世末期日本語から現代日本語への変遷には、「～テイルの発達（〈現在（同時）〉の領域での拡大）」「動詞基本形の分布が、〈現在（同時）〉から〈未来（以後）〉へ移ること」「～ウ・～ウズ（ル）の変化、～ダロウの台頭（連体節内に分布しなくなることや、意志／推量の意味に特化すること等）」という大きな変化があるが、本章のように考えることによって、これらの変化を（単なる偶然ではなく）体系的に捉えるという視点が得られるからである（体系的に考えなければ、統一的な視点が得られず、個々別々に記述する他ない）。加えて、このような体系的な視点は、日本語の、いわゆる意志・推量形式と時間表現形式の変遷のあり方が、類型論的にみてどのように位置付けられるのか、という研究にも繋がっていく。詳しくは、第8章で議論したいと思う。

次章では、中世末期日本語の～テイル・～テアルについて詳しく見ていきたい。次章以降の議論により、第1章～第3章までの主張が、より補強されることになる。

第4章　中世末期日本語の～テイル・～テアル―進行態を表している場合を中心に―

要　旨

本章では、中世末期日本語の～テイル・～テアルが進行態を表している場合を中心に、より詳しく考察を行い、第2章の主張を補強したい。

具体的には、中世末期日本語の～テイル・～テアルは、発話に関係する例を除くと、具体的な動きのある進行態（動的な進行態）を表している例が少ないことを、当時の資料をもとに確認する。併せて、「用例の解釈の揺れにどのように対応しているのか」「本書のような観点（「動的な進行態」「静的な進行態」の導入）が、アスペクト研究でどのように位置付けられるのか」等についても説明を加える。

1. はじめに

本書の第1章と第2章では、中世末期日本語の～テイル・～テアルには、現代日本語に比べ、存在動詞「イル」「アル」の意味が強く残っているため、アスペクト形式として相対的に発達が不十分であり[*1]、その不十分さを～タと動詞基本形が補っていたことを指摘した。

本章では、中世末期日本語の～テイル・～テアルが進行態を表している場合を中心に、より詳しく考察を行い、第2章の主張を補強したい。具体的には、「中世末期日本語の～テイル・～テアルは、発話に関係する例を除くと、具体的な動きのある進行態（動的な進行態）を表している例が少ない」とい

---

*1　当時の～テアルには、存在動詞「アル」の影響が少ないと思われるものもあるが、第1章や第2章で指摘した通り、そのような～テアルには文体的な制約がある。

うことを確認する。

以下、まず、2.節では、具体的な動きのある進行態（動的な進行態）と具体的な動きのない進行態（静的な進行態）について説明する。次に3.節では、〜テイル・〜テアルが文末で現在の状態を表している場合を観察し、4.節では、〜テイル・〜テアルが、〜テイタ・〜テアッタという形をとって、文末で過去の状態を表している場合を観察する。また、5.節では、〜テイル・〜テアルが文中で状態を表している場合を観察する。文中で状態を表している例を見る際には、形の違い（〜テイル／〜テイタ／〜テイテなど）を考慮せずに観察することになる。6.節では、〜テイルや〜テアルの解釈の揺れに、本書がどのように対応しているのかについて述べる。7.節でアスペクト研究における「静的な進行態」の位置付けを説明し、「動的／静的」という観点を導入する研究上の意義を述べる。最後に8.節で本章の結論をまとめる。

2.「具体的な動きのある進行態（動的な進行態）」と「具体的な動きのない進行態（静的な進行態）」について

第2章では、「具体的な動きのある進行態」という観点から、中世末期日本語の〜テイル・〜テアルを観察した。本節では、「具体的な動きのある／具体的な動きのない」とはどういうことなのか、より詳しく説明したい。

現代日本語の〜テイルは、「動作継続」「結果継続（及び単なる状態）」「反復・習慣」「動作パーフェクト」等を表すといわれている。これらの概念は、現代日本語の〜テイルという形式だけに適用されるものではなく、他の形式[*2]にも適用可能な、特定の形式にとらわれない概念である。ここでいう「動作継続」は、日本語の歴史的な研究において、「進行態」といわれることも多く、言語学の用語でいう、progressiveにほぼ相当する。

以下、「進行態」といわれている状態を、「具体的な動きのある進行態（動

---

*2　例えば、宇和島方言の〜ヨル・〜トルや中世末期日本語の〜タ、中古日本語の〜タリ等にも適用されている。

的な進行態)」と「具体的な動きのない進行態（静的な進行態)」とに分けることにする（なお、進行態と動作継続は、ほぼ同じ意味だと考えているので、以下で述べる「動的な進行態」は、「動的な動作継続」と同義である。同様に、「静的な進行態」と「静的な動作継続」も同義である)。

便宜上、現代日本語の〜テイルを例として説明を進めたい。

「具体的な動きのある進行態（動的な進行態)」とは、副詞「ゆっくり」をつけたときに、具体的な動きが遅いという解釈ができる進行態のことである。金水敏（1995b）でいう強進行態は、基本的に、動的な進行態である。また、「走っている」等のように、移動を含意するような動詞の進行態も、動的な進行態といえる。典型的な例は次の通りである[*3]。(01）と（02）は、現在の動的な進行態の例であり、(03）と（04）は、過去の動的な進行態の例である。

(01)　太郎が枝をゆっくり折っている。(「折る」動きが遅い)

(02)　太郎が駅に向かってゆっくり走っている。(「走る」動きが遅い)

(03)　庭の方を見ると、太郎が枝をゆっくり折っていた。(「折る」動きが遅い)

---

*3　進行態の〜テイルには、以下の例のように、ある一定時間、どこかの場所で、何らかの状態でいたことを述べる場合もある。

・さっきまで、(友達の家で）ゆっくりラーメンを食べていた。

・昨日は、2時から3時まで、(公園で）ゆっくり歩いていた。

このような例は、具体的な運動自体に焦点があるか疑問であり、また、「ゆっくり」をつけたとき、「具体的な動きが遅い」という解釈が、若干しにくくなる。「ゆっくりラーメンを食べていた」の場合、「ゆったりと、リラックスして、ラーメンを食べていた（食べる速度が遅いわけではない)」という解釈も可能だろう。よって、現段階では、動的か静的かに関しての判断を保留する（この問題については、福沢将樹（2018）の「事態継続」と「期間継続」の議論も参照のこと)。このため、このような例は「動的な進行態」の確例から外れることになる。なお、このような例を動的な進行態と考えたとしても、本書の結論に大きな影響はない。

(04)　グランドの方を見ると、太郎がゆっくり走っていた。(「走る」動きが遅い)

一方、次に見る (05) ～ (10) のような進行態の例は、副詞「ゆっくり」をつけたときに、具体的な動きが遅いという解釈が困難である[*4]。このような進行態の例を「静的な進行態」と呼ぶことにする。典型的な例は次の通りである。(05) ～ (07) は、現在の静的な進行態の例であり、(08) ～ (10) は、過去の静的な進行態の例である。

(05)　＃太郎がゆっくり休んでいる。

(06)　＃太郎がゆっくりテレビを見ている。

(07)　*太郎がゆっくり黙っている。

(08)　＃太郎がゆっくり休んでいた。

(09)　＃太郎がゆっくりテレビを見ていた。

(10)　*太郎がゆっくり黙っていた。

「動的な進行態」「静的な進行態」について簡単な補足をしておきたい。これらの概念は、クリアカットなものではなく、どちらとも言い難い例も存在する (本章注3も参照のこと)。また、アスペクト研究の枠組みによっては、「静的な進行態」を、進行態とは考えないということもあるだろう。しかし、

*4　(05) (06) や (08) (09) のような例は、「ゆとりをもって・ゆったりとして・リラックスして」というような解釈なら可能である。なお、(07) や (10) のような許容できない例も、具体的な動きが遅いという解釈が困難であることにはかわりはない。従って、(07) や (10) の場合も「静的な進行態」と考えている。

それらのことを念頭に置いたとしても、本書で指摘する記述的事実の有効性は、以下に示す理由から、揺らぐことがないと考えている。

アスペクト研究において、進行態（あるいは動作継続）の典型例として示される例は、「走っている」「歩いている」等の「動的な進行態」の例であろう。また、先行研究が指摘するように、中世末期日本語の〜テイル・〜テアルが進行態を表していたことは事実だと思う。しかし、既に見てきたように、中世末期日本語の〜テイル・〜テアルには、「動的な進行態」の確例は、一部の例外を除いて、ほとんどないのである。つまり、進行態を表すと指摘されてはいるが、よくみると、典型的な進行態（動的な進行態）の確例が、ほとんどないわけである。当該言語の記述において、さすがにこの事実を看過するわけにはいかない。

中世末期日本語と現代日本語とで、このような大きな異なりがある。このため、「動的な進行態と静的な進行態は、厳密には、きれいに分けられないのではないか」「静的な進行態は、厳密には進行態ではないのではないか」等の議論があったとしても、動的な進行態の確例が、ほとんどないという、記述的事実の有効性は、揺らぐことがない。「動的な進行態」という観点から見た場合、中世末期日本語と現代日本語で異なりがあるということが重要なのである。

それでは、次節から、中世末期日本語の〜テイル・〜テアルには、本節で示した（01）〜（04）のような動的な進行態の確例が、発話に関係する例を除いて、ほとんど見られないことを確認していきたい。

3. 〜テイル・〜テアルが文末で現在の状態を表している場合

本章では、『狂言台本虎明本』、『天草版平家物語』、『天草版伊曽保物語』、『醒睡笑』、『きのふはけふの物語』を資料として調査を行った[*5]。当該資料中、

---

*5　調査方針は第2章と同様であるが、以下で再度確認したい。調査にあたっては、会話文だけではなく、地の文・注記等からもデータを集めている。ただし、虎明本の和歌・語り・謡等の例は調査対象外としている。〜テイルのイルが明らかに「入る、座る」で

〜テイル・〜テアルが、文末で現在の状態（進行態、あるいは既然態）を表していると考えられる例は、延べ107例（〜テイル67例、〜テアル40例）、異なりは、〜テイル49例、〜テアル27例であった。そのほとんどが、以下に見るように、動的な進行態以外の例（静的な進行態や既然態）を表している。

(11)　**〜テイルの例**

（ア）されはこそ是にふせつてゐる、　（『狂言台本虎明本』中 p.54）

（イ）つれほしうて是にまつてゐる、（『狂言台本虎明本』上 p.283）

（ウ）にわうのまねしている［福嶋注：仁王の真似］

（『狂言台本虎明本』下 p.59）

（エ）西もんに立ている　（『狂言台本虎明本』中 p.424）

（オ）清水へまいり、おがみ、つやしている、

（『狂言台本虎明本』下 p.141）

（カ）かへりみれは、しんほちねてゐる、

（『狂言台本虎明本』中 p.379）

(12)　**〜テアルの例**

（キ）誠にいほがこしらへて有は　（『狂言台本虎明本』中 p.135）

（ク）たのしうなさうと思ふて、是へ出て有よ

（『狂言台本虎明本』上 p.35）

（ケ）身共は（略）かゝへらるゝと云に付てきてある

（『狂言台本虎明本』下 p.46）

あると判断できる例、〜テアルが明らかに過去を表しており状態を表していないと判断できる例は、調査対象から外した。ただし、本章の調査では、「具体的な動きが展開されている進行態の確例は、用例を広く採集しても、ほとんど見られない」ということを確認したいので、〜テイルのイルが「入る」「座（ゐ）る」か意見が分かれそうな場合や、当該の〜テアルが過去を表しているのか判断に迷う場合は、念のため、用例として数えた。このため、第1章とは用例数が一部異なっている。

（コ）三郎殿といひあはせて、きたりてあるぞ
（『狂言台本虎明本』上 p.28）

（サ）今日は帝王の此殿へ行幸なされて有
（『狂言台本虎明本』上 p.134）

（シ）壁の根に菊一本咲てあり。　（『醒睡笑』p.303）

文末で現在の動的な進行態を表している確例は、いずれも発話動詞「云う」の例である。

(13)　［太郎冠者が独り言を言っているのを主人が見つける］
むさとしたる事を、ひとり事に云ている、
（『狂言台本虎明本』中 p.130）

(14)　しらぬかほで、云ている　（『狂言台本虎明本』中 p.130）

次の例は、柳田征司（1991）では進行態と解釈し[*6]、一方、神永正史（2016）では、「結果用法」の一つとして解釈している（「結果用法」ということは、進行態とは解釈していないということである）。

(15)　茶の湯にすいたれは、おくのまにしかけておいたが、いかにもりん〳〵と、たぎつてある、　（『狂言台本虎明本』下 p.119）

研究によって解釈が分かれているので、動的な進行態の「確例」ではないといえる（存疑例である）。

---

*6　柳田征司（1991:233）は注67で、「（福嶋注：当時の～テアルには）主語が非情物である進行態の例は、そのような表現自体が見つかりにくいが、次の例がそれと見られる。」として、この（15）例を挙げている。一方、野村剛史（2004a）は、この時代の無生物主語が進行態を表している例の存在自体に懐疑的な立場をとっている（野村剛史（2004a:56）では、「「表」の左下欄（福嶋注：中世末期日本語において、主語が「非情」で、「進行態」を表している欄）はまず空白と考えられるので」と述べている）。

このように、現在の動的な進行態を表している例は、当該資料中、存疑例を含めても3例（(13)～(15)の例）にとどまる。よって、～テイル・～テアルが文末で現在の動的な進行態を表している例は少ないと判断される。

4. ～テイル・～テアルが文末で過去の状態を表している場合

当該資料中、～テイル・～テアルが、文末で過去の状態を表していると考えられる例は、延べ42例（～テイル23例、～テアル19例）、異なりは、～テイル23例、～テアル17例であった[*7]。そのほとんどが、以下に見るように、動的な進行態以外の状態を表している。この傾向は、3.節と同様といえる。

(16)　**～テイルの例**

（ア）よびにやつて参るあひだまつていまらした
（『狂言台本虎明本』上 p.320）

（イ）つれほしうて是にやすらふていまらした
（『狂言台本虎明本』上 p.43）

（ウ）内にも兵どもひま、はざまもなう満ち満ちていた（michi michite ita）　（『天草版平家物語』p.24）

（エ）道にて、碁を見ていた。　（『きのふはけふの物語』p.107）

（オ）何としてひつこふでいたぞ　（『狂言台本虎明本』上 p.306）

(17)　**～テアルの例**

（カ）兵ども前後にうち囲うであった（vchicacôdeatta.）。
（『天草版平家物語』p.349（原本には348とある））

---

*7　本節で扱う例は、～テイル・テアルが、～タを伴って過去を表している例である。なお、～ケリや～キが接続している例も若干あり、念のため、これらも調査対象としている（これらの例を除いたとしても、本書の結論に支障はない）。

（キ）目さめて、かの金をさぐりて見れ共、金はあとかたちもなくて、はこはしたゝかたれてあつた。

（『きのふはけふの物語』p.86）

（ク）源平いづれもひまもない体と見えてあった（miyete atta）と申す。（『天草版平家物語』p.270）

（ケ）これてざつとすうだあのお五のむまれとしに此ふくべがなりてあつたと（『醒睡笑』p.130）

文末で過去の動的な進行態を表している確例は、(18)～(21)のような例であり、全て発話に関係する例であると考えられる。

(18)　心にもをこらぬ念誦していられた（nenju xite irareta）

（『天草版平家物語』p.50）

(19)　嵯峨の奥な山里に柴の庵をひき結んで、念仏申していた（nenbut mǒxite yta）（『天草版平家物語』p.103）

(20)　沙汰のかきりそいつは観音経を一部いふてあつたと。

（『醒睡笑』p.85）

(21)　あなくろぐろ黒き頭かな、いかなる人の漆ぬりけんとゆうてはやされてあった（fayaſarete atta）。（『天草版平家物語』p.7）

なお、存疑例としては次のものがある。

(22)　あるとき、昼事をしてゐられた。（『きのふはけふの物語』p.154）

このような、「～事をしていた／～事をしている」という例の場合、「事」という表現からも分かるように、具体性が薄れているので、動的な進行態の確例とはいえないだろう。

以上、当該資料中で、～テイル・～テアルが文末で過去の動的な進行態を表している確例は、発話に関係する進行態のみであることを確認した。

5. 〜テイル・〜テアルが文中で状態を表している場合

当該資料中、〜テイル・〜テアルが、文中で状態を表していると考えられる例は、延べ224例（〜テイル150例、〜テアル74例）、異なりは、〜テイル96例、〜テアル54例であった。そのほとんどが、以下に見るように、動的な進行態以外の状態を表している。この傾向は、3.節や4.節と同様といえる。

（23）　**〜テイルの例**

（ア）わたくしのやしやぢになつていて、とめやうがござる[*8]
（『狂言台本虎明本』中 p.236）

（イ）去ながら弓をもつているに依て、れうけんもなかつた、
（『狂言台本虎明本』上 p.268）

（ウ）たつてゐるをひきすゆる　（『狂言台本虎明本』中 p.10）

（エ）横田河原とゆうに陣をとっている（totte yru）を木曽わ聞いて、　（『天草版平家物語』p.158）

（オ）みてまいらふと云てねているをみ付て、
（『狂言台本虎明本』中 p.346）

（カ）心安く思ふていたが、　（『狂言台本虎明本』上 p.307）

（24）　**〜テアルの例**

（キ）某がとうきて有に、何とてそれにいる、
（『狂言台本虎明本』上 p.128）

（ク）その風呂屋の前に鋭な石が一つ出てあつた（dete atta）が、出入りの人の足を傷（やぶ）り、　（『天草版伊曽保物語』p.417）

---

*8　この例、「いて」を「座て」等の意味で解釈する場合もあるかもしれない。しかし、その場合でも、本書の主張に支障をきたすことはない。なお、「やしやぢ」とは「夜叉神」のことである。

（ケ）道行、しやくやくの花が、人のうらにみ事に、さひてあるをみて、（『狂言台本虎明本』下 p.88）

（コ）なんぢがきたつて有程に、（『狂言台本虎明本』中 p.8）

（サ）もはやかたはしはちりがたになつて、下におちて有がなを見事で、（『狂言台本虎明本』上 p.298）

文中で動的な進行態を表していると見られる確例は、以下に見るように、発話に関係する進行態である。

(25)　とかくこのやうにいふていたぶんでもなるまひ、（『狂言台本虎明本』上 p.372）

(26)　太郎くわじや、そらうでのことくいふているを、み付て（『狂言台本虎明本』中 p.130）

(27)　灯をかすかにかきたてて親子三人念仏していた（nenbut xite yta）ところに、（『天草版平家物語』p.104）

(28)　いやそなたは留守じやと云てあつたが（『狂言台本虎明本』下 p.101）

一方、次の（29）～（31）の例は、一見、動的な進行態を表しているようにも思われるが、確例とはいえない。一つ一つ確認していきたい。

(29)　［行綱は］目うちしばたたいていた（me vchixiba tataite ita）が、平家の繁昌する様態を見るに、当時たやすう傾けがたい儀ぢゃに、由ないことにくみしたものかな！（『天草版平家物語』p.21）

この例は、「目うちしばたたく」を「目を開いたり閉じたりしている」のように解釈すると、文意がうまく通らない。「目うちしばたたく」は、瞼の開閉から転じて、（しきりに、まばたきをするように）熟考したり状況を展望したりするさまの形容であって、具体的な運動を示しているわけではない[*9]。実際に、しきりに、まばたきをしているのかは分からないのである。よって、動的な進行態の確例とはいえない。

(30)　親義とゆう者があなたに（anatani）ものを書いていた（caite yta）が、　（『天草版平家物語』p.304）

この例には、［場所］ニ格句（「あなたに」）がある。このニ格句が主格名詞句の存在場所を表す［場所］ニ格句であれば、「あなたに（ものを書いている状態で）親義が存在する」という存在文よりの解釈が可能である（このような〜テイルの例は、実は、現代日本語にも散見される。第15章や第16章の議論を参照のこと）。一方、このニ格句の解釈を、現代日本語のデ格句のように「動作場所」と考えれば、動的な進行態の例として捉えることはできる。しかし、当該の〜テイルの位置付けがニ格句の解釈によってしまうため、確例ではないといえる（なお、この例を動的な進行態の確例と考えたとしても、大勢に影響はないので、本書の主張の支障にはならない）。

(31)　筑紫の五百羅漢へ参る時、はりまのいなみ野をとをつてあれは、おほきな牛がふせつておつて、　（『狂言台本虎明本』下 p.66）

この（31）は、〜テアレバという条件表現である。第6章で詳しくみるが、この時代の〜テアレバの例には「状態」と解釈できないものがある。

*9 『平家物語全注釈』（冨倉徳次郎著・角川書店・1966）の同一場面にも、「目うち瞬（しばたた）いて居たりけるが」（上巻 p.253）とあり、「目うち瞬いて」の語釈として、「目をパチパチさせること。」（上巻 p.254）という文字通りの意味に続いて「形勢を展望するさまの形容。」と示されている。同様に、小学館の新編日本古典文学全集『平家物語①』の当該箇所の頭注（p.107）でも、「目をぱちぱちさせて。」という文字通りの意味の後に、「考えこんでいるさま。」と述べている。

よって、この例も、動的な進行態の確例とはいえない。

以上、当該資料中、〜テイル・〜テアルが動的な進行態を表している確例は、発話に関係する例を除いてない（あるいは、ほとんどない）ことを確認した[*10]。

6. 中世末期日本語の〜テイル・〜テアルの解釈の揺れ等に関する説明

第2章や本章（さらには第5章）の確認から、現代日本語の〜テイルと、中世末期日本語の〜テイル・〜テアルとで、分布が異なっていることは明白だと思われる。しかし、一方で、これらの章のもとになる、福嶋健伸（2000・2001・2004a）が発表された後にも、李忠均（2012:26）等に、「福嶋（2004）は、テアル・テイル例のなか、発話に関係する例を含め、その他の例を強引に動作の進行の意味から外しているような気がする。」等の指摘がある。このため、もしかすると、本章の主張も、実は、そのポイントが伝わっていないのではないかという懸念もある。よって、以下で用例の解釈について、説明を加えたいと思う。なお、福嶋健伸（2000・2001・2004a）でも、本書でも、読めば明らかな通り、発話に関係する例は、動的な進行態の確例として処理をしている。このため、発話に関係する例を動作の進行の意味から外しているわけではないことを、まず断っておく。

本章の主張は、「中世末期日本語の〜テイル・〜テアルには、動的な進行

---

*10　中世末期日本語の時点で、動的な進行態の確例は、あまり見られない。そうすると、中世末期日本語より古い時代はどうだったのかということが気になる。この点、福沢将樹（2018）が、中世末期日本語より古い資料である『蒙求抄』（寛永十五年整版本）と『論語抄』（成簣堂本）を調査している。福沢将樹（2018:150）によると、抄物資料は、「〈動作継続〉の用例が出にくい文体ではないか」とのことで、そもそも、動的な進行態の解釈が期待される場面が少ないようである。福沢将樹（2018）と本書では、記述の枠組みや用例の解釈等に異なりがあり、単純な比較はできない。しかし、福沢将樹（2018:147-149）は、『蒙求抄』の「てある」「ている」「ておる（てをる）」について、「〈動作継続〉の確かな例は、見出せなかった。」と指摘し、『論語抄』についても「「てあり」「てをり」の〈動作継続〉と覚しき例はその確実な例とは言えないもの」（福嶋注：『論語抄』には〜テイルの確例がそもそもないようである）とする。ここから考えると、本書の結論と、矛盾するものではないだろう。

態の確例が、発話に関係する例を除いてない（あるいは、ほとんどない）」というものであり、この点、現代日本語の～テイルと大きく異なるといえる。現代日本語の～テイルには、「太郎が今グランドを走っている（あるいは「廊下を歩いている」）」のような、動的な進行態の確例が問題なく存在する。一方で、中世末期日本語の～テイル・～テアルでは、このような例が、なかなか見られないのである。

分かりやすいように、本書の考え方を、以下の三つに分けて説明していこう。

(32)　確例に注目して解釈の揺れを防いでいる。

文献調査の場合、どうしても用例の解釈が分かれることがある。このため、確例（ここでは、誰が解釈しても動的な進行態の解釈になるという例）に絞って検討を進めている。本書で存疑例とした用例を、動的な進行態と解釈する立場もあるとは思う。本書では、「存疑例を動的な進行態と解釈してはいけない」と主張しているわけではなく、「当該の例は確例とはいえない」と述べているわけである。現代日本語であれば、進行態の典型例とされる、動的な進行態の確例（「走っている」等）が、問題なく存在する。しかし、中世末期日本語では確例がなかなか見られない。ここに注目しているのである。

本書のような方針の場合、「存疑例を動的な進行態と解釈した場合どうなるのか」ということが問題となるが、そもそも、存疑例自体、用例数が限られているので、存疑例の全てを、動的な進行態と解釈したとしても、大勢が覆るわけではない。よって、いずれにせよ、主張に支障はないといえる。中世末期日本語において、動的な進行態の用例が多少あったとしても、発達の過渡的段階と考えれば、不自然なことではないだろう。

さらに、本書では、次の（33）の観点を取り入れ、記述の妥当性を高めている。

(33)　動詞基本形の分布に注目する（〜テイル・〜テアルで表しにくい部分に動詞基本形が分布している）。

中世末期日本語の動詞基本形は、動的な進行態が期待される場面で、出現している（第2章参照）。これにより、「中世末期日本語の〜テイル・〜テアルは、現代日本語の〜テイルと全く同様に、動的な進行態を表すことができたのではないか」という疑念や、「中世末期日本語の〜テイル・〜テアルは、現代日本語の〜テイルと全く同様に、動的な進行態を表すこともできたが、調査資料中に、たまたま、そのような場面がなかっただけではないか」という疑念は、払拭されることになる。現代日本語の〜テイルと同じ分布であれば、動的な進行態が期待される場面で、中世末期日本語でも〜テイルや〜テアルが出現すると思う。

さらに、大局的に見れば、次の観点も重要である。

(34)　分布の大きな偏りに注目する（当時の〜テイル・〜テアルに、動的な進行態の確例が多少あっても問題は全くない）。

本書では、中世末期日本語の〜テイル・〜テアルに関して、「動的な進行態の例が（発話に関係する例以外に）存在してはいけない」と主張しているわけではない。現代日本語の〜テイルは、動的な進行態を問題なく表せるので、歴史的な流れの中で大局的に見れば、中世末期に、動的な進行態の例が、多少存在していても、全く問題ない（強引に進行態の例から外す動機が、そもそも本研究にはないのである）。現代日本語の〜テイルと、中世末期日本語の〜テイル・〜テアルとで、動的な進行態の観点から見た場合、分布が大きく異なっていれば、本書の主張に支障はない。

もちろん、「中世末期日本語の〜テイル・〜テアルは、現代日本語の〜テイルのように、全ての運動動詞の進行態を、全く問題なく表せた」ということになれば、本書の主張は崩れることになる。しかし、その可能性は、これまでの調査結果から、低いように思える。

7.「静的な進行態」の位置付け

本節では、アスペクト研究における、「静的な進行態」の位置付けを説明したい。

本格的なアスペクト研究は金田一春彦（1950）に始まるとされる。金田一春彦（1950）が分類の基準とした時間幅の有無（瞬間動詞か、継続動詞か）は、奥田靖雄（1978）の批判によって退けられ、結果の有無による分類が採用される。これが、結果動詞（変化動詞）、非結果動詞（動作動詞）の分類である。しかし、一旦は退けられた「時間幅の有無」という基準を、国立国語研究所（1985）等の考察を経て、森山卓郎（1988）等が復活させる。

森山卓郎（1988）のポイントを簡単に述べると、次のようになる。「3分間走る」といえるわけだから、「走る」という動詞の中には、「3分間」で修飾できるような、時間幅のある局面が存在する。この「3分間」で修飾できるような局面を、～テイルが取り出しているとするのである。「（今、目の前で）走っている」で取り出される運動の継続は、この局面である。一方、「一瞥する」という動詞は、「3分間一瞥する」とはいえない。このため、「一瞥する」という動詞の中には、「3分間」で修飾できるような局面がない。そもそも局面がないわけだから、～テイルで局面を取り出すこともできないはずである。実際に、「一瞥している」は、経験（動作パーフェクト）の解釈しかできない。

このような局面の議論と並行して、アスペクト研究では、限界点（telic point）の有無の議論も行われている。森山卓郎（1988）、工藤真由美（1995）、北原博雄（1998）、川野靖子（2001・2006）等の議論である。

先ほどの局面の議論と、限界点の有無の議論を踏まえ、「静的な進行態」の位置付けを考えたい。「走る」「休む」「立つ」という動詞を例に説明しよう。次の（35）は、いずれも問題なく許容できる文である。

(35)　a. 3分間走った
　　　b. 3分間休んだ
　　　c. 3分間立った

この（35）から分かる通り、「走る」「休む」「立つ」のいずれも、「3分間」と共起できるので、時間幅のある局面を有していると考えられる。

しかし、次の例を見てもらいたい。

(36)　a. 3分かけて走った
　　　b. 3分かけて休んだ
　　　c. 3分かけて立った

「3分かけて走った」の場合、厳密にいえば、「800mを3分かけて走った」のように、距離等の外的な限界が想定される。しかし、その場合でも、「3分かけて走った」は、事実上、「3分間走った」と同じような運動をしている。つまり、「3分かけて走った」は、「3分間走った」ことになる。「3分かけて休んだ」も同様だろう。「3分かけて休んだ」は、事実上、「3分間休んだ」わけである。

ところが、「3分かけて立った」は、事情が異なる。「3分かけて立った」の場合は、「体の動きが鈍く、素早く立てない」あるいは「巨大な人型ロボットを操縦しているが、慣れていないので、立ち上がるのに時間がかかる」等のことがあって、「立つまでに3分かかった」ということになる。このため、「3分間立った」と事実上同じというわけにはいかない。「3分間立った」は、立った後の姿勢が3分間続いたという意味だからである。

このような違いは、「走る」「休む」は非限界動詞（atelic verb）、「立つ」は限界動詞（telic verb）という違いに由来する。「立つ」の中には、限界点があり、「限界点達成前の局面」「限界点」「限界点達成後の局面」を動詞の構造として有している。3分間は「限界点達成後の局面」を、「3分かけて」は「限界点達成前の局面」を、それぞれ修飾している。「立つ」の「限界点達成後の局面」を〜テイルが取り出すと、「さっきから、ずっと、あそこに、人が立っているよ」のような既然態の意味になり、「限界点達成前の局面」を〜テイルが取り出すと、「巨大な人型ロボットが、今、ゆっくり立っている」のような、進行態（金水敏（1995b）でいう強進行態）の意味になる。

このように見ると、「走る」「休む」は、「立つ」とは異なる構造を有していることが分かる。「走る」「休む」は共に、限界点を持たぬ非限界動詞であり、「走る」「休む」の運動の局面を抜き出している〜テイルを、進行態と呼ぶならば、「走っている」「休んでいる」は共に進行態の例だろう。共に、非限界動詞の進行態であるので、金水敏（1995b）の枠組みだと、「走っている」も「休んでいる」も、「弱進行態」になる。つまり、限界点の有無や「強進行態」「弱進行態」という概念では、「走っている」「休んでいる」の違いを捉えることができないのである。

「走る」「休む」の異なりは、「運動の質の印象が、動的か静的か」ということだろう。この点に注目したのが、「動的な進行態」「静的な進行態」である。

まとめると次のようになる（「走る」「休む」「立つ」の順で示す）。

(37)　a. 「3分間走った」といえるので時間幅のある局面がある。この局面を〜テイルで取り出したのが「走っている」である。この「走っている」は「弱進行態」かつ「動的な進行態」である。

b. 「3分間休んだ」といえるので時間幅のある局面がある。この局面を〜テイルで取り出したのが「休んでいる」である。この「休んでいる」は「弱進行態」かつ「静的な進行態」である。

c. 「3分間立った」といえるので時間幅のある局面がある。この局面を〜テイルで取り出したのが「（さっきから、あそこに、人が）立っている」である。この「立っている」は、「既然態」である。

d. 「3分かけて立った」ともいえ、「3分間立った」とは別の局面を、「3分かけて」は修飾している。この「3分かけて」の局面を〜テイルで取り出したのが「(巨大な人型ロボットが、今、ゆっくり) 立っている」である。この「立っている」は、「強進行態」かつ「動的な進行態」である。

「具体的な動きのあるもの (動的)」と「具体的な動きのないもの (静的)」に二分すると、次のようになる (既然態は動きがないので、「静的」と考えている)。

(38)　動的：(37) a.の「走っている」と (37) d.の「立っている」
　　　静的：(37) b.の「休んでいる」と (37) c.の「立っている」

(37) b.の「休んでいる」と、(37) c.の「立っている」は、似ている印象があり、アスペクト研究の中では、「休む」「立つ」を分けない (つまり、同じタイプの動詞 (句) として分類する) 研究も存在する。実際、森山卓郎 (1988:155) は、「休む」「立つ」を共に、sd 動詞 (句) としており、両者を分けていない。

そのような立場もあってよいと思うが、本書では、(37) b.の「休んでいる」を「静的な進行態」と捉え、(37) c.の「立っている」を既然態と捉えている。この「静的な進行態」(あるいは「静的な動作継続」) の導入により、「走っている」と「休んでいる」を共に進行態とする枠組みを維持しながら、(37) c.の「立っている」との近さ (具体的な動きがないということ) も、捉えることができるようになるわけである。

これまでの研究においても、進行態と既然態の中間的な意味を捉えようとする試みはある。藤井正 (1966) や福沢将樹 (1997) の「持続」、森山卓郎 (1988) の「維持」等がこれにあたる。中間的な意味を捉えようとする方向性は、本書も、これらの研究と同じである。一方、本書では、「静的な」「進行態」のように、「動的／静的」ということと、「進行態／既然態」を分けて捉えている (つまり、分析的に捉えることにより、「進行態／既然態」という枠組みを維持している)。この点が、藤井正 (1966) 等の研究とは異なっているといえる。

以上、「静的な進行態」のアスペクト研究上の位置付けを述べた。

8. おわりに

中世末期日本語の〜テイル・〜テアルが状態を表していると考えられる例は、全部で延べ373例ある。そのうち、発話に関係している例を除くと、動的な進行態の確例はない（あるいは、ほとんどない）ことを確認した。併せて、「用例の解釈の揺れ等にどのように対応するのか」を述べ、その後、「静的な進行態」のアスペクト研究上の位置付けを示した。

中世末期日本語の〜テイル・〜テアルが表す進行態が、進行態の中でも、「静的な進行態」の例に偏るのは、当時の〜テイル・〜テアルには、存在動詞の意味が比較的強く影響しているためだろう。「静的な進行態」の例は、結果として、「具体的な動きを伴わず、（ある場所に）存在する」ことを表すので、存在文的な意味に近いのだと思う。

本章の考察を通して、これまでの本書の主張がより補強されたと考えている。

次章では、ウチ（ニ）節の節述語を詳しく観察することで、これまでの主張の補強をしたいと思う。次章の議論によって、限界点の有無からの分類では、中世末期日本語の〜テイルと動詞基本形を、うまく記述できないことが、よりはっきりと分かるだろう。

第5章　中世末期日本語のウチ（ニ）節における～テイルと動詞基本形

要　旨

本章では、中世末期日本語と現代日本語の時間関係を表すウチ（ニ）節の節述語を詳しく考察し、第2章の主張を補強したい。

具体的には、次の点を確認する。

①中世末期日本語では、「～テイル＋ウチ（ニ）」の例が少なく、「動詞基本形（スル）＋ウチ（ニ）」の例が多い（比は約1:16）が、一方で、現代日本語では、「～テイル＋ウチ（ニ）」の例が多く、「動詞基本形（スル）＋ウチ（ニ）」の例が少ない（比は約12:1）。つまり、両言語で全く逆の様相を呈している。

②中世末期日本語の「～テイル＋ウチ（ニ）」の例における～テイルの例は、具体的な動きがないもの（動的な進行態ではないもの）に限られており、「走っているウチ（ニ）」等の例は、中世末期日本語ではみつからない。

本章の議論を通して、当時の～テイルと動詞基本形の分布を記述するためには、限界性（telicity）の観点からの分類では、うまくいかないことが確認できる（少なくとも、限界性という観点からの分類だけではうまくいかない）。

1. はじめに

第2章の3.2.節では、時間関係を表すウチ（ニ）節の節述語をもとに議論を進めた。ただ、そこでは、調査結果のみを示すという形だったので、詳細を述べることができなかった。そこで、本章では、中世末期日本語と現代日本語のウチ（ニ）節の節述語について、より詳しく述べたいと思う。

本章の議論を経ることにより、第2章の主張は補強され、また、限界性（telicity）の観点からの分類では、当時の～テイルと動詞基本形の分布は、うまく記述できないことが分かるだろう（少なくとも、限界性という観点からの分類だけでは、うまくいかない）。

議論をはじめるにあたり、これまでの流れを以下で簡単に振り返りつつ、ウチ（ニ）節の節述語に注目する理由等を確認したいと思う。

坪井美樹（1976）、柳田征司（1991）等の先行研究では、中世末期日本語の～テイル・～テアルは進行態を表していたと指摘している。これらの研究を受けて、本書の第2章と第4章では、「当時の～テイル・～テアルには、動的な進行態を表していると解釈できる確例は、発話に関係する例を除くとない（あるいは、ほとんどない）」ことを指摘した。また、本書の第2章では、動きのある進行態を表していると解釈できる場面には、動詞基本形が使用されており、当時の～テイル・～テアルが表しにくかった部分を動詞基本形が補っていたことも指摘した。

これらの指摘から、強進行態（telic 動詞の進行態のこと。金水敏（1995b）参照）と、弱進行態の一部（atelic 動詞の進行態の中でも具体的な動きのあるもの）は、当時の～テイル・～テアルでは表しにくいことが分かり、当時の～テイル・～テアルと動詞基本形の分布状況を記述する際には、強進行態（telic 動詞の進行態）／弱進行態（atelic 動詞の進行態）というような分類ではうまくいかないことがうかがえる。つまり従来のアスペクト研究で盛んに用いられている telicity という概念からの分類では、不十分なのである。

しかし、一方で、「たまたま具体的な動きを表していると解釈できる場面が少なく、用例が採取できなかっただけで、中世末期日本語の～テイル・～テアルは、弱進行態を問題なく（現代日本語の～テイルと同じように）表していたのではないか」「そうだとすれば、中世末期日本語の～テイル・～テアルは弱進行態を表しているという記述だけで十分であり、結局、当時のアスペクト形式の分布状況（ひいては～テイルの発達や文法化の問題）を考察する際には、telic ／ atelic といった telicity の観点を導入するだけで十分なのではないか」といった疑念を、拭いきれない研究者もいるかもしれない。

歴史的な研究の場合、資料に限界があることや、文脈の解釈に揺れがでることは、事実上、仕方のないことである。しかし、解釈の揺れが比較的少ない環境に注目し、〜テイル等の分布状況を考察することによって、上記のような疑念を、ある程度払拭することはできるだろう。

そこで、時間関係を表すウチ（ニ）節[*1]の節述語に注目する。時間関係を表すウチ（ニ）節の節述語の解釈は、比較的、解釈の揺れが少ないと考えられる（解釈の揺れが少ない理由については、次節で述べる）。また、ウチ（ニ）節の節述語には、〜テイルも動詞基本形も現れうるので、〜テイルと動詞基本形がどのように分布しているのかが把握できる（今回の調査では、ウチ（ニ）節の節述語に〜テアルの例はなかったので、以下では、〜テイルと動詞基本形を中心とする議論になる）。さらに、ウチ（ニ）節の節述語にatelicな動詞（句）が現れた場合は、比較的、弱進行態の解釈を得やすいので、当時の〜テイルが弱進行態を問題なく（現代日本語の〜テイルと同じように）表していたのかということを検討するのに適している。

なお、中世末期日本語のウチ（ニ）節に関して考察する際、現代日本語のウチ（ニ）節の節述語に見られる〜テイルと動詞基本形の分布状況が参考になるので、本章では、現代日本語のウチ（ニ）節についても観察を行うことにする。

本章の構成は次の通りである。

2.節でウチ（ニ）節の時間関係を表す機能について言及し、その基本的な部分は現代日本語と中世末期日本語とでほぼ共通していることを述べる。3.節で、現代日本語のウチ（ニ）節の節述語について観察し、4.節で中世末期日本語のウチ（ニ）節の節述語について観察する。その後、5.節で結論をまとめる。

---

*1　時間関係を表しているのであれば、ウチ節もウチニ節も、ともに考察の対象としているので、これらをまとめてウチ（ニ）節と表記する。また、以後、特に断りのない場合、ウチ（ニ）節とあれば、時間関係を表すウチ（ニ）節のことを意味している。

2. 時間関係を表すウチ（ニ）節の基本的な機能

國廣哲彌（1978)、井島正博（1991)、工藤真由美（1995）等を参考にすると、現代日本語のウチ（ニ）節は、基本的に「主節が表す出来事の発生する期間を限定する」といえる。

具体例で説明すると、次の（01）の例は、「ご飯を食べている」という出来事の期間内に、「気分が悪くなった」という出来事が発生していることを表している。

(01)　ご飯を食べているうちに、気分が悪くなった。

現代日本語のウチ（ニ）節をめぐって、いくつかの議論があるが、「主節が表す出来事の発生する期間を限定する」という基本的な部分は、事実上、多くの先行研究の共通理解になっていると考えられる。本書でも、このことを、時間関係を表すウチ（ニ）節の基本的な機能と考える。

このように現代日本語のウチ（ニ）節は、基本的に、主節が表す出来事の発生する期間を限定するので、多くの場合、ウチ（ニ）節の節述語は、「ある程度の時間幅を有している出来事が継続している」と解釈される。そのため、ウチ（ニ）節の節述語に atelic な動詞（句）が現れると、概ね「ある程度の時間幅を有している動作が継続している」という解釈になり、（習慣的な解釈を除けば）いわゆる弱進行態の解釈が期待されることになる。

中世末期日本語のウチ（ニ）節も、『ロドリゲス日本大文典』（三省堂、1955）及び『日葡辞書』（岩波書店、1980）の記述などを見る限り、現代日本語のウチ（ニ）節と概ね似たような状況で用いられており、（相違点があったとしても）大筋では、ほぼ同じ機能を果たしていたと解釈できる。つまり、「主節が表す出来事の発生する期間を限定する」という時間関係を表す基本的な部分は、現代日本語のウチ（ニ）節と大きく変わらないと解釈できるのである[*2]。『ロドリゲス日本大文典』と『日葡辞書』の記述を以下に示す。

（02）　肯定動詞に後置されたものはAida（間）の意を示す。例へば、Iquite yru vchini vonmeni cacaritai.（生きてゐる内に御目にかかりたい。）　　（『ロドリゲス日本大文典』VCHI（内）の附則一）

（03）　Vchi. ウチ（内・中）…の内部、または、…する間。例、Iyeno vchi.（家の内）家の中。¶ Mairanu vchini.（参らぬ中に）私が行かない間に。　　（『日葡辞書』）

従って、ウチ（ニ）節の節述語が、多くの場合「ある程度の時間幅を有している出来事が継続している」という解釈になる点も、現代日本語と中世末期日本語とで、大きな違いはないと考えられる。

次に、ウチ（ニ）節の節述語に見られる形式について述べたい。以下の例にみるように、現代日本語のウチ（ニ）節の節述語にも、中世末期日本語のウチ（ニ）節の節述語にも、～テイルと動詞基本形の例をみることができる（現代日本語の小説の出典に関しては、次節を参照のこと）。

（04）　**現代日本語の例**

（ア）話しているうちに興奮して来たのか、御主人の顔はいつしか恐い程にひきしまり、いつもは柔和な眼鏡の奥の目は強い光を帯びていました。　　（『錦繍』）

（イ）残りの七人の訓練をつづけるうちにいくつかの問題点があきらかになりました。

---

*2　天野みどり（1997:27）も、『ロドリゲス日本大文典』や、『日葡辞書』の記述などから、中世語のホドニ節とウチニ節に関して、「いずれも、共起的時間関係・期間限定的な意味を表す現代語の「～うちに」に相当する機能を担っていたという解釈」を示している。この点、本書もほぼ同様の見解である。

（『世界の終りとハードボイルド・ワンダーランド』）

（05）　**中世末期日本語の例**

（ウ）いかにシヤント、我がまだ生きて居るうちに（iqite yru vchini）別の妻をば何としてお持ちあらうぞ？

（『天草版伊曽保物語』p.425）

（エ）雁のうりて、太郎くわじやひとり事云内に、つゞみおけの上に、大臣ゑほしを置、いつもちや屋のいる所に出しまちてゐる　（『狂言台本虎明本』上 p.167）

これらの例から、形式として、〜テイルと動詞基本形がウチ（ニ）節の節述語として現れうるという点に関しても、現代日本語と中世末期日本語は共通していると考えられる。

ここで、中世末期日本語のウチニ節について補足をしておきたい。天野みどり（1997）は、狂言台本などを資料として中世語のホドニ節とウチニ節[*3]を比較し、「「〜ほどに」の場合、その上接述語には「参る・行く」などの〈内的（＝語彙的）限界性〉がある（telic）動詞がなり、「〜うちに」の上接述語には「申す・云ふ」などの〈内的限界性〉がない（atelic）動詞がなる」（p.28）と述べている[*4]。さらに、天野みどり（1997）は、この分布に注目し、当時のウチニ節に関して「節述語の動作の質的な進展には光を当てず、その動作が継続中である期間ということによって、主節の表す事態の発生の期間限定を行う。」（p.28）という見解を示す。そしてウチニの上接述語に「居る」「動詞＋てゐる」「動詞＋否定」などの進展性の無いものがみられることから、自らの見解を補強しており、「「〜うちに」節は、このような状態性述語であれ上接述語となし、それにより主節事態の発生の期間限定を行う。」

---

*3　天野みどり（1997）は、ウチニ節のみを考察対象とし、ウチ節を考察対象から外しているようなので、ここでは、ウチニ節と表記している。

*4　天野みどり（1997）の注5や、本章で扱っているデータなどを参考にすると、「ウチニ節の節述語は atelic 動詞に傾く」という記述の方が妥当かもしれない。

(p.29) と指摘している。

天野みどり (1997) のこれらの指摘から、中世末期日本語のウチニ節の節述語には「atelic な動詞の例が比較的多いこと」、そして「当時のウチニ節の特徴を考慮しても、～テイルという形式が節述語に現れることに問題はないこと」等が分かる。よって、当時の～テイルが atelic な動詞 (句) の進行態を (現代日本語の～テイルのように) 問題なく表していたか否かを確認するために、比較的適した環境であるといえる。

また、(02) と (03) で見た『ロドリゲス日本大文典』や『日葡辞書』の記述からも分かるように、ウチニ節とウチ節は、本書が問題としている観点からは、まとめて扱ってよいと思われる。

本節をまとめると次のようになる。

(06)　**2. 節のまとめ**

現代日本語と中世末期日本語のウチ (ニ) 節について

・時間関係を表す基本的な部分は大きく変わらないと解釈でき、ウチ (ニ) 節の節述語が、多くの場合「ある程度の時間幅を有している出来事が継続している」という解釈になる点も共通していると考えられる。

・節述語の形式として、～テイルと動詞基本形が現れうるという点に関しても共通している。

中世末期日本語のウチ (ニ) 節の節述語について

・atelic な動詞の例が比較的多い。

・当時のウチ (ニ) 節の特徴を考慮しても、～テイルという形式が現れることに問題はない。

節述語の解釈が比較的安定しており、現れうる形式も共通しているので、現代日本語のウチ (ニ) 節と中世末期日本語のウチ (ニ) 節の節述語に現れる～テイルと動詞基本形を観察することによって、中世末期日本語の～テイルと動詞基本形の関係がどのようなものであったのか、また、～テイルが弱進行態（atelic な動詞（句）の進行態）を、現代日本語の〜テイルと同じように、問題なく表していたのかを確認できる。

まず、次節で現代日本語のウチ（ニ）節の節述語について観察したい。

3. 現代日本語のウチ（ニ）節における〜テイルと動詞基本形

浅野百合子（1975）や森田良行（1985）等の研究や、小説の例などから、現代日本語のウチ（ニ）節の節述語には、〜テイルが現れやすいこと、そして、〜テイルが表している状態が比較的多様であることが確認できる。

（07）　ドアの開いているうちに駅弁を買って来い

（森田良行（1985:114）、下線は福嶋）

（08）　バスを待っているうちに、タクシーが来た。

（浅野百合子（1975:55）の 20、下線は福嶋）

（09）　話しているうちに、だんだん落ち着いてきた。

（浅野百合子（1975:54）の 5、下線は福嶋）

（10）　森の中の道を歩いているうちに奇妙な音が耳につくようになった。

（『世界の終りとハードボイルド・ワンダーランド』）

（11）　料理を作っているうちに、今日の客が到着した。

（天野みどり（1997:29）の（14）、下線は福嶋）

（07）の〜テイルは既然態を表しており、（08）〜（11）の〜テイルは進行態を表している。進行態を表している例をさらに詳しくみると、（08）（09）（10）のように atelic な動詞（句）が〜テイルをとって進行態を表している例（金水敏（1995b）でいう弱進行態の例）もあれば、（11）のように telic

な動詞（句）が～テイルをとって進行態を表している例（金水敏（1995b）でいう強進行態の例）もある。また、(08) のように具体的な動きのない進行態（本書でいう静的な進行態）の例もあれば、(09) ～ (11) のように、具体的な動きのある進行態（本書でいう動的な進行態）の例もある。現代日本語のウチ（ニ）節の節述語において、～テイルは盛んに用いられており、特に進行態を表しているとされる～テイルであれば、概ね、ウチ（ニ）節の節述語として現れることができるようである。

以下の（12）にみるように、動詞の基本形も、現代日本語のウチ（ニ）節の節述語として現れ、～テイルと近い解釈になる場合がある。ただし、動詞基本形の場合は、使われ方などに比較的制約があるようで、～テイルに比べると生産的ではないといえる（近藤真宣（1993)、沢田奈保子（1986）等参照)。

(12)　　彼と何度か会ううちに彼の奇妙な癖に気がついた。

（近藤真宣（1993:145）の 11、下線は福嶋）

本章では、中世末期日本語との比較を考え、現代日本語のウチ（ニ）節の節述語に現れる～テイルと動詞基本形について用例数の調査を行い、具体的な数値をみておくことにする。

今回の調査では、『CD-ROM 版　新潮文庫の 100 冊』の中の 1940 年以降に生まれた日本人作家の作品（赤川次郎、沢木耕太郎、椎名誠、高野悦子、藤原正彦、宮本輝、村上春樹の作品[*5]）を現代日本語の資料とした。

資料の中には、(13) のような存在動詞の例が2例あったが、ここでは、運動動詞の基本形について議論をしたいので、これらの例は用例数として数えないことにする。

---

*5　収録作品名・著者名を記す（作者五十音順）：赤川次郎『女社長に乾杯！』、沢木耕太郎『一瞬の夏』、椎名誠『新橋烏森口青春篇』、高野悦子『二十歳の原点』、藤原正彦『若き数学者のアメリカ』、宮本輝『錦繍』、村上春樹『世界の終りとハードボイルド・ワンダーランド』。

(13)　心があるのなら、心があるうちにそれを働かせなさい。
（『世界の終りとハードボイルド・ワンダーランド』）

また、(14) のような「〜テイク」の例が10例あったが、この形式は、ある種のアスペクト形式であるとみなせるので、動詞基本形の用例数として数えていない[*6]。

(14)　それは、ルポライターとしての仕事を続けていくうちに身についた、ひとつの習性のようなものだった。　（『一瞬の夏』）

上記のことを踏まえた上で、ウチ（ニ）節の節述語に現れる〜テイルと動詞基本形の用例数を示すと次の通りである。

(15)　用例数（延べ）　〜テイル112例　動詞基本形9例

(16)　比（〜テイル：動詞基本形）　約12：1

砂川有里子（1986:60）が「(福嶋注：ウチニ節等の節述語が) 動的述語のばあいは「シテイル」をつかうことがおおい。」と指摘している通り、現代日本語においては、動詞基本形よりも〜テイルの方が多く用いられていることが確認できる（なお、〜タ＋ウチ（ニ）という例はなかった）。

また、傾向としては、既然態を表している〜テイルよりも、進行態を表している〜テイルの方が多いようである。以下にいくつかの実例を示す。現代日本語においては、「歩いているうちに」等の動的な進行態の用例も、極めて自然である。

---

*6　これらの「〜テイク」の用例の中には、本動詞的にも解釈できる例が若干あったが、大勢に影響はないと判断した。

(17)　しかし歩いているうちに胸が悪くなってきて、道端に鼻面をすりつけるようにして胃の中の物を出しました。（『錦繍』）

(18)　頭骨にあてられた彼女の細い指をしばらく眺めているうちに、僕は以前どこかでその頭骨を見たことがあるという強い既視感のようなものに襲われた。
（『世界の終りとハードボイルド・ワンダーランド』）

(19)　私は話しているうちに、薄気味悪くなってしまった。
（『若き数学者のアメリカ』）

(20)　とにかく、それで倉庫を整理しているうちに、彼は一九一八年に義弟が置いていった箱をみつけて開いてみたの。
（『世界の終りとハードボイルド・ワンダーランド』）

次に、動詞基本形について述べる。今回の調査では、動詞基本形の例は9例（延べ数）あった。動詞を示すと、「繰り返す」「つづける」「書く」「通う」「進める」「進む（2例）」「続く（2例）」である。～テイルに比べると用例数が少なく、やはり、使われ方（あるいは動詞の意味）等に制限があるようである。

このように、現代日本語では、ウチ（ニ）節の節述語として、～テイルの方が主に用いられている。もちろん、「死んでいるうちに」等の例は採集できず、また、このような例は普通は許容できないので、～テイルの使用に関しても制約があるわけだが、「ウチ（ニ）節の節述語には主に～テイルの方が用いられている」という傾向を覆すものではないといってよいだろう。

本節をまとめると次のようになる。

(21)　**3. 節のまとめ**

・進行態を表していると言われるような～テイルであれば、概ね、ウチ（ニ）節の節述語として現れることができる。
・ウチ（ニ）節の節述語には主に～テイルの方が用いられている。
比（～テイル：動詞基本形）約 12：1

この（21）を念頭において、中世末期日本語のウチ（ニ）節における～テイルと動詞基本形を観察したい。

4. 中世末期日本語のウチ（ニ）節における～テイルと動詞基本形

中世末期日本語の資料として、『狂言台本虎明本』『天草版平家物語』『天草版伊曽保物語』『醒睡笑』『きのふはけふの物語』の調査を行った。

尊敬・受け身を表す助動詞等が接続している例は、動詞基本形の用例数に入れている。また、当該のウチ（ニ）節が、主節との時間関係を表しているのかどうか、判断が微妙な例が若干あったが、これらの例は、考察対象から外している。ただし、これらの例を全て考察対象の中に入れても、本書の結論に大きな影響はない。当該資料中、「申たる」の例が1例あったが、この例は、～テイルでも動詞基本形でもないので用例数から外している。なお、今回の調査では、当該従属節の表記が、漢字の「中」であるものは、ウチ（ニ）節の用例として数えないという方針にした[*7]。次にみる（22）のような

---

*7　漢字の訓の問題について述べたい。『倭玉篇』等の古辞書を参考にすると、「内（に）」の場合、「うち（に）」とよむ可能性が高いので調査対象とした。一方、「中（に）」は「なか（に）」とも「うち（に）」ともよめ、訓を決定できない場合があった。このため、今回の調査では、漢字の「中」を使用している場合は、ウチ（ニ）節の用例として数えないという方針をとった。ただし、念のため、当該資料中において、漢字の「中（に）」節、及び平仮名の「なか（に）」節を全て確認したが、本書の主張が覆るような用例はみつからなかったことを付け加えておく。
　参考にした古辞書は以下の通りである。
　中田祝夫・北恭昭（編）『倭玉篇　研究並びに索引』風間書房. 1966.
　京都大学文学部国語学国文学研究室（編）『元亀二年京大本　運歩色葉集』臨川書店. 1969.
　京都大学文学部国語学国文学研究室（編）『天正十七年本　運歩色葉集』臨川書店. 1977.

存在動詞の例が4例あったが、このような例は、3.節で述べたことと同様の理由で考察対象から外し、動詞基本形の用例数として数えていない。

(22)　是も、一日なりとも世に有うちに寺をもわたされ候へば、満足いたし候が、死なれてあとは、我らより外に取り手がなく候間、これもつて恩にならず。（『きのふはけふの物語』p.115）

これらのことを踏まえた上で、時間関係を表すウチ（ニ）節の節述語に現れる～テイルと動詞基本形の用例数を示すと次の通りである。

(23)　用例数（延べ）　～テイル　4例　動詞基本形　62例

(24)　比（～テイル：動詞基本形）　2：31

ここから、中世末期日本語においては、～テイルよりも動詞基本形が多く用いられていることが確認できる。現代日本語の場合だと、比（～テイル：動詞基本形）は、およそ12：1であるのに対し、中世末期日本語の比は2：31（約1：16）であり、比率は、ほぼ逆転している。

当該資料中、ウチ（ニ）節の節述語として現れる～テイルは以下の例で全てである。

(25)　はじめおとこ出て、つやしている内、女右のなのりのことくいひて、まちていたがましにて候、（『狂言台本虎明本』中 p.174）

(26)　いかにシヤント、我がまだ生きて居るうちに別の妻をば何としてお持ちあらうぞ？（(05) の（ウ）再掲）

正宗敦夫（校訂）『類聚名義抄』風間書房. 1954.

(27)　三番めにあしをとられているうちに、文をひきさく事もあり、[相撲で足を取られている状態である]　(『狂言台本虎明本』上 p.195)

(28)　どれをとらふと云て、はいつているうちに、ていしゆいでゝ［盗人が物色している最中に、亭主が出てくる場面］
(『狂言台本虎明本』下 p.34)

用例数が少ないため、～テイルの例の具体的な特徴を指摘することは難しいが、そもそも～テイルの用例数が少ないということ自体が、現代日本語のウチ（ニ）節には見られない特徴である。

これらの～テイルの例は、静的な進行態を表しているか、既然態を表しているかのいずれかであって、「具体的な動きのない（あるいは具体的な動きが想定しにくい）状態を表している」という点は、この (25)～(28) の～テイルに共通している。現代日本語の～テイルとは異なり、具体的な動きのある進行態（動的な進行態）を表している例は1例もない。繰り返すが、1例もないのである。次にみる動詞基本形との対比において、この特徴は一層はっきりとする。

中世末期日本語では、～テイルに比べ、動詞基本形の例が多い。ウチ（ニ）節の節述語として現れる動詞基本形は次のものである（意味の取りにくい例には、括弧の中に現代日本語の解釈を示す。数字は延べ数である。また、一部わかりやすさを優先させ表記を変更している）。

『狂言台本虎明本』49例（会話部分3例、ト書き部分46例[*8]）：云ふ (11)、はやす (3)、ぬぐ (2)、ほむる (2)、申す (2)、わたる (2)、あなたこなたへよる、一どける（一度蹴る）、一反おいまはる、いよふとする（射ようとする）、うたふ、うつ、仰らるる、おしやう（押し合う）、き

*8 『虎明本』のウチ（ニ）節の多くは、ト書き部分にみられる（ウチニ節に関しては天野みどり (1997) を参照のこと）。また、主節の主語と従属節の主語とが異なっている用例が多いが、本書の議論に対して大きな問題にはならないと判断した。

する（着せる）、きる（着る）、こしらへる、ざうたんして行、さかもりする、じぎをする、しんをとる、せむる、談合する、つえを尋る、つくる（付ける）、つれてくる、とりさへる、一いのりいのる、まはる、水かくる、見る、わきめふる、わらふ

『天草版平家物語』9例：さうさうする（3）、言わるる、こしらゆる、さうさうせらるる、逆茂木をのけなんどする、漂い歩かるる、とかうすかしまらする

『きのふはけふの物語』3例：いふ（2）、わが息のかよふ

『醒睡笑』1例：見る

『天草版伊曽保物語』0例

動詞基本形の例を全体的にみると動作動詞（句）が多い。従って、動詞基本形の例の多くは、現代日本語で解釈する場合には、進行態を表す〜テイルを用いて解釈されるだろう。そして、以下の例にみるように、動詞基本形には「具体的な動きのある動作が継続している」という解釈になる例が多くみられる。

(29)　まはる内がんみ付て　（『狂言台本虎明本』上 p.263）

(30)　それからいしやうぬぐうちに、がくなり、一いろづゝ、つぎ〳〵へわたし、　（『狂言台本虎明本』上 p.135）

(31)　水かくる内、女出て、なふかなしや、何といふぞ、　（『狂言台本虎明本』上 p.359）

(32)　あなたこなたへよる内、がんは大臣ばしらのかたに、大臣ゑぼしをく也　（『狂言台本虎明本』上 p.263）

(33)　酒をいだして、さかもりするうちに　（『狂言台本虎明本』中 p.159）

(34)　ひやうしにかかつてうつ内に、かたなをみせぬやうにいだす
（『狂言台本虎明本』上 p.87）

(35)　ぶたい一反おいまはる内に、ちう人いでゝ、
（『狂言台本虎明本』中 p.186）

(36)　又そばへより、おしやう内に、たちをはく、はいたをみて、いやこゝなと云て、ばいやう　（『狂言台本虎明本』下 p.8）
※「おしやう」は「押し合う」と解釈した。

(37)　雁のうりて、太郎くわじやひとり事云内に、つゞみおけの上に、大臣ゑほしを置、いつもちや屋のいる所に出しまちてゐる
（(05) の（エ）再掲）

ここで強調しておきたい点は、「回っているウチ（ニ）」「脱いでいるウチ（ニ）」「水かけているウチ（ニ）」「寄っているウチ（ニ）」「酒盛りしているウチ（ニ）」等のような具体的な動きのある～テイルの例は1例もなく、このような例は全て動詞基本形で表されているということである。当該の進行態が、強進行態か弱進行態かにかかわらず、具体的な動きのある例には～テイルが使用されていないのである。もし、中世末期日本語の～テイルが、進行態（あるいは弱進行態）を問題なく表しているのであれば、このようなことはないはずである。このような事実を説明するためには、当時の～テイルは進行態をそれほど生産的に表すことができず、動詞基本形が、～テイルの表せない部分を補っていたと考えた方が妥当であろう。

当該の形式が表している状態に、具体的な動きがあるかないか（あるいは具体的な動きが想定しやすいか否か）という観点から、～テイルと動詞基本形をまとめると次の表のようになる（本書の第4章2. 節でも述べたが、当該の形式が表している状態に、副詞「ゆっくり」を付けたとき、具体的な動

きの速度が遅いという解釈ができるようなものであれば、「具体的な動きがある」と判断した。判断に迷う例は、〔　〕で括り、具体的な動きのないものとして扱うことにする。なお、仮に、判断に迷う例を、具体的な動きのあるものとして扱っても結論に支障はない)。

(38)　**表　具体的な動きの有無から分類した**
中世末期日本語のウチ（ニ）節の節述語

	具体的な動きのないもの	具体的な動きがあるもの
～テイル	あしをとられている 生きて居る つやしている はいつている （延べ4例）	該当する用例なし
動詞基本形	見る 〔さうさうする〕 〔さうさうせらるる〕 〔わが息のかよふ〕 （延べ7例）	あなたこなたへよる、一どける（一度蹴る）、一反おいまはる、云ふ、いよふとする（射ようとする）、うたふ、うつ、仰らるる、おしやう、きする（着せる）、きる（着る）、こしらへる、こしらゆる、ざうたんして行、逆茂木をのけなんどする、さかもりする、じぎをする、しんをとる、せむる、漂い歩かるる、談合する、つえを尋る、つくる（付ける）、つれてくる、とりさへる、ぬぐ、はやす、一いのりいのる、ほむる、申す、まはる、水かくる、わきめふる、わたる、わらふ （延べ55例）

この（38）から明らかなように、具体的な動きの有無といった観点から見ると、～テイルと動詞基本形は、偶然とは言えないほどの偏った分布を示している。具体的な動きが想定できるか否かに関しては、人によって多少判断に揺れがあるかもしれないが、分布の偏りが見て取れる点に変わりはないだ

ろう。

このことから、当時の～テイルは、弱進行態の中でも具体的な動きのあるものは、表しにくかったことが分かる[*9]。また、当時の～テイルと動詞基本形の分布状況を記述する際には、具体的な動きの有無という観点が有効であること、強進行態か弱進行態かというような telicity の観点からの分類だけでは不十分であること、当時の～テイルが表しにくい部分は、動詞基本形が担っていたこと等が分かる。また、今回は、ウチ（ニ）節以外の時間従属節（アイダ節など）を直接の考察対象としていないが、そのような、ウチ（ニ）節以外の時間従属節を調べても、本書の結論に対して決定的な支障を来すような用例はみつからなかったことを付け加えておく。

本節をまとめると次のようになる。

(39)　**4. 節のまとめ**

・ウチ（ニ）節の節述語には主に動詞基本形の方が用いられている。

　比（～テイル：動詞基本形）　2：31

・ウチ（ニ）節の節述語には、具体的な動きを表している～テイルの例はなく、当時の～テイルが、（現代日本語の～テイルのように）弱進行態を問題なく表していたとは考えられない。

・ウチ（ニ）節の節述語には、動詞基本形の例が多く、具体的な動きを表している例は全て動詞基本形で表されている。この点において、～テイルが表しにくかった部分を動詞基本形が担っていたといえる。

---

*9　今回の調査では具体的な動きを表している～テイルの例はなかったが、今後の調査によっては、ウチ（ニ）節の節述語において、具体的な動きを表している～テイルの例が採集できる可能性もあるだろう。本章では、「ウチ（ニ）節の節述語に具体的な動きを表している～テイルの例が全く現れないはずだ」ということを主張したいわけではない。ここで重要な点は、(38) で確認できるような分布の偏りから、当時の～テイルが弱進行態を問題なく表していたとは考えにくいということである。

本節の表でみたような分布の偏りは、現代日本語には見られないものであり、中世末期日本語と現代日本語の異なりを、はっきりと確認することができる。

5. おわりに

本章では、ウチ（ニ）節の節述語を詳細に見たが、本章で確認した傾向は、ウチ（ニ）節だけの問題ではない（既に、第2章や第4章で見た通りである）。ウチ（ニ）節の節述語に見られる、〜テイルと動詞基本形の分布は、中世末期日本語と現代日本語における、〜テイル・動詞基本形全体の分布を、端的に表しているといえる。

歴史的な文献を調査する研究では、どうしても、「解釈の揺れ」の問題が発生する。また、「たまたま、調査資料中に、その場面がなかっただけではないか（たまたま「動的な進行態」が期待されるような場面がなかっただけではないか）」という問題も存在する。ウチ（ニ）節の節述語の調査と考察は、これらの問題に対応するものといえるだろう。

次章では、これまで議論されることが少なかった、〜テアルの条件表現である〜テアレバを中心に考察を進める。次章での議論を通じて、本書の主張は、より補強されることになる。

第6章　中世末期日本語の～テアルの条件表現―状態表現として解釈できない～テアレバが存在する―

要　旨

本章では、中世末期日本語の～テアルの条件表現である、～テアレバを中心に調査と考察を行い、第2章と第4章の主張を補強する。

第2章と第4章では、「はりまのいなみ野をとをつてあれは」（『狂言台本虎明本』下 p.66）という例を、動的な進行態の確例ではないとしたが、その根拠を、本章で示す。実は、この用例の解釈の背後には、～テアルの条件表現に関する興味深い事実が存在する。具体的には、次の点である。

①中世末期日本語において、～テアラバは仮定条件を表し、～テアレバは確定条件を表すという使い分けがはっきりとしている。特に～テアレバの例に関していえば、多くの例が偶然確定条件を表していると解釈できる。この～テアレバの傾向は、一般的な動詞の「已然形＋バ」と異なるものであり、どちらかというと、～タレバに見られる傾向に近い。

②中世末期日本語の～テアレバには、状態表現（進行態や既然態）として解釈できない用例群がある。

本章の②の指摘から、当時の～テアレバを解釈する際には、無条件に状態表現として解釈するわけにはいかないことが分かる。

1. はじめに

本章では、中世末期日本語の～テアルの条件表現である、～テアレバを中心に調査と考察を行い、第2章と第4章の主張を補強したいと思う。

第2章と第4章では、次の例を動的な進行態の確例とはしなかった。

(01)　筑紫の五百羅漢へ参る時、はりまのいなみ野をとをつてあれは、おほきな牛がふせつておつて、　(『狂言台本虎明本』下 p.66)

一見すると、「通っていれば」というような解釈になり、動的な進行態の確例のように思われる。しかし、当時の資料における～テアルの条件表現を調査すると、無条件に、「通っていれば」という解釈にできないことが分かる。

本章の議論を通して、当時の条件表現である、「已然形＋バ」「～テアレバ」「～テアラバ」「～タラバ」「～タレバ」の関係について、これまで指摘されることのなかった事実を示すことができると思う。

従来の研究には、アスペクト形式の変遷（状態表現の変遷）の観点から当時の～テアルを分析したものはある（その詳細は既にこれまでの章で見た通りである）。また、条件表現史の観点から、当時の「未然形＋バ」「已然形＋バ」「～タラバ」「～タレバ」等を分析したものもある。しかし、これら二つの観点を組み合わせた「当時の～テアルの条件表現がどのようであったのか」という問題に関する詳しい研究は、管見の限りない。そこで、本章では、この問題に取り組みたいと思う。「当時の～テアルの条件表現がどのようであったのか」を検討することは、アスペクト形式の変遷を考える上でも、条件表現史を考える上でも、意味があるだろう。

本章の構成は次の通りである。まず2.節では、先行研究のまとめを行い、中世末期日本語の～テアルの条件表現を議論する上で、前提となる情報を整理する。次に、3.節で調査の概要を述べ、4.節と5.節で調査結果をまとめる。最後に、6.節で、本章の結論とそれが意味することを述べる。

2. 先行研究のまとめ

本節では、先行研究の成果を簡単にまとめ、当時の～テアルの条件表現を検討する上で前提となる情報を整理したい。2.1.節で当時の～テアルについて分析した研究をまとめ、2.2.節で条件表現の研究をもとに、当時の状況を概観する。

2.1. 中世末期日本語の～テアルに関する先行研究

中世末期日本語の～テアルに関しては、湯澤幸吉郎（1929）、坪井美樹（1976）、柳田征司（1991）等の研究があり、概ね次のことを明らかにしている（これまでの章でも見てきたことだが、ここでも確認しておきたい）。

(02)　上接する動詞：～テアルは、自動詞にも他動詞にも接続する。つまり、当時の～テアルの状況は現代日本語とは異なり、「出てある」のように、自動詞に接続する例も存在する。

(03)　主格名詞：～テアルの主格名詞は、有生物でもよいし、無生物でもよい。

(04)　形式と意味との対応：～テアルは、既然態も進行態も表す。

ただし、(04) については、本書の第1章や第2章で修正意見を述べた通り、当時の～テアルは、「全ての運動動詞の進行態と既然態を、現代日本語の～テイルのように、自由に表せる」というわけではなく、～テアルの表し得る範囲はある程度、限定されていたようである。

また、湯澤幸吉郎（1929）、坪井美樹（1976）等は、過去を表す～テアルの存在も指摘している。次のような例である。

(05)　[食べた物の名前を忘れてしまった太郎冠者に、大名が質問している] 朝くらて有か　（『狂言台本虎明本』上 p.233）
　※「食らうて」の「う」の脱落と解釈した。

以上、当時の～テアルについて簡単な整理を行った。

2. 2. 中世末期日本語の条件表現に関する先行研究

条件表現に関する研究は多いが、その中でも特に中世の条件表現について網羅的に扱っている小林賢次（1996）を参考にして、当時の状況を概観したい。

小林賢次（1996）は、順接条件について（06）の枠組みを提示し、（07）のような定義を示している[*1]。本章も（06）と（07）をもとに議論を進めていく。

（06）

順接条件	仮定条件	完了性	………花咲かば見む。
		非完了性	……君行かば我も共に行かむ。
	恒常条件		……………………酒を飲めば酔ふ。
	確定条件	必然確定	……今日は雨降れば客無し。
		偶然確定	……顧みすれば月傾きぬ。

（07）
完了性仮定条件………未来時において、動作・作用の完了した場合を仮定するもの。
非完了性仮定条件……現在の事実に関する仮定や、現在あるいは過去の事実に反する仮定（反実仮想）など、完了性以外の一切の仮定をさす。
恒常条件………………ある条件が成立する際にはいつでも以下の帰結句の事態が成立するという、恒常的・普遍的性格をもったものとして提示するもの。
必然確定条件…………条件句が原因・理由を表し、条件句と帰結句とが必然的な因果関係で結びつくもの。

---

*1　（06）と（07）は小林賢次（1996:11）からの引用である。（06）の例文は、松下大三郎（1928）からのものなので本章でもそれにならった。なお下線の引き方には福嶋が手を加えている。

偶然確定条件…………条件句が帰結句の事態の成立する単なるきっかけであったり、帰結句の事態を認識する前提であったりするもの。

中世末期日本語の条件表現について述べると、かつて仮定条件表現の中心的な存在であった、動詞の「未然形＋バ」は、この時期に衰退してきている[*2]。この「未然形＋バ」の衰退は、「〜タラバ」（また「〜ナラバ」）の発達と無関係ではなく、『狂言台本虎明本』においては、294例の「〜タラバ」が使用されており[*3]、その多くが完了性仮定条件を表しているとのことである（小林賢次 1996:166）。

次に、一般的な動詞の「已然形＋バ」に関していえば、以下の指摘がある。

(08)　虎明本における「已然形＋バ」の形式は、なお確定条件の用法をもとどめてはいるけれども、特に一般の動詞例の場合など、恒常条件あるいは仮定条件の表現に用いられるものという性格が、かなり顕著に認められるのである。（小林賢次 1996:176）

小林賢次（1996）のp.175の表を見る限り、『狂言台本虎明本』の動詞の「已然形＋バ」全体の用例数（ナレバやタレバではない、動詞の「已然形＋バ」全体の用例数）の中で、偶然確定条件を表している割合は41％であるのに対し、恒常条件及び仮定条件を表している割合は51％であり、確かに、「已然形＋バ」が、恒常条件あるいは仮定条件の表現に用いられる傾向が確認できる。

---

*2　小林賢次（1996:135）によると、「未然形＋バ」の順接仮定条件としての使用率は、『覚一本平家物語』で36.8％だが、『虎明本』では、11.7％に下がっている。

*3　小林賢次（1996:135）によると、「〜タラバ」の順接仮定条件としての使用率は、『覚一本平家物語』で4.2％だが、『虎明本』では、18.5％に上がっている。

また、大島留美子（1991b）には、『醒睡笑』[*4]と『きのふはけふの物語』[*5]の調査をもとに、当時の「已然形＋バ」について言及している部分がある（大島留美子（1991b:75-83））。それによると、『醒睡笑』と『きのふはけふの物語』における、「已然形＋バ」全体の約3割が、大島留美子（1991b）でいう偶然条件（偶然確定条件）を表している。

なお、大島留美子（1991ab）には、偶然確定と必然確定に明確に分けられない「偶必不定」いう分類枠がある（大島留美子 1991a:90-91）。この「偶必不定」に分類されている例をどう考えるかで、「已然形＋バ」が偶然確定条件を表している用例数は変わってくる可能性はある。しかし、大島留美子（1991b）の調査では、当該資料中の「已然形＋バ」全体の約4割が、「必然・恒常・仮定」の条件を表している。もし、仮に、残りの全ての例が、偶然確定条件を表していると（極端に）考えてみても、その割合は、6割程度ということになるだろう（つまり、どんなに多く見積もったとしても、偶然確定条件の例は、6割程度ということになる）。

小林賢次（1996）の調査では、恒常条件あるいは仮定条件に用いられる割合が高く、一方、大島留美子（1991b）の調査では必然確定条件に用いられる割合が比較的高いので、資料毎に傾向差があるといえる。

しかし、これらのことを全て考慮したとしても、当時の「已然形＋バ」が偶然確定条件を表している割合は、小林賢次（1996）を参考にすると41%、大島留美子（1991b）を参考にすると、約3割、どんなに多く見積もっても6割程度なので、次のことが確認できる。

(09)　中世末期日本語の資料において、「已然形＋バ」全体の3割～4割程度（どんなに多く見積もっても6割程度）が、偶然確定条件を表

---

*4　大島留美子（1991b）は『醒睡笑』の中でも南葵文庫本（いわゆる広本）の調査をしている。なお、『寛永版醒睡笑』（いわゆる略本）の調査をしたものに、山田瑩徹（1994）がある。

*5　大島留美子（1991b）は、『きのふはけふの物語』の中でも整版九行本を調査している。

していると考えられる。

これに対し、本章でみる〜テアレバは、そのほとんどが、偶然確定条件を表しており、上記（09）の傾向と異なっているのである。

また、先行研究において、〜テアレバは、〜テアルの条件表現であるため、「状態的な表現」という言い方をする場合がある（例えば小林賢次（1996:175））。〜テアルの一種なので、形式を指し示す際に、「状態的な表現」等とするのは自然なことだろう。しかし、（これまであまり明示的に議論されてこなかったように思われるが）当該形式の解釈が、無条件に、状態表現だということになると問題だと思う。つまり、〜テアレバの解釈として、偶然確定条件ならば「〜テイタトコロ」のような状態表現の解釈が前提となっている（無条件に現代日本語の〜テイルで解釈されている）ということであれば、検討が必要だと思うのである。

著者（福嶋）は、〜テアレバの用例の中には、状態表現として解釈できない（つまり「〜テイタトコロ」のような〜テイルの表現として解釈できない）ものがあると考えている。この〜テアレバの解釈をめぐる問題が、本章の調査と考察を通して明らかになる。

以上、本章の立場から先行研究の成果を簡単にまとめ、当時の〜テアルの条件表現を検討する上で前提となる情報を整理した。次節では、調査の概要について述べたいと思う。

3. 調査概要

本節では、調査の概要について述べる。本章が調査対象とする形式は、〜テアルの順接条件表現形式である、〜テアレバと〜テアラバである（なお、〜テアラバは、〜テアレバと対照するために調査している）。

次に調査資料について述べる。本章では、中世末期日本語の資料として、『狂言台本虎明本』（単に虎明本とする場合がある）と『静嘉堂文庫蔵本醒睡笑』（単に醒睡笑とする場合がある）を調査した[*6]。なお、『狂言台本虎明本』の風流之本、万集類は調査対象外としている。また、和歌・語り・謡等の例も基本的には調査対象外としている（参考資料として言及する場合はある）。

『狂言台本虎明本』と『静嘉堂文庫蔵本醒睡笑』は、資料としての性格を異にしており、また、それぞれの資料における言語現象の傾向に異なりが見られる場合があることも承知してはいるが、本書の考察の範囲で考えた場合、『狂言台本虎明本』と『静嘉堂文庫蔵本醒睡笑』をまとめて扱うことに問題はないと判断し、上記の資料をまとめて、中世末期日本語の資料として扱うことにする[*7]。

4. 調査結果①
―～テアラバと～テアレバの使い分けがある―

調査の結果は次のようになる。

(10)　『虎明本』：～テアラバ　3例　　～テアレバ　4例
　　　『醒睡笑』：～テアラバ　1例　　～テアレバ　10例

まず、「～テアラバと～テアレバの使い分けが、はっきりとしている」こ

---

*6　これらの資料以外にも、『天草版平家物語』『天草版伊曽保物語』『きのふはけふの物語』（大東急文庫本）を調査したが、『天草版平家物語』に～テアレバ1例（他に～テアッタレバが2例）を得たのみであった。

*7　『狂言台本虎明本』と『醒睡笑』を中世末期日本語の資料とすることについて、補足をしておきたい。『狂言台本虎明本』の成立は1642年であり、近世初期言語の混入もあるが、『狂言台本虎明本』の文献的性質から考えて、概ね中世末期の言語を反映していると判断できる。小林千草（1973）や金水敏（1982）をはじめ、多くの研究がこの資料を中世末期日本語の資料として扱っており、本書もそれらと同様の見解である（小林千草（1973）では、「中世口語」という用語を用いている）。『醒睡笑』は、1623年頃の成立といわれ、著者は安楽庵策伝である。安楽庵策云は、1554年頃の生まれで、少年時代より集めた笑い話をまとめたものが『醒睡笑』である（関山和夫（1961）、鈴木棠三（校注）（1986）参照）。このような成立事情から、『醒睡笑』も概ね中世末期日本語を反映している資料であると考えられる。
　ただし、本書は、これらの資料に近世初期言語の混入が全くない、ということ

とを確認したい。具体的には、～テアラバは仮定条件を表し、～テアレバは確定条件を表しているといえる。特に～テアレバの例に関していえば、(個々の例で微妙な揺れがあるとしても) その多くの例が偶然確定条件を表していると解釈できる。

以下では、採集された用例を見ながら、この事実を確認したい。まずは、～テアラバの例を示す。なお、必要に応じて、[　] で用例の説明等を述べる。

(11)　～テアラバの例

(ア) とう三郎参りてあらは、某にひき合て給候へ [藤三郎はまだ来ておらず、仮定条件を表していると解釈できる]
(『狂言台本虎明本』下 p.69)

(イ) はくじやう(白状)仕てあらは、御高札のおもてのことく、くんこうは某が望のごとく仰付られうずるか [まだ (猫を殺したことを) 白状していないので、仮定条件を表していると解釈できる]
(『狂言台本虎明本』下 p.71)

(ウ) きやうの殿がむなしくなりたると申てあらは、御下有まじひぞ、もつてのいれひなるよし申候へ
(『狂言台本虎明本』上 p.424)

(エ) 昼の飯をは棚に置たり。九ッなりてあらは、まいれ
(『醒睡笑』p.215)

これらの例は、全て仮定条件を表していると思われる。これらの～テアラバの例が全て仮定条件を表しているとして、敢えて、仮定条件の下位分類に

を主張しているわけではなく、近世初期日本語の資料として扱う立場を否定しているわけではない。

なお、安楽庵策伝の出自をめぐっては、鈴木棠三 (校注) (1986) と関山和夫 (1961・1987) とで、若干、見解が分かれているが、本書が問題とする部分 (生年等) の見解は、どの研究も概ね一致しているので、本書の主張に支障を来すことはないと判断している。

ついて言及すると、完了性仮定条件ということになるだろうか[*8]。

この時代の～タラバという形式に目を向けると、小林賢次（1996:165）に「やはり完了性仮定の用例が圧倒的に多い。」[*9]とある。ここから考えると、～テアラバの解釈上の偏りは、～タラバに近いといえるかもしれない。

次に～テアレバの例を見ていきたい。

(12)　～テアレバの例

（オ）（＝（01））筑紫の五百羅漢へ参る時、はりまのいなみ野をとをつてあれは、おほきな牛がふせつておつて、

（『狂言台本虎明本』下 p.66）

（カ）夜前のうりをしんぜてあれは、是ほどあぢのよひうりはなひほどに、明日は某が所へ御出あつて、くわうずると仰らるゝ程に、（『狂言台本虎明本』下 p.40）

（キ）心を付てみ申てあれは、不審なやうすのござあつた程に、

（『狂言台本虎明本』下 p.127）

（ク）西の宮へ参り祈念を申てあれは、是も吉日を以て勧請せよとの御つげにて候、かやうにありがたき事はあるまじく候、

（『狂言台本虎明本』上 p.27）

（ケ）「兼平の御さいこは、何とかならせ給ふら（ん[*10]）」ととふ時ちらと手の内を見てあれば汗に流れ正体なし肝をつぶし［手の平に、謡い出しの部分を書いて能に臨んでいたが、汗で流れていた］（『醒睡笑』p.260）

（コ）急度（きつと）件のうはか方を見てあれは、姹驚き申ける様

（『醒睡笑』p.270）

---

*8　なお、（ウ）の例は、恒常的な要素も含まれているとする立場もあるかもしれない。

*9　小林賢次（1996:166）は、「（福嶋注：虎明本の）「タラバ」二九四例中、非完了性仮定のものの比率は11％ほどであり、その他は完了性仮定としてのものである。」と述べている。

*10　（　）の中は、鈴木棠三（校注）（1986）を参考にして補った。

（サ）「児はいくつそ」と人の問ふてあれは「年は十三になれと御器ははしめからのしや」と　（『醒睡笑』p.212）

※『醒睡笑』中、「問ふてあれは」は他に類例が2例あった。

（シ）［刀の売買の時に、二尺五寸か二尺三寸かで争いになった］目きゝするうへにこそ其ならひはあらんすれとかぢの許に行聞てあれば、「両方なからよく見られた是は二尺四寸といふ物ちや」　（『醒睡笑』p.124-125）

（ス）商人帰るさに［文を］祖父にわたしてあれは、とち程なる涙をなかして手を離さす。商人あはれさに文の様を尋きく　（『醒睡笑』p.101）

（セ）饅頭を菓子に出してあれば「これは小豆斗入て位高し。我等如き者の給はるは難有」とていたゝく　（『醒睡笑』p.281）

（ソ）［風呂の中で、船酔いしたという人がいる。船に乗っているわけでもないのに船酔いした理由を聞くと］「されはよ只今是へ入られたる大髭の男、此程乗し舩の舩頭によく似たと思ふてあれは其儘よふた」と　（『醒睡笑』p.62）

（タ）［娘が溺れた時に、占いをする者が娘の居場所を教え、泳ぎの名人が娘を引き上げ、医者が娘を蘇生させた。娘を助けた三人のうち、誰が娘の婿になるべきか争っている場面での占いをする者（卜者）の台詞］「我始娘のあり処を云てあれはこそ取りあけたれ、聟にならん」　（『醒睡笑』p.12）

これらの例から分かるように、～テアレバの例は、一般的な真理ではなく、個別的な事柄について使用されており、全ての例が、小林賢次（1996）の枠組みでいう確定条件を表していると解釈できる。

さらに、確定条件の下位分類について言及すれば、（タ）は必然確定条件を表していると解釈でき、考え方次第では（ソ）も必然確定条件を表していると解釈できるが、その他の例は、全て偶然確定条件を表しているといえる。割合としては、（少なくとも）14例中12例（約8割6分）が偶然確定条件を表していることになる。

以上の検討により、「～テアラバは仮定条件、～テアレバは確定条件という使い分けが、比較的、はっきりとしており、特に～テアレバの例に関していえば、多くの例が偶然確定条件を表していると解釈できる」ことが確認できたと思われる。

次に、この事実の意味することについて述べたい。2.2.節でも述べたが、一般的な動詞の「已然形＋バ」という形式に関して次のことがいえる。

(13)（＝(09)）中世末期日本語の資料において、「已然形＋バ」全体の3割～4割程度（どんなに多く見積もっても6割程度）が、偶然確定条件を表していると考えられる。

このことを踏まえると、「(仮定条件には～テアラバが使用されており)～テアレバは概ね偶然確定条件を表している」という点から、少なくとも、一般的な動詞の「已然形＋バ」と、～テアレバを分けて考える必要があるだろう。従来の研究では、この点を特に考慮していない（データ上、まとめて扱っている）場合があるが、本章の調査結果から考えると、～テアレバは、一般的な動詞の「已然形＋バ」と分けて扱った方がよいと思われる（少なくともまとめて扱うには議論が必要である）。

ところで、小林賢次（1996）によれば[*11]、虎明本において、～タレバという形式は、その約8割8分が偶然確定条件を表している。また、大島留美子（1990:108）を参考にすると、『醒睡笑』と『きのふはけふの物語』の～タレバに関して、約5割7分（最も多く見積もって約7割4分）が偶然確定条件を表している。これらの点から考えて、～テアレバは、一般的な動詞の「已然形＋バ」よりも、どちらかというと、～タレバに、解釈上の分布の偏り方が近いといえる（ただし、～テアレバと～タレバには文体等の差があるとは思う）。

---

*11　小林賢次（1996:175）の〈表1〉を参照した。

本節で述べたことをまとめると次のようになる。

(14)　**本節のまとめ**

①～テアラバは仮定条件を表し、～テアレバは確定条件を表すという使い分けがはっきりとしている。～テアレバの例に関していえば、多くの例が偶然確定条件を表していると解釈できる。

②一般的な動詞の「已然形＋バ」と、～テアレバを分けて考える必要がある（少なくともまとめて扱うには議論が必要である）。～テアレバは、一般的な動詞の「已然形＋バ」よりも、～タレバに、解釈上の分布の偏り方が近い。

5. 調査結果②
―状態表現として解釈できない～テアレバがある―

本節では、～テアレバの解釈について、さらに考察を加えたい。既に指摘したように今回の調査で採集された～テアレバの用例には、偶然確定条件を表していると解釈できる例が多い。さらに、「～タトコロ」という解釈が最も自然であり、「～テイタトコロ」というような状態表現の解釈が不自然である例が指摘できる。具体的には次のような例である。

(15)（＝（ケ））「兼平の御さいこは、何とかならせ給ふら（ん）」ととふ時ちらと手の内を見てあれば汗に流れ正体なし肝をつぶし［手の平に、謡い出しの部分を書いて能に臨んでいたが、汗で流れていた］

（『醒睡笑』p.260）

(16)（＝（コ））急度（きつと）件のうはか方を見てあれは、姥驚き申ける様

（『醒睡笑』p.270）

この（15）の例は、「手の平に、謡い出しの部分を書いて能に臨んでいたが、文字が汗に流されてしまい、肝をつぶした」という文脈と、「ちらと」

という副詞があることから、「(手の平を) 見ていたところ／見ていれば」等の状態表現（現代日本語の〜テイルで解釈されるような、進行態や既然態を表す表現）として捉えることができず、むしろ「(手の平を) 見たところ／見れば」のような非状態表現として捉えた方が、明らかに自然である。(16) の例も、「急度[*12]」という副詞があるので、「見たところ」のように非状態表現として捉えた方が自然であり、こちらも、状態表現で解釈すると不自然である。これらの例に見られる〜テアレバは、状態表現として解釈できないので、「状態表現として解釈できない〜テアレバの存在」を指摘しなければならないだろう。

加えて、節の付いている部分なのであくまで参考例であるが、「きつと」と〜テアレバが共起する類例として、次のような例もある（節が付いている部分を『　』で示す)。

(17)　うしろより、太郎くわじや〳〵と申ほどに『うしろをきつとみてあれは、もうせんかしらにいたゞき、……』

（『狂言台本虎明本』中 p.104）

また、次の (18) と (19) の例も「(瓜を) 進呈したところ」「(文を) 渡したところ」というような解釈が、最も自然であると思われる。

(18)（＝（カ)）夜前のうりをしんぜてあれは、是ほどあぢのよひうりはないほどに、明日は某が所へ御出あつて、くわうずると仰らるゝ程に、（『狂言台本虎明本』下 p.40）

(19)（＝（ス)）商人帰るさに［文を］祖父にわたしてあれは、とち程なる涙をなかして手を離さす。商人あはれさに文の様を尋きく

*12　参考までに『日葡辞書』（土井忠生・森田武・長南実（編訳)、岩波書店、1980）の「Qitto キット（急度)」の部分を示す。

・Qitto. キット（急度）　副詞．速やかに．

（『醒睡笑』p.101）

このようにみると、次の（20）の例も、非状態表現で解釈した方が、すんなり解釈できる。「問うているところ」や「問うていたところ」という解釈よりも、「問うたところ」という解釈の方が自然である。

（20）（＝（サ））「児はいくつそ」と人の問ふてあれは「年は十三になれと御器ははしめからのしや」と　（『醒睡笑』p.212）

～テアレバの用例の中には、状態表現として解釈できる～テアレバもあるだろう。しかし、既に見たように、状態表現として解釈できない～テアレバがあることは事実である。

本節での観察を通して、少なくとも次のことが指摘できる。

（21）　状態表現として解釈できない～テアレバの用例群が存在する。

本章の調査と観察を通し、「～テアレバが非状態的な解釈になる場合もあり得る」ということが明らかになったといえる。～テアレバを解釈する際には、この点に留意する必要がある。

6. 本章の結論と、それが意味するもの

本章で指摘したことを、まとめて示すと以下のようになる。

（22）　**本章のまとめ（結論）**

①～テアラバは仮定条件を表し、～テアレバは確定条件を表すという使い分けがはっきりとしている。特に～テアレバの例に関していえば、多くの例が偶然確定条件を表していると解釈できる。

②一般的な動詞の「已然形＋バ」と、～テアレバを分けて考える必

要がある（少なくともまとめて扱うには議論が必要である）。～テアレバは、一般的な動詞の「已然形＋バ」よりも、～タレバに、解釈上の分布の偏り方が近い。

③状態表現として解釈できない～テアレバの用例群が存在する。

繰り返しになるが、本章の観察と考察を通して、次のことが分かる。

(23)　中世末期日本語の～テアレバを解釈する場合には、無条件に、状態表現として解釈するわけにはいかない。

～テアレバという形式に関しては、「～テアルの条件表現だから、無条件に状態表現である」と考えるわけにはいかないのである。このことが、～テアルという形式を考察する上で、重要な意味をもってくる。そのことを以下に述べたい。

まず第一に、～テアレバを無条件に状態表現として解釈すると、「前後の文脈から考えると、進行態（あるいは既然態）として解釈するのは不自然なのだが、～テアルという形式なので、進行態（あるいは既然態）と解釈せざるを得ない」という、形式に縛られた奇妙な問題が起こってくる。本章で指摘した（23）の事実をおさえることで、この問題（文脈的に不自然な「進行態」や「既然態」が生じる問題）を回避できる。

第二に、本書の第2章や第4章では、次の（24）を、「中世末期日本語の～テアルが、具体的な動きのある進行態（動的な進行態）を表している確例ではない」とした。

(24)（＝（オ））筑紫の五百羅漢へ参る時、はりまのいなみ野をとをつてあれは、おほきな牛がふせつておつて、

（『狂言台本虎明本』下 p.66）

本章の観察から、この例を進行態の確例とするわけにはいかない（つま

り、本書の第2章や第4章の見解が妥当である）ことがよく分かる。なぜなら、「（播磨の印南野を）通ったところ」という非状態表現としての解釈が、かなり自然にできるからである[*13]。

よって、「中世末期日本語の～テアルにおいて、具体的な動きのある進行態を表している確例は、極めて限られている」ということが、改めて確認できる。本章の結論は、このように、アスペクト研究における用例解釈に資するという意味をもつのである。

なお、本章は、福嶋健伸（2003）をもとに執筆したものだが、福嶋健伸（2003）の調査を全く考慮せずに（もちろん、引用もせずに）、先の（24）の例を、～テアルの動作継続の例とする研究に、神永正史（2015）がある。研究の立場と姿勢の違いといえるだろう。

本章の観察と考察を通して、「一般的な動詞の「已然形＋バ」と、～テアレバを分けて考える必要があること（一般的な動詞の「未然形＋バ」と、～テアラバも、分けて扱った方がよいだろう）」「～テアレバと～タレバの解釈上の分布が似ていること（～テアラバと～タラバの解釈上の分布も似ていると思う）」「～テアレバには、状態表現と解釈できない例があること」等が明らかになった。

これらのことの背後には、「アスペクト形式の変遷と、条件表現の交点」という興味深い課題が潜んでいると思う。アスペクト形式である～タリの出自が、～テアル（～テアリ）であることを考えると、条件表現において、～テアレバと～タレバに共通性が見られるのは、不自然なことでもないだろう（さらには、～テアラバと～タラバに共通性が見られても不自然ではない）。小さいと思われる事柄（たった1例の解釈の確認）が、調査を通して、さらなる問題（アスペクト形式と条件表現の関係）に繋がっていくという、文献研究の面白さがここにあるように思えた。

次章では、これまであまり議論されることのなかった、中世末期日本語で

---

*13　（24）の例に状態表現としての解釈が全くない、という強すぎる主張をしているわけではない。ここで重要なことは「状態表現の確例とはいえない」ということである。

状態を表している〜タの主格名詞について議論したい。

第７章　中世末期日本語の～タにおける主格名詞の制限について―文末で状態を表している場合を中心に―

要　旨

中世末期日本語では、文末で状態を表している～タがある。従来の研究では、このような～タの主格名詞に関して、有生物に限定されているか否かという観点からの整理は曖昧なままであった。そこで、本章では、この問題に明確な結論を出すために、文末で状態を表している～タに関して、格助詞「ガ」で表示されている主格名詞が、有生物か無生物かを調査する。また、同一資料中の～テイルにも同様の調査を行う。本章の調査から、文末で状態を表している～タの主格名詞には無生物の例もあることがわかり、また、～テイルの主格名詞には無生物の例がないことが確認できる。このことから、主格名詞の有生／無生に関する分布は、文末で状態を表している～タ（さらにいえば、当時の～タ）と、～テイルとで、明確に異なっているといえる。

1. はじめに

本書の第１章等で見てきたように、中世末期日本語では、文末（厳密には引用ト節等の文末相当も含む）で現在の状態を表していると解釈できる～タの例があり、この点、現代日本語の～タと異なっている。以下に例を示す。なお、必要に応じて［ ］内に場面・解釈などを注記した。

(01)　あのみゝのきつとしたは、其まゝ女共が耳ににた、又あの目のくるりとしたもにたよ［自分の妻の顔と似ている鬼瓦を見ながらの発話］　（『狂言台本虎明本』上 p.179）

(02)　しらぬものにことばをかくるものか、しつた［私はあなたのことを知っている］　（『狂言台本虎明本』下 p.13）

これらの例は、現代日本語で解釈する場合、「似ている」「知っている」のように現在の状態として解釈される。この（01）や（02）のような〜タは、現在の状態を表すという点において、〜タの前身である〜タリに近いと考えられる。このため、現在の状態を表している〜タは、「現在の状態を表す〜タリから、過去を表す〜タへ」と変化する過渡的段階のものとして捉えることができるだろう。

このような〜タについて考察することは、「現代日本語の〜タはどのような過程を経て成立したのか」という問題や、「日本語のテンス・アスペクト体系はどのように変化してきたのか」という問題を考える上で非常に重要である。

上記（01）や（02）のような〜タの存在は、湯澤幸吉郎（1929）をはじめとする先行研究で既に指摘されており、この種の〜タ（以下、単に「〜タ」とする場合がある）を考察対象に含め、当時のアスペクト表現をまとめた研究に高山百合子（1995）がある。既に序章で確認した通り、高山百合子（1995）は、主に狂言台本を調査資料として考察を進め、『虎明本』の〜タを、柳田征司（1991）の図に手を加えて、次のように位置付けている。

(03)　室町末期江戸初期の進行態・既然態表現

有情物		非情物	
テオル	テイル	テアル	進行態
テオル	テイル	テイル（ママ）	既然態
タ			

（高山百合子 1995:7）

※高山百合子（1995:7）でも「タ」の部分を塗りつぶしている。

上記の（03）で「テイル（ママ）」になっている部分は、「テアル」の誤りと判断した。この（03）は、高山百合子（1995）の論述からみて、「当該の〜タには、有情物（有生物）を主格（主格名詞）とする既然態を表している例がある」ことを示しているとみられ、状態を表している〜タのアウトラインを把握する上では非常に重要なものである。しかし、上記の（03）では、見方によっては、「〜タの主格名詞は、〜テイル・〜テオルと同様に、有情物（有生物）に限られている」という位置付けにもみえる。

高山百合子（1995）には、上記の（03）以外に、〜タの主格名詞に関して明確な言及はない。よって、「〜タの主格名詞は、〜テイル・〜テオルと同様に、有生物に限られているのか」という点が曖昧であり、この点に関しては、確認が必要である。なぜなら、文末で状態を表している〜タには、次にみる（04）〜（07）のような例が存在するからである。

(04)　それ左の手があいたは　（『狂言台本虎明本』上 p.285）

(05)　名をばいゑ〳〵によつてつくる字が、さだまつたといふが、

（『狂言台本虎明本』中 p.270）

（04）の例は、大名が昆布売の左手があいていることを指摘する場面である。大名が発話する前から、昆布売の左手は空いたままの状態であり、この「あいた」は現代日本語で解釈する場合、「空いている」と解釈される。この例の主格名詞は「手」であると考えられるが、「手」が有生物であるとは考えにくい。同様に、（05）の「さだまつた」は現代日本語で解釈する場合、「定まっている」と解釈されるが、主格名詞である「字」は、有生物とは考えられない。

さらに次のような例もある。

（06）　やきばは、霜月しはすの比、氷のうへに、うす雪のふりかゝつたことくで、物うちからうへゝは、くわつ〳〵とみだれた

（『狂言台本虎明本』下 p.9）

（07）　石上の松は座禅の僧に似たよ　（『醒睡笑』p.311）

これらの例では、「ガ」や「ノ」のような格助詞によって表示されている主格名詞はない。しかし、（06）の例は、刀の焼目を描写している例であり、（07）の例は、「石上の松は座禅をしている僧に似ている」ということを述べている例である。よって、いずれの例も有生物の主格名詞を想定することは難しいといえる。

これらの例から、この種の～タの主格名詞が、～テイル・～テオルと同様に有生物に限定されているといえるのか疑問であり、この問題は当時の資料に即して検証する必要があると思われる。ただし、～テオルは、次節で述べる調査資料において、文末と文中の例をあわせても、延べ13例しか採集できず、さらには、助詞「ガ」で主格名詞を表示している～テオルの例は、1例のみであった（この主格名詞は、有生物「牛」である。3.節において用例

(21) として示す) [*1]。用例数が極端に少ないため、これ以降の議論では、～タと～テイルを主たる対象として議論を進めたい。

以上の点を踏まえ、本章では、文末で状態を表している～タの主格名詞に関して、有生／無生という観点から調査を行い、同一資料中の～テイルと比較する。結論は次の通りである。

(08)　**本章の結論**

格助詞「ガ」で表示されている名詞の有生／無生について、中世末期日本語の資料を調査してみると、～タには、主格名詞が無生物の例もある（もちろん、有生物の例もある)。一方、～テイルには、主格名詞が無生物の例はない。よって、主格名詞の有生／無生に関して、～タと～テイルとではは明らかに傾向が異なっている。

本章の構成は次の通りである。まず、2. 節で調査の概要について述べる。次に 3. 節で調査結果を示す。最後に 4. 節で本章の結論をまとめる。

2.　調査概要

本節では、調査の概要について述べる。本章では、中世末期日本語の資料として、『狂言台本虎明本』『天草版平家物語』『天草版伊曽保物語』『醒睡笑』『きのふはけふの物語』を調査する。ただし、『狂言台本虎明本』の風流之本、万集類は調査対象外としている。また、和歌・語り・謡等の例も調査対象外としている。

採集する形式は、～タ、～テイル（～テイタ、～テイテ等を全て含む）である。

今回の調査では、現代日本語で解釈する場合において、～テイルもしくは

*1　～テオルの用例数が少ないことは、～テオルという形式が、～テイルに対して、卑下・軽卑の表現となっていたことに関係があると思われる（柳田征司（1991）等を参照のこと）。

〜テアルで解釈しなければ不自然な例のみを、状態を表している〜タとして採集した（実際の用例の解釈に関して多少の揺れが出る可能性はあるが、本章の結論を動かさない程度のものであると判断している）。当該の〜タや〜テイル（と〜テオル）に、尊敬などを表す助動詞・補助動詞が含まれている例も基本的に調査対象としている。ただし、金水敏（1997）等の記述から、〜テイタリの例は、〜テイルと別に扱う必要があるので調査対象から外した。〜テイケリ等の例が若干あったが、念のため、これらは調査対象としている（これらの例を調査対象から外しても、結論に影響はない）。〜テイルのイルが明らかに「入る、座る」であると判断できる例は調査対象から外したが、判断に迷う場合は調査対象とした。従って、〜テイルの用例数は第1章よりも多めになる。なお、統語的な条件について述べると、〜タに関しては文末（厳密には、引用ト節等を含む文末相当）に限定しているが、〜テイルに関してはそのような制限を設けていない。これは、〜タは文末を調べるだけでも無生物の主格名詞があるのに対して、〜テイルは文末だけではなく文中のものを調べても（さらには、〜テイケリ等の例を調べても）無生物の主格名詞はみつからない、という違いを確認するためである。

また、主格名詞に関して述べると、今回の調査では、〜タや〜テイルの主格名詞が、助詞「ガ」で表示されている用例に限定して、有生／無生の調査を行った。つまり、格助詞「ノ」で表示されている場合[*2]や、格助詞がない場合、また「ハ」「モ」等で示されている場合は除いている。本章の関心の範囲からすると、格助詞「ガ」で表示されているものを調査するだけで成果があると判断したためである。

---

*2　中世末期日本語で主格を表している「ノ」は、「準体句内・連体句内・順接条件句内に用法的に集中する。」（野村剛史 1993:28）という指摘がある。本章では、準体句内・連体句内・順接条件句内ではなく、文末で状態を表している〜タの主格名詞を調査するので、格助詞「ノ」で表示されている名詞は調査対象から外している。

3.　調査結果

調査の結果、文末で状態を表している〜タの例として、延べ135例が採集できた。この135例中、格助詞「ガ」で主格名詞を表示している例は23例あり、そのうち、10例は主格名詞が無生物と考えられる例である。以下に、その10例を示す。

(09)（＝(04)）それ左の手があいたは　（『狂言台本虎明本』上 p.285）

(10)（＝(05)）名をばいゑ〳〵によつてつくる字が、さだまつたといふが、（『狂言台本虎明本』中 p.270）

(11)　まゆが又かがうだ［相手の身体的特徴を述べている。眉が曲がっているという意味］　（『狂言台本虎明本』上 p.205）

(12)　むねが又さしでた［相手の身体的特徴を述べている。胸骨が出ている（はと胸）という意味］　（『狂言台本虎明本』上 p.205）

(13)　おとがひがさしてた［相手の身体的特徴を述べている。下あご（おとがひ）がしゃくれているという意味］
（『狂言台本虎明本』上 p.205）

(14)　ふるはが二三まいのこつた　（『狂言台本虎明本』中 p.68）

(15)　其お手もとが、むごひほど似まらした［大名の手もとが大名の父親に似ていることを述べている］　（『狂言台本虎明本』上 p.230）

(16)　予か顔か猿に似たと、人皆いふときいたか、誠かうそか

（『醒睡笑』p.59）

(17)　世上にはたゝ猿が顔か殿様に似たとこそ申候へ　（『醒睡笑』p.59）

(18)　季が違ふた　（『きのふはけふの物語』p.102）

「手」「字」「まゆ」「むね」「おとがひ」「ふるは（古歯）」「お手もと」等は、有生物とは考えられず、これらの例の主格名詞は無生物と判断できるだろう。

一方、～テイルの例は、文末と文中の例をあわせて、延べ240例（～テオルの例は、延べ13例）採集できた。このうち、格助詞「ガ」で主格名詞を表示している～テイルの例は24例（～テオルは1例のみ）である。この24例（及び～テオルの1例）の中に、(09)～(18)のような主格名詞が無生物と考えられる例は存在しない[*3]。～テイル（と～テオル）において格助詞「ガ」で示されている主格名詞の例は、次のように有生物と考えられる例ばかりなのである。このことは、湯澤幸吉郎（1929）や坪井美樹（1976）等の指摘から、予想できることだろう。しかし、ここで重要なのは、「～タと～テイルでは明確に傾向が異なる」ということを改めて確認することである。この重要な違いを看過して、当時の体系を記述することはできない。以下に～テイルの例を示す（なお、助詞「ガ」で主格名詞を表示している～テオルの例は1例のみだが、その例を(21)に示す）。

(19)　いや是に一のたなとおぼしき所に、女がまいつているよ、
（『狂言台本虎明本』中 p.247）

(20)　河尻に源氏どもが（Guenjidomoga）多う浮うでいまらする（vcŏde

---

*3　無生物が擬人化されていると考えられる例が1例あった。以下の例である。
・天下一の大つびが借屋してゐる程に、いざ〳〵、見物に行かん
（『きのふはけふの物語』p.107-108）

ymarafuru)　　　　　　　　　　　　（『天草版平家物語』p.330）

(21)　おほきな牛がふせつておつて、　　　（『狂言台本虎明本』下 p.66）

ここに、先行研究では明確にされてこなかった、〜テイルと、〜タの違いがみて取れるだろう。

なお、文末で状態を表している〜タには、もちろん、主格名詞が有生物の例もある。次のような例である。

(22)　さりながらたのふだ人の心はそれがしがぞんじた、［ご主人様のお気持ち（好み）は、私が知っている］
（『狂言台本虎明本』中 p.141）

〜タと〜テイルについて、格助詞「ガ」で主格名詞を表示している例の延べ数と、その中で主格名詞が無生物の場合の延べ数をまとめて示すと次のようになる。

(23)　**表　中世末期日本語の〜テイルと、文末で状態を表している〜タについて、格助詞「ガ」で主格名詞を表示している用例の数と、その中で主格名詞が無生物である例の数**

	格助詞「ガ」で主格名詞を表示している例の延べ数	主格名詞が無生物の例の延べ数
〜タ	23	10
〜テイル	24	0

この（23）から、〜タと〜テイルとで分布が異なることは明らかだろう。統計の検定（直接確率計算）を行っても、有意水準1%で、有意な差がある（参考までに述べると、両側検定で $p=0.0032$ である）。

4. 本章の結論

本章の調査から、中世末期日本語の文末で状態を表している〜タの主格名詞は、有生物に限定されていないことが明らかになった。今回採集した用例から考えると、文末で状態を表している〜タには、主格名詞が無生物の場合もある（もちろん、有生物の場合もある）と判断できるだろう。

ここで強調しておきたいことは、文末で状態を表している〜タには無生物が主格名詞となっている例が10例あるにもかかわらず、〜テイルには、文中・文末を通して、そのような例は1例もない、という事実である。

本章の結論を述べると次のようになる。

(24)（＝(08)）**本章の結論**

格助詞「ガ」で表示されている名詞の有生／無生について、中世末期日本語の資料を調査してみると、〜タには、主格名詞が無生物の例もある。一方、〜テイルには、主格名詞が無生物の例はない。よって、主格名詞の有生／無生に関して、〜タと〜テイルとでは明らかに傾向が異なっている。

なお、歴史的に考えてみても、〜タの前身である〜タリの主格名詞が、有生物に限定されていたわけでもない。

(25)　〈主格名詞が有生物の例〉

鎮西の八郎為朝が固たるぞかし。　（『保元物語』p.99）

(26)　〈主格名詞が無生物の例〉

日来はなにともおぼえぬ鎧が、けふはおもうな（ッ）たるぞや

（『平家物語』下 p.179）

また、現代日本語の〜タの主格名詞が有生物に限定されているわけでもない。さらにいえば、中世末期日本語で過去を表している〜タの主格名詞にも、次の例にみるように、有生／無生の制限はない。有生物の例と無生物の例を、以下に各2例ずつ示す。

(27)　〈主格名詞が有生物の例〉
まつおまちやれ、きやつがしたは　（『狂言台本虎明本』下 p.17）

(28)　〈主格名詞が有生物の例〉
何者がゐたぞ　（『狂言台本虎明本』上 p.248）

(29)　〈主格名詞が無生物の例〉
其内にむしくひが一つござつた　（『狂言台本虎明本』中 p.105）

(30)　〈主格名詞が無生物の例〉
此のほどやわたに、鳥居がたつた、［八幡に鳥居が建った］
（『狂言台本虎明本』上 p.383）

このように、〜タリや〜タを通してみても、主格名詞の有生性の制約はない。この点から考えても、「中世末期日本語で状態を表している〜タのみに、主格名詞の有生性の制限がある」というのは不自然であり、当該の〜タにも主格名詞の制限がないとする本章の結論は妥当であると考えられる。

以上、本章では、中世末期日本語の文末で状態を表している〜タは、無生物を主格名詞とする状態も表せることを確認した。

5. 付節　主語の有生性と形式の関係

本章の調査における、主格名詞が無生物である〜タの例は、次のような例であった。

(31)　おとがひがさしてた［相手の身体的特徴を述べている。下あご（おとがひ）がしゃくれているという意味］

（『狂言台本虎明本』上 p.205）

(32)　それ左の手があいたは　（『狂言台本虎明本』上 p.285）

(33)　ふるはが二三まいのこつた　（『狂言台本虎明本』中 p.68）

3.節の（09）～（18）に全ての例を示しているが、全体的な傾向として、「おとがひ」「手」「ふるは（古歯）」のように、人体の一部を表す名詞が多い。このような場合、「おとがひ」等の持ち主は有生物（主に人間）である。よって、無生物が格助詞「ガ」で表示されている～タの例において、次の例のように「ハ」で表される主題を想定したとすると、主題に用いられる名詞には有生物が多い、という観察は成り立つだろう。

(34)　（ソチハ）おとがひがさしでた　（(31)改）

しかし、本章で見た「(06)　物うちからうへゝは、くわつ〱とみだれた」や「(07)　石上の松は座禅の僧に似たよ」のような例において、「ヘハ」「ハ」で表示されている名詞は明らかに有生物ではない。そして、これらの例に、有生物の主題を想定することは極めて難しい。

加えて、次のような例にも、有生物の主題を想定することは困難である。

(35)　まつはしたゝかなゐなしじや、身どもが所といかうちがふたよ、［家の造りが自分の所と大変違っていることを述べている］

（『狂言台本虎明本』上 p.334）

さらにいえば、主題を想定するしないにかかわらず、本章が指摘した、「～タと、～テイルとでは明確な異なりがある」という事実に変わりはない。

従って、いずれにせよ、有生／無生に関して、～タと～テイルとで傾向が異なっていることは明らかだと思う。

なお、本章の調査対象は、「格助詞「ガ」で主格名詞を表示している例」であったが、主題のレベルまで調査対象を広げると当時の～テイルにも、無生物の主語かと思われる例が、ごく少数ながら存在する。次のような例である。

(36)　目医者あり。其身の目はくさりて居なから目薬は天下一也と自慢し

（『醒睡笑』p.78）

このような例の存在から、主題のレベルから、無生物主語の例が拡大したのではないか、という推測はできるのかもしれない。今後の課題としたい。

第1部　付章　〜テアルの変遷

第1章や第2章では、中世末期日本語の〜テアルに関して、「存在動詞「アル」の意味が比較的強い」ということを述べた。さらに、存在動詞「アル」の意味が強いとは思われない〜テアルの例（過去を表しているような例等）については、「文体的な制約がある」（柳田征司（1991:218）によると「文語色を帯びてきていた」）ということを述べた。

このような本書の見解を、奇妙に思う場合もあると思う。2種の〜テアルが混在しているような印象があるからである。

しかし、一見、奇妙に見えるこのような状況も、〜テアルの複雑な変遷を踏まえると、実は、自然なことだといえる。この付章では、その点を確認していきたい。

1. 〜テアルの変遷を素描する

春日和男（1968）、柳田征司（1987・1991）、山下和弘（1990・1996）、金水敏（1999b・2006）、手坂凡子（1999）、小柳智一（2014・2018）、高山善行（2021）等の研究をもとに、〜テアルの変遷を素描したい。

〜テアルは、上代日本語から現代日本語に至るまで、全ての時代に見られる形式である（もちろん、上代日本語を含む古代日本語では、〜テアリの形式である）。しかし、その変遷は、一筋縄ではいかない。

まず、春日和男（1968）や柳田征司（1987）によると、〜テアルの変遷は、概ね次の（01）と（02）のようにまとめることができる。

（01）　上代日本語ではそれなりに用例が見られるものの、中古日本語では、その用例数が減る[*1]。しかし、中古日本語においても〜テアルが

*1　具体的な数値は、柳田征司（1987:4）の表1や、柳田征司（1987:13）の注6の表を参

なくなったわけではない。例えば、柳田征司（1987:4）は、「「タリ」形に対して甚だしく劣勢ではあるけれども、中古になっても、「テアリ」形も行われていたことがわかる。」と指摘している。

(02)　～テアルは、近代語になると用例数が増える。用例数が増えた後、また、次第に後退していく。

この（01）や（02）の変化と並行して、～テアルは、次のような変化を経て、～タになったことがよく知られている（小柳智一（2018:45）や高山善行（2021:227）等参照）。

(03)　～テアリ　→　～タリ（ル）　→　～タ

～テアリが次第に形をすり減らして～タリになり、ついには、～タというテンスの形式になるわけである。上代日本語では、既に、～テアリと～タリの両形式が見られ、両形式の競合が始まっていることが知られている。

『今昔物語集』の時代になると、ある程度、まとまった量の～テアルの例が見られるようになってくる（同資料中には、「ヰル」に～タリの接続した、「ヰタリ」という表現もある）。山下和弘（1990）は、『今昔物語集』を調査し、次のように指摘する。

(04)　すなわち、『今昔物語集』における「テアリ」の「アリ」、「テヰタリ」の「ヰタリ」は、意味的には上接動詞と密接に結びついてはいるものの、構文上は未だ別の文節であって、そのため、連体用法に関して、下接名詞の制限という現象が起こったと考えるのである。だとすれば、「テアリ」「テヰタリ」というよりは「テ＋アリ」「テ＋ヰタリ」と書き表わすべきであるとも言えようか。

照のこと。

（山下和弘（1990:34）、下線は福嶋）

この（04）を受ける形で、金水敏（1999b）は、次のように述べている。

（05）　まず、山下（一九八九）、山下（一九九〇）で取りあげられていた、『今昔物語集』の「テ＋アリ」「テ＋ヰタリ」は、本稿の立場から述べれば、制御構造を持ったA類テ節である。（略）
すなわち、これらは基本的に存在文（ないし存在の意志的維持を表す文）である。（金水敏 1999b:411-412）

『今昔物語集』が、12世紀の文献だとすると、12世紀頃には、「テ」＋存在動詞「アリ」という状況（あるいは、これに近い状況）だったといえる。
金水敏（2006）では、さらに、次のように指摘する。

（06）　一五-一六世紀の抄物資料を見ると、「-てある」の文法化が一段と進んでいる様子が見て取れる。「いる」の存在動詞化が十分には進んでいないので、当然ながら「-てある」の主語は有生・無生を問わない。また、「-てある」の意味には、結果状態、運動の進行、そしてパーフェクトないし過去の意味が見て取れる。
（金水敏 2006:272）

続けて、金水敏（2006）は『虎明本』に関して、次のように指摘する。

（07）　この資料の「-てある」は、有生物主語が多く、パーフェクト相と見られる用例が多い。
（略）
一方で、「大黒」「毘沙門」「福の神」「恵比須」「松脂の精」「奏者」「目代」のように、荘重な口調で話す人物に「-てある」の使用が目立つ点は注目される。意味的には、「-た」と置き換え可能かと思われる。

（略）

これは、「-てある」の一部の用法が、古風な言い方になってきていることを表しているものと考えられる。

（金水敏（2006:273-274）、下線は福嶋）

柳田征司（1991）も、「「テアル」後退のきざし」という節の中で、次のように指摘している。

(08)　『虎明本狂言』の進行態・既然態表現についてもう一つ注目されるのは「テアル」が後退のきざしを見せているのではないかということである。即ち、主格が有情物である場合に用いられた「テアル」の例を見てみると、それらは、神仏や大名・目代・奏者などが荘重さをもたせて語る会話に用いられていることが多く、文語色を帯びてきていたのではないかということである。

（略）

伊予の豪族河野氏の猫をめぐる作品「鶏猫」に「テアル」一八例が集中的に用いられているのも「テアル」が文語色を帯びていることを語るのではないか。右に見たことは、江戸時代前期に、「テアル」が、有情物が主格である場合に用いられなくなることにつながっていく現象かと見られる。　（柳田征司（1991:217-218）、下線は福嶋）

手坂凡子（1999）は、『虎明本』の～テアルは、主に対話中で上位者から下位者へ使用されること、対話に用いられている～テアル82例中32例が「鶏猫」「朝比奈」「夷毘沙門」の三曲で使用されていること[*2]等を指摘し、次のように述べる。

---

*2　手坂凡子（1999）は、過去の経験を表している～テアルを用例数に数えている。この点、本書とは用例の数え方の方針が異なっている。

(09)　テアルは、主に対話中で上位者から下位者に使われ、威重さを伴う表現として用いられたのではないだろうか。

（手坂凡子（1999:31）、下線は福嶋）

金水敏（2006）の「古風な言い方」、柳田征司（1991）の「文語色を帯びている」、手坂凡子（1999）の「威重さを伴う表現」は、ほぼ同様のことを指摘していると考えられる。

また、金水敏（2006）は、近世中期以降の資料に関して、次のような指摘をしている。

(10)　近松の世話浄瑠璃作品を見ると、抄物や狂言古本に見られたような、パーフェクト相あるいは過去を表すような「-てある」は見られなくなっている。その一方で、結果相および（弱）進行相を表す「-ている」「-てある」が観察され、両者の使い分けは、ほぼ主語の有生・無生に従っている。この点は、一八世紀後半の同時代人である富士谷成章によっても指摘されている。(略)

「-てある」に着目すると、一七世紀初頭までの用法と、一八世紀の用法とでは隔たりがある。文法化の観点から言えば、一七世紀の「-てある」の方が進んでおり、一八世紀の用法はむしろ本動詞の「いる」「ある」に近い。従って、一八世紀の「-てある」は一七世紀初頭の「-てある」から変化してきたものと見ることは難しく、改めて存在動詞「いる」「ある」に基づいて文法化を再出発させたものと見るべきことを示している。

（金水敏（2006:274）、下線は福嶋）

これらの指摘から、～テアルの複雑な変遷が浮かび上がってくるだろう。～テアルの一部は、上代日本語の時点で既に～タリに変化しているわけだが、12世紀の時点で、「テ」＋存在動詞「アリ」と考えられる状況となる。『虎明本』においては、～テアルの一部が古風な言い方となっており、18世紀に、再び、存在動詞をもとに、文法化を進めている。

つまり、少なくとも、12世紀と18世紀に、存在文的意味に近い～テアル（あるいは、存在文としての「～テ＋アル」）が分布しているのである[*3]。

2. 本書の～テアルの捉え方は、～テアルの複雑な変遷の中でも、矛盾がないものと思う

ここで重要なことは、第1章や第2章で見た～テアルの捉え方は、このような複雑な～テアルの変遷と矛盾しないということである。第1章や第2章では、～テアルについて、存在文的なものと、存在文的ではないものに分け、前者には存在文に近いことによる制約があり、後者には文体的な制約があることを述べた。後者は、例えば、次の例のような、過去を表しているように見える～テアル等のことである。

(11)　朝くらて有か［食べた物の名前を忘れてしまった太郎冠者に、大名が質問している］　（『狂言台本虎明本』上 p.233）

※「食らうて」の「う」の脱落と解釈した。

※この例は、過去を表す表現（ここでは「朝」）と共起しているので、過去を表している例と考えた。

(11) のような～テアルの例は、既に古風な表現のようであり、18世紀には見られなくなっていく（先の (10) を参照のこと）。古い表現が廃れることは、よくあることだろう。これが存在文的ではない～テアルである。

一方で、全ての～テアルが消滅するわけではないので、次の時代に続いていく～テアルも存在しているはずである。中世末期日本語（17世紀前後の日本語）の存在文的な～テアルは、次の時代へと続いていく～テアルなのだ

---

*3　なお、現代日本語においても、存在表現に近い～テアルは指摘されている。益岡隆志（1987:220-222）の A_1 型のテアル表現等がそれであり、具体的には、「リビングテーブルには花が飾ってある。」（益岡隆志 1987:222）のような例である。益岡隆志（1987:222）は、このような例を「広義の存在表現の一種とみなすことができる。」とする。

ろうと思われる。

このように、〜テアルの複雑な変遷を踏まえると、2種の〜テアルが同じ時代に併存しているという本書の捉え方は、さほど不自然なものではないだろう。念のため申し添えるが、2種の〜テアルが完全に使い分けられていたという主張をしているわけではない。荘重さをもたせて語る会話の中に、存在文的な〜テアルと、そうでない〜テアルが混在しているような場合があってもよいと思う。ここで主張したいことは、「中世末期日本語の〜テアルの分布は、一見奇妙に見えるかもしれないが、〜テアルの変遷全体の中で見ると、不自然なものではない」ということである。

第1部のまとめ

中世末期日本語のテンス・アスペクト・モダリティ体系の記述

1. はじめに

第1部の記述において、これまで詳らかではなかった、中世末期日本語のテンス・アスペクト・モダリティ体系が明らかになったと思う。また、「中世末期日本語で、どうしてこのような体系になっているのか」ということに対しても、統一的な見解を示すことができた。

ここでは、各章ごとの結論を再掲しながら、第1部をまとめたいと思う。

2. 中世末期日本語の文末で状態を表している〜タと、〜テイル・〜テアル、及び、中世前期日本語の〜タリの分布の異なり

まず、第1章では、中世末期日本語の文末で状態を表している〜タと、当時の〜テイル・〜テアル、中世前期日本語の〜タリの分布の異なりを指摘した。結論は次の通りである。

(01)　①〜タには存在様態（存在文的な意味に近い状態）を表している例が少ない。

②〜テイル・〜テアルには、存在様態（存在文的な意味に近い状態）を表している例が多い。

③〜テアルの一部は、出現する曲が偏っている。

④中世前期日本語の〜タリは、存在様態も存在様態ではない状態も表している。

図にすると次のようになる（〜テアルの文体的制約は後述）。

(02)

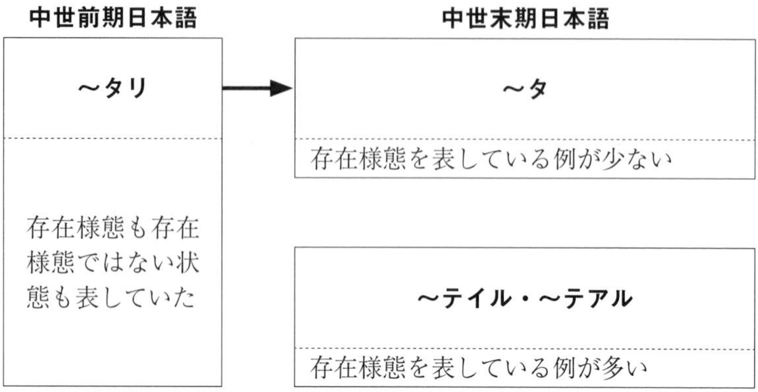

図　中世前期日本語の〜タリ、中世末期日本語の〜タ、及び〜テイル・〜テアルの分布

実際の用例で示すと、当該の〜タには、次のような、主体の存在場所を表す［場所］ニ格句を想定できないような例が多い。

(03)　あのみゝのきつとしたは、其まゝ女共が耳ににた、又あの目のくるりとしたもにたよ［自分の妻の顔と似ている鬼瓦を見ながらの発話］　（『狂言台本虎明本』上 p.179）

(04)　しらぬものにことばをかくるものか、しつた［私はあなたのことを知っている］　（『狂言台本虎明本』下 p.13）

一方で、当時の〜テイル・〜テアルには、主体の存在場所を表す［場所］ニ格句を想定できるような、次のような例が多い。

(05)　されはこそ是にふせつてゐる、　（『狂言台本虎明本』中 p.54）

(06)　幾千万とも数を知らず、兵ども前後に（jengoni）うち囲うであった（vchicacôdeatta）。

（『天草版平家物語』p.349（原本には348とある））

中世前期日本語の～タリには、主体の存在場所を表す［場所］ニ格句が想定できる例も、想定できない例も、問題なく見られる。主体の存在場所を表す［場所］ニ格句の想定と、当時の～タリの用例の分布に、影響関係が見られないのである。以下の（07）はニ格句が想定できる例、（08）はニ格句が想定できない例である。

（07）　西八條ちかうな（ッ）てみ給へば、四五町に軍兵みち〳〵たり。

（『平家物語』上 p.153）

（08）　おもはしき物をみんとすれば、父の命をそむくに似たり。

（『平家物語』下 p.268）

この（03）～（08）は、全て、現代日本語の～テイルで解釈することができるだろう。

これらの指摘により、中世末期日本語の文末で状態を表している～タを、中世末期日本語の～テイル・～テアルや中世前期日本語の～タリから区別できる形で記述することができた。また、これに加えて、現代日本語の～テイルと、中世末期日本語の文末で状態を表している～タ、中世末期日本語の～テイル・～テアルの違いも明確になったといえる。

3. 中世末期日本語の動詞基本形と、～テイル・～テアルの分布の異なり

第2章・第4章・第5章は、同一のテーマを扱っているため、まとめて示すことにする。ポイントは次の通りである。

（09）　中世末期日本語の～テイル・～テアルは、動的な進行態を表す場面

には、ほとんど分布していない。そのような場面には、動詞基本形が分布している。

実際の用例で示すと、～テイル・～テアルの例は、次のような、具体的な動きのない例（静的な進行態か既然態の例）に偏っている。

(10)　つれほしうて是にやすらふていまらした、
（『狂言台本虎明本』上 p.43）

(11)　みてまいらふと云てねているをみ付て、
（『狂言台本虎明本』中 p.346）

(12)　たのしうなさうと思ふて、是へ出て有よ
（『狂言台本虎明本』上 p.35）

(13)　その風呂屋の前に鋭な石が一つ出てあつた（dete atta）が、出入りの人の足を傷（やぶ）り、　（『天草版伊曽保物語』p.417）

一方で、動的な進行態の解釈が期待される場面では、次の例のように、動詞基本形が出現している。

(14)　されはこそ竹の子をおるよな、　（『狂言台本虎明本』下 p.84）

(15)　おとのするをけると云て　（『狂言台本虎明本』中 p.427）

(16)　「雨は降るか、降らぬか」と問ふ時、田夫のむすこ見ていふ、
（『醒睡笑』p.196、かぎ括弧は福嶋）

(17)　水かくる内、女出て、なふかなしや、何といふぞ、
（『狂言台本虎明本』上 p.359）

これら（10）～（17）は、全て、現代日本語の～テイルで解釈することができるだろう。

これらの指摘により、中世末期日本語の～テイル・～テアルと動詞基本形の分布の異なりを記述することができた。また、現代日本語の～テイルと当時の～テイル・～テアルの異なりに加え、現代日本語の動詞基本形と当時の動詞基本形の分布の異なりも、はっきりしたと思う。

4. 中世末期日本語の～ウ・～ウズ（ル）と、動詞基本形の分布の異なり

第3章では、原因・理由節と目的節に注目し、中世末期日本語の～ウ・～ウズ（ル）と、動詞基本形について述べ、その後、～テイルも含めて考察を行った。結論は、次の通りである。

(18)　（ア）中世末期日本語の「動詞基本形＋原因・理由節」において、節述語が〈未来（以後）〉を表す例は、現代日本語の場合と比べて割合が低く、〈未来（以後）〉以外の例は割合が高い。
（イ）中世末期日本語の目的節の節述語が動詞基本形である例の割合は、現代日本語の場合と比べて低い。
（ウ）中世末期日本語の原因・理由節において、節述語が〈未来（以後）〉を表す場合は、～ウ・～ウズ（ル）の割合が、動詞基本形の割合よりも高い。
（エ）中世末期日本語の目的節の節述語が～ウ・～ウズ（ル）である例の割合は、動詞基本形である例の割合と比べて高い。

このような分布の偏りから、次のような記述ができる。

(19)　中世末期日本語の動詞基本形は、現代日本語の動詞基本形と比べて、〈未来（以後）〉（厳密には〈非現実〉）を表しにくかった。

(20)　中世末期日本語の動詞基本形が表しにくい領域には、～ウ・～ウズ（ル）が分布していた。

～テイルも含めて現代日本語と対照させながら整理すると、次のようになる（中世末期日本語において、発達が未熟であった～テイルは小書きで示す）。

(21)　**表1　中世末期日本語と現代日本語の各形式の分布1**

<table>
<tr><td></td><td>未来（以後）</td><td>現在（同時）</td></tr>
<tr><td>中世末期日本語</td><td colspan="2">～ウ・～ウズ（ル）　動詞基本形　～テイル</td></tr>
<tr><td>現代日本語</td><td>動詞基本形</td><td>～テイル</td></tr>
</table>

現代日本語では、動詞基本形が分布している領域に、中世末期日本語では、～ウ・～ウズ（ル）と動詞基本形が分布している。また、現代日本語では、～テイルが分布している領域に、中世末期日本語では、動詞基本形と発達が未熟な～テイルが分布しているのである。

〈未来（以後）〉は、〈非現実〉の一部であり、〈現在（同時）〉は〈現実〉の一部であるので、次のように整理することができるだろう。

(22)　**表2　中世末期日本語と現代日本語の各形式の分布2**

<table>
<tr><td></td><td>非現実の一部</td><td>現実の一部</td></tr>
<tr><td></td><td>未来（以後）</td><td>現在（同時）</td></tr>
<tr><td>中世末期日本語</td><td colspan="2">～ウ・～ウズ（ル）　動詞基本形　～テイル</td></tr>
<tr><td>現代日本語</td><td>動詞基本形</td><td>～テイル</td></tr>
</table>

～タも含めて、時制で整理すると、次のようになる（スペースの都合上、動詞基本形はスルで示す。また発達が未熟であった～テイルは小書きで示す。なお、(以後)（同時）等の相対テンスの表記は省略する)。

(23)　**表3　中世末期日本語と現代日本語の各形式の分布3**

	非現実の一部	現実の一部	
	未来	現在	過去
中世末期日本語	～ウ・～ウズ（ル）	スル　～テイル	～タ
現代日本語	スル	～テイル	～タ

5. 中世末期日本語の～テアルの条件表現
―～テアレバの解釈―

第6章では、中世末期日本語の～テアルの条件表現（主に～テアレバ）について、調査と考察を行った。結論は、次の通りである。

(24)　中世末期日本語の～テアルの条件表現について

①～テアラバは仮定条件を表し、～テアレバは確定条件を表すという使い分けがはっきりとしている。特に～テアレバの例に関していえば、多くの例が偶然確定条件を表していると解釈できる。

②一般的な動詞の「已然形＋バ」と、～テアレバを分けて考える必要がある（少なくともまとめて扱うには議論が必要である)。～テアレバは、一般的な動詞の「已然形＋バ」よりも、～タレバに、解釈上の分布の偏り方が近い。

③状態表現として解釈できない～テアレバの例が存在する。

上記の③について補足をすると、中世末期日本語の～テアレバには、次のような例が存在するのである。

(25)　「兼平の御さいこは、何とかならせ給ふら（ん）」ととふ時ちらと手の内を見てあれば汗に流れ正体なし肝をつぶし［手の平に、謡い出しの部分を書いて能に臨んでいたが、汗で流れていた］

（『醒睡笑』p.260）

(26)　急度(きつと)件のうはか方を見てあれは、姥驚き申ける様

（『醒睡笑』p.270）

これらの〜テアレバは、「（手の平を）見ていたところ／見ていれば」等の状態表現（現代日本語の〜テイルで解釈されるような、進行態や既然態を表す表現）として捉えることができず、むしろ「（手の平を）見たところ／見れば」のような非状態表現として捉えた方が、明らかに自然である。

よって、次のことがいえる。

(27)　中世末期日本語の〜テアレバを解釈する場合には、無条件に、状態表現として解釈するわけにはいかない。

同時代の資料をよく見れば、次のような例を、進行態の確例とするわけにはいかないのである。

(28)　筑紫の五百羅漢へ参る時、はりまのいなみ野をとをつてあれは、おほきな牛がふせつておつて、　（『狂言台本虎明本』下 p.66）

6. 中世末期日本語の文末で状態を表している〜タの主格名詞について

第７章では、先行研究では曖昧なままであった、中世末期日本語の文末で状態を表している〜タの主格名詞の制限について、調査と考察を行った。結論は次の通りである。

(29)　格助詞「ガ」で表示されている名詞の有生／無生について、中世末期日本語の資料を調査してみると、〜タには、主格名詞が無生物の例もある。一方、〜テイルには、主格名詞が無生物の例はない。よって、主格名詞の有生／無生に関して、〜タと〜テイルとでは明らかに傾向が異なっている。

つまり、〜タには、次の（30）のように、主格名詞が有生物のものもあれば、(31）のように、主格名詞が無生物のものもあるのである。

(30)　さりながらたのふだ人の心はそれがしがぞんじた、［ご主人様のお気持ち（好み）は、私が知っている］（『狂言台本虎明本』中 p.141）

(31)　それ左の手があいたは　（『狂言台本虎明本』上 p.285）

歴史的に考えてみても、〜タの前身である〜タリの主格名詞が有生物に限定されていたわけではない。さらには、現代日本語の〜タの主格名詞が有生物に限定されているわけでもない。加えて、中世末期日本語で過去を表している〜タの主格名詞にも、有生／無生の制限はない。よって、(29）は、歴史的な流れから見ても、不自然なものではないだろう。

7. 中世末期日本語のテンス・アスペクト・モダリティ体系

第１部の内容をまとめたい。既に第３章でその体系を見ることができるが、改めて、〜ウ・〜ウズ（ル）、動詞基本形、〜テイル、〜タの各形式を整理すると、次の（32）のようになるだろう（スペースの都合上、動詞基本形はスルで示す。〜テアルは、格形式変更等の要素が混入してくるので、ここでは省略している。〜テアルの変遷については、第１部付章を参照のこと)。これが、中世末期日本語のテンス・アスペクト・モダリティ体系である。

(32)　**表4　中世末期日本語のテンス・アスペクト・モダリティ体系**

	非現実の一部	現実の一部	
	未来	現在	過去
中世末期日本語	～ウ・～ウズ（ル）	スル　～テイル	～タ

ここで重要なことは、中世末期日本語の各形式の分布が明らかになり、体系が把握できるようになったことで、古代日本語や現代日本語の体系と対照可能になったということである（現代日本語との対照は、既に（23）に示した通りである。また、第2部で、古代日本語の体系と対照していくことになる）。

8.「なぜ、中世末期日本語において、このような体系になっているのか」ということに対する本書の見解

中世末期日本語のテンス・アスペクト・モダリティ体系が明らかになったところで、「なぜ、中世末期日本語において、このような体系になっているのか」ということに対する本書の見解をまとめたい。

この見解は、歴史的な流れから見て自然で、かつ、統一的なものがのぞましい。

本書の見解とその根拠は、次のものである。

(33)　**見解**：中世末期日本語の～テイルや～テアルは、現代日本語の～テイルと比べて分布に制限がある。その分布の背景には次のことがある。

①当時の～テイルや～テアルには、存在動詞「イル」「アル」の意味が比較的強く残っている。

②一部の～テアルには文体的な特徴がある。

(34)　**根拠**：①中世末期日本語の～テイルと存在動詞「イル」は、主格名

詞の制約が一致することが、既に先行研究で指摘されている。具体的には、共に有生物に限定されている。

②中世末期日本語の〜テイルには、過去の経験（動作パーフェクト）を表している例がない。

③中世末期日本語の〜テイルには、〜テル形（〜テイルからイの脱落した形）の例がないことが、既に先行研究で指摘されている。

④中世末期日本語の〜テアルと存在動詞「アル」は、主格名詞の制約がないことが、既に先行研究で指摘されている。具体的には、共に、有生物でも、無生物でもよい。

⑤［有情（福嶋注：有生物）の存在＝イル／非情（福嶋注：無生物）の存在＝アル］の使い分けと［(既然態における）有情物の状態＝テイル／非情物の状態＝テアル］の使い分けが、ほぼ元禄・享保期を境として併行して成立したという事実（坪井美樹（1976）参照）がある。つまり、元禄・享保期以前の〜テイル・〜テアルに、イル・アルの影響があったので、有情／非情に関する使い分けが併行していたのだという見方ができる。

⑥中世末期日本語の〜テアルの一部は、出現する曲に明らかな偏りが見られ、「文語色を帯びてきていたのではないか」ということが、既に先行研究で指摘されている。

中世末期日本語の〜テイル・〜テアルが分布しにくい領域に、〜タと動詞基本形が分布しているといえる。また、中世末期日本語の動詞基本形は、現代日本語の動詞基本形と比べて、〈現在（同時）〉（つまり、〈現実〉の領域）に傾いているわけだが、〈未来（以後）〉（つまり、〈非現実〉の領域）の部分には、〜ウ・〜ウズ（ル）が広く分布している。中世末期日本語のテンス・アスペクト・モダリティ体系は、このように描けるわけだが、当時の分布がこのようになっていることの背景として、「当時の〜テイルや〜テアルには、存在動詞「イル」「アル」の意味が比較的強く残っている」「一部の～テアルには文体的な特徴がある」の二つが指摘できるのである。

中世末期は、～テイルという形式が使用され始めた時期なので、存在動詞「イル」の意味が、現代日本語よりも強く残っている。また、この時代の前後における～テアルの分布を見ると、消えていく～テアルと、残っていく～テアルとがある。このため、第1部で述べたような体系を形成しているのである。「なぜ、中世末期日本語において、このような体系になっているのか」という問いに対する本書の見解は、以上の通りである。～テイルに焦点を当てれば、「中世末期日本語は、～テイルという形式が使用され始めた時期なので、（状態化形式としての発達が現代日本語に比べて未熟であり）第1部で記述したような体系が形成されている」ということになる。

9.　第1部の記述の妥当性―歴史的な流れから見ても自然な体系の記述である―

時期的に、中世末期日本語は、古代日本語と現代日本語のほぼ中間に位置する言語である[*1]。

この点を踏まえた上で、もう一度、第1部で示した体系（2.～7.節でまとめた体系）を見て頂きたい。本書で示した中世末期日本語のテンス・アスペクト・モダリティ体系は、古代日本語と現代日本語のまさに中間的な様相を示しているわけであり、歴史的な流れから見て、体系の記述に無理はないものと思われる。

中世末期日本語の文末で状態を表している～タは、その前身である～タリの分布を引き継いだものである。同様に、中世末期日本語の動詞基本形も、一部、〈未来（以後）〉に進出しているとはいえ、概ね〈現在（同時）〉に分布している。この状況は、前の時代の動詞基本形の分布を引き継いでいる。～ウ・～ウズ（ル）の分布も、その前身である～ム・～ムズの分布を反映し

---

*1　本書では、厳密な意味で「中間」だと主張しているわけではない。時代的にみて、ほぼ中間的であると述べているのである。

ている。よって、中世末期日本語における各形式の分布も、歴史的な流れの中で自然なものといえる。

さらには、分布の偏りを説明する本書の見解も、無理のないものだろう。現代日本語の〜テイルと比べて、中世末期日本語の〜テイルに、存在動詞の意味が強く残っていたと考えることは、さほど不自然ではないと思う。

また、〜テアルは、上代日本語から存在する形式であるが、18世紀の〜テアルの方が、17世紀初頭までの〜テアルよりも、本動詞に近いとされており、存在動詞に基づいて文法化を再出発させたという指摘がある（金水敏 2006:274）。つまり、〜テアルはその変遷において、古いものと、新しいものの、2種が混在していることになる。本書の記述と見解は、そのような側面を捉えているものであり、こちらも、歴史的な流れの中で、自然なものといえるだろう。

よって、本書の記述は、歴史的な流れの中で無理のないものであり、その見解も、「なぜ、中世末期日本語において、このような体系になっているのか」ということを、自然に、かつ統一的に、説明するものといえよう。要は、存在文的な意味から〜テイルが発達し、各形式の分布が変化しているということである[*2]。

中世末期日本語のテンス・アスペクト・モダリティ体系が記述できたので、古代日本語や現代日本語の体系との対照が可能になった。日本語はどのような体系的な変化をしてきたのだろうか。第2部で見ていきたい。

---

*2　念のために申し添えるが、「〜テイルの発達が変化の引き金になっている」というような因果関係を主張しているわけではない。体系の変遷の記述として、「〜テイルが発達し、各形式の分布が変化しているとまとめられる」と述べているのである。

第 2 部

中世末期日本語の体系を踏まえて
古代日本語から現代日本語への変化を読み解く

古代日本語から現代日本語への変化を読み解く上で、現代日本語に近づくにつれ、「意志や推量を表す形式が、従属節内において減少する」という点が、一つのポイントになります。この変化をどう解釈するかが重要になるわけです。この解釈を第 8 章で示します。

解釈が妥当性を持つためには、解釈される現象（ここでは、「意志や推量を表す形式が、従属節内において減少する」という現象）とは独立した根拠が必要です。そうしないと、結局は循環した解釈を示すことになるからです。この独立した根拠というものが、丁寧語の分布の変化になります（第 9 章と第 10 章で述べます）。

それらを踏まえた上で、第 1 部と第 2 部のまとめとして、第 11 章では、本書のテーマである、「古代日本語から現代日本語までのテンス・アスペクト・モダリティ体系の変遷」を示します。1000 年以上にわたる日本語の体系の変遷が、見通せるようになると思います。

第2部について

第2部では、第1部で明らかになった中世末期日本語のテンス・アスペクト・モダリティ体系を踏まえた上で、古代日本語から現代日本語への体系的変遷を示す。古代日本語から現代日本語への変化がどのようなものであったのか、変遷の全体像を示す部分といえる。

以下、第2部の各章について、簡単に説明する。

第8章では、「～テイルの発達」「動詞基本形の分布のシフト」「～ウ・～ウズ（ル）の減少」というテンス・アスペクト・モダリティ体系の変化が、「ムード優位言語の崩壊」という言語類型の変化に繋がったことを指摘する。その上で、従来問題とされてきた、「従属節において、意志・推量形式が減少する」という現象は、この「ムード優位言語の崩壊」と、それに伴う「一部の従属節の従属度の上昇（従属節の自立性の希薄化）」という変化の流れの中に位置付けられるという見解を示す。

第9章と第10章では、「一部の従属節の従属度が上がった」という本書の見解の根拠となる現象を示す。根拠となる現象は、解釈されるべき現象である「従属節において、意志・推量形式が減少する」ということとは、独立したものである必要がある。具体的には、第9章において、中世前期日本語の丁寧語「候ふ」と、現代日本語の丁寧語「です・ます」とに、統語的分布の異なりがあることを指摘し、その異なりが、従属節の従属度が上昇したという見解の根拠になることを述べる。さらに、第10章では、中世前期日本語の丁寧語「候ふ」と、現代日本語の丁寧語「です・ます」の異なりを整理し、「（丁寧語「候ふ」があってもよいはずなのに）丁寧語「候ふ」が使用されていない」用例群に注目して考察を進めることで、本書の見解が支持されることを述べる。

以上の議論を踏まえた上で、第11章で、古代日本語から現代日本語までのテンス・アスペクト・モダリティ体系の変遷をまとめる。この第11章により、日本語の変遷の全体を見通せるようになる。

ところで、共に丁寧語といわれてきた「候ふ」と「です・ます」であるが、当時の資料を読むと、何か根本的な異なりを感じる研究者も多いと思う。その根本的な異なりを、筆者なりに言語化して記述しているので、丁寧語の変遷に興味のある方は、是非、第9章と第10章を読んで頂ければと思う。

ここで、～テアルの扱いについても付言しておきたい。～テアルの変遷における複雑さは、第1部付章で確認した通りである。また、現代日本語の～テアルは、状態化形式とはいえるものの、よく知られているように、「落ちてある」「出てある」等の例（自動詞の例）は基本的に許容できず、「本が置いてある」等の例では、格体制の変更や、意図性の付与がある。このため、変遷という観点から～テイルと同じように扱うことができない。よって、第2部以降では、～テアルの変遷は必要に応じて言及する程度に留め、状態化形式としては、～テイルを中心的な形式として、議論を進めたいと思う。

第8章　従属節において意志・推量形式が減少したのはなぜか―日本語の変遷を「ムード優位言語ではなくなる」という言語類型の変化として捉える―

要　旨

本章では、第1部の内容を踏まえた上で、古代日本語から現代日本語への変化がどのようなものであったのか、考察を行う。具体的には、中世末期日本語の体系を間に挟むことで、古代日本語から現代日本語へという大きな流れが言語類型の変遷（ムード優位言語の崩壊）として解釈できることを述べる。その上で、従来問題とされてきた「従属節の節述語において、意志・推量を表す形式が減少する」という現象が、この「ムード優位言語の崩壊」と、それに伴う「一部の従属節の従属度の上昇（従属節の自立性の希薄化）」という変化の流れの中に位置付けられるという見解を示す。

1. 中世末期日本語に着目して、日本語の変遷を言語類型論的に捉える

既に何度も述べてきた通り、概ね中世を境に、「～キ、～ケリ、～ツ、～ヌ、～タリ、～ム」等の古代日本語の形式が姿を消し（あるいは形を変え）、かわって、～タや～テイル等の近代日本語の形式が台頭してきたことは、よく知られた事実である。

このような変化の中で、中世末期日本語は、概ね、両者の中間的な言語にあたり、近代日本語のスタート地点ともいえると同時に、古代日本語の特徴をまだ残している言語でもある。この意味で、極めて興味深い言語であるといえ、現代日本語と対照すれば、近代日本語の変遷が記述できるようになり、古代日本語と対照すれば、古代日本語から近代日本語への変化のあり様が記述できるようになる。

このような理由から、本書の第1部では、中世末期日本語に着目し、資料調査の数値をもとに、「～タ、動詞基本形、～テイル、～テアル、～ウ・～ウズ（ル）」によって構成される体系の記述を行った。

この第2部では、第1部で記述した体系をもとに、日本語の変化が、どのように捉えられるのかを述べたいと思う。

具体的には、次の二つの点を指摘する。まず、古代日本語から現代日本語へという大きな流れが、言語類型の変化（ムード優位言語の崩壊）として捉えられることを述べる。次に、従来問題とされてきた「従属節の節述語において、いわゆる意志・推量を表す形式が減少する」という現象が、「ムード優位言語の崩壊」と、それに伴う「一部の従属節の従属度の上昇（従属節の自立性の希薄化）」という変化の流れの中に位置付けられることを示す。

一つ目の言語類型の変化について簡単に結論を述べておくと、古代日本語は、言語類型論的には、ムード優位型の言語であったが、次第に、ムード優位の特徴を失っていき、現代日本語においてはムード優位言語ではなくなった、ということである。そして、このような言語類型論的な変化（現象面で述べると、「～ム等の減少」等）と、第2章や第3章で述べたような体系の変化（「～テイルの発達」とともに「動詞基本形の分布が〈未来〉の領域にシフトする」という変化）が、密接に関係していたと考えられるのである。

本章の構成について簡単に述べたい。2. 節では「従属節の節述語において、意志・推量を表す形式が減少する」という現象を確認する。3. 節では、キーワードとなるモダリティ（modality）とムード（mood）という用語の本書なりの定義を示す。4. 節において、本書で用いる言語類型論の枠組みを紹介した後、5. 節～7. 節で、古代日本語、中世末期日本語、現代日本語の順で、各言語がどのような類型なのかを示す。続く8. 節で、2. 節で確認した現象を解釈する。この8. 節で、「一部の従属節の従属度が上昇した」という見解を示すことになる。最後に9. 節でまとめを行い、付節で本章の内容を補足する。

2. 従属節の節述語において、意志・推量を表す形式が減少すること

古代日本語と中世末期日本語においては、従属節の節述語（例えば、連体節の節述語）に、～ムや～ウ等の形式が生起することは全く問題ない（山口堯二（1991）、高山善行（2002・2005）、土岐留美江（2010）等）。次の（01）と（02）に示す通りである。

（01）　古代日本語の例

（ア）足の音せず行かむ（由可牟）駒もが　（『万葉集』3387）

（イ）思はむ子を法師になしたらむこそ、心苦しけれ。（『枕草子』p.32）

（ウ）（福嶋注：俊寛達は）平家ほろぼさむずるはかりことをぞ廻（めぐ）らしける。（『平家物語』上 p.123-124）

（02）　中世末期日本語の例

（エ）「みつきものを捧げう（ſaſagueô）ことはその謂れが無い」と言うて、（『天草版伊曽保物語』p.428）

（オ）［忠盛が、闇討ちの情報を聞いた場面］今不慮の恥に逢わうずる（auŏzuru）事わ家のため、身のためこころ憂いことぢゃほどに　（『天草版平家物語』p.4）

一方で、現代日本語の～ウ（～ヨウを含む）や～ダロウでは、状況が異なっており、従属節中の生起が難しくなる（金田一春彦（1953）、三原健一（1995）等）。（03）に具体例を示す（分かりやすいように、先の（02）と比べられるような例文で示す）。

（03）　現代日本語の例

（カ）　貢ぎ物を捧げることは、そのいわれがない。

（キ）＊貢ぎ物を捧げようことは、そのいわれがない。
（ク）　事故に遭うことが心配だ。
（ケ）?? 事故に遭うだろうことが心配だ。

この変化は言語学的に何を意味しており、どのような文法現象とリンクしているのだろうか。本章では、言語類型論の立場から、このような問題を考察したいと思う。

まず、議論に先立ち、モダリティとムードという用語を定義しておきたい。これらの用語は、キーワードとなるものであるが、研究者によって定義が異なるのが実状である。よって、予め定義を示しておいた方がよいと判断した。

3. モダリティ（modality）とムード（mood）の定義

本書では、国外の研究では、主にWhaley（1997）やPalmer（2001）、国内の研究では、主に川端善明（1997）や尾上圭介（2001·2012）[*1]、岡部嘉幸（2013）、小柳智一（2014・2018）等を参考に、モダリティという用語を捉えたい。具体的には、〈現実（realis）〉と〈非現実（irrealis）〉を表し分けるものとして定義する。つまり、本書は、岡部嘉幸（2013）でいう「Bの立場」（尾上圭介（2012）でいう「A説モダリティ論」）の立場に立つということになる。

その上で、モダリティには、ムード（mood）とモーダルシステム（modal system）があると考える（Palmer（2001:4）を参照のこと）。ムードとは、動詞の形の変化による表し分けのことである。一方で、モーダルシステムとは、英語のmustのような、より分析的な手段による表し分けのことである。堀江薫・ナロックハイコ（2004）やナロックハイコ（2005）等に

---

*1　ただし、本書で用いる用語と、川端善明（1997）や尾上圭介（2001）等で用いられている用語には若干の異なりがあって、細部まで全く同一というわけではない。

よれば、古代日本語の～ム等は mood に分類され、現代日本語の～ダロウは、モーダルシステムに分類される[*2]。中世末期日本語の～ウ・～ウズ（ル）も、ムードと捉えることができるだろう[*3]。まとめると次のようになる。

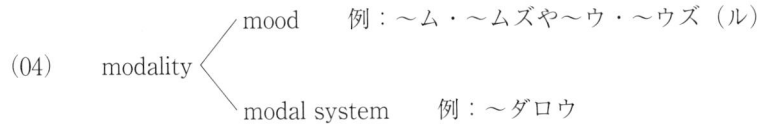

(04)　modality ＜ mood　例：～ム・～ムズや～ウ・～ウズ（ル）
　　　　　　　　 modal system　例：～ダロウ

モダリティとムードを、このように定義する理由を簡単に述べたい。古代日本語の～ム等の形式と、テンスに後接する現代日本語の～ダロウ等の形式には、明らかに相違点がある。しかし、一方で、両者の共通性も間違いなく存在する[*4]。本書のような定義であれば、この異同を無理なく捉えることができる（両者は、モダリティという点で共通しており、一方はムード、もう一方はモーダルシステムに属している）。いわゆる意志・推量を表す形式は、より厳密にいえば、〈非現実〉を表すモダリティの形式として、改めて位置付けられることになる。

なお、古代日本語のみを対象とするのであれば、テンス・アスペクト・ムード体系という表現でもよいとは思う。しかし、本書では、～ダロウ等も含めた体系を視野に入れて考察を行っている。モーダルシステムである（尾

*2　尾上圭介（2012）のいう「述語外接形式」が、概ねモーダルシステムに相当すると考えられる。

*3　なお、現代日本語の～ウ（～ヨウを含む）は、接続としてはムードといえる。しかし、「意味が特定的（〈非現実〉という広い範囲を表すわけではない）」「分布が文末に偏る」「接続が義務的ではない」「主語の人称に制限がある」という点で、～ム・～ムズや～ウ・～ウズ（ル）とは、決定的に異なっている（現代日本語の～ウに見られるこれらの特徴は、現代日本語の～ダロウの特徴に近い）。このため、典型的なムードの形式とは言い難い。かつてはムードの形式だったものが、〈現実〉〈非現実〉の義務的かつ形式的な対立がなくなった現代日本語の中で、残存している姿とみるべきだろう。

*4　いくつかの先行研究が、両者を同じカテゴリーに入れているのも、この共通性の故であろう。なお、モダリティという用語をめぐる議論については、近藤泰弘（1989）や、尾上圭介（2012）、野村剛史（2003a）、岡部嘉幸（2006・2013）等が詳しい。本書でも第 18 章においてモダリティの定義について議論を行う。

上圭介（2012）のいう「述語外接形式」である）、～ダロウ等の台頭が、日本語の体系的な変化において重要であると考えているのである（具体的には、ムード優位言語の崩壊の一端と捉えている）。このため、本書では、～ムや～ダロウ等を包括的に扱えるように、テンス・アスペクト・モダリティ体系という用語を用いている。

次節では、本書で用いる言語類型論の枠組みを示したいと思う。

4. テンス（tense）／アスペクト（aspect）／ムード（mood）のいずれが優位か

言語類型論といっても、語順や格表示の方法等、様々な観点があるが、ここで注目したいのはBhat（1999）の考え方である。Bhat（1999）は、言語が典型的には、テンス優位言語（Tense-prominent language）、アスペクト優位言語（Aspect-prominent language）、ムード優位言語（Mood-prominent language）の三つに分類できると述べており、それぞれに、言語の類型が異なることを主張している。テンス優位言語とは、筆者（福嶋）の言葉で説明すると、テンスの区別に、相対的に敏感（あるいは義務的）な言語のことである（アスペクトの区別や、ムードの区別よりも、テンスの区別を重視するという意味である）。アスペクト優位言語、ムード優位言語も同様の定義である。この分類は、クリアカットな分類ではなく、あくまでも相対的なものであり、相対的に差がみられることに重きを置いているといえる。Bhat（1999）も、上記3タイプ間の移行や混合タイプの存在、例外的な言語の存在も認めており、はっきりした固定的な分類というわけではない。

4. 1. 分類基準—義務的か否か—

本小節では、「テンス優位／アスペクト優位／ムード優位」の分類基準について述べたい。Bhat（1999）は、各文法カテゴリーの文法化の度合いや、義務性の度合い等、複数の基準を設けている。本書では、日本語について考察する際には、「義務性」に着目することが最も有効であると判断した。

日本語のテンス・アスペクト・ムードといった文法カテゴリーに関していえば、当該の文法カテゴリーの重要性が高まっていけば、結局、形式の使用が義務的になっていくと考えたためである。

日本語の場合、義務性に着目して各時代の言語を見ると、ある程度はっきりとした差を見て取ることができる。

どの部分の義務性を検討するかという点については、Bhat（1999）が分類の際に最も重要視したと思われる部分に着目するのがよいと思う。具体的には、ムードであれば〈現実〉／〈非現実〉の区別、テンスあれば〈過去（past）〉／〈非過去（non-past）〉の区別が義務的であるかどうかを検討する。また、テンスに関しては、念のため、必要に応じて、〈未来（future）〉／〈非未来〉（non-future）の区別が、義務的かどうかも検討したい。

ただし、古代日本語と現代日本語でアスペクトのあり方が異なるため、アスペクト優位に関しては難しい論点がある。よって、アスペクト優位については、本章の付節2で見解を述べたいと思う。

4.2. 分類する際の注意点―あくまでも相対的な差である―

分類を検討する前に、注意点として、次の二つのことを述べておきたい。

一つ目は、例えば「Aという言語は、ムード優位言語である」と述べた場合でも、「当該言語にテンスやアスペクトを表す文法的な手段が全くない」ということを主張しているわけではない、という点である。あくまでも、「当該言語では、テンス・アスペクト・ムードの中で、相対的に、ムードが優位である」と述べているだけに過ぎず、クリアカットな分類を前提としているわけではない。

二つ目は、「類型が移行することもあるが、だからといって、分類が無効であることにはならない」という点である。例えば、「Aという言語はムード優位言語からテンス優位言語に移行したが、Bという言語にはそのような変化はみられない（言語Bはムード優位言語のまま）」というケースがあったとする。この場合、言語Aが、「ムード優位言語」から「テンス優位言語」に移行する際には、「ムード優位」とも「テンス優位」とも判断しかねる段階を経ることになる。このような段階があるからといって、分類に意味がないことにはならないだろう。むしろ、「ムード優位」「テンス優位」という極を想定することで、類型論的な変遷が、言語Aと言語Bの異なりを捉える形で、記述可能になったと考えるべきである。さらにいえば、言語Aは「ムード優位言語」であった時点でも（言語Bとは異なり）「テンス優位言語」になる因子が内在している可能性もある。そのような因子があるからといって、「言語Aはムード優位言語ではない」、あるいは「このような分類自体に意味がない」と結論付けるのは誤りである。言語類型論の研究で、類型間の移行を検討する際に重要なのは、「“各類型に特徴的な文法現象”の推移や、変化の仕組みを、丁寧に観察する」ということだと思う。例えば、「ムード優位言語」ならば、動詞と形容詞が比較的近いことが指摘されており、一方で、「テンス優位言語」であれば、動詞と形容詞の違いが大きく、形容詞が名詞的な手段を用いて表現される傾向があるとされている。このような変化が観察できるかどうかを、（そのような前提が果たして正しいのかも含め）丁寧に検討していくことが大切なのである。繰り返すが、はっきりと分類できない場合があったとしても、分類自体が無効であると結論付けることは生産的なことではない。加えて、Bhat（1999）は、二つのカテゴリーが優位とみられる言語（混合タイプ）の存在も認めているが、これもまた、分類が無効であるということにはならない。「二つのカテゴリーが優位」という記述ができること自体、分類の有効性を示していると思われる。

では、次節から、古代日本語、中世末期日本語、現代日本語の順で検討していきたいと思う。

5. 古代日本語はムード優位言語である

ナロックハイコ（2005）は、Bhat（1999）の研究を受け、次のように述べている。

(05)　つまり、日本語はアスペクト優位（あるいはアスペクト・ムード優位）からテンス優位の言語の方向に移行している可能性があるのではないかと思われる。

（ナロックハイコ（2005:9)、丸括弧内のポイントが小さいことも原文のまま）

ナロックハイコ（2005）は、古代日本語はアスペクト優位（あるいはアスペクト・ムード優位）言語であり、そこからテンス優位言語に移行した可能性を指摘しているわけである。事実上、(05）の指摘は、古代日本語が、アスペクト優位言語であった可能性と、アスペクト・ムード優位言語であった可能性の二つを示していることになる。しかし、ナロックハイコ（2005）は、古代日本語について、「強いて順番付けるなら、アスペクトのほうがより優位に違いない」（ナロックハイコ 2005:9）と述べており、さらに、(05）を見れば明らかなように、「(あるいはアスペクト・ムード優位)」と述べている部分は、丸括弧で示されている。このため、どちらかというと、アスペクト優位であることに重点が置かれているといえる。

一方で、本書では、第3章で述べたような観点、つまり、動詞基本形の分布が、～テイルや～ウ・～ウズ（ル）と体系を成し、「体系として変化している」という観点から考えると、古代日本語は、ムード優位言語であったことが重要であるので、この点を強調したいと思う。

繰り返すが、本書で強調したいことは、古代日本語と中世末期日本語は、ムード優位言語の特徴を有していると考えられることである。

ムード優位言語は、〈現実〉と〈非現実〉を義務的に表し分けるという特徴を有するが、古代日本語にこの特徴が見られることは、既に、いくつかの先行研究で指摘されている（よって、本書の主張も不自然なものではないと考えている）。有名なものでは、『国語学大辞典』（東京堂出版）の「推量表現（春日和男氏執筆)」の項があるだろう。以下に引用する。

(06)　文語の推量表現では、その内容が想像上の事実や将来に起こることが予想される事実について述べるばあいには、推量の助動詞を用いることが厳格に守られ、特に連体格に著しくあらわれる。「逢ひがたからむことを今よりいみじう思さるるほどに」（『宇津保物語』俊蔭）、「人はかたちありさまのすぐれたらむこそあらまほしかるべけれ」（『徒然草』一）の傍線部分などがそれで、現代口語では「逢いがたいこと」、「すぐれていること」というように推量表現にしないのが普通である。　（波線は福嶋が付した）

この指摘は、古代日本語が、〈現実〉と〈非現実〉に関して、節のレベルで、かなり義務的に反応していたことを示している。また、(06) の挙例が状態性述語であることにも注目したい。〈非現実〉の領域を表す場合に、markedな形式（～ム等）を用いることは、運動動詞が述語となる場合のみならず、状態性述語も含めた、当該言語全体に渡ってみられる特徴なのである。ここから、言語類型論的にムード優位であることが確認できる。

さらに、尾上圭介（2012）も、次のように、先の（06）とほぼ同様の見解を述べている。

(07)　古代語では未実現事態や仮想事態などの非現実事態を言うときにはセム形などが義務的に必ず使われていたのに対し、近現代語ではその必要がなくなった

（尾上圭介（2012:12）の括弧内の注記より。下線は福嶋）

これらの先行研究の指摘は、Palmer（2001）の指摘するmood（を持つ体系）の特徴と一致している。

(08)　Typically with mood, all or most clauses are either Realis or Irrealis: the system is basically ('prototypically') binary.

(Palmer 2001:4)

つまり、古代日本語は、節ごとに、〈現実〉と〈非現実〉を、ほぼ義務的に表し分ける言語であるといえるわけであり、まさに、ムード優位言語であったといえるのである。

～ムを〈未来〉とする考え方もある[*5]が、2.節の（01）の（イ）の例（「思はむ子を法師になしたらむこそ心苦しけれ」）等は、単純な〈未来〉というよりも、〈非現実〉の事態を表しているといえる。このようなことから、～ムは、単純な〈未来〉を表す形式とするよりも、〈非現実〉を表す形式とした方がよいだろう。〈未来〉はこれから起こる出来事なので、〈非現実〉である。よって、〈非現実〉を表す形式（典型的には～ム）が用いられていたということだと思う[*6]。Bhat（1999）は、ムード優位言語では、〈非現実〉を表す形式が、二次的に〈未来〉を表す場合もあるため、その点に注意が必要であることを述べている。まさに、～ム・～ムズは、この注意を要するケースなのだろう。

補足を述べると、「古代日本語の～ム等が、どの資料でも、常に、100%、義務的であった」という強すぎる主張をしているわけではない。しかし、先行研究の指摘通り、古代日本語において、～ムや～ムズの使用が、かなりの程度義務的、かつ広く分布していたことは明らかであり、現代日本語との異なりは明瞭である。この点をおさえた記述が必要といえる。「古代日本語はムード優位言語である」という指摘は、この異なりをおさえたものといえる。

次に、古代日本語がテンス優位言語とはいえないことを確認する（この点は、ナロックハイコ（2005）も参照のこと）。

一般的に、過去を表す形式としては、～ケリと～キが挙げられると思うが、～ケリは典型的な意味でのテンス形式とはいえないだろう（鈴木泰（1999）等参照）。また、～キについても、～キが表せる範囲は、相当に限定

---

*5　～ムを〈未来〉とする先行研究に関しては、鈴木泰（2009）や井島正博（2011）に詳しくまとめられている。

*6　本書の～ムや～ムズの表す意味に関する見解は、川端善明（1997）、尾上圭介（2001）、小柳智一（2014・2018）等を参考にしている。

されている。時間状況語との共起を調査した鈴木泰（2009）では、「（福嶋注：キ形の表すできごとは）昨夜から数十年以前の範囲」と述べ、さらに、「キ形は、発話時をふくむその日のできごとは表わさないということをしめすものである。」と指摘している（上記二つは鈴木泰（2009:167）からの引用である）。〜ケリや〜キの表せる範囲に制限があったという指摘は、小田勝（2015）や岡崎正継（1986・2016）等にもある。

このような状況では、過去の出来事を表す場合（例えば、朝起こったことを、その日の夕方に話すという場合）であっても〜キが接続していないという事態が多発するので、〜キの有無が、〈過去〉と〈非過去〉の区別に義務的であったとは言い難い。

もちろん、当時の言語が、テンスに関して全く無関心であったという、強すぎる主張をしているわけではない。例えば、「〜ム、〜ラム、〜ケム」の使い分けは、テンスの違いを意識しているといわれている。しかし、当時の言語全体でみた場合、このような使い分けがあるからといって、アスペクトやムードと比べて、テンスが優位とは言い難いと思うのである。上記3形式（〜ム、〜ラム、〜ケム）に限っても、〜ムの表す範囲が広いことは既に山口佳紀（1985）等に指摘があり、さらに、〜ラム・〜ケムについても、〜ムにはない特徴があると指摘されている（近藤泰弘（1993）等）。つまり、純粋にテンスのみの対立とは言い難い。なお、古代日本語において、〈未来〉と〈非未来〉で義務的な対立が起こっているとも考えられず、この意味でもテンス優位言語であるとはいえない。

最後に、アスペクトの優位性について簡単に触れておきたい。まず、確認しておきたいことは、古代日本語のアスペクトは、〈完了〉と〈未完了〉の対立であったということである。既に数多くの先行研究で指摘されている通り、古代日本語には、〜ツ・〜ヌ・〜タリという、いわゆる〈完了〉に関する形式がある。これらの形式は、かなり高い頻度で用いられている。一方で、現代日本語のアスペクトは、〈状態〉と〈非状態〉の対立であり、〜テイルの有無が義務的である。この点から考えると、「古代日本語はアスペクト優位言語だが、現代日本語はアスペクト優位言語ではない」と主張できるかは、アスペクト優位の定義次第ともいえる（この点は、本章付節2で詳しく説明する)。

以上、本節では、古代日本語がムード優位言語であったことを確認した。具体的には、～ム等の有無によって、〈現実〉と〈非現実〉を、ほぼ義務的に表し分けていた言語ということになる。このような言語の体系を考える上では、本書の第2章や第3章で指摘したような、動詞基本形を含めた体系的な視点が重要となる。古代日本語や中世末期日本語においては、unmarkedな形式である動詞基本形の守備範囲は、(現代日本語に比べて)〈現在〉[*7]、つまり〈現実〉の領域に偏っているわけであり、〈非現実〉の領域（例えば〈未来〉等）には、あまり分布していないのである[*8]。よって、〈非現実〉の出来事に関して何か言及をしたい場合には、従属節であれ主節であれ、〈非現実〉を表す形式（典型的には～ム等）を用いる必要があったといえる。

unmarkedな形式（基本形）の解釈が〈現実〉に偏るという点においては、動詞・形容詞の間に大きな異なりが見られなかったわけであり、当時の言語は、次のような対立が見られるタイプの言語であるといえる。

(09)　unmarkedな形式（基本形）:〈現実〉
　　　markedな形式（～ム等）:〈非現実〉

ところで、テンス優位言語であるならば、動詞は、形容詞と区別されるべき特徴を有する傾向があるとされている。古代日本語では、動詞基本形が〈現在〉に傾く（しかもラ行変格活用動詞がiで終わるので、動詞としての形態的統一性もない）という点において、動詞の特殊性は薄かったわけであり、その意味でも、テンス優位言語の特徴を有していない。このように、動

*7　本章の議論の中では、厳密には、「〈現在（同時)〉」「〈過去（以前)〉」「〈未来（以後)〉」と表記するべき箇所もある。しかし、議論に大きな影響はないと判断し、便宜上、「〈現在〉」「〈過去〉」「〈未来〉」と表記する。

*8　古代日本語の動詞基本形と〈未来〉の関係に関しては、土岐留美江（2010）と、その書評の岡部嘉幸（2012）等も参照のこと。

詞基本形を含めた体系的な視点を持つことで、言語類型を考える上でのヒントを掴むことができるのである。

ムード優位言語等の言語類型は、状態性述語を含む、言語全体の問題であるが、このような文法カテゴリーの中心になるのは、やはり、何といっても、動詞である。よって、動詞の体系に見られる変化が、類型論的な変化と無関係であるとは考えられない。その点を踏まえて次節に進みたいと思う。

6. 中世末期日本語は未だムード優位言語である ―ムード優位が崩れる兆しも見え始める―

中世末期日本語（主に口語）のよく知られた特徴として、古代日本語にみられた「～キ、～ケリ、～ツ、～ヌ、～タリ」がほぼ消滅し、かわって、〈過去〉を表す形式である～タが用いられるようになったことが挙げられる。以下に、〈過去〉を表している～タの例を示す。

(10)　去年の七月の十五日に、身があたりにすまふがあつたは

（『狂言台本虎明本』中 p.351）

～ツ・～ヌ・～タリの接続の有無で表していた、〈完了〉と〈未完了〉の対立はなくなる。かわって、基本的には、～タが使用されるようになり、「〈過去〉の出来事であれば、～タを使用する」という構図ができあがってくる。この点、〈過去〉と〈非過去〉の対立ができたので、テンス優位言語としての特徴がみえてきたともいえる。

ただし、後述の（12）のように、～タという形式が、文末で〈現在〉の状態を表すような例が、この時代には、まだあるので、「～タであれば〈過去〉」という構図ができあがっているわけではない。この点、文末で、「～タであれば〈過去〉」「〈過去〉であれば～タ」というシステムが確立している現代日本語とは異なっている。

また、この時代には、存在型の状態化形式、つまり、〈現在〉に広く分布する形式である、～テイルが台頭してくる。

(11)　西もんに立ている　(『狂言台本虎明本』中 p.424)

しかし、第１章や第２章で述べた通り、誕生して間もない中世末期日本語の〜テイルは、まだ発達が十分ではなく（存在動詞「イル」の意味が、比較的強く残っており）、〈現在〉の領域を完全にはカバーしきれておらず[*9]、その使用も義務的とは言い難い（よって、アスペクト優位言語とはいえない）。

また、これも第１部で述べた通り、当時の体系を調査すると、〜テイルがカバーしにくい領域には、〜タと動詞基本形が広く分布していることが分かる[*10]。以下に、〜タと動詞基本形の具体例を示す。

(12)　あのみゝのきつとしたは、其まゝ女共が耳ににた、又あの目のくるりとしたもにたよ［自分の妻の顔と似ている鬼瓦をみながらの発話。現代日本語では、「似ている」という解釈になるだろう］

(『狂言台本虎明本』上 p.179)

(13)　「雨は降るか、降らぬか」と問ふ時、田夫のむすこ見ていふ［子供に雨が降っているかどうかを聞いている場面であり、現代日本語では「降っているか」と解釈できる[*11]（今後の天気を聞いている場面ではない）］　(『醒睡笑』p.196、かぎ括弧は福嶋)

---

*9　存在文に近い意味に偏っているのである。

*10　具体的な数値は第１部を参照のこと。

*11　中世末期日本語の、このような動詞基本形は、積極的に進行態を表しているというよりも、無標故に、結果的に、進行態を表しているように解釈できるということだと思う（古代日本語の動詞基本形の扱いと同様である）。この点、既に、福嶋健伸（2004a）の注 13 でも「前後の状況から結果的に進行態を表しているように解釈できるだけという可能性」を指摘している。端的にいえば、動詞基本形は、無標であるが故に、どの時代においても、有標形式との関係において、その分布を決定しているということだろう（この点に関しては、本書第 17 章も参照のこと）。なお、有標形式との関係において分布が決定するという点において、本書の動詞基本形の議論は、仁科明（2014）のいう無標性レベルの議論であるといえる。

つまり、動詞基本形の分布は、古代日本語ほどではないものの、依然として〈現在〉に傾いているわけである[*12]。では、〈未来〉の出来事（〈非現実〉の領域の一部）について言及している場合に、どのような形式が分布していたのかというと、いわゆる意志や推量を表す形式である（正確には〈非現実〉を表す形式であり、古代日本語の～ム・～ムズの後継の形式である）、～ウ・～ウズ（ル）が広く分布している（第３章参照のこと）。以下に具体例を示す。

（14）　その御返報にわどこなりともあかうずる（acǒzuru）国を下されうず（cudaſareôzuru）とをうせられた。　（『天草版平家物語』p.4）

（15）　今から人に、酒をもりまらせう程に、いのちをたすけてくだされひ　（『狂言台本虎明本』中 p.278）

（16）　その恥を助けうずる（taſuqeôzuru）ために、　（『天草版平家物語』p.8）

中世末期日本語に関して、これまでに述べたことをまとめると、次の表のようになる（発達の未熟な～テイルを小書きで示す。なお、動詞基本形はスルと表記する）。

---

*12　第３章でも述べた通り、既に～テイルという形式が存在しているため、動詞基本形の分布は、中古日本語と比べると〈未来〉の領域にシフトしている。分布が〈現在〉に傾いているというのは、あくまでも、現代日本語と比べての話である。変化の過渡的な時期であることを考えると、このような中世末期日本語の動詞基本形の分布は自然なものといえるだろう。

(17)　**表１　中世末期日本語の各形式を時制で整理した場合**

	未来	現在	過去
中世末期日本語	～ウ・～ウズ（ル）	スル　～テイル	～タ

※動詞基本形は〈未来〉と〈現在〉にまたがっており、～タは〈現在〉と〈過去〉にまたがっている。これらの形式は□で囲んで示す。

さらにいえば、中世末期日本語の状態性述語にも、～ウ・～ウズ（ル）が接続することが比較的多く、その点でも、ムード優位言語という特徴を確認できる。

(18)　さてはふたりの心があふた、一だんよからふ程に、いざゝらは参らふ　（『狂言台本虎明本』下 p.26）

(19)　その咎めの有らうずる（arŏzuru）時は、口を揃へてイソポにこれを言ひ負せて　（『天草版伊曽保物語』p.410）

(20)　隔心有らうずる（arŏzuru）儀で無い　（『天草版伊曽保物語』p.502）

(20) のような、単純な〈未来〉とはいえない例にも、～ウ・～ウズ（ル）が使用されていることから、～ウ・～ウズ（ル）も、〈未来〉を表す専用形式というよりは、〈非現実〉を表す形式と捉えた方がよいだろう（この点、古代日本語の～ムや～ムズと同様である）。

古代日本語ほどではないにせよ、中世末期日本語においても、～ウ・～ウズ（ル）の有無による、〈現実〉と〈非現実〉の区別は、かなりの程度守られている。繰り返すが、そもそも、この時代は、まだ、～テイルの発達が十分ではなく、動詞基本形が〈現在〉に分布している。動詞基本形では、〈未来〉を表しにくく、〈非現実〉の領域の一部である〈未来〉を表す場合には、従属節であれ、主節であれ、基本的には、～ウ・～ウズ（ル）を用いる必要があるのである。

ただし、～テイルが台頭してきており、動詞基本形の〈未来〉（つまり〈非現実〉）への分布のシフトも始まっている。また、～テイルが〈現在〉の領域を完全に覆うようになれば、～タの有無による、〈過去〉／〈非過去〉の区別も確立するようになってくるだろう。ムード優位が崩れていく兆しは見えている段階である。

先の（17）をみながら、日本語の変遷にとって重要と思われる、以下の四つのポイントを確認したいと思う。

（21）　a）既に、〈完了〉／〈未完了〉の対立を軸とする言語ではなくなった：まず、〈完了〉／〈未完了〉という対立からなくなったといえる。

b）未だ、ムード優位言語としての特徴は保っている：この背景の一つとして、動詞基本形が、未だ、〈現在〉の領域に広く分布していることが挙げられる。

c）状態性述語にも、～ウ・～ウズ（ル）が接続している：この点からもムード優位言語であったことがうかがえる。

d）ムード優位ではなくなっていく兆しもみえる：今後の～タ・～テイル・動詞基本形の分布が注目される。

この時代は過渡的な時代なので、「どのような点が過渡的なのか」「どのようなことが、次の変化に結び付くのか」を押さえることが大切だろう。

この時代は、上記（21）の状況に加えて、ラ行変格活用動詞がほぼ消滅し（さらにいえば、ラ変系助動詞もほぼ全てが衰退し）、動詞と形容詞の形態的な区別が、かなりはっきりしてくるようになる。このような点は、テンス優位言語の兆しとも考えられる。

7. 現代日本語はムード優位言語ではない —テンス優位言語であろう—

中世末期日本語から現代日本語への変遷（つまり、近代日本語の変遷）をみたいと思う。どのような変遷であったのかは、先ほどの（17）の表に重ねる形で示すと分かりやすいと思う[*13]。〈未来〉は〈非現実〉の一部であり、〈現在〉〈過去〉は、〈現実〉の一部なので、その点もあわせて示す。

（22）　**表2　近代日本語のテンス・アスペクト・モダリティ体系の変遷**

	非現実の一部	現実の一部	
	未来	現在	過去
中世末期日本語	～ウ・～ウズ（ル）	スル　～テイル	～タ
現代日本語	スル	～テイル	～タ

近代日本語の変遷を考える際に目を引くのは、何といっても、「～テイルの発達」だろう。存在型の状態化形式である～テイルが発達し、運動動詞が〈現在〉を表す場合には、基本的に～テイルという形式になる。それに伴い、～タと動詞基本形が、それぞれ、〈過去〉と〈未来〉の領域に分布を移している。つまり、～テイルが発達し、〈現在〉の領域をカバーすることによって、次のような体系的な変化が起こっている。

（23）　～テイルの有無による、〈状態〉対〈非状態〉という現代日本語のアスペクトシステムが確立する。このアスペクトシステムの確立により、〈非状態〉の意味を担う動詞基本形は〈未来〉に分布するようになる（動詞基本形がひとまとまりの運動、つまり、完成的な意

---

*13　なお、現代日本語の連体節内等では、主節末と異なり、「走る人」「似た人」等の表現が、「走っている人」「似ている人」に近い意味を表すという指摘もあるが、今回は省略している。

味を表すようになる)。

(24)　上記（23）のシステムの確立は、同時に、無標形式（動詞基本形）が〈非現実〉の事態を表せるようになることを意味する。ここにおいて、～ウ・～ウズ（ル）の有無による、〈現実〉対〈非現実〉というムードシステムが崩壊する。

(25)　上記（23）のシステムの確立は、同時に、～タの有無による、〈過去〉対〈非過去〉というテンスシステムが確立したことを意味する。また、上記（23）のシステムの確立は、運動動詞述語文において、〈未来〉が動詞基本形、〈現在〉が～テイル、〈過去〉が～タという表し分けのシステムが確立したことも意味している。

～テイルの発達は、「動作継続と結果継続の両方をカバーする形式の獲得」といえるわけだが、これが何を意味するのかというと、運動動詞においては、〈現在（同時）〉を表すテンス形式の獲得であるといえる（本書第11章でその点について述べる）。

つまり、結果的には、「〈過去〉であれば～タ」「〈現在〉であれば～テイル」「〈未来〉であれば動詞基本形」という体系になったわけである。

「～テイルの発達」に伴う、このような体系的な変化が、「ムード優位が崩れる」という、言語類型論的変遷のポイントになると思う。

ムード優位言語でなくなる際に、重要な点は、「～テイルの発達」とともに、「動詞基本形の分布がシフトすること」である。つまり、〈非現実〉の領域の一部である〈未来〉に、unmarked な形式である動詞基本形が広く分布することになる。それと連動して、〈非現実〉の領域を表していた marked な形式（～ウや～ウズ（ル）等）が衰退し、～ウズ（ル）は消滅、～ウは限定的な環境で用いられるのみとなる。

モーダルシステムとして、分析的な～ダロウ等が出現する[*14]が、現代日本語においては、～ウや～ダロウ等の使用が義務的とは言い難く、ここにおいて、ムード優位言語の特徴が崩れさることになるのである。

現代日本語は、もはやムード優位言語ではない。では、現代日本語は、どの文法カテゴリーに注目している言語なのかと問われると、本章付節２のアスペクト優位の議論とあいまって、はっきりと答えることは難しい。しかし、古代日本語と比べれば、「ムード優位というよりは、テンス優位と捉えた方がよい」ということは指摘できる。以下、この点について簡単に述べる。

注目したいのは、〈過去〉と〈非過去〉の区別である。現代日本語においては、「〈過去〉であれば～タ」「～タであれば〈過去〉」という義務的な関係がほぼ成立し、〈過去〉と〈非過去〉の区別がはっきりとする（つまり、〈過去〉と〈非過去〉を、～タ対 ϕ で表し分けている）[*15]。よって、現代日本語は、テンス優位言語の特徴を有しているといえるのではないかと思う。「～テイルの発達」と「～タの分布のシフト」によって、テンス優位言語となったという捉え方である。この捉え方が妥当であるならば、次のことが指摘できる。

(26)　「ムード優位言語としての特徴を失っていく」ということと、「テンス優位言語としての特徴を獲得していく」ということは、「～テイルという状態化形式の発達」と「動詞基本形の〈非現実〉領域への分布のシフト」及び「～タの〈過去〉へのシフト」が連動して起こる、体系的変化の結果である。この意味で、これらの変化は、表裏

---

*14　この点、堀江薫・ナロックハイコ (2004)、ナロックハイコ (2005)、尾上圭介 (2012) 等も参照のこと。

*15　相対テンスの場合でも、基準時より前であるということは〈過去〉と同様なので、〈以前〉と〈過去〉を一括して扱って問題ないと思われる。なお、「太郎と似た人に会った」等は、中世末期日本語の～タの名残が、特定の環境で見られると考えるべきであり、ここでの議論に大きな影響はないと判断している（このような～タの位置付けに関しては、本書第 11 章を参照のこと）。

をなす変化ともいえる。

さらに、現代日本語について、次の二つのことを確認しておきたい。

一つ目は、運動動詞の基本形に関する上記の変化（すなわち、〜テイルの発達に伴う〈非現実〉の領域へのシフト）が、「状態性述語も unmarked な形式で〈非現実〉の領域を表せるようになる」という言語類型の変化に関与していると思われる点である。以下の例は、現代日本語の unmarked な形式が、〈非現実〉の領域について表している例である。

(27)　お叱りがある時は、あいつに罪を着せる[*16]。

(28)　明日には、よいことがあるだろう。

〜テイルの拡張と動詞基本形の分布のシフトは、運動動詞に関する変化を述べているのみである。しかし、この変化が、状態性述語にまで影響し、言語類型の変化に関与しているとする点が、ここで最も主張したい点である。テンス・アスペクト・ムードの中心になるのは、やはり運動動詞だと思われるので、運動動詞に関する変化が、言語類型の変化に関与しているという本書の見方は、特に不自然ではないと思われる。

二つ目は、一般的な運動動詞のみ、〈現在〉を表す場合と、〈未来〉を表す場合とで、形を変えるという点である。

形容詞や名詞等であれば、〈現在〉のことでも、〈未来〉のことでも、unmarked な形式で表現できる。

(29)　a. 今、忙しい／明日は忙しい　〈形容詞述語文〉

---

*16 「お叱りがあった時は」のように、〜タを利用して、〈非現実〉の事態を表現することもできる。この場合は、過去を表すテンス形式を、〈非現実〉を表すマークとして用いている（テンス形式の二次的な利用）と考えられ、この点も、ムード優位ではなくなったことを示していると捉えることができる（本章付節1も参照のこと）。

b. 今、学生だ／来年は学生だ　〈名詞述語文〉

一方、一般的な運動動詞のみ、〈現在〉のことを表す場合には、～テイルという形式を用いる必要がある。

(30)　*今、走る／今、走っている

この (30) で「*今、走る」としたが、まだ走っておらず、「これから走る」という意味なら、もちろん、問題ない。〈未来〉を表す場合は、全く問題ないが、〈現在〉を表すとなると、～テイルという形式が必要ということである。

(29) で見た通り、形容詞や名詞は、unmarked な形式で、〈未来〉を表すこともできるし、〈現在〉を表すこともできる（これらの基本的な解釈は、〈現在〉と考えるのが一般的だろう）。しかし、一般的な運動動詞のみ、〈現在〉のことを表すのに、marked な形式（～テイル）が必要なのである[*17]。

テンス優位言語の特徴として、動詞が他の品詞と一線を画すということが指摘されているが、まさに、ここに、現代日本語の動詞の卓立をみることができるのではないだろうか。

以上、古代日本語から現代日本語への言語類型論的な変遷をみてきた。古代日本語から現代日本語への変化は、ムード優位言語の特徴がなくなるという言語類型論的な変化として解釈できる。また、中世末期日本語から現代日本語への変化（つまり近代日本語の変遷）は、「～テイルの発達」「動詞基本形の〈未来〉（〈非現実〉領域の一部）へのシフト」とともに、ムード優位言語としての特徴を失ってくる変化とみることができるのである。

---

*17　本書は「動詞基本形が〈現実〉の領域を全く表せない」という主張をしているわけではない。ここで確認していることは、「運動動詞の動詞基本形は、基本的に〈未来〉を表し、〈現在〉を表す場合には、～テイルの形式をとる」という、アスペクト研究で広く了解されていることである。また、動詞基本形が、「反復・習慣」や「一般的な真理」を表す場合は、話が別である。特に断りのない限り、例文は具体的な時間が限定されているものとして考えてもらいたい。

8. 従属節において意志・推量を表す形式が減少したのはなぜか―ムード優位言語の特徴を失ったことと、それに伴い、従属節の従属度が上がったこと―

これまでみてきた類型論的な流れを念頭に、2.節でみた、「従属節の節述語において、意志・推量を表す形式が減少する」という現象を、解釈していきたいと思う。

現代日本語にみられる、この問題は、以下の二つに分けて考えた方がよいと思う。

(31)　a. 意志・推量を表す形式が、出現できる環境であるにもかかわらず、実際には、なかなか出現しないという問題

b. 意志・推量を表す形式が、出現しにくい環境があるという問題

それぞれ、具体的にみていきたい。(31) a.の問題は、原因・理由節をみると分かりやすい。現代日本語において、～カラ節は、いわゆる南の4分類でいうC類に属し、その節述語に～ダロウが生起し得ることが知られている[*18]。以下に例を示す。

(32)　彼が<u>来るだろう</u>から、そこの席を空けておこう。

しかし、ナロックハイコ(2006)や、本書第3章の調査から明らかなように、実際の言語使用において、～カラ節の節述語に～ダロウが生起することは、比較的、少ない。第3章で示した現代日本語の調査結果を述べると、～カラ節の節述語の中で、〈未来(以後)〉を表す用例は46例あったが、そのうち、動詞基本形が44例、～ダロウ(～デショウ)は、わずか2例であ

---

*18　南不二男(1974・1993)を参照のこと。なお、田窪行則(1987)・尾上圭介(2001)・橋本修(2003)等に詳しい検討や解説がある。

る。

一方、中世末期日本語では、状況が全く異なる。この時代の、原因・理由を表す形式の一つに、～ホドニという形式がある。この～ホドニ節は、南の4分類のC類に属するとされ、その節述語に～ウ・～ウズ（ル）の生起を許すことが指摘されている[*19]。よって、条件としては、現代日本語の～カラ節に近い。しかし、それにもかかわらず、～ウ・～ウズ（ル）の生起率が高く、～カラ節とは傾向が大きく異なっているのである。

第3章の調査結果を述べると、〈未来（以後）〉を表す～ホドニ節は316例あった。その節述語の内訳を述べると、動詞基本形が97例（固定的な言い回しや存疑例である51例を含む）、～ウ・～ウズ（ル）が219例である。以下に、～ウ・～ウズ（ル）の例を示す。

(33)　案内者をいたさう程に、命をたすきやれ

（『狂言台本虎明本』中 p.127）

(34)　お供申まらせうずるほどに、お捹へをなされいと、申さるゝ

（『天理本狂言六義』p.133）

この（33）や（34）のように、～ウ・～ウズ（ル）が生起する例が極めて多い。同じ原因・理由節、しかも、同じC類の従属節で、これだけ大きな違いを生んでいるので、「原因・理由」「C類」以外の観点から、「現代日本語で、～ダロウが～カラ節内で多用されない事実（出現できるのに、なぜ、出現数が少ないのか）」を解釈する必要がある。

もちろん、中世末期日本語の～ホドニ節と、現代日本語の～カラ節は、共に、南の4分類のC類とはいっても、全く同一のものではない。南の4分

---

*19　中世末期日本語の～ホドニ節の節述語に、～ウ・～ウズ（ル）が生起することは、小林千草（1973）、吉田永弘（2000）の調査から明らかである。また、李淑姫（1998・2000・2001）が、狂言台本虎明本やキリシタン資料の～ホドニ節は、南の4分類でいうところのC類に属し、～ニヨッテはB類に属することを指摘している。

類は「当該の言語の中で、節の大きさに、相対的な差がある」ということを示すものである。このため、現代日本語のC類は、現代日本語のB類よりも大きく、D類よりも小さいというだけであって、中世末期日本語のC類と全く同じというわけではない。しかし、〜ホドニ節と〜カラ節の節内に、モダリティの形式が生起し得る点は共通している。よって、〜ホドニ節と〜カラ節が全く同一のものではないとしても、「モダリティ形式の生起率が大きく異なっている」という点は参考にできるだろう。

本章が示した、現代に近づくにつれ、日本語はムード優位言語の特徴を失ってくるという見解は、この事実を無理なく解釈できるように思う。

ムード優位言語の特徴を有していた古代日本語と中世末期日本語は、各節ごとに、〈現実〉と〈非現実〉を表し分けており、〈非現実〉の領域について述べる場合には、〜ムや〜ウ・〜ウズ（ル）等を、ほぼ義務的に用いる必要があった。この背景には、「〜テイルが未発達である（あるいは、〜テイルに相当する形式が存在しない）」ことと、「動詞基本形が〈現在〉に分布しており、そもそも〈非現実〉の領域を表しにくかった」という状況があったことは、既にみた通りである。それが、現代に近づくにつれ、〜テイルが発達し、unmarkedな形式である動詞基本形が〈非現実〉の領域に進出してくる。ここにおいて〈非現実〉な領域を表現する場合でも、問題なく、unmarkedな形式が用いられるようになり、markedなモダリティ形式（〜ダロウ等）を用いるということは、かなり特別なことになってしまう。その結果、出現数が減ることになるわけである。

（31）a.の問題（「〜ダロウが〜カラ節内で多用されない」等）は、言語類型論的な変化の中で、「〜テイルの発達」「動詞基本形の分布のシフト」とリンクさせながら、このように解釈できるだろう。

（31）b.の問題は、2.節の（03）で確認した連体節のように、そもそも、〜ウや〜ダロウ等を生起させにくい環境が存在するという問題である。このような環境が生じていることは、どのように解釈できるだろうか。本章では次のように解釈したい。それは、日本語はムード優位言語の特徴を失うという言語類型論的な変化があった（各節ごとに〈現実〉と〈非現実〉を表し分けることがなくなった）ため、結果として、一部の従属節の従属度が上がったという解釈である（この点については福嶋健伸（2011b）でも言及している）。各節ごとの表し分けがなくなり、文末でまとめて表すようになる変化を、従属節の独立性が低くなったと解釈しても、さほど不思議ではないと思う。

事実として次のようなことが指摘されているが、これを本書では従属節の従属度が上がったと捉えるということである。

(35)　古典語の「む」「けむ」「らむ」と違って、現代共通語の「う」「よう」「まい」という真性モダリティ（時制を持たない推量の接辞）が埋め込み文に用いにくいというのも、文の様相的な意味を主文でまとめて表そうとする性質が強い現代共通語の性質から来ていると考えられる。（金水敏（2011:115）、下線は筆者）

一部の従属節の従属度が上がったことを示す現象の一つとして、「相対テンス」というシステムが台頭してきたことが挙げられる。古代日本語では、「絶対テンス」的要素が比較的強く、現代に近づくにつれ、「相対テンス」というシステムが台頭してくることが、橋本修（1994）、井島正博（1996）、黒木邦彦（2007a・2012）、福嶋健伸（2011b）等の調査と考察からうかがえる。相対テンスは、一般的に、主節時[*20]との関係で決まるものであり、絶対テンスは発話時との関係で決まるものである。よって、相対テンスというシステムの台頭は、主節の従属節に対する支配が強くなったことを示しているといえるだろう。

なお、本書の立場から、「古代日本語では、「絶対テンス」的要素が強い」ということについて言及すると、「絶対テンス」的要素は、ムード優位言語であったという指摘の中に、解消されると思う。古代日本語は、ムード優位

---

*20　正確には、黒木邦彦（2012）のいう母型節のことである。つまり、節同士の結び付きが強くなっていったということだろう。

言語だったので、各節ごとに、〈現実〉／〈非現実〉を示していたわけである。このため、〈非現実〉のことを表現するのに～ム等を使用する。また、〈現実〉のことを表現するには、その〈現実〉に即した形式を用いることになるので、当時の使用基準に従って、～キや～ケリ、動詞基本形を使い分けていたのであろう。

このムード優位言語としての仕組みが、現代日本語の「相対テンス／絶対テンス」の枠組みで見ると、絶対テンスとして捉えられるということなのだと思う。

つまり、古代日本語は「絶対テンス」だったというよりは、「古代日本語は、ムード優位言語だったので、その仕組みが、絶対テンスとしても捉えることができる」ということである。

もちろん、相対テンスが台頭してきたという事実は変わらないので、いずれにせよ、「相対テンスの台頭が、従属節の従属度が上がったことの証左になるのではないか」という本書の見解は成り立つと判断している。

なお、福嶋健伸（2011b）で述べたが、『天草版伊曽保物語』のトキ節の調査では、次に示すような例において、～タを使用するような例（相対テンスの～タの例）が見あたらない。

(36)（=（19））その咎めの有らうずる時（arǒzuru toqi）は、口を揃へてイソポにこれを言ひ負せて　（『天草版伊曽保物語』p.410）

(37)　［鳥の帝王に立候補した孔雀に対して］一大事に及ばせうずる時（voyobaxôzuru toqi）、貴所のその翼の美しう光るばかりでは防ぎ得させられまいぞ　（『天草版伊曽保物語』p.493）

「咎めのあった時」や「一大事に及んだ時」のような、相対テンスの表現ではないのである。

一方、末吉勇貴（2021）の指摘が正しければ、相対テンスと見られる例も、中世末期日本語では現れてくるようであり、このあたり、～テイルの台頭と軌を一にしているようにも見える。

従属節の従属度の上昇に関しては、表現の仕方に異なりはあるが、既に阪倉篤義（1958・1970）、近藤泰弘（2012）等に指摘がある（具体的には第9章の5.節を参照のこと）。さらには、矢島正浩（2013）も、条件表現の歴史を詳細に検討し、阪倉篤義（1958・1970）の指摘を再検討した後、福嶋健伸（2011b）との共通性も述べた上で、「従属節の自立性の稀薄化が、古代語に比べた場合の近世期以降の特徴として、あったのではないか。」（矢島正浩 2013:441）という見解を示している。

このように、従属節の従属度が上がったという見解は、既に、複数の先行研究で指摘されているものであり、本書の見解も、さほど不自然なものではないと思う。

本書では、さらに、「～テイルの発達」と「動詞基本形の分布のシフト」、「ムード優位言語からの変化」という諸変化を、従属節の従属度の上昇とリンクさせて考えているということである。

本節で述べたことをまとめたい。2.節で見た現象は、次のように解釈できる（(31) の a. と b. に対応させた形で示す）。

(38)　a. 意志・推量を表す形式が、出現できる環境であるにもかかわらず、実際には、なかなか出現しないという問題
　　解釈：各節ごとに〈現実〉と〈非現実〉を表し分けることがなくなり、文末でまとめて表すようになった。また、unmarked な形式で〈非現実〉を表すことができるようになった。このため、いわゆる意志・推量形式を、従属節内で用いる必要性が激減した。
　b. 意志・推量を表す形式が、出現しにくい環境があるという問題
　　解釈：上記（38）a. の解釈に見られる変化に伴い、一部の従属節の従属度が上がった。

本節の最後に、本書のオリジナル・ポイントを明確にしておきたい。本書

の解釈は、「従属節の節述語において、いわゆる意志・推量を表す形式が減少する」という現象について、以下の諸現象をリンクさせて解釈するものであり、この点が、これまでの研究にはなかったものであると考えている。

(39)　a.「ムード優位言語の特徴を失う」という言語類型論的な変化
　b.「〜テイルの拡張と動詞基本形の分布のシフト」というテンス・アスペクト・モダリティ体系の変化
　c.「従属節の従属度が上がった」という従属節（正確には文構造）の変化
　d.「相対テンス」の台頭というテンスシステムの変化

9. 本章のまとめ

本章では、古代日本語から現代日本語への変遷を、ムード優位言語としての特徴を失うという言語類型論的な変化と捉えた。加えて、「〜テイルの発達」や「動詞基本形の分布のシフト」という運動動詞にみられる体系的な変化が、状態性述語にまで影響し、言語類型の変化に関与していることを述べた上で、「従属節の節述語において、意志・推量を表す形式が減少する」という問題を解釈した。

最後に、次のことを述べておきたい。

本章が示した言語類型論的な変化は、かなり大ざっぱなものであり課題も多い。しかし、まずは、言語類型論的な変化の大きな流れを示すことが重要であると判断している。大きな流れをおさえた後、詳細を考えるという手順をとった方がよいと考えているためである。

また、今後の方針としては、主節・従属節の別なく、本章で示した観点から説明できるものを洗い出し、その後、それで説明できないものについて、各従属節（原因・理由節や目的節、連体節等）の特徴として分析するという手順をとるのがよいと思う。これは、例えば、「(連体節のみを調査して）連体節の特徴だと考えていたら、実は、主節と従属節に共通してみられる特徴だった」というような誤りを避けたいためである[*21]。

課題は多いものの、「従属節の節述語において、いわゆる意志・推量を表す形式が減少する」という問題に、本章は、ひとまずは解釈を与えたといえるだろう。

ただし、本章のような解釈の場合、最大の懸念は、次の点だと思う。

(40)　「従属節の従属度が上がった」という証拠を、新たに提出できるか。

「意志や推量を表す形式が、従属節内に現れにくくなる」という事実を解釈するのに、「従属節の従属度が上がったと解釈できる。従属節の従属度が上がったことは、意志や推量を表す形式が、従属節内に現れにくくなることから分かる」ということでは、当然、よい解釈にはならない。

解釈には、解釈される現象（ここでは、「意志や推量を表す形式が、従属節内に現れにくくなる」という現象）とは独立した根拠（あるいは調査）が必要なのである。そうでないと結局は循環する。

既に、複数の先行研究（意志・推量形式以外を考察した先行研究）で、従属節の従属度が上がったという見解（あるいは、事実上、それと同様の見解）が示されている。さらには、本章で述べたように、相対テンスの台頭ということも証左にはなるだろう。このため、本章の見解が循環しているとは思っていない。

---

*21　中沢紀子（2004）では、『天草版平家物語』『天草版伊曽保物語』の連体節の述部にみられるウ・ウズルを調査し、次のような指摘をしている。

「動詞＋ウ」「動詞＋ウズル」の用例が多く、タリやテアルとウ・ウズルの承接は殆どみられない。　　（中沢紀子（2004:66）の調査結果のまとめの（26）の①より）

しかし、仮にこの指摘が事実だとしても、「当該資料では、～タリや～テアルを伴わない動詞の例の方が多く、それを反映しているだけではないか」という疑念を払拭することはできない。つまり、文末でも同じ状況なのではないか、という疑念がある。そもそも、『天草版平家物語』『天草版伊曽保物語』では、～タリが生産的に使用されているわけではない。よって、文中・文末を問わず、また、～ウ・～ウズ（ル）に限らず、多くの助動詞について、用例数だけをみれば「タリへの承接は殆どみられない」と指摘できる。これらのことから、連体節の述部にみられる、～ウや～ウズ（ル）の特徴を指摘しているとは言い難いように思えるのである。

しかし、日本語の資料を見た場合、これらの他に、これまで指摘されてこなかった現象で、「従属節の従属度が上がった」こととリンクする現象はないのだろうか。本書は、あると思っている。それを、次の第9章と第10章で示したい。

10. 付節1　研究の広がり
—本章に関連する八つの研究—

本章では、「〜タ、動詞基本形、〜テイル、〜ウ・〜ウズ（ル）」が体系を成していると捉え、言語類型論的な観点から日本語の変遷を記述した。

では、本章のような見方には、どのようなメリットがあるのだろうか。以下では、本章に関連する（可能性がある）八つの研究について述べ、研究の広がりを示したい。一見全く関係がないようにみえる研究もあるが、本章のように考えることによって、それらが繋がってくるかもしれないのである。なお、相対テンスの台頭や、従属節の従属度の問題等については既に触れたので、それら以外のものについて言及する。

一つ目は、現代韓国語との関連である。何といっても、現代韓国語と中世末期日本語の対照が興味深い。現代韓国語と中世末期日本語は、一見、全く無関係にみえるが、第3章や本章が示したような体系的な視点をとれば、両者の類似性を見て取ることができる（現代日本語よりも、中世末期日本語の方が、現代韓国語に近いシステムを有しているのである）。既に、安平鎬・福嶋健伸（2005）において、両言語のテンス・アスペクト体系の類似性を指摘しているが、さらに、第3章や本章の指摘からすると、ムード（あるいはモダリティ）を含めても、体系的類似性を指摘できることになる。このため、本書の見解は、存在型アスペクト形式を有する言語のテンス・アスペクト・モダリティ体系の変遷という研究に発展する可能性を秘めているといえる。

二つ目であるが、現代韓国語との対照を考慮すると、一見全く無関係にみえる、安部清哉（2009）の「名詞優位化」との関連が気になる。順を追って説明したい。Bhat（1999）は、テンス優位言語の場合、形容詞の表現手段が動詞と乖離する（例えば、名詞と近くなる）傾向があることを指摘している。この指摘を受け、ナロックハイコ（2005）は次のように述べている。

(41)　もし日本語史の中で形容詞に比べ（名詞的である）いわゆる形容動詞が増えているなら、それもテンス優位への変化の一つの証と見なすことができる。（ナロックハイコ 2005:9）

この（41）と、安部清哉（2009）の以下の指摘は、無関係なのだろうか。

(42)　特徴②「形容語」として、形容詞の比重は、上代・中古までは高かったものが、中世以降徐々に低下していき、代わって、特に近代以降は「名詞（主に漢語）だ」型のいわゆる形容動詞の比重が高まっていく。（名詞優位化）
（安部清哉（2009:90）、なお、原文は太字であり、より強調されたものになっている）

当然、この（42）は、漢語の流入に関する問題でもあり、漢語サ変動詞の増加とともにみられる傾向である（安部清哉（2009）を参照のこと）。よって、漢語が流入しただけのことであり、形容動詞の増加と、言語の類型とは、一見無関係であるようにも思える。しかし、韓国語と対照した場合、「漢語の流入」と、「漢語をどのように取り込むか」は、別の問題であることに気付く。

現代日本語・現代韓国語ともに、漢語（サ変）動詞は存在する。「漢語＋する／하다」のようなものである。ここまでは、両言語に共通している（つまり、漢語の流入は、両言語にみられる）。ところが、漢語を形容詞的に取り込むか名詞的に取り込むかという観点から見ると、大きな差が生じる。日本語では、形容動詞として、どちらかというと名詞に近い形で取り込んでいるのに対し、韓国語では、「漢語＋하다」のように、動詞に近い形で取り込んでいるのである。そもそも、韓国語の形容詞の形態は、かなり動詞に近い

（油谷幸利（1988）を参照のこと）。このような事実と、現代韓国語のテンス・アスペクト・モダリティ体系が中世末期日本語に近いことを考えあわせると、言語類型と、形容詞の示し方（日本語は名詞的に取り込み、韓国語は動詞的に取り込む）に、やはり相関があるようにもみえる。端的にいえば、「現代韓国語はムード優位言語」という可能性があるということである。

あくまでも可能性の一つであって、慎重な態度が必要だと思われるが、今後、安部清哉（2009）等の語彙史研究の成果と、本書のような、「～テイルの発達」と言語類型的変化を考える研究が、接点を持つこともあり得るように思う。

三つ目は、モダリティ形式の表す意味との関連である。古代日本語の～ムの表していた意味は、〈非現実〉としか言いようがない、広いものである（野村剛史（1995:7）の表現をかりれば、「ぶっきらぼうに単に「想像してみました」というだけのこと」）。～ムの表す領域が広かったのは、かつての体系がムードに関して義務的であったことと無関係ではないと思う。当然、～ム（～ムズも）が、複語尾であったことにも関係がある。また、～ムの意味が色々と検討されてきたのも、～ムの表す領域が広かったことに起因しているだろう（この問題に関しては、第12章～第14章を参照のこと）。一方で、現代日本語のように、義務的でなくなってしまうと、語形変化（mood）を用いる必要性は減少し、モーダルシステムに移行しやすくなるといえる。～ダロウは、尾上圭介（2012）でいう述語外接形式であるが、このようなシステムになってくるのである。加えて、marked な形式（～ダロウ等）を用いるということが、（義務的ではないのに用いるという点において）かなり特別なことになってしまう。つまり、明確な使用意識（「推量」を表したい等）を持って、形式を用いるようになる。

～ダロウを始め、現代日本語のモダリティ形式が、特定の意味を担っていることは、よく指摘される事実であるが、本書の見解からすると「～テイルの発達に伴う、言語類型論的な変化」と関連があるように思えるのである。もし、そうならば、一見無関係に思える、「～テイルの発達」「動詞基本形の分布のシフト」「言語類型の変化」「モーダルシステムの隆盛と、各形式の表す意味の特定性の高さ（「現実」「非現実」を表し分けるシステムの崩壊）」をリンクさせた捉え方が可能になる。既に、岡部嘉幸（2011ab）・土岐留美江（2010）・鶴橋俊宏（2013）等の研究により、江戸語のモダリティ形式の実態が明らかにされつつある。さらに、北﨑勇帆（2019・2021）等で、非終止の位置におけるウ等の変遷が示されている。このように、モダリティ形式の変遷の解明が進んでいるわけだが、ここに「～テイルの発達」という視点が、今後、新たに加わってくる可能性があると思う。

四つ目は、吉田永弘（2013・2019）との関連である。吉田永弘（2013・2019）は、「る・らる」の肯定可能の展開を検討するものである。この研究は、「未実現の事態を表す形式であった「む（う）」が衰退し、その領域に無標形が侵出する」（吉田永弘 2013:27）ことをポイントとしている。この指摘は、本書の見解に直接結び付くものであり、「～テイルの発達」及び「動詞基本形の分布の〈非現実〉領域へのシフト」と、「肯定可能の成立」とが繋がってくる可能性があるといえる。「肯定可能の成立」は、日本語史上重要なテーマであるが、一見、全く関係がないように思われる、「～テイルの発達」と「肯定可能の成立」が、体系的にみると繋がってくる可能性があるということは、非常に興味深いと思う。

五つ目は、工藤真由美（1997）や庵功雄（2021）が検討している「テンス形式と反事実」や、反実仮想表現との関連である。庵功雄（2021）は、反事実を表すための必要条件として、テンスがずれることを指摘しており、この点に関しては、現代日本語は、現代英語と基本的に同じであることを述べている。〈非現実〉の領域に、テンスを表す形式を二次的に用いているわけであり、現代日本語と現代英語が共に、テンス優位言語であることと関係があるかどうか気になるところである（小田勝（2010）の「7.4 反実仮想」や、山口堯二（1968）等を参考にすると、文法カテゴリーの優位さと関連があるようにも思う）。反実仮想の歴史的な変遷も含め、検討に値する問題だろう。

六つ目は、方言研究との関連である。工藤真由美（編）（2004）等に、いくつかの成果がまとめられているが、特に、かりまたしげひさ（2004）等が調査対象としているような、古代日本語の～ムを引き継いでいると思われる方言においては、「ムード優位言語」という観点が関連するのかもしれない。

七つ目は、「総合型（あるいは融合型）言語から、分析型言語への変化」との関連である。既に、阪倉篤義（1993）、山口堯二（1991）、金水敏（1997）、堀江薫・ナロックハイコ（2004）、ナロックハイコ（2005）等の指摘にもあるように、古代日本語から現代日本語への変化は、総合型（あるいは融合型）の言語から、分析型言語への変化である。この点は、（細部に異論はあれども）概ね多くの研究者に支持されているといえる。この指摘と、本書の考察を重ねあわせて述べると、古代日本語から現代日本語への変遷は、ムード優位の総合型言語からテンス優位分析型言語への変化ということになる。そうであれば、「どの文法カテゴリーが優位か」と「統合的か、分析的か」との関係が気になる。もしかすると、「総合型言語から分析型言語へ」という流れの中で、「ムード優位からテンス優位へ」という変化を捉える必要があるのかもしれない。

最後の八つ目は、やや抽象的であるが、理論的な枠組みとの関連である。現代日本語に近づくにつれ、テンス優位言語になるとするならば、歴史的な変化は、統語でいう「時制」レベルに焦点があたることを意味している。従属節でいうならば、南の4分類でいうB類がポイントになるということである。南不二男（1993）等の日本語学の研究、あるいは、Takezawa（1987）や長谷川信子（1999・2011）等の生成文法の研究では、「時制」レベルは、「主格（ガ格）」に関与するレベルであるとされている。よって、「主格表示のあり方」や「B類の変遷（従属節の従属度は、まさにこのレベルの問題である）」も、一見無関係にみえるが、「～テイルの発達」や、「ムード優位が崩れる」ということと関係してくる可能性があるように思う。Ogihara & Fukushima（2015）も、この点に注目した研究といえる。

いずれも可能性を述べたに過ぎず、過度の主張は控えるべきだろう。しかし、本書のような見方をすることによって、一見、無関係にみえる、現象や言語、歴史的な変化が、有機的に結び付く可能性が出てきたとは思う。もちろん、「全ての変化の要因は、～テイルの発達に起因する」ということを主張したいわけではない。そもそも、言語変化の要因を、特定の形式に帰することができるかも疑問である。ここで述べたいことは、「全体的に、体系として変化したのではないか（個々の形式の変遷も大切だが、体系的に変遷をみることも大切だろう）」ということと、「もしかすると、これまで個々別々に研究されてきた日本語の変化は、思っている以上に、互いに関連しているのかもしれない（第 12 章や第 18 章でいう、ワンピースの仮説もこの発想に基づく）」ということである。

11. 付節 2　アスペクト優位言語か否か

古代日本語は、アスペクト優位言語としての側面があり、現代日本語は、そうではないとする見解がある。例えば、ナロックハイコ（2005）では、次のように指摘している[*22]。

(43)　つまり、日本語はアスペクト優位（あるいはアスペクト・ムード優位）からテンス優位の言語の方向に移行している可能性があるのではないかと思われる。

（ナロックハイコ（2005:9）、丸括弧内のポイントが小さいことも原文のまま）

この点に関する本書の見解は、次のものである。

(44)　古代日本語と、現代日本語とで、アスペクトのあり方が変わったのは、はっきりとしている。しかし、「古代日本語はアスペクト優位言語で、現代日本語はアスペクト優位言語ではない」といえるのかは、アスペクト優位言語の定義次第となる。よって、本書では、

---

*22　なお、八亀裕美（2008）は歴史的な日本語を調査したものではないが、この研究も、Bhat（1999）を引用し、「古代日本語では、「アスペクト＝ムード重視」だったのが、現代日本語では「テンス重視」へと移っていったと考えることもできる。」（八亀裕美 2008:173）と述べている。

「現代日本語がアスペクト優位言語ではない」とは主張しない。

以下で説明していきたい。よく知られている通り、古代日本語には、～ツや～ヌのような形式があり、これらの形式は〈完了〉を表している。それぞれの具体例を示す。

(45)　秋田、なよ竹のかぐや姫と、つけつ。　(『竹取物語』p.19)

(46)　炎燃えあがりて廊は焼けぬ。　(『源氏物語』2、p.227)

現代日本語には、～ツや～ヌに、そのまま相当するような形式はない。一方、現代英語の「have + 過去分詞」は、〈完了〉という文法カテゴリーを担うという点で、～ツや～ヌに近いといえるだろう。現代英語にあるような完了のカテゴリーが、現代日本語にはなく、古代日本語にはあるということである。この点、非常に興味深い。

「完了というカテゴリーがある」ということを、アスペクト優位言語の基準とするならば、現代日本語では～ツや～ヌのような形式はないので、「古代日本語はアスペクト優位言語で、現代日本語はそうではない」という指摘ができる。このような立場もあってよいと思う。

しかし、現代日本語をアスペクト優位言語ではないとするには、次の点で疑義が残る。

(47)　現代日本語において、～テイルの有無による、〈状態〉〈非状態〉の対立は、かなり義務的である。この点から考えると、アスペクト的な文法カテゴリーは、(〈完了〉〈未完了〉の対立ではないけれども)高度に発達しているように思える。

さらに、古代日本語の～ツや～ヌに対して、野村剛史(2016)は、動詞基本形の数と比べると、～ツや～ヌの数が少ないことから、「「シツ・シヌ―はだか形式」を（略）動詞の「完成相―不完成相」（「完了相―不完了相」としてもここでは同じこと）の対立と考えるのは無理のように見える。」（野村剛史（2016:10））と述べている[*23]。野村剛史（2016）の指摘によれば、古代日本語の～ツ・～ヌと動詞基本形の関係は、現代日本語の～テイルと動詞基本形のようなシステム上の対立とは、異なるということになる。野村剛史（2016:11）の考察によると、反照的な力がないという点において、古代日本語の～ツ・～ヌは、現代日本語の～ダロウと同様のようである。このような観点からすると、むしろ、現代日本語の方が、「アスペクト優位言語」ということにもなりかねない[*24]。

これらの議論から、定義によって、「アスペクト優位」ということの内実が変わってくることがよく分かるだろう。

Bhat（1999）は、アスペクトの優位性を考える際に、「パーフェクティブ（perfective）」と「インパーフェクティブ（imperfective）」の対立に注目している。しかし、日本語における、〈完了〉と〈未完了〉の対立も、〈状態〉と〈非状態〉の対立も、共に、「パーフェクティブ」と「インパーフェクティブ」の対立として捉えられる側面がある。よって、「パーフェクティブ」「インパーフェクティブ」という観点で考えても、はっきりとした結論を出すことは難しいだろう。

一方で、古代日本語と現代日本語とで、アスペクトのあり方が変わっているのは、よく知られたことであり[*25]、現段階では、この点をおさえておくことが重要だと思われる。

そこで、本書では、古代日本語では〈完了〉〈未完了〉の対立が主であっ

---

*23　野村剛史（2016）の「はだか形式」とは、本書でいう動詞基本形のことである。

*24　野村剛史（2003b）には、「現代日本語は古代語に比するに、アスペクト言語としての性格が強いと言えるだろう。」（野村剛史 2003b:17）という指摘がある。野村剛史（2003b）は、Bhat（1999）の枠組みを用いたものではないが、この野村剛史（2003b）の指摘は、現代日本語の方がアスペクト優位であるという指摘とも考えられる。

*25　本書とは観点が異なるが、井島正博（2011）に、古代日本語と現代日本語のアスペクトの違いに関する詳しい考察がある。また、福沢将樹（2014）も両言語の違いを解説している。井上優（2009）や竹内史郎（2014）も、両言語のアスペクトのあり方の違いを議論している。

たが、現代日本語では、アスペクトのあり方が変化し、〜テイルの発達によって、〈状態〉〈非状態〉の対立が主となったという指摘に留め、「現代日本語がアスペクト優位言語か」という点については、そのような議論が有効であるのかということも含め、保留することにしたい。

結局、アスペクト優位をどう見るかに関しては、福嶋健伸（2014）で示した次のような見方を本書でも保つことになる。

(48)　１つの見方として、「アスペクト優位言語の下位類を検討する（〈完了 - 未完了〉タイプや〈状態 - 非状態〉タイプ等がある）」ということがある。また、別の観点からみれば、「運動動詞が〈現在〉を表すためには、〜テイルという形式をとる必要があるのだから、テンス優位の特徴に解消されてもよい、あるいはテンス優位とセットで考えてもよい（現代日本語の体系の場合、あえてアスペクト優位と主張する必要性は弱い）」という見方もあるだろう。詳細は今後の課題となる。（福嶋健伸 2014:363）

第9章　中世前期日本語の「候ふ」と現代日本語の「です・ます」の統語的分布の異なり―文中には丁寧語があるが文末にはない場合―

要　旨

本章では、中世前期日本語の丁寧語の「候ふ」と、現代日本語の「です・ます」の統語的分布の異なりについて調査を行い、考察を加える。具体的には次のことを述べる。

中世前期日本語の資料に見られる、「爰の主に候翁也」（『宇治拾遺物語』p.346）等の例は、文中に丁寧語「候ふ」があるが、文末には丁寧語がない。このように、一文の中で、文中に丁寧語があるにもかかわらず文末に丁寧語がない例が、中世前期日本語の「候ふ」では、現代日本語の「です・ます」とは異なり、ある程度まとまった割合で存在する。このことから、現代日本語の「です・ます」に見られる、「文中に丁寧語が生起する場合、基本的には、文末にも丁寧語が生起する」というような統語的分布に関する制約は、中世前期日本語の「候ふ」では、相対的に弱かったと考えられる。

このような現象は、前章で述べた、現代日本語に近づくと「従属節の従属度が上がる」という考えを支持するものである。

1.　問題の所在―歴史的にみた場合、丁寧語の統語的分布に異なりが見られるのか―

前章では、「意志や推量を表す形式が、現代日本語になると従属節内に現れにくくなる」ということの解釈の一つに、「（一部の）従属節の従属度が上がった」という見解を示した。

この見解を受けると、「従属節の従属度が上がった」ということを支持する現象を新たに提出できるのかということが、論点となる。結論から述べると、前章の見解を支持するような新たな現象はあるといえる。その一つが、丁寧語の統語的分布である。

まず、本章が注目している点を述べる。かつての日本語との対比を念頭に、『平家物語』の現代語訳で説明したい。次の（01）と（02）は、『平家物語』のある部分を筆者（福嶋）が訳したものである（丁寧語の部分には下線を付し、議論の参考となる部分には波線を付す）。

（01）　思いがけなく伽藍（がらん）滅亡に至った事、仕方のない次第です。

（02）　思いがけなく伽藍滅亡に至りました事、仕方のない次第です。

（01）は文末にのみ、（02）は文中と文末の両方に、丁寧語が生起している。「伽藍滅亡」という言葉に古さを感じるが、現代日本語の文法的観点からみて、いずれも問題ない文であろう。従来の丁寧語の研究では、（01）や（02）のように、「文末に丁寧語がある場合、文中に丁寧語が生起するか」ということが注目されており、三尾砂（1942）の「丁寧化百分率」や、それを踏まえた上での「従属節の従属度」の問題として議論されてきた（南不二男（1974）、金澤裕之（2005）等）。このテーマに関しては、次のような考え方が広く知られている。

（03）　従属節が主節に対して従属的であるほど、主節で表現されている丁寧さが従属節に及びやすくなり、従属節が独自に丁寧さを表す形式を取る必要性が低下する。反対に、従属節が主節に対して独立的であるほど、主節の丁寧さが従属節に及ばないために、従属節内で独自に丁寧さを表すことが必要になる。言い換えれば、主節の丁寧さの作用域（スコープ）が従属節に及ぶかどうかという問題であり、従属節が独立的になると主節の丁寧さの作用が従属節の‘障壁’に阻まれるということである。（益岡隆志 2007:81）

一方で、これとは逆の「文中に丁寧語が生起している場合、文末に丁寧語が生起するかどうか」という議論は極端に少ない。現代日本語の場合、文中に丁寧語があれば文末にもあるのは当たり前であり、野田尚史（1998）や日高水穂（2004）等の文体論の研究を除けば、あまり議論の対象にはならなかったのだと思われる[*1]。次の例は、やはり不自然である。

（04）　??思いがけなく伽藍滅亡に至りました事、仕方のない次第だ。

これは現代日本語に次のような制約があるということだろう。

（05）　**丁寧語の統語的分布に関する制約：**文中に丁寧語が生起する場合、基本的には、文末にも丁寧語が生起する。

では、かつての日本語はどうだったのだろうか。（05）のような制約は昔からあるのだろうか。現代日本語と同様、（04）のようなパターンは不自然だったのだろうか。

この点の検証は、敬語の変遷はもちろんのこと、日本語の統語構造の変遷にも関わる可能性のある、看過できぬ課題だと思われる。「丁寧化百分率」の研究や（03）の指摘から考えても、丁寧語の分布は、従属節の従属度の問題とリンクしていると思われるからである。前章の解釈のポイントもまさに従属節の従属度の問題であった。

しかし、「従属節の従属度」についても、敬語についても、膨大な量の先行研究があるものの、管見の限り、このような観点から調査を行った研究は

1　ただし、これまでにも、次に見る（05）のようなことに言及するものがなかったわけではない。例えば、生成文法の枠組みを用いて、命令・祈願表現における「こと」節や「よう（に（と））」節を考察した内堀朝子（2007）は、「国民は［雨が降りますことを］願いました。」が許容され、「国民は［雨が降りますことを］願った。」が「?」の判定となること等から、「従って補文の中だけでは丁寧体が認可され得ないことを意味する。」（内堀朝子 2007:311）と述べている。また、松丸真大（2008）も、従属節のみに丁寧表現が出現する例（「近所の人が急病で苦しんでみえますので、ちょっと来てくれ」）を「×」と判定し、考察を加えている。

ない。そこで、本章では資料調査を行い、具体的な数値をもとに、考察を進めたい。また、数値や用例を比較するために、現代日本語の調査も行うこととする。

本章の構成は次の通りである。2.節では調査する時代と形式について述べる。3.節では調査の概要について述べ、続く4.節で調査の結果を示す。5.節において、現象の記述と考察を行い、あわせてまとめを行う。

2. どの時代のどの形式を調査するべきか—中世前期日本語の「候ふ」を調査する—

現代日本語の丁寧語としては、代表的な形式である「です・ます」を調査する。

古い時代の丁寧語については少々説明が必要である。森野宗明（1971）や小田勝（2015）等が、次の（06）や（07）のような指摘をするように、中古日本語の「侍り」は丁寧語として確立していない。

（06）　（福嶋注：「はべり」は）より徹底した丁寧語化が達成されないままにしぼんでしまう。次代では文語化してしまうわけである。

（森野宗明 1971:158）

（07）　中古の「侍り」は、ふつう尊者を主語にして用いられないが（したがって「給ひ - 侍り」などとはいわない。（略））、中世の「候ふ」は、主語の人物に関わりなく用いられる。　（小田勝 2015:555）

一方、中世（正確には中世前期）日本語の「候ふ」であれば、中古日本語の「侍り」とは異なり、「①主語が誰であっても（尊者であっても）使用できる」「②主語尊敬語の「給ふ」等に下接できる」の2点から、「丁寧語」と判断できる（（07）の後半部分も参照のこと）。これらの点を踏まえた上で、次のような指摘がなされている。

(08)　（略）中世の「候ふ」は丁寧語と考えてもよいと思われる。
（小田勝（2015:555-556)、「Ⅱ - ⑤ 丁寧語」より）

そこで、本章では、歴史的な日本語の例として、中世前期日本語の「候ふ」を調査対象としたい。

なお、本章は、現代日本語の「です・ます」と中世前期日本語の「候ふ」を共に丁寧語と考え、両者を比較するわけだが、これに対し、「(本章で扱う)「候ふ」は、丁寧語ではない。だから、「です・ます」と比べても意味がない。」という反論があるかもしれない。しかし、「です・ます」と本章で扱う「候ふ」は、ほぼ全ての先行研究で共に「丁寧語」とされている（両者の比較もされている)。両者が「聞き手への敬語」といわれてきたのは確かであって、その共通する部分を、(用語が適切かはともかく）これまで、「丁寧」と、事実上、よんできたのである（両者に共通点がないと主張している研究は、管見の限り皆無である)。従って、本章の立場は先行研究の流れから考えても極めて自然なものである。もちろん、両者が完全に同一のものではないこともよく知られており、例えば、辻村敏樹（1971）は、「候ふ」等や「です・ます」をいわゆる丁寧語とした上で、「候ふ」(及び「侍り」等）は、事柄の表現にも用いられる点で、「です・ます」とは異なるので、「候ふ」等を「対話敬語」、「です・ます」を「対者敬語」とする（なお、青木博史（2020）も、「候ふ」の丁寧語化を認めつつ、現代日本語の「丁寧語」と比べて、両者の異なりを指摘している)。両者の異なりを、より明示的に示したのが本書第10章であって、「候ふ」と「です・ます」の具体的な違いを記述している。しかし、当然のことながら、<u>そのような両者の異なりは、共に「丁寧語」とされてきた、現代日本語の「です・ます」と中世前期日本語の「候ふ」を比べることで、初めて分かることである</u>。このため、両者を比較し、具体的な数値から相違点を踏まえ、丁寧語の内実を考えていくという本章の立場は、妥当といえる。

3. 調査概要

本節では、調査の概要について述べる。中世前期日本語と現代日本語とで分けて述べたい。

3. 1. 中世前期日本語の調査概要

中世前期日本語の資料として『平家物語』と『宇治拾遺物語』（共に旧日本古典文学大系、岩波書店）を調査した[*2]。「候ふ」が豊富に採集できることがその理由である。文中の「候ふ」については補助動詞の「候ふ」のみを調査対象とした。丁寧語であることが確実と思われるためである。なお、本章では、「文中に丁寧語が生起する場合、文末はどうなのか」という観点から「候ふ」の数を調査し、(05) の「丁寧語の統語的分布に関する制約」について検証するが、より確実な検証を行いたいので、文末の丁寧語的な要素を極力排除するようにつとめた。具体的には、用例の文末に、「候ふ」「侍り」等が生起している場合は、当該文末の「候ふ」「侍り」等が補語尊敬語（いわゆる謙譲語）と解釈できる場合でも、「丁寧語的な要素がある可能性がある」と判断することにした。つまり本章で「文末に丁寧語がない」とする例は、文末に「候ふ」「侍り」等の形式が、本動詞であれ補助動詞であれ、全く見られない例のことである。

文末か否かは、文脈や文の構造をもとに判断したが、概ね、旧日本古典文学大系の句点の付し方と一致している（句点があれば文末である)。

なお、次の例のように主節の述語が省略されていると思われる例は用例に

---

*2 『平家物語』の底本は、龍谷大学図書館本である。ただし、「祇王」「小宰相」は、高野辰之旧蔵本（東京大学国語研究室所蔵、通称「高野本」）による。『宇治拾遺物語』の底本は、無刊記古活字印本である（『宇治拾遺物語』の凡例によると、寛永年間（1624 ～ 1644）印行と目されるとのこと）。挙例の際、送り仮名や漢字表記等に手を加えている場合がある。

含めない。

(09)　「この比は大路の狼籍に候に、とうとう」　(『平家物語』下 p.247)
※「とうとう」の後に「帰りなさい」に相当する語が省略されていると思われる。

3. 2. 現代日本語の調査概要

現代日本語の調査には、1960年以降の生まれで東京都出身の作家の小説を選び、その会話部分(「　」の部分)を調査した。調査した作品は次の5作品である(著者情報は小説の著者紹介欄等による)。

(10)　現代日本語の調査資料
『13階段』高野和明(1964年生まれ)著、2001年、講談社
『あらゆる場所に花束が……』中原昌也(1970年生まれ)著、2005年、新潮社(文庫)、略称:花束
『凍える牙』乃南アサ(1960年生まれ)著、1996年、新潮社
『東京タワー』江國香織(1964年生まれ)著、2001年、マガジンハウス
『笑う招き猫』山本幸久(1966年生まれ)著、2004年、集英社

森山卓郎(2013)の考察を踏まえ、文末が「(して)下さい」等の形式であっても、丁寧語と判断した(なお、「(して)頂戴」も丁寧語と判断している)[*3]。基本的な調査方針は、中世前期日本語と同様であり、省略や倒置と思われる例は用例に含めていない。

なお、中世前期日本語、現代日本語ともに、一文中に複数の丁寧語がある

*3　このような調査方針なので、「雨が降りそうですので、傘をもっていってください」等の例は、文中にも文末にも丁寧語があるという判断になる。もちろん、このような「(して)下さい」で終わる例を除外して考えても、結論に支障はない。

場合、出現したそれぞれの丁寧語をカウントしている。例えば、例文で「……丁寧語①、……丁寧語②、……丁寧語。」のような場合、「文中に丁寧語があり、文末にも丁寧語がある」というパターンの例が2例あることになる。同様に、「……丁寧語①、……丁寧語②、……。」のような場合、「文中に丁寧語があるが、文末にはない」というパターンの例が2例あることになる。

文末か否かの判断は、小説の句点に従った（会話文の最後は「〜です」等のように句点なく終わる場合があるが、この場合は文末と判断した）。

4. 調査結果―中世前期日本語と現代日本語とでは異なりがあった―

調査結果は（11）と（12）の表の通りである。両言語の異なりは割合でみると把握しやすい。中世前期日本語の補助動詞「候ふ」では、「文中に生起しているが、文末には生起していない」という例が、ある程度の割合で（『平家物語』で約18%、『宇治拾遺物語』で約27%）存在する。一方、現代日本語の「です・ます」では、そのような例の割合は低い。

（11）　**表1　中世前期日本語：補助動詞「候ふ」が文中に用いられている場合において文末に丁寧語があるか否か**

	文末に丁寧語なし	文末に丁寧語あり	合計	「文末に丁寧語なし」が全体に占める割合
平家物語	86	381	467	約18%
宇治拾遺物語	32	85	117	約27%
合計	118	466	584	

(12)　**表2　現代日本語：「です・ます」が文中に用いられている場合において文末に丁寧語があるか否か**

	文末に丁寧語なし	文末に丁寧語あり	合計	「文末に丁寧語なし」が全体に占める割合
13階段	4	64	68	約6%
花束	0	15	15	0%
凍える牙	5	122	127	約4%
東京タワー	0	1	1	0%
笑う招き猫	0	11	11	0%
合計	9	213	222	

「文中に丁寧語が生起しているが、文末には生起していない」という「候ふ」の例は、『平家物語』に86例、『宇治拾遺物語』に32例あった。一方で、現代日本語の調査では、このような例は、全てを合計してもわずか9例にすぎない。両言語の数値上の差は、はっきりとしており、各時代の丁寧語を記述する上で、看過できない差があるといえる[*4]。

なお、次の例のように、文中と文末の両方に丁寧語が生起している例は、『平家物語』に381例、『宇治拾遺物語』に85例あった。現代日本語の調査では213例あった。(13) は中世前期日本語の例、(14) は現代日本語の例である。

(13)　「当時都にきこえ<u>候</u>仏御前こそまいつて<u>候へ</u>」(『平家物語』上 p.96)

---

*4　両者の違いは一目瞭然であり、統計的な検定をするまでもないと思うが、念のため、直接確率計算の結果を示す。現代日本語の調査結果である「9例（文末に丁寧語なし）と213例（文末に丁寧語あり）」、『平家物語』の調査結果である「86例（文末に丁寧語なし）と381例（文末に丁寧語あり）」を計算し、次に、現代日本語の調査結果と、『宇治拾遺物語』の調査結果である「32例（文末に丁寧語なし）と85例（文末に丁寧語あり）」を計算した。その結果、共に、偶然確率（両側検定）は p=0.0000 であり、有意水準1%で有意である。よって、今回の調査結果から、明らかな異なりを見て取れる。

（14）　「内密の話ですが、樹原亮の執行命令が出ました」(『13階段』p.293)

また、中世前期日本語の調査資料中にも、次の例のように、文末にのみ丁寧語が生起している例がある。

（15）　「人のおもひをやめさせ給はば、おぼしめす事もかなひ、人の願ひをかなへさせ給はば、御願もすなはち成就して、中宮やがて皇子御誕生あ（ッ）て、家門の栄花いよ〳〵さかむに候べし」

（『平家物語』上 p.212）

この（13）や（15）のように、現代日本語に共通するような例は存在している。それ故、中世前期日本語の特徴として、「文中に丁寧語が生起しているが、文末には生起していない」というパターンの存在が際立つ。以下で、まず、中世前期日本語の例を見ていきたい。

（16）　[源頼朝に対する平重衡の台詞である。南都焼討を弁明している。]「衆徒の悪行をしづめんが為にまかりむか（ッ）て候し程に、不慮に伽藍滅亡に及候し事、力及ばぬ次第也。昔は源平左右に（略）」

（『平家物語』下 p.261）

本章冒頭の（01）や（02）は、この、平重衡から源頼朝への台詞をもとにしている。立場や場面を考えると、（現代日本語の感覚では）文末に丁寧語がないと不自然だが、（16）は見ての通り、文中に「候ふ」はあるものの、文末には丁寧語がない。次の『宇治拾遺物語』の例も興味深い。宇多院の質問に対する源融（の霊）の返事である。

（17）　「爰の主に候翁也」と申（まうす）。　（『宇治拾遺物語』p.346）

当該部分の現代語訳（新編日本古典文学全集の訳。『宇治拾遺物語』の底本は旧日本古典文学大系と同一）は、「ここの主の翁でございます」であり、現代日本語の感覚では、文中には丁寧語がなくてもよいが、文末にはないと奇妙である。しかし、『宇治拾遺物語』の原文では、全く逆になっており、文中に丁寧語があり、文末にはない。古文を読んでいれば自明の事だが、『宇治拾遺物語』等の資料中には、「おのれは五條西洞院の辺に候翁に候」（『宇治拾遺物語』p.53）等の表現も問題なく存在する（この「候ふ」は、阪倉篤義（1964）の分類における「第②種」に相当するものと思われる）。よって、(17) の文末にも「候ふ」を出現させることは可能だと思われるが、そうはなっていない。また、次の例も見て頂きたい。いずれも文中に丁寧語はあるが、文末にはない。

(18)　［法皇に対する家臣の台詞である。「義経が遠国へ下れば、しばらく混乱はない」という意味である。］「遠国へ下候なば、暫其恐(しばらくそのおそれ)あらじ」とをの〳〵一同に申されければ、(略)

（『平家物語』下 p.390）

(19)　［朝廷からの使者である静憲法印に向けての清盛の発話である］「父子共叡慮に背候ぬる事、今にをいて面目を失ふ、是一。次に（略)」

（『平家物語』上 p.253）

(19) は「面目を失ふ」を文末とするべきか、「是一」までを文末とするべきか迷うが[*5]、いずれにせよ、文末に丁寧語は生起していない。次の例も同様

*5　本書の調査方針への反論として「歴史的な文献では、厳密には文末の位置を特定できない」というものがあるだろう。これは確かにその通りで、どこで文が区切れているのかという判断は難しい。しかし、どこかで割り切って文末を想定しないと、文末という概念を用いた研究ができなくなるのも事実である。今回の調査では、結果として、概ね旧日本古典文学大系が句点としているところを文末と判断しているので、恣意的ではない（筆者（福嶋）の都合のよいように文末を操作しているわけではない）ことの保証はあると考えている。また、さらにいえば、「どこで文が区切れているのかよく分からない資料である」ということ自体が、当時の「文」という単位の意識のあり方を反映しているのかもしれない。つまり、「文」と「節」の違いが、今ほど、明瞭ではなかった場

である。

(20)　［主人である俊寛に向けての有王の発話である］「いづれも御嘆のをろかなる事は候はざ（ッ）しか共、おさなき人はあまりに恋まいらさせ給て、まいり候たび毎に、「有王よ、鬼界の嶋とかやへわれぐしてまいれ」とむつからせ給候しが、過候し二月に、もがさと申事に失させ給①候ぬ。北方は其御嘆と申、是の御事と申、一かたならぬ御思にしづませ給ひ、日にそへてよはらせ給②候しが、同三月二日、つゐにはかなく③ならせ給ぬ。いま姫御前ばかり、奈良の姑御前の御もとに御わたり候。是に御ふみ給てまい（ッ）て候」とて、取いだいて奉る。（『平家物語』上 p.237）

貴人（主人である俊寛の家族）を主語とした文にも「候ふ」が用いられており、加えて、主語尊敬語である「給ふ」に「候ふ」が下接しているので、「候ふ」が丁寧語であることがよく分かる例である。注目するべきは、文中に「よはらせ給②候しが」とあるが、文末は「はかなく③ならせ給ぬ」と、丁寧語がない形で終わっている点である。直前に「失させ給①候ぬ。」とあるので、「はかなくならせ給候ぬ」という表現も可能だと思われるが、何故か「候ふ」が生起していない。

中世前期日本語の調査資料において、(「候ふ」が用いられる発話の) 聞き手のほとんどは、目上の人物か親しくない人物（緊張関係にある人物を含む）であり、現代日本語の感覚では、これまで見てきた (16) ～ (20) のような場面において、文末に丁寧語を用いないことには、かなり抵抗がある。この点、両言語に異なりがあるといっても差し支えないだろう。当時は「序列敬語」であったという説がある（永田高志 1996）ほど、身分関係に敏感なはずであるが、興味深いことに、実際には、(目下の人物だけではなく) 目上と思われる人物に対しても、文末に「候ふ」を用いない表現をかなりの

合、当時のような書き方になってしまうということである。

頻度で使用しているのである[6]。

続いて、現代日本語の「(文中には丁寧語があるが）文末に丁寧語なし」の用例を見たい。先ほど示した表1と表2を見れば分かるように、中世前期日本語との割合の差は、数値上、明らかだが、さらにいえば、現代日本語の「文中に丁寧語があるが、文末にはない」というパターンの例は、場面や使用のされ方が、限定されていると思われる。例えば、次の（21）のような、人に説明しつつ自分に言い聞かせており、一文の中で文体のシフトのようなものが生じている例である。

(21)　[「どうして南郷は前科者の自分をパートナーにしたのか」という三上の質問に対する、杉浦弁護士の台詞]「南郷さんが依頼人という訳ではないですから、守秘義務はない」杉浦は、自分に言い聞かせるように呟くと、顔を上げた。「いいでしょう、お話しします。(略)」　(『13階段』p.192)

「(人前で）自分に言い聞かせる」行為は、独り言に近いものであり、そのような行為が許される場面も限られていると思われる。中世前期の資料では、いずれの例も（会話の途中で）自分に言い聞かせているとは解釈しがたく、(21）のような例をもって、「候ふ」と「です・ます」に差がないとすることはできない。

「です・ます」の使用に関して、友人同士の会話等では、「文中に丁寧語があるが、文末にはない」という例もさほど不自然ではないという意見もある

*6　なお、森山由紀子（2003）は、『虎明本狂言集』の調査から、聞き手でもある尊者に尊敬語や謙譲語等を用いる時には、その尊敬語や謙譲語に対して丁寧語にあたる形式を接続させなくてもよいと指摘している。これは、当該の尊敬語や謙譲語が聞き手への敬意を既に表しているためである。しかし、『平家物語』『宇治拾遺物語』においては、(16）～（19）のように、文末に聞き手に対する尊敬語や謙譲語がない場合でも、丁寧語が使用されていない例がある。つまり、文末において聞き手に対する敬語が全くないように思える例があるといえる。この点、聞き手への敬意がどうなっているのか疑問である。この問題については、次章の議論も参照して頂きたい。

だろう。また、ある種のエッセイやブログ等では、丁寧体・普通体混用ということもある。しかし、中世前期日本語の資料中の聞き手は、目上の人物か親しくない人物がほとんどであり、会話の場面も深刻な場面が多い。それにもかかわらず、「文中に丁寧語があるが、文末にはない」例が使用されている。ここに、量的な異なりに加えて、質的な異なりを見て取れる[*7]。

5. 現象の記述と考察、及びまとめ

「候ふ」に関する研究には、その成り立ちや使用に関するものがある（森野宗明（1967）、西田直敏（1968）等）。また、歴史的な変化を論ずる際の材料として「候ふ」が用いられることもある（Traugott & Dasher（2002）、小柳智一（2014・2018）等）。「候文体」に関しても漢字文表記史の観点から考察がなされている（矢田勉（2012）等）。中古日本語や中世日本語の素材敬語不使用の問題に関しては、浅川哲也（2016）や福島直恭（1997）等に考察や言及がある。いずれの研究も重要なものと思われる。この他にも膨大な量の研究があり、多くの成果が挙がっている。一方、本章が指摘したような、「一文の中で、文中に丁寧語が生起しているにもかかわらず、文末に丁寧語が生起していない例が、中世前期日本語では、現代日本語とは異なり、ある程度まとまった割合で存在する」という事実は、先行研究で議論されていることとは異なった、統語上の問題を提供している。つまり、次のことが

---

*7　谷部弘子（1997）は、現代日本語の研究であり、職場を中心とする自然談話における「ので」と「から」の違いを考察したものだが、「です・ます」の出現位置を数えているので、「「丁寧語＋から」「丁寧語＋ので」に後続する句において、丁寧語がない例が、職場を中心とする自然談話でどのくらい出現するか」が分かる。谷部弘子（1997:146）の表2を見ると、「丁寧語＋から」「丁寧語＋ので」は合計46例あるが、この46例の後続句全てに丁寧語が出現しており、後続句に丁寧語がないというパターンは皆無である。もちろんこれは、「ので」「から」に限った数値であるし、後続句が文末ではないという例もあるわけだが、「46：0」という数字は、職場を中心とする自然談話における、はっきりとした偏りを示している。職場の談話という場では、文中に丁寧語があれば文末にも丁寧語を使用するのが一般的なのだろう。やはり、日常会話で、「文中に丁寧語があるが文末にはない」という例が許容されるのは、丁寧さを意識しなくてもよい、かなり気楽な場面でのことなのだと思う。

指摘できるのである。

(22)　（冒頭（05）で見たような）「丁寧語の統語的分布に関する制約」は、中世前期日本語では、現代日本語に比べ、相対的に弱かったといえる。

丁寧に表現したい場合、現代日本語であれば文末に丁寧語が生起することが義務的で、従属節のみに生起することは難しいが、中世前期日本語の場合は、文末の生起が義務的ということはなく、従属節だけに生起してもよい。この異なりを、本章の調査で具体的な数値から確認できた。

中世前期日本語の「候ふ」は、従属節のみの生起も、主節のみの生起も、許されることから、「節丁寧語」と呼ぶことができる。あるいは、「候ふ」の方は、聞き手への敬意を、その語の意味として表しているだけなので、「語彙的丁寧語」ともいえる。これに対し、現代日本語の「です・ます」は、文末での縛りがあることから、「文丁寧語」と呼ぶことができる。文全体に影響を及ぼすので、こちらの方は、「統語的丁寧語」ともいえるだろう。

(23)　中世前期日本語の「候ふ」: 節丁寧語、あるいは、語彙的丁寧語
　　　現代日本語の「です・ます」: 文丁寧語、あるいは、統語的丁寧語

(23) は、「候ふ」と「です・ます」に見られる、統語的特徴の異なりを端的に捉えた記述になっており、「丁寧語」を研究する際には、等閑視できぬことだと思う。

次に、本章の調査結果に考察を加えたい。一つの考え方として、「丁寧語に見られる変化は、丁寧語の問題として考える」というものがあるだろう。つまり、「丁寧語には、節丁寧語（語彙的丁寧語）から文丁寧語（統語的丁寧語）になるという変化があった」と指摘するだけに留め、日本語に見られる他の変化との関係については述べない、というものである。この考え方は、事実上、調査結果を別の表現にしているにすぎないとも思うが、調査結

果から分かること以外は述べないという堅実さがある。

しかし、ここでは、丁寧語に見られる変化を、丁寧語とは別の変化（前章で示したような従属節の問題）と結びつけるという考え方を示したい。

冒頭で見たように、現代日本語における「です・ます」の使用は、「従属節の従属度」の問題として議論されてきた。この点と本章の調査結果を踏まえると、丁寧語の変化と、日本語の統語構造の変遷とを関連付けた、次のような可能性を指摘できる。

(24)　丁寧語の使用に関して、かつては従属節と主節の違いが小さかった（丁寧語は、どちらに生起してもよかった）が、現代日本語では違いが大きくなった（主節に丁寧語が必要になった）という事実がある。これは、従属節と主節の区別がより明確になった（文としてのまとまりが強くなった）という統語的な変化が日本語にあったことの傍証ではないか。

これは、かつては節毎に表されていたものが、現代日本語に近づくにつれ、文としてのまとまりが緊密になり、文毎に表されるようになってきた（主節と従属節の異なりが大きくなってきた）という、前章で述べた変化を支持するものである。

このような文構造の変化は、表現の仕方こそ違え、丁寧語以外の研究で、しばしば言及されていることである。

具体的には、阪倉篤義（1970）の「開いた構造（開いた表現）」、小松英雄（1997）の「連接構文」、近藤泰弘（2012）の「節連鎖」等である。

阪倉篤義（1970）は、古代語の文について次のように述べている。

(25)　切れめが曖昧で、切れるがごとく、またつづくがごとくであるということは、言いかえると、その構造として「開いた構造」をもつているということである。　　（阪倉篤義（1970:26）、下線は筆者）

そして、日本語の文は、次第に、「中間に断裂もなく、かなり緊密なまとまりを有していた。」（阪倉篤義 1970:32）といえる「閉じた構造」にむかっていったと指摘する（阪倉篤義 1970:34）。

古代語の和文を「連接構文」と捉える小松英雄（1997）は、次のように述べている。

（26）　その文章は、句節をつぎつぎと付け加えていく形をとって構成されており、各句節間の相互関係は、つねに必ずしも緊密でない。

（小松英雄（1997:232）、下線は筆者）

古代語の従属節を研究した 近藤泰弘（2012）も次のように述べている。

（27）　平安時代の複文は、従属節と主節との区別をすることが厳密には難しく、節が次々と連なっていく、（略）

（近藤泰弘（2012:50）、下線は筆者）

条件表現の史的展開について研究した矢島正浩（2013）は、阪倉篤義（1970）等の研究を踏まえ、次のように述べている。

（28）　近世期以降、相互に緊密な関係において、文としての一体的まとまりが強められる流れがあったのではないかということである。（略）従属節の自立性の稀薄化が、古代語に比べた場合の近世期以降の特徴として、あったのではないか。

（矢島正浩（2013:441）、下線は筆者）

研究者によって表現の仕方や研究対象の射程は異なるが、阪倉篤義（1970）、小松英雄（1997）、近藤泰弘（2012）、矢島正浩（2013）は、巨視的観点からいえば、同じ方向の流れについて言及しているといえる[*8]。ただ、この変化を具体的にどう記述するか（数値の変化等の形で記述できるか）が課題であったわけだが、本章の調査結果の数値は、このテーマを議論するための材料の一つを提供したともいえる。加えて、主節の支配が強くなったという（24）の捉え方は、相対テンスの台頭という日本語の変化も統一的に捉えることができる点で魅力的である（丁寧語の研究と、丁寧語以外の研究に接点が生まれるのである）。

前章の最後に次のように述べた。

(29)　「従属節の従属度が上がった」という証拠を、新たに提出できるか。

この（29）への回答が、本章の（24）である。（24）を再掲する。

(30)（＝（24））丁寧語の使用に関して、かつては従属節と主節の違いが小さかった（丁寧語は、どちらに生起してもよかった）が、現代日本語では違いが大きくなった（主節に丁寧語が必要になった）という事実がある。これは、従属節と主節の区別がより明確になった（文としてのまとまりが強くなった）という統語的な変化が日本語にあったことの傍証ではないか。

本章の調査と考察は、「意志や推量を表す形式が従属節内に現れにくくなるという現象」とは独立した現象から、従属節の従属度が上がったことを述べたものであり、（29）の問題に答えたものと考えている。

また、本章では、丁寧表現と、いわゆる意志・推量表現の共通点として、

---

*8　念のために申し添えるが、阪倉篤義（1970）から矢島正浩（2013）までの研究は、「かつての日本語には、文末という概念がなかった」と主張しているわけではない。現代日本語と比べた場合、「主節の従属節に対する支配が弱かった」あるいは「従属節と主節の差が小さく、両者の違いがはっきりとしないので、文と文の境も曖昧に見える」というような相対的な異なりについて、各研究とも述べているのである。

事実上、次のことを指摘したことになる。

(31)　現代日本語に近づくにつれ、(節毎ではなく) 文末で一括して処理される傾向が強くなった。

この (31) が、第18章で議論する、「モダリティの定義」に繋がっていくと思われる。

さて、本章では、「候ふ」と「です・ます」の統語的分布を見た。では、丁寧語として、両者を全面的に対照した場合、(24) のような見解は、支持されるのだろうか。次章では、その点をみていきたい。

第10章　中世前期日本語の「候ふ」と現代日本語の「です・ます」との異なり―「丁寧語不使用」の観点から―

要　旨

本章では、中世前期日本語の丁寧語「候ふ」と、現代日本語の丁寧語「です・ます」を対照し、両者の異なりを次の(1)～(4)のように整理した上で、その背景を考察する。

(1) 現代日本語で会話をする場合、基本的に「です・ます」を使用する。このため、「です・ます」を使用しない方が目立つ表現といえる。一方、中世前期日本語の「候ふ」は、親しくない目上の者に対しても、全く用いない場合もあり、「候ふ」を用いることの方が目立つ表現といえる。

(2) 文末の「です・ます」の使用は、少なくとも、一回の発話内では統一する必要がある。一方、「候ふ」には、そのような制約はない。

(3) 文末において、(聞き手に対して)尊敬語や謙譲語が使用される場合、「です・ます」は、当該の尊敬語や謙譲語と、必ずセットで使用しなければならない。一方、「候ふ」には、そのような制約はない。

(4)「です・ます」は、文中に生起した場合、文末の生起も必須である。一方、「候ふ」には、このような制約はない。

上記(1)～(4)の異なりの背景には、文末の特殊性が際立ってくるという、日本語の文構造の変化があると考えられる。これは、従属節の従属度が上がったという見解を支持するものである。

1. 丁寧語を対照する

本章では、中世前期日本語の「候ふ」と、現代日本語の「です・ます」を対照する。前章では、両者の統語的分布に着目したが、本章では、両者を全面的に対照させることにする。

「候ふ」には、補語尊敬語（学校文法でいう謙譲語）のものと、丁寧語のものとがあるが、本章では、丁寧語の対照を行いたいので、丁寧語の「候ふ」を考察対象としている。「です・ます」も「候ふ」も、共に丁寧語とされてきたが、「丁寧語不使用」という観点から両者を比較すると、かなりの異なりがあることが分かる。

本章の構成は次の通りである。2.節では、本章が注目する、現代日本語の「です・ます」の四つの特徴について述べる。3.節では、中世前期日本語の「候ふ」を研究対象とする理由を述べ、4.節～6.節で、「です・ます」との対照を念頭に、「候ふ」の特徴を見ていく。7.節で、「です・ます」と「候ふ」の違いをまとめ、8.節で、両者の違いに対する考察を加える。

2. 現代日本語の「です・ます」の四つの特徴

ここでは、現代日本語の「です・ます」について、本章が注目している四つの特徴をまとめておきたい。

一つ目は、現代日本語の「です・ます」は、デフォルト的な丁寧語とでもいうべき特徴を有しているということである。話し言葉では、通常、「です・ます」を使用するので、その意味でデフォルト的といえる。菊地康人（1994:295-296）は、現代の日本社会で成人同士が「です・ます」を使わずに話すことができるのは、「話手が聞手に比べて明らかに目上の場合」「客が、品物やサービスを提供する業者に対して注文するような場合」「家族どうしで話す場合」「親しい間柄どうしで話す場合」ぐらいなものであり、「です・ます」の使用がないと、不遜あるいは無作法な印象を与えがち、という趣旨のことを述べているが、概ね、その通りだと思う。しかし、中世前期日本語の「候ふ」には、この特徴は当てはまらないのである。

二つ目は、現代日本語の「です・ます」は、談話統一的な丁寧語であるということである。文章を書く際に、「です・ます体」あるいは「である体」で、文体を統一するという話は、よく耳にする。しかし、本書では、文章を書く際の文体ではなく、「話し言葉（小説等の会話文を含む）」に注目して議論を進めたい（このため、本書の「談話」という用語は、会話や会話文のまとまりとして用いている）。菊地康人（1994:294-295）に、「一連の文章または話し言葉の中では、一般に、各文末に「です・ます」を使うなら一貫して使い、使わないなら一貫して使わない。」という指摘がある通り、現代日本語では、文末の「です・ます」の使用に関して談話内で統一をとる必要がある。特に一回の発話内（一回の「　　」の中）では統一は義務的だろう。しかし、中世前期日本語の「候ふ」には、この特徴も当てはまらない。中世前期の調査資料中の会話文では、文末における「候ふ」の使用は、一回の発話内でさえ、統一されていなくてもよいのである。

三つ目は、現代日本語の「です・ます」は、必要十分的な丁寧語であるということである。これは、聞き手への敬意を表したい場合には、「です・ます」を使用し、「です・ます」が使用された場合は、聞き手への敬意が表される、という意味である。このため、（特に文末に）「です・ます」がないと、聞き手に対して敬意を示さない、ということの積極的な表明になる。厳密にいえば、森山卓郎（2013）の指摘する「（して）下さい」のような、「です・ます」がない丁寧語も存在はする。しかし、基本的に、言語表現上、「「です・ます」の有無」は、「聞き手への敬意の表明の有無」に直結している。例えば、大学院生と指導教員が、学会の懇親会で会話しているとしよう。指導教員に対し、(01）の a. や b. のような発話は自然だが、c. や d. のような発話は不自然である。

(01)　a.　「先生はワインを飲み<u>ます</u>か。」
　　　b.　「先生はワインを召し上がり<u>ます</u>か。」

c. ??「先生はワインを飲むか。」
d. ??「先生はワインを召し上がるか。」

(01) d.に関していえば、「召し上がる」という尊敬語が使用されている。この尊敬語の敬意の対象は、目の前にいる教員である。よって、事実上、(01) d.の発話は、教員に敬意があることを表せてはいる。しかし、「です・ます」がないと現代日本語では不自然である。ここから、聞き手に対して敬意があることを示すには、「です・ます」が必須であることが分かる。現代日本語においては、尊敬語の敬意の対象が聞き手の人物である場合、尊敬語による敬意の表明と丁寧語による敬意の表明を一致させる必要があり、文末において、尊敬語を用いるなら、必ず丁寧語もセットで使用しなければならない。尊敬語を使用するほど聞き手に敬意を示しているのに、丁寧語で敬意を示さないのは不自然なのである。謙譲語と丁寧語の関係も同様だろう。このようなことは、現代日本語の「です・ます」の特徴としては、当たり前ともいえることである。しかし、中世前期日本語の「候ふ」には、この特徴も当てはまらないのである。

四つ目は、現代日本語の「です・ます」は、文丁寧語（あるいは統語的丁寧語）とでもいうべき特徴を有しているということである。現代日本語の「です・ます」は、文末に生起すれば、その文全体に丁寧の意味を添えることができる。例えば、食堂での学生から教師への発話を考えた場合、(02)のように文末に「です・ます」があれば、文中に「です・ます」があってもなくてもよいと思われる。

(02)　a.「ここは、カレーライスが有名なので、カレーがおすすめです。」
b.「ここは、カレーライスが有名ですので、カレーがおすすめです。」

しかし、次の (03) のように、文中に「です・ます」が生起しているにもかかわらず、文末には「です・ます」が生起していないという例は不自然である。

(03)　「ここは、カレーライスが有名ですので、カレーがおすすめだ。」

文中に丁寧語が生起した場合、現代日本語の「です・ます」は、文末の生起が必須であり、文を単位としていることが分かる。このようなことは、当たり前のことであり、野田尚史（1998）や日高水穂（2004）等の文体に関する一部の研究を除けば、これまで注目されることすらなかった特徴である。しかし、既に前章で指摘したように、中世前期日本語の「候ふ」には、この特徴も当てはまらない。文中に丁寧語が生起しているにもかかわらず、文末に丁寧語が生起していないという、上記（03）のようなパターンが存在するのである。

本節で述べたことをまとめると次のようになる。

(04)　現代日本語の「です・ます」の特徴

a. デフォルト的な丁寧語である。

b. 談話統一的な丁寧語である。

c. 必要十分的な丁寧語である。

d. 文丁寧語（あるいは統語的丁寧語）である。

このうち、(04) d. は、既に前章で考察しているので、本章では、残りの (04) a. ～ c. の特徴について、中世前期日本語の「候ふ」と対照していくことにする。

3. 中世前期日本語の「候ふ」を考察対象とする理由

本章では、前章と同様、最も古い丁寧語と、「です・ます」を対照したいと考えている。このため、調査対象も前章と同じである。繰り返しになるが、重要なことなので、以下で確認をしておきたい。

高校で習う古典文法で丁寧語といえば、「侍り」と「候ふ」だろう。しかし、次の（05）～（07）の指摘からも分かる通り、中古日本語の「侍り」は、丁寧語として確立しているとは言い難く、中世前期日本語の「候ふ」の段階になって、ようやく丁寧語と認定できると思われる[*1]。この点、前章で述べた通りである。なお、丁寧語というのは、（主語や補語への敬意ではなく）聞き手への敬意を表している語、という意味である。

（05）　（福嶋注：「はべり」は）より徹底した丁寧語化が達成されないままにしぼんでしまう。次代では文語化してしまうわけである。
（森野宗明 1971:158）

（06）　中古の「侍り」は、ふつう尊者を主語にして用いられないが（したがって「給ひ - 侍り」などとはいわない。（略））、中世の「候ふ」は、主語の人物に関わりなく用いられる。　（小田勝 2015:555）

（07）　（略）中世の「候ふ」は丁寧語と考えてもよいと思われる。
（小田勝（2015:555-556）、「Ⅱ - ⑤丁寧語」より）

中世前期日本語の資料にも「侍り」が見られるが、佐藤武義（1973）や山田巖（1959）等の調査からも分かるように、中世前期の時点では、生産的な丁寧語ではなかったといえる。そこで、本章では、最も古い丁寧語として、中世前期日本語の「候ふ」を考察対象とした。

具体的な調査資料は、前章と同様、次の（08）と（09）である。両資料とも、比較的会話文が多く、十分な量の「候ふ」が採集できることが、調査資料とした理由である。

---

*1　中古日本語にも「候ふ」の用例はある。しかし、宮地裕（1981:12）が、丁寧語の発達段階において、中古を「△」、中世を「○」としていることからも分かる通り、中古の段階では丁寧語として確立しているとは言い難い。なお、Traugott & Dasher（2002）にも、宮地裕（1981）と同趣旨の指摘がある。

（08）　『平家物語』（旧日本古典文学大系、岩波書店）、底本は、龍谷大学図書館本。ただし、「祇王」「小宰相」は、高野辰之旧蔵本（東京大学国語研究室所蔵、通称「高野本」）による。

（09）　『宇治拾遺物語』（旧日本古典文学大系、岩波書店）、底本は、無刊記古活字印本（『宇治拾遺物語』の凡例によると、寛永年間（1624～1644）印行と目されるとのこと）。

『平家物語』と『宇治拾遺物語』の原文の挙例は、この（08）と（09）による。また、両資料の現代語訳の引用は、次の（10）と（11）による。

（10）　『平家物語』（新編日本古典文学全集、小学館）、底本は、高野辰之旧蔵本（東京大学国語研究室所蔵、通称「高野本」）。

（11）　『宇治拾遺物語』（新編日本古典文学全集、小学館）、底本は、旧日本古典文学大系の『宇治拾遺物語』に同じ。

なお、歴史的な資料を調査するにあたり、「どこまでを一文とするか」「どこまでを会話と考えるか」ということは、厳密には難しいが、どこかで割り切らないと研究を進められないのも事実である。そこで、基本的には、旧日本古典文学大系の判断を参考にした。旧日本古典文学大系の本文に句点が施されていれば、そこを文の区切りとし、引用符（「　　」）が施されていれば会話文と考えるという判断である。なお、言うまでもないことだが、心内発話や手紙文等である場合、「　　」があっても会話文とは考えない。

また、ここで、先行研究についても述べておきたい。「候ふ」に関する研究には、森野宗明（1967）や蜂谷清人（1981）等のように、その成り立ちや使用（男女で形が異なる等）に関するものがある。また、「候文体」に関しても、矢田勉（2012）等で、漢字文表記史の観点から考察がなされている。『平家物語』の「候ふ」の使用に関していえば、西田直敏（1998）が、聞き手と話し手の関係によっては「候ふ」が全く使用されない場合があること等を指摘している。また、旧日本古典文学大系『平家物語』(上) の「解説」では、『平家物語』の文章に、「(イ) 文末に「候」を含むもの、(ロ)「候ふ」を含まないもの」(p.43) の2種を指摘し、(イ) が会話の部分のみに現れることから、これを文体の違いの発生と見なしている。『平家物語』の敬語体系を、永田高志 (1996) のように「序列敬語」という概念で捉える研究もある。『宇治拾遺物語』については、「候ふ」と「侍り」の違いに関する研究が盛んであり、佐藤武義 (1973)、田中涼子 (1987) 等がある。

「候ふ」と「です・ます」の異なりに関しては、辻村敏樹 (1971:16-18) が、「候ふ」等は事柄の表現にも用いられるが、現代日本語の「です・ます」は、専ら聞き手への直接的敬意表現にのみに用いられることから、「候ふ」等を対話敬語、「です・ます」を対者敬語としている (より正確には、「です・ます」も対話敬語であるが、対話敬語の中でも、対者敬語として取り立てて扱っているということである)。山崎久之 (1960:15-16) も、「侍り」「候ふ」「ます」「まうす」「ござる」「ございます」等について、近世末までと、現代語とで、待遇意識の違いがあることを指摘し、「丁寧語という名称は誤解を生じる。」と述べる。

あまりに多くの研究があるので、「院政時代から鎌倉時代にかけての「侍り」「候ふ」の用法・性格については、既に先学の研究により明らかにされ尽くした観もある。」(田中涼子 1987:49) と述べられているほどである。しかし、具体的には、それぞれの節で述べるが、「候ふ」の不使用に関する指摘は、散見されるものの、不十分であったり部分的であったりすることが多い。現代日本語の「です・ます」と対照することで、「候ふ」が使用されていないという問題を、もう少し統一的に捉えることができるようになると思う。

次節からは、中世前期日本語の「候ふ」について見ていきたい。

4.「候ふ」はデフォルト的な丁寧語ではない

現代日本語で会話する場合、基本的に、「です・ます」を使用する必要があると思うが、中世前期日本語の「候ふ」を見る限り、そのような感じはしない。親しくない人物同士の会話でも、互いに「候ふ」を用いないことも多いのである。この違いを見るために、まず、現代語訳の方から見ていきたい。次の（12）は、新編日本古典文学全集『平家物語』の現代語訳である。出家した祇王（平清盛の元愛人）のもとを、髪を剃り出家の覚悟を決めた仏（「仏」は女性の名前）が訪れる。仏は清盛が祇王を追い出すきっかけを作った人物であり、祇王の座を仏が奪う形になっている。以下は、仏が、仏道修行を祇王達とともにしたいと申し出、祇王が快諾する場面である。共に、「です・ます」を使用していることがよく分かる。

（12）　（仏）「このように尼になって参りましたので、日頃の罪科をお許しください。許そうと言われるなら、一緒に念仏を唱えて、極楽浄土の同じ蓮（はす）の上に生れましょう。それでもまだ気がすまないのなら、ここからどこへでも迷って行き、どんな所でも苔（こけ）のむしろや松の根にでも倒れ伏し、命のあるかぎり念仏を唱えて、極楽往生の本望をとげようと思うのです」

（祇王）「ほんにあなたがこれほど思っておられたとは夢にも知りませんでした。つらい世の中の性（さが）で、そして嵯峨にいるのですから、私の身が不運なのだと思うべきですのに、ややもするとあなたの事ばかり恨めしくて、極楽往生の本望をとげられそうにもありません。現世も来世も、中途はんぱでやりそこなった気持でいたのに、このように姿を変えて来られたので、日頃の罪科は少しも残らず、恨みは全然ありません。今は極楽往生は疑いありません。今度かねての願いをとげる事は何よりもまたうれしい事です。私どもが尼になったのを、全く例のない事のように人も言い、また私自身でもそう思っていましたが、（それは世間を恨み身の不幸を嘆いてのことですから）姿を変えるのも当然です。今あなたの出家に比べれば、問題にもならない事でした。あなたはなんの恨みもなく嘆きもありません。今年やっと十七になる人が、このように現世を厭い、浄土に生れる事を願おうと深く思いつめておられるのこそ、真の大道心とは思われます。あなたは私にとってうれしい善知識ですね。さあ一緒に往生を願いましょう」

（『平家物語』上、新編日本古典文学全集の現代語訳。pp.49-50）

祇王は仏よりも年上で、白拍子としても先輩格である。また、二人は親しい関係にはない。現代語訳の中では、仏は、きちんと「です・ます」を使用して祇王と話しており、対する祇王も、仏に、「です・ます」を使用している[*2]。現代日本語の感覚だとこれは普通のことであり、この（12）の会話から、「です・ます」を取ると、かなり不自然である。例えば、仏と祇王が、次の（13）のように会話をしていたら、やはり違和感があるだろう。

（13）　（仏）「許そうと言われるなら、一緒に念仏を唱えて、極楽浄土の同じ蓮の上に生れよう。」

（仏）「命のあるかぎり念仏を唱えて、極楽往生の本望をとげようと思うのだ」

（祇王）「あなたがこれほど思っておられたとは夢にも知らない。」

（祇王）「今あなたの出家に比べれば、問題にもならない事だ。」

ところが、当該箇所の原文を見ると、「候ふ」は、一切使用されていない（次の（14）の例は、旧日本古典文学大系の例であるが、旧大系の「祇王」の底本は高野本なので、新編日本古典文学全集の本文と違いはない）。この

---

*2　誤解のないように次のことを述べておきたい。ここで主張したいことは、「古文の現代語訳は常に自然な現代日本語だ（だから、丁寧語の出現位置も、現代日本語の感覚を正しく反映している）」ということではない。現代語訳の中には、古文の原文の影響からか、丁寧語が必要と思われる箇所に、丁寧語が見られない場合もあるし、全体として自然な日本語ではない場合もある。本章で現代語訳を参考とする理由は、（現代語訳に不自然な点がある可能性を考慮したとしても）本章で示す現代語訳とその原文との異なりに、丁寧語の変遷の一端が見て取れると思うためである。

（14）では、下線部分が全くない（つまり、丁寧語が一切使用されていない）ことに注目してもらいたい。

（14）　（仏）「かやうに様（さま）をかへてまいりたれば、日比（ひごろ）の科（とが）をばゆるし給へ。ゆるさんと仰せられば、諸共に念仏して、ひとつはちすの身とならん。それになを心ゆかずは、是よりいづちへもまよひゆき、いかならん苔（こけ）のむしろ、松がね（根）にもたほれふし、命のあらんかぎり念仏して、往生のそくはい（素懐）をとげんとおもふなり」

（祇王）「誠にわごぜ（我御世）の是ほどに思給けるとは夢にだにしらず。うき世中のさがなれば、身のうきとこそおもふべきに、ともすればわごぜ（我御世）の事のみうらめしくて、往生のそくはい（素懐）をとげん事かなふべしともおぼえず。今生も後生も、なまじゐにしそんじたる心ちにてありつるに、かやうにさまをかへておはしたれば、日比（ひごろ）のとがは露ちりほどものこらず。いまは往生うたがひなし。此度（このたび）そくはい（素懐）をとげんこそ、何よりも又うれしけれ。我等が尼になりしをこそ、世にためしなき事のやうに人もいひ、我身にも又思しか、さまをかふるもことはりなり。いまわごぜ（我御世）の出家にくらぶれば、事のかずにもあらざりけり。わごぜ（我御世）はうらみもなし、なげきもなし。ことしは纔（わづか）に十七にこそなる人の、かやうにゑど（穢土）をいとひ浄土をねがはんと、ふかくおもひいれ給ふこそ、まことの大だうしん（道心）とはおぼえたれ。うれしかりけるぜんちしき（善知識）かな。いざもろともにねがはん」

（『平家物語』上 pp.106-107）

これは、決して、仏や祇王が無礼者であったということではない。現代語訳だと「です・ます」が使用されているのに、原文を見ると丁寧語がないということが、当時の資料では、しばしば見られる。我々の感覚からすると「です・ます」が必要だと思われる場面で、丁寧語が使用されていないということは、よくあることなのである。目下の人物に丁寧語を使用しないということなら、分からないでもない。しかし、ここでのポイントは、親しくない目上の人物に対しても、丁寧語を全く使用しない場合があるということである（なお、仏と祇王の会話では、仏が祇王に対して、丁寧語の「候ふ」を使用することもあるし、祇王の動作に対して尊敬語を用いて表現することもある。つまり、仏が祇王に敬意をもっていないというわけではない。敬意をもっていると思われる、親しくない目上の人物に対しても、丁寧語を全く使用しない場合があることが、ここでのポイントなのである）。佐藤武義(1973:45）も、『宇治拾遺物語』の「候ふ」について、「庶民階層相互には用いられていない」と指摘しており、これも本節で述べた現象と矛盾するものではない（ただし、仏と祇王の会話でも、「候ふ」が使用されたり、されなかったりする。また、本章の5.節や6.節で述べる通り、一回の発話の中でも、「候ふ」が使用されたり、されなかったりする。このため、階層や身分以外の観点からも考察が必要だとは思う）。

このことは、どのように考えられるだろうか。現代日本語では、通常「です・ます」を用いるので、これらを用いないと、かなり目立つと思う。標準的に、つまり、デフォルト的に、「です・ます」が使用されているわけであり、「です・ます」がないと、積極的に丁寧ではないことを示すことになる（「です・ます」がないと、丁寧さとして標準的な表現から、積極的に丁寧さを差し引いた表現となる[*3]）。一方、中世前期日本語の「候ふ」は、そうではないようである。「候ふ」を用いると、聞き手への敬意を積極的に示すことができるとは思うので、中世前期日本語では、丁寧語「候ふ」を用いる方

*3　誤解のないように申し添えるが、「です・ます」を用いない表現が悪い表現だと主張しているわけではない。親しさの印として、いわゆる「タメ語」「タメ口」で話すということもあるだろう（「タメ語」「タメ口」とは、「です・ます」等の形式を用いない言葉や話し方のことである）。本書の立場からすると、「です・ます」を用いる表現が標準的であるからこそ、「です・ます」を用いない表現のことを、敢えて「タメ語」「タメ口」のように呼ぶのだと思う（ある種の無礼さや、場合によっては、その無礼さを許容できるほどの親しさを示す話し方として、名称が必要であったということだと思う）。なお、「タメ口」の意味機能については、福田一雄（2013）等に考察がある。

が、標準的な表現ではないのだろう（標準的な表現に、積極的に丁寧さを加えた表現なのだろう）。

5.「候ふ」は談話統一的な丁寧語ではない

中世前期の文献には、一回の発話の中で、「候ふ」が使用されている文と、されていない文が混在していることがよくある。

次の（15）は、『宇治拾遺物語』の例で、人を恨み、鬼と化し、敵を殺した者が、日蔵上人に対して、後悔の念を述べる場面である。「候ふ」が用いられている箇所とそうでない箇所がある。（15）では、「候ふ」に下線を、「候ふ」がない文末に波線を引いている。下線と波線が混じっていることがよく分かるだろう（なお、1例「侍り」の例があるが、そこにも下線を引いている）。

（15）　「われは、此四五百年をすぎてのむかし人にて候しが、人のために恨をのこして、今はかゝる鬼の身となりて候。さてその敵をば、思のごとくに、とり殺してき。それが子、孫、ひこ、やしは子にいたるまで、のこりなくとり殺しはてて、今は殺すべき者なくなりぬ。されば、なほかれらが生れかはりまかる後までも知りて、とり殺さんと思候に、つぎ〳〵の生れ所、露もしらねば、取殺すべきやうなし。瞋恚の炎は、おなじやうに、燃ゆれども、敵の子孫はたえはてたり。我ひとり、つきせぬ瞋恚の炎に、もえこがれて、せんかたなき苦をのみうけ侍り。かゝる心を起さざらましかば、極楽天上にも生れなまし。殊に、恨みをとゞめて、かゝる身となりて、無量劫の苦を受けんとすることの、せんかたなくかなしく候。人のために恨をのこすは、しかしながら、我身のためにてこそありけれ。敵の子孫は尽きはてぬ。わが命はきはまりもなし。かねてこのやうを知らましかば、かゝる恨をば、のこさざらまし」

（『宇治拾遺物語』p.326）

次にこの部分の現代語訳を（16）に示す。状況と会話の内容から考えて、日蔵上人に対し、鬼の丁寧語の使用が統一されていないのは不自然であると考えたためだろう、この発話全体を通して、完全に「です・ます」で統一されている。

（16）　「私はここ四、五百年も過ぎた昔の者ですが、ある人のためにこの世に恨みを残して今はこんな鬼の身となっております。さてその敵（かたき）をば願いのとおりにとり殺してしまいました。その子や孫、曾孫（ひこ）、玄孫（やしゃご）にいたるまで一人残らずとり殺してしまって、今は殺すべき者がなくなりました。それで、なお彼らが生れ変って行く先までもつきとめて、とり殺そうと思いますが、次々と生れ変る所はまるで分りませんので、とり殺しようもありません。怒りの炎は前と同じように燃えていますが、敵（かたき）の子孫は絶えはてました。私一人、尽きもせぬ怒りの炎に燃えこがれて、どうしようもない苦しみばかりを受けています。こんな心を起さなかったら、極楽や天界にも生れたかもしれません。ことのほかに恨みを残して、こういう身となって、計りしれぬ永劫（えいごう）の苦しみを受けるということが、どうしようもなく悲しい次第です。他人に対して恨みを残すのは、つまりは、わが身に返ってくることなのでした。敵（かたき）の子孫は尽きはてました。私の命ははてしもありません。かねがねこういう子細を知っておりましたら、こんな恨みは、きっと残さなかったでしょう」

（『宇治拾遺物語』、新編日本古典文学全集の現代語訳。pp.355-356）

この違いから分かるように、現代日本語の「です・ます」とは異なり、中世前期日本語の「候ふ」は、一回の発話内で統一をとらなければならないような丁寧語ではない（一回の発話内で統一されていない例は、中世前期の資料では珍しくない）。なお、この現象について、櫻井光昭（1974:47）が、「現代のデス・マス体でも、実際の会話においては、各文末にかならずデス・マスが来るわけではないから、当時の候フ体では文末附近における候フの使用はなおさら恣意的であったろう。」と述べている。しかし、本書では、例外はあるとしても「です・ます」は談話統一的であると考えているため、「です・ます」と「候ふ」には、もう少し、根本的な異なりがあると判断している。なお、次節の（20）の例のように、発話の全てに「候ふ」が出現している例もあるので、「候ふ」の使用が、常に不統一というわけではない（また、中古日本語の「侍り」に関しては、北原保雄（1994）等に、文体の統一をとっていないという指摘がある）。

このことは、どのように考えられるだろうか。旧日本古典文学大系『平家物語』（上）の「解説」が指摘するように、文末に「候ふ」を用いる文体は「会話文」であって「地の文」ではない、という文体の使い分けは、当時あったのかもしれない。しかし、会話文における、談話という単位での、「丁寧体」「非丁寧体」という対立は、確立していなかったと考えられる。一回の発話において、他の文に丁寧語があっても、丁寧語を用いていない文を使用できるのである。逆をいえば、他の文に丁寧語がなくても、丁寧語を用いた文を使用できる。一回の発話の文末において、「候ふ」の使用が統一されていないということは、「丁寧体」というまとまりがないだけではなく、「非丁寧体」というまとまりがないことも意味している（ただし、談話という単位での「丁寧体」「非丁寧体」の対立は、萌芽的な状況ではあったのかもしれない）。

では、（15）のような例において、「候ふ」が用いられていない箇所では、聞き手への敬意は、どうなっているのだろうか。この点は、次節の内容とあわせて検討したい。

6.「候ふ」は必要十分的な丁寧語ではない

現代日本語の「です・ます」では、「聞き手への敬意を表したい場合には、「です・ます」を使用する」「「です・ます」が使用された場合は、聞き手への敬意が表される」という関係が成り立っている。「候ふ」ではどうだろうか。本章では丁寧語の「候ふ」を考察対象としているが、周知の通り、「候ふ」には謙譲語（正確には補語尊敬語）の例もあるので、「「候ふ」が使用された場合は、聞き手への敬意が表される」ということが、常に成り立つわけではない。謙譲語の場合、主として補語にあたる人物が敬意の対象であり、聞き手は敬意の対象ではない。

さらに、「聞き手への敬意を表したい場合には、「候ふ」を使用する」ということも、常に成り立つわけではないようである。次の（17）を見てもらいたい。この例は、なかなか御輿に乗らない明雲（前天台座主）に、祐慶という荒法師が、早く乗るようにせかす場面である。

（17）　「その御心でこそかゝる御目にもあはせ給（たま）へ。とう〳〵めさるべう候」［福嶋訳：そのような御心なのでこのようなひどい目にもおあいになるのです。早く御輿にお乗りになるべきです。］

（『平家物語』上 p.147）

発話冒頭、「かかる御目にもあはせ給へ」と述べている。「あはせ給へ」の「せ給へ」は、学校文法でいうところの最高敬語（二重敬語）であり、この敬意の対象は聞き手でもある明雲なので、祐慶が明雲に敬意を示していることは明白である。しかし、それにもかかわらず、当該の文には、「候ふ」が接続していない。聞き手への敬意を示すことを望んでいるはずなのに、丁寧語が出現していないのである。『平家物語』中、「せ給ひ候ふ」という表現は問題なく存在する。このため、（17）の例でも、「かかる御目にもあはせ給ひ候へ」という表現を使用できると思われるが、どういうわけか「候ふ」を接続させていない。つまり、「文末が尊敬語のみで、丁寧語が接続していない」という例が存在する（当時の謙譲語も同様で、文末で丁寧語なしに使用される場合がある）。

このような「尊敬語のみ」のパターンについて、西田直敏（1998）は、「対等以下の者に軽い敬意をもって話す場合」（p.117）、「教化のスタイル」（p.118）と述べている。そのような場合もあるだろうが、（17）は、「教化」の場面ではなく、また明雲が祐慶と対等以下とは思えない（この（17）のように、上位階層の人物に対して、尊敬語に丁寧語を接続させずに発言することは当時の資料では、それなりにある)。そもそも、(17) の「あはせ給へ」では「候ふ」がないが、次の文の「めさるべう候」では尊敬語に丁寧語を接続させているので、場面や身分だけの問題ではないのである。むしろ、(17)(また、(15)) のように、一回の発話内で、使用・不使用が比較的自由、というところに「候ふ」の重要なポイントがあると思う。

では、これは、どのように考えられるのか。

一つの考え方として、「せ給へ」が使用されており、この敬意の対象は、聞き手でもある明雲なので、この語によって、明雲への敬意を表しているので問題ない、というものがあるだろう。『平家物語』とは時代が異なるが、森山由紀子 (2003) は、『虎明本狂言集』の調査から、聞き手でもある尊者に尊敬語や謙譲語等を用いる時には、その尊敬語や謙譲語に対して丁寧語にあたる形式を接続させなくてもよいと指摘している。これと同様の考え方である。別の考え方としては、「あはせ給へ」の後の文に「めさるべう候」と「候ふ」があるので、その「候ふ」で、聞き手への敬意を表しているというものがあるだろう。発話の中のどこかに丁寧語があれば、それでよいとする考え方である。

いずれにせよ、「言語表現上、聞き手に敬意をもっているのは明白な場合でも、当該文の文末で「候ふ」を使用していない」という事実はあるわけである。このため、「候ふ」を使用していなくても、「聞き手に対して敬意を示さない」ということの積極的な表明にはならないだろう。「「候ふ」の有無」が、「聞き手への敬意の表明の有無」に直結しているわけではないのである。

ここで、4.節や5.節の内容も踏まえて考えると、次のようにいえるのではないか。現代日本語においては「です・ます」を用いない方が目立つ表現であるが、中世前期日本語においては、「候ふ」を用いなくても、さほど目立たない。逆に、中世前期日本語では、「候ふ」を用いる方が、目立つ表現だったと思われる。ここから考えると、丁寧語の「候ふ」を用いた場合は、積極的に聞き手への敬意 (丁寧) を表現できるが、「候ふ」がなかったからといって、丁寧ではないということを積極的に示しているわけではない、という可能性がある。この考えをもとに、現代日本語の「です・ます」と中世前期日本語の「候ふ」を対比させてまとめると、次の（18）と（19）のようになる。目立つ表現と思われるところをゴシックで示す。

（18）　**現代日本語の「です・ます」**

「です・ます」あり	＋丁寧
「です・ます」なし	**－丁寧**（丁寧ではないことを積極的に示している）

（19）　**中世前期日本語の「候ふ」**

「候ふ」あり	**＋丁寧**
「候ふ」なし	±丁寧（丁寧ではないということを積極的に示しているわけではない）

（18）の「「です・ます」あり」で、「＋丁寧」となってはいるが「です・ます」は使用するのが当たり前であり、宮地裕（1981:15）の指摘する通り、「実質的な敬意の意識はよわい」といえる[*4]。現代日本語だと「です・ます」を用いない方が目立つのである。一方、中世前期日本語は、「候ふ」があると、（「です・ます」よりも）積極的に丁寧さを示していたということになるが、「候ふ」がなくても大きな問題ではなかったと考えられる。

このように考えると、「候ふ」がなくても、それほど、無礼ではなかったことになり、（14）の会話で「候ふ」が一切ないことも、（15）の「とり殺してき。」等のように、文末に敬語がないことも、（17）の「あはせ給へ」等の

*4　なお、熊谷智子（2011:24）も、国立国語研究所や文化庁の調査結果をもとに、「です・ます」を敬語と指摘する回答の割合が低いことについて考察し、「指摘率の低さは、「です・ます」がそれだけ文末形式として日常的に広く用いられ、敬語としての印象が非常に希薄な、言わば空気のような存在になっている可能性を強く示唆している。」と述べている。ただし、熊谷智子（2011）の指摘にある通り、「です・ます」を敬語とする指摘率には世代差がある（若年層は、国語の授業での敬語学習が記憶に新しい等のこともあるようで、指摘率が高い）。

ように、尊敬表現に「候ふ」が接続していないことも、全て同じように、「です・ます」不使用ほど無礼ではなかったと考えることができる。

もちろん、次の（20）のように、会話文の全てに「候ふ」があり、尊敬語や謙譲語にも「候ふ」が接続している例もある。次の例は、多田行綱が、平清盛に、鹿ヶ谷の陰謀を密告する場面である。文の全てに「候ふ」が用いられ、謙譲語「参る」や尊敬語「聞こしめす（＋助動詞の「る」）」にも、「候ふ」が接続している。丁寧さを強調したい場合、「候ふ」が多用されるようである。

（20）　「ひるは人めのしげう候間（あいだ）、夜にまぎれてまい（ッ）て候。此程（このほど）院中の人々の兵具をととのへ、軍兵をめされ候をば、何とかきこしめされ候」［福嶋訳：昼は人目が多くございますので、夜にまぎれて参りました。このほど院中の人々が武具をととのえ、兵を招集されますのを、何とお聞きですか］　（『平家物語』上 p.151）

7. 「です・ます」と「候ふ」の違いのまとめ

これまでに述べてきた、「です・ます」と「候ふ」の違いを、次の（21）にまとめる（（21）では「→」の後に、簡単な説明も付す）。ただし、（21）d. は、前章の調査結果による（ここでの（21）d. の説明は省略する。なお、（21）d. については、次節で、（21）a. ～ c. とあわせて統一的に捉えられることを示す）。

（21）　**現代日本語の「です・ます」と中世前期日本語の丁寧語「候ふ」の異なり**

a. 「です・ます」はデフォルト的な丁寧語である。「候ふ」はデフォルト的な丁寧語ではない。
→基本的に「です・ます」を用いているため、現代日本語だと「です・ます」を用いないと目立つ。一方、中世前期日本語では、丁寧語「候ふ」を用いる方が目立つ表現である。

b.「です・ます」は談話統一的な丁寧語である。「候ふ」は談話統一的な丁寧語ではない。

→中世前期日本語では、会話文における談話という単位での「丁寧体」「非丁寧体」という対立が確立していなかったと考えられる。

c.「です・ます」は必要十分的な丁寧語である。「候ふ」は必要十分的な丁寧語ではない。

→丁寧語の「候ふ」を用いた場合は、積極的に聞き手への敬意を表現できるが、「候ふ」がなかったからといって、聞き手への敬意を表さないということを積極的に示しているわけではない。一方、「です・ます」の場合は、用いていないと、聞き手への敬意を表さないということを積極的に伝えていることになる。

d.「です・ます」は文丁寧語（あるいは統語的丁寧語）だが、「候ふ」は文中と文末のどちらに生起してもよいという点で、節丁寧語（あるいは語彙的丁寧語）といえる。

同じ丁寧語とされている、「です・ます」と「候ふ」だが、「丁寧語不使用」の観点から両者を対照すると、互いの違いがよりはっきりと確認できる。

結局、「です・ます」の方は、「デフォルト的であり、談話統一的であり、必要十分的」なわけだが、「候ふ」の方は、「あれば積極的に聞き手への敬意を示せるものの、なくてもそれほど問題ない」という丁寧語だったのだと思う。つまり、(21) a.～d.の「候ふ」不使用の問題は互いに関係しているといえる。

8.「主節と従属節の違い」という観点からの考察

前節で「です・ます」と「候ふ」の違いをまとめた。共に、丁寧語とされてきた両者だが、丁寧語不使用という観点から全面的に対照させて見ると、かなり根本的な違いがあることが分かる。

その意味で、(21) の指摘は、当時の丁寧語「候ふ」を記述する上でも、さらには、「候ふ」との対比において、現代日本語の「です・ます」の特徴を確認する上でも、無意味なものではないと思う。

さて、本章で指摘してきたことは、あくまでも丁寧語に関することである。このことが、第8章で議論した、「意志・推量形式が従属節中に現れにくくなる」ということと、どうリンクするのだろうか。

意志・推量形式の変遷という観点から、丁寧語について考えると、「です・ます」と「候ふ」の違い全体を通して、どうしても気になることがある。それは次のことである。

(22)　中世前期日本語においては、主節（文末の節）での丁寧語の出現が義務的ではない。この点で、当時の主節と従属節の違いは、あまり大きくないといえる。

先に述べた、(21) の a. ～ d. の違いは、文末で、際立つものである。現代日本語では、次に見るように、談話的・意味的・統語的な要請から、文末での丁寧語の出現が義務的である。

(23)　談話的要請：丁寧語が使用されている文がある場合、その文と同一発話内にある他の文の文末でも丁寧語を使用する必要がある。

　　　意味的要請：尊敬語や謙譲語で、事実上、聞き手に敬意を示している場合、丁寧語で聞き手に敬意を示す必要がある。

統語的要請：従属節中に丁寧語を使用している場合、文末（主節末）でも丁寧語を使用する必要がある。

一方、中世前期日本語では、談話的要請、意味的要請、統語的要請のいずれにも決定的な影響を受けることはなく、文末（主節末）で義務的に丁寧語が出現するということはない。この状況は従属節に近いといえる。

もし、仮に、「中世前期日本語では、従属節と主節の違いが、現代日本語のそれよりも、小さい（つまり、従属節の従属度が低い）」ということがあった場合、(21) a.～d.の違いが、統一的に説明できるのである。

例えば、「です・ます」の「デフォルト的」という特徴も、現代日本語の文末だからこそ際立つことであり、従属節に限っていえば、「です・ます」の不使用も、さほど不自然ではない。

また、「です・ます」の「談話統一的」という特徴も、談話の各文の、主として文末に、丁寧語を生起させて統一をとるということである。現代日本語の「です・ます」が談話統一的といっても、従属節中であれば、丁寧語が生起してもよいし、しなくてもよい。このような緩さが、中世前期日本語の文末にもあった場合、「候ふ」のような分布になるだろう。イメージでいうと、節が次々と続いていて、「文」「談話」という単位が現代日本語ほど明確に意識されておらず、丁寧語の有無も、あまり気にしないというようなイメージである。

さらに、「必要十分的」ということも次のように考えられる。大学院生が指導教員に対して、次の (24) のように発話すると、不自然であることは述べた通りである。しかし、(25) のような発話は全く問題ない。

(24)（＝(01) d.）??「先生はワインを召し上がるか。」

(25)　「先生が召し上がるワイン、プリミティーヴォという葡萄が使用されているようですよ。」

つまり、従属節中であれば、尊敬語に丁寧語が接続していなくても不自然ではない。中世前期日本語において、主節と従属節の違いが大きくないようであれば、主節に丁寧語が出現していなくても、(25) の「召し上がる」を不自然に感じないことと同様、あまり問題ではなかったともいえる。現代日本語母語話者の感覚としては奇妙に思うが、(24) の「召し上がる」と、(25) の「召し上がる」とに、あまり差がない、というような感覚である。

また、主節としての特殊性が薄い状況であれば、「文中に丁寧語が出現して、文末に出現しないパターン」があっても、不思議ではないだろう。

もちろん、「候ふ」は丁寧語として古いものであるから、丁寧語が成立した当初、つまり、「聞き手への敬意」である「丁寧」という領域が成立した当初は、「候ふ」のような分布をとることは不自然ではない。最初から、デフォルト的であったり、談話統一的であったり、必要十分的であったりする必要はないだろう。しかし、「候ふ」にかわり、「です・ます」のような特徴をもった丁寧語が台頭してくる背景を考えると、「丁寧」という領域の変化だけではなく、文末の特殊性の現れという、文の構造の変化に注目してもよいと思う。

今述べたような、「主節と従属節の異なりが大きくなってきた」という変化は、表現の仕方こそ違え、丁寧語以外の研究で、しばしば言及されてきたことである。前章でも述べたが、具体的には、阪倉篤義（1970）の「開いた構造（開いた表現）」、小松英雄（1997）の「連接構文」、近藤泰弘（2012）の「節連鎖」等である。条件表現の史的展開について研究した矢島正浩（2013）も、主節と従属節の近さについて、同趣旨のことを述べている。

つまり、「候ふ」と「です・ます」を、丁寧語として、全面的に比較した場合でも、次のような見解（前章の (24) の見解）は、支持されるのである。

(26)　丁寧語の出現に関して、かつては従属節と主節の違いが小さかった（丁寧語は、どちらに生起してもよかった）が、現代日本語ではその違いが大きくなった（主節に丁寧語が必要になった）という事実

　　がある。これは、従属節と主節の区別がより明確になった（文としてのまとまりが強くなった）という統語的な変化が日本語にあったことの傍証ではないか。

本書では、「意志や推量を表す形式が従属節内に現れにくくなるという現象」を、「従属節の従属度の上昇」として解釈した。この解釈は、「意志や推量を表す形式が従属節内に現れにくくなるという現象」とは独立した現象（丁寧語の変遷）からも、確認できるというわけである。

なお、念のために申し添えるが、阪倉篤義（1970）をはじめとする先行研究や本書は、「かつての日本語には、文末という概念がなかった」と主張しているわけではない。現代日本語と比べた場合、「主節の従属節に対する支配が弱かった」あるいは「従属節と主節の差が小さく、両者の違いがはっきりとしないので、文と文の境も曖昧に見える」というような相対的な異なりについて、各研究とも述べているのである。

現在では、活字化され、句読点や引用符がふんだんに用いられたものを、主に、古文の資料としている。このため、視覚的に、明確な、「主節」「従属節」「文」「談話」があるようにも見える。しかし、実際の文献には、そのような記号は、ほとんどない。文構造の問題を考える際に、表記の問題をどの程度まで考慮すればよいのかは難しい問題であるが、活字化されたものを調べるだけでは、気づけないこともあるのかもしれない。

第11章　日本語のテンス・アスペクト・モダリティ体系の変遷―どのようにして古代日本語の体系から現代日本語の体系になったのか―

要　旨

本章では、第1部と第2部で述べたことを踏まえて、日本語のテンス・アスペクト・モダリティ体系の変遷を示す。形式の変化に加えて、体系（形式間の張り合い）の変化という視点を取り入れることにより、どのようにして、古代日本語の体系から、現代日本語の体系になったのかを示せるようになる。

1. はじめに

本章では、第1部と第2部の内容を踏まえて、古代日本語から現代日本語までのテンス・アスペクト・モダリティ体系の変遷を示す。その上で、体系の変遷がどのような意味をもつのかについても述べていきたいと思う。

まず、2.節では、時制を表す形式について整理する。3.節では、中世末期日本語の体系の内実が、実は古代日本語に近いということを指摘する。4.節では、古代日本語から現代日本語までの体系の変遷を、改めて分かりやすく示す。5.節では、無標形式である動詞基本形の意味の変化について整理した後、動詞基本形と対をなす有標形式の変遷が、体系的に把握できることを述べる。6.節では、日本語の類型論的な変化についてまとめる。7.節では、～ウ・～ウズ（ル）が多用されているのは従属節だけの問題ではないことを述べる。8.節では、1000年を超える壮大なスケールで繰り返される体系の中に、連体節にみられる現象を位置付けたいと思う。9.節では、状態性の述語について整理を行う。10.節では、近代日本語のテンス・アスペクト・モダリティ体系の変遷がどのような意味をもつのか考察する。11.節では、日本語の変遷を体系的に捉えることの重要さを改めて述べる。付節では、古代日本語の〜ヌ・〜ツについて簡単な補足をしたい。

どのようにして、古代日本語の体系から、現代日本語の体系になったのかということには、これまで不明な部分が多く、体系の変遷を見通すことは困難であった。しかし、近代日本語のスタート地点ともいえる、中世末期日本語の体系を、動詞基本形の分布も含めて明らかにしたことで、古代日本語から現代日本語までの体系の変遷が見通せるようになる。

2. 時制を表す形式のまとめ

まず、最初の一歩として、中世末期日本語の〈現在〉を表す形式について整理したい。その後、〈現在〉を表す形式の変遷を簡単に確認する。議論の対象が〈現在〉に絞られるため、注目するべきポイントがはっきりすると思う。次に〈現在〉に加え、〈未来〉や〈過去〉も含めて、時制の体系を整理する。なお、厳密には、〈未来（以後）〉、〈現在（同時）〉、〈過去（以前）〉と表記するべき部分もあるが、問題のない限り、それぞれ、〈未来〉、〈現在〉、〈過去〉で示す。

第1章や、第2章の結論部分を参考に、中世末期日本語の〈現在〉を表す形式について整理すると、次のようになるだろう（発達の未熟な〜テイルを小書きで示す。厳密には〜テアルも〈現在〉を表すが、本章では扱わない）。

(01)　**表1　中世末期日本語における〈現在〉を表す形式**

中世末期日本語	動詞基本形　〜テイル　〜タ

この（01）を見ただけでも、「〜タの有無による、〈過去〉〈非過去〉の対立」及び「〜テイルの有無による、〈状態（継続的）〉〈非状態（完成的）〉の対立」が、確立していないことがよく分かる。〜タがテンス的な意味として

〈過去〉を担い、動詞基本形がアスペクト的な意味として〈非状態（完成的）〉を担うような体系であれば、～タや動詞基本形は、〈現在〉の領域に分布できないはずである。ところが、中世末期日本語では、～テイルが、存在文的な意味に偏っており、〈現在〉の領域を全てカバーしておらず、～タと動詞基本形が、〈現在〉の領域に分布している。

次に、〈現在〉を表す形式の変遷を簡単に確認したい。鈴木泰（1992・1999）や金水敏（2006）等の指摘により、古代日本語において、〈現在〉を表す主な形式は、動詞基本形と～タリであることが分かっている（動作継続や結果継続と解釈できる、動詞基本形と～タリが指摘されているということである）。また、現代日本語で、〈現在〉を表す形式は、～テイルであることが知られている。(01）にそれらの情報を加えて整理すると、次のようになる（古代日本語の～ヌや～ツについては、付節で述べる）。

(02)　**表2　日本語における〈現在〉を表す形式の変遷**

古代日本語	動詞基本形　～タリ
中世末期日本語	動詞基本形　～テイル　～タ
現代日本語	～テイル

古代日本語において動詞基本形や～タリがカバーしていた領域に、現代日本語では、～テイルが分布しているということである。中世末期日本語は、ちょうど、その中間的な段階を示しており、古代日本語において動詞基本形と～タリが分布していたところに、存在動詞「イル」の意味が比較的強い～テイルが、割り込んできた形になっている。

中世末期日本語のこのような捉え方は、「①存在動詞「イル」と～テイルの関係（中世末期日本語の～テイルには、存在動詞「イル」の意味が、現代日本語の～テイルよりも、強く影響していること）」、「②古代日本語の動詞基本形と～タリの分布」を踏まえ、①と②を関連付けた上で、それぞれの形式（動詞基本形、～テイル、～タ、～タリ）を、日本語の歴史の中で、無理なく記述していると思う。端的にいえば、～テイルという形式が、存在文的な意味から発達し、各形式の分布が変化したということである。

このような分布から、～テイルの出現時期について述べれば、やはり、金水敏（2006）等の指摘通り、15 世紀以降とする見解が妥当であろう（この辺りの議論は、福嶋健伸（2011b）を参照のこと）。～テイルに、存在動詞「イル」の意味が比較的強く残っているということは、～テイルが使用され始めて間もないことをうかがわせるものだからである。

加えて、次のことも述べておきたい。本書では、古代日本語の動詞基本形や～タリが、積極的に、〈現在〉を表していた（〈現在〉を表すテンスの形式だった）と主張しているわけではない。ここで述べたいことは、本書第 17 章で述べるような、「一般言語学的な手法」[*1] からみれば、古代日本語から現代日本語までが、〈現在〉という観点から見通せるということであり、さらには、～テイルという形式が、存在文的な意味から発達し、各形式の分布が変化したことが見通せるということである。

〈現在〉に加え、〈未来〉や〈過去〉も含めて、時制の体系を整理しよう。

中世末期日本語では、〈非現実〉の領域には、～ウ・～ウズ（ル）が広く分布している。〈非現実〉の領域は、〈未来〉と大きく重なるので、中世末期日本語の状況を、時制で整理すると、次のようになる（本書第 3 章を参照のこと。以下では、スペースの都合から動詞基本形をスル（あるいは「ス」）で示す場合がある）。

(03)　**表 3　中世末期日本語の各形式を時制で整理した場合**

	未来	現在		過去
中世末期日本語	～ウ・～ウズ（ル）	スル	～テイル	～タ

*1 「一般言語学的な手法」とは、ある概念の枠を設定して、その枠を通して、各言語の形式を見るという手法である。ここでは、〈現在〉という枠を設定して、古代から現代までの日本語の形式を見ている。

動詞基本形は、〈未来〉と〈現在〉にまたがって分布しており、〜タは、〈過去〉と〈現在〉にまたがって分布している。〜テイルは、まだ発達が未熟であり、〈現在〉の領域を全てカバーできているわけではない。

この（03）のように整理することで、次のように、近代日本語の変遷を見通すことができるようになる。

（04）　**表４　近代日本語の形式の変遷を時制で整理した場合**

	未来	現在	過去
中世末期日本語	〜ウ・〜ウズ（ル）	スル　〜テイル	〜タ
現代日本語	スル	〜テイル	〜タ

現代日本語の方は、比較的きれいに、時制で形式が分かれている。

現代日本語で、動詞基本形と〜テイルの二つが担っている、〈未来〉／〈現在〉の領域を、中世末期日本語では、〜ウ・〜ウズ（ル）、動詞基本形、（発達の度合いが低い）〜テイル、〜タが担っていたといえる。

〈現実〉／〈非現実〉という観点からみれば、〈未来〉というのは〈非現実〉の領域の一部であり、〈現在〉や〈過去〉は〈現実〉の領域の一部である。これを、（04）に反映させると、次のようになる（次の（05）は、「近代日本語のテンス・アスペクト・モダリティ体系の変遷」といえる）。

（05）　**表５　近代日本語の形式の変遷を整理した場合**

	非現実の一部	現実の一部	
	未来	現在	過去
中世末期日本語	〜ウ・〜ウズ（ル）	スル　〜テイル	〜タ
現代日本語	スル	〜テイル	〜タ

3. 中世末期日本語では、使用されている形式は、近代日本語に近いものの、その体系の内実は古代日本語に近い

前節の（05）のように整理すると、「使用されている形式は、近代日本語に近いものの、その体系の内実は古代日本語に近い」という、中世末期日本語の重要な特徴が見えてくる。以下で、この点を説明していきたい。

現代日本語においては、〈現在〉の領域を～テイルが担っており、〈未来〉の領域を動詞基本形が担っている。これは、それぞれの形式が、「動詞基本形：非状態（完成的）」「～テイル：状態（継続的）」という対立を成しているためである（これは、現代日本語のアスペクト研究において、一般的に指摘されていることだろう[*2]）。全体としてみれば、無標形式である動詞基本形が〈非現実〉の領域である〈未来〉に分布しており、その無標形式に、状態化形式である～テイル、あるいはテンスの形式である～タが接続することで、〈現在〉や〈過去〉を表しているという構図である。

一方、中世末期日本語では、全く話が変わってくる。〈未来〉の領域に、あまり動詞基本形が分布しておらず、〈現在〉の領域に、動詞基本形、～テイル、～タの3形式が見られる。〈現実〉／〈非現実〉の区分でいえば、〈非現実〉の領域に、～ウ・～ウズ（ル）が広く分布しており、〈現実〉の領域に、動詞基本形、～テイル、～タが分布していることになる。

中世末期日本語では、〈現実〉の領域に、動詞基本形と～テイルが分布しているので、既に述べた通り、「動詞基本形：非状態（完成的）」「～テイル：状態（継続的）」という対立を成しているわけではない（もちろん、現代日本語のような体系に移行する萌芽は見られる）。

---

*2　この点については、布村政雄（奥田靖雄）（1977）の次のような指摘がよく知られている。「suru というアスペクチュアルなかたちが表現するアスペクチュアルな意味は、基本的には、《分割をゆるさない globality のなかに動作をさしだす》ことである。このように理解しなければならない根拠は、なによりもまず、suru という完成相の動詞は、その現在形において、《アクチュアルな現在》をあらわすことができないという事実にある。」（布村政雄（奥田靖雄）1977:61）

さらにいえば、中世末期日本語では、無標形式である動詞基本形に、～ウ・～ウズ（ル）が接続して、〈非現実〉（時制でいえば〈未来〉）を表している。無標形式である動詞基本形に、特定の形式が接続して、〈非現実〉を表すという点で、現代日本語とは、全く逆である（現代日本語では、無標形式である動詞基本形が、そのままの形で、〈非現実〉を表している）。形式だけを見れば、動詞基本形、～テイル、～タであって、現代日本語と同じ形式が使用されてはいる。しかし、一方で、〈現実〉に分布している動詞基本形に、テンスやアスペクトに関係する形式が接続して、〈現実〉領域内の表し分けを行っている点で、その内実は、どちらかというと、古代日本語に近いといえるだろう。古代日本語でも、〈現実〉に分布している動詞基本形に、テンスやアスペクトに関係する形式が接続して、〈現実〉領域内の表し分けを行っているからである。

古代日本語の各形式の分布も概ね分かっているので、鈴木泰（1992・1999）等を参考に、（05）にそれらの情報を付け足して、以下の（06）で示したい。

（06）　**表6　日本語のテンス・アスペクト・モダリティ体系の変遷1**

	非現実の一部	現実の一部	
	未来	現在	過去
古代日本語	～ム・～ムズ	ス　～タリ	～ケリ　～キ
中世末期日本語	～ウ・～ウズ（ル）	スル　～テイル	～タ
現代日本語	スル	～テイル	～タ

※古代日本語の～タリは、〈状態〉以外にも、〈完了〉を表すことがある。〈完了〉を表す形式が単独で用いられた場合、事実上は、〈現在〉と〈過去〉の中間的な部分に分布することになるので、（06）では、その点を反映している（□で囲んで、〈現在〉と〈過去〉の中間に配置している）。～ヌや～ツも〈完了〉を表すが、ここでは省略する。

このように整理をすることで、古代日本語から現代日本語までの見通しが、かなりはっきりとする。また、それぞれの言語が、どの区分に重点を置いているのかということも、見て取りやすくなる。以下で、説明を加えたい。

古代日本語にとって、〈現在〉〈過去〉の区別はあまり厳密ではない。そのかわり、〈現実〉と〈非現実〉の対立に重点が置かれている。まさに、ムード優位言語である。また、〈現実〉の領域に分布している動詞基本形に、～タリ、～ケリ、～キ等が接続して、〈現実〉領域内の表し分けを行っている。古代日本語は、そういうシステムなのである[*3]。このため、古代日本語の動詞基本形についていえば、厳密にいえば、〈現在〉というよりも、〈現実〉を表す形式であって、これが、時制のシステムからすると、〈現在〉と解釈されるということだと思う。同様に、古代日本語の～ム・～ムズも、正確には〈非現実〉を表す形式であるが、時制のシステムからすると、〈未来〉と解釈されるということである。繰り返すが、古代日本語においては、〈現実〉と〈非現実〉の対立に重点が置かれているのである。

一方、現代日本語は、時制によって、比較的はっきりと形式が分かれている。また、時制という観点から整理すると、(06) のようになるが、周知の通り、動詞基本形と～テイルの対立は、〈非状態（完成的）〉と〈状態（継続的）〉というアスペクトの対立である。このため、文脈が整えば、～テイルが〈未来〉の出来事を表すこともできる（例えば、「明日の今頃、僕は、あそこのカフェでコーヒーでも飲んでいるよ」等の文は許容されるだろう）。つまり、～テイルは、〈現実〉も〈非現実〉も表せるわけである。「〈非現実〉（あるいは〈現実〉）を表す場合は、基本的に～テイルという形式をとる」ということもない。〈現実〉と〈非現実〉を形式によって表し分けるというシステムから、完全に解放されているのである[*4]。

---

*3　小柳智一（2014）では、「古代日本語ではモダリティが基盤となって文法範疇全体が組織化されていると考えられる。」（小柳智一 2014:78）とし、各形式を、まず、「未実現・非現実」と「既実現・現実」とに分けた後、「既実現・現実」の中を、「き」「けり」／「ぬ」「つ」「たり」等で表し分ける体系が示されている。

*4　一方で、現代日本語の運動動詞の場合、〈現在〉のことを表す場合には、基本的に～テイルという形式をとる必要がある。この点、テンスの意味から解放されているわけではない。

中世末期日本語は、ちょうど、その中間的な段階である。使用されている形式は、現代日本語に似ているが、〈現実〉の領域に広く分布している動詞基本形に、～テイル、～タが接続して、〈現実〉領域内の表し分けを行っている。この意味で、その体系は、むしろ、古代日本語に近い。これまでは、「中世末期日本語の～ウ・～ウズ（ル）、動詞基本形、～テイル、～タの関係が分からない」という状況だったので、体系の内実が古代日本語に似ているという中世末期日本語の特徴が、よく分かっていなかったのである。

ところで、中世末期日本語では、～ウ・～ウズ（ル）、動詞基本形、～テイル、～タという形式が使用されている。これらの形式のうち、現代日本語になると、（～ム・～ムズの後継の形式である）～ウ・～ウズ（ル）の使用が極端に減少する。このため、体系の内実が、どのようにして現代日本語のように変化したのかを考える場合、「～ウ・～ウズ（ル）の減少」がポイントの一つになってくると分かる。さらに、～ウ・～ウズ（ル）が使用されなくなる背景は、（～キ、～ケリ、～ツ、～ヌ、～タリ等の消滅とは異なり）近代日本語の体系的変化の中に求められることになる。

「～ウ・～ウズ（ル）の減少」がポイントになるということは、古代日本語における、～ム・～ムズの隆盛が、（現代日本語にはない）当時の体系の特徴として重要な意味をもつことになる。古代日本語のテンス・アスペクトの形式としては、～キ、～ケリ、～ツ、～ヌ、～タリ等がよく知られており、もちろん、これらの形式の研究も重要である。しかし、古代日本語から現代日本語への体系的な変化をおさえる際には、～ム・～ムズ（さらには、～ウ・～ウズ（ル））と、他の形式の張り合いにも注目する必要があると思う。

では、古代日本語の体系に近い中世末期日本語が、どのようにして、現代日本語のような体系になったのか。その変遷を次節で説明したい。

4. 古代日本語から現代日本語までの体系の変遷はどのようであったのか

前節では、現代日本語への変化を考える場合、「～ウ・～ウズ（ル）の減少」がポイントの一つになることを述べた。「～ウ・～ウズ（ル）の減少」について考えるために、もう一度、(06) を見て頂きたい。

(07)（＝ (06)） **日本語のテンス・アスペクト・モダリティ体系の変遷 1**

	非現実の一部	現実の一部	
	未来	現在	過去
古代日本語	～ム・～ムズ	ス　～タリ	～ケリ　～キ
中世末期日本語	～ウ・～ウズ（ル）	スル　～テイル	～タ
現代日本語	スル	～テイル	～タ

この (06) の整理をもとに、古代日本語から現代日本語までの体系の変遷がどのようであったのか、説明していこう。

現代日本語に近づくにつれ、～テイルが存在文的な意味から発達して、状態化形式として成立する。～テイルが状態化形式として成立すると、「～テイルの有無によって、〈状態（継続的)〉と〈非状態（完成的)〉の対立が表現される」というシステムが確立する。～テイルと動詞基本形が、〈状態（継続的)〉と〈非状態（完成的)〉の対立を成すようになるわけである（【現代日本語のアスペクト体系の確立】)。

～テイルが状態化形式として成立すると、〈現在〉の領域をカバーできるようになる。そうすると、「似ている」等が広く分布するようになり、「似た」等で〈現在〉を表すことがなくなる。～タが〈過去〉の領域のみに分布することになり、ここにおいて、「～タの有無によって、〈過去〉と〈非過去〉の対立が表現される」というシステムが確立する。運動動詞の場合に限っていえば、「動詞基本形は〈未来〉、～テイルは〈現在〉、～タは〈過去〉」というシステムが確立する。(【現代日本語のテンス体系の確立】)。

また、～テイルと動詞基本形が、〈状態（継続的）〉と〈非状態（完成的）〉の対立を成すようになると、動詞基本形は、ひとまとまりの完成的な運動を表すようになり、〈現在〉には分布しにくくなって、〈未来〉に分布するようになる。〈未来〉とは、〈非現実〉の領域の一部である。無標の形式である動詞基本形が、そのままの形で、〈非現実〉の領域を表すようになると、「～ウ・～ウズ（ル）の有無によって、〈現実〉と〈非現実〉の対立が表現される」というシステムが崩壊する。ここにおいて、古代日本語の～ム・～ムズから継続していた、有標の形式で〈非現実〉を表し、無標の形式で〈現実〉を表すという対立が崩れる（【古代日本語から続いていたムード体系の崩壊】）。現代日本語にも、～ダロウや～ウ等の形式があるが、これらの形式の表す意味は、〈非現実〉よりもずっと狭いものとなる（【新しいモダリティ体系の台頭】）。

当該体系に関する日本語の変遷をまとめると次のようになる。

(08)　①～テイルが状態化形式として発達し、「～テイルの有無によって、〈状態（継続的）〉と〈非状態（完成的）〉の対立が表現される」というシステムが確立する。【現代日本語のアスペクト体系の確立】

②上記の①により、～テイルが〈現在〉の領域をカバーするようになり、～タが〈過去〉を表す形式となる。「～タの有無によって、〈過去〉と〈非過去〉の対立が表現される」というシステムが確立する。また、「動詞基本形は〈未来〉、～テイルは〈現在〉、～タは〈過去〉」というシステムも確立する。【現代日本語のテンス体系の確立】

③上記の①により、～テイルが〈現在〉の領域をカバーするようになり、動詞基本形が〈非状態〉の意味を担い、〈未来〉の領域（〈非現実〉の領域）に分布するようになる。無標の形式である動詞基本形が、〈非現実〉の領域を表すようになり、「～ウ・～ウズ（ル）の有無によって、〈現実〉と〈非現実〉の対立が表現され

る」というシステムが崩壊する。崩壊したシステムにかわって、～ダロウ等の特定の意味を表すモダリティ形式が台頭してくる。【古代日本語から続いていたムード体系の崩壊と、新しいモダリティ体系の台頭】

(08) の①②③は切り離すことができない変化である。つまり、～テイル、～タ、動詞基本形、～ウ・～ウズ（ル)、～ダロウ等に見られる変化は、大局的にみれば、体系的なものである。一言でいえば、これが、テンス・アスペクト・モダリティ体系の変遷である。古代日本語から現代日本語までの体系の変遷は、このように見通せるのである。

なお、補足すると、「(08) の①が原因で、②③が結果である」等の因果関係を主張しているわけではない。「(08) の①②③が体系の変遷として見通せる」ということを述べたいのである。

5. 動詞基本形の意味の変化と、動詞基本形と対をなす有標形式の変遷について

本節では、まず、動詞基本形について説明したい。

現代日本語の動詞基本形の「テンス・アスペクト・モダリティ」としての意味を示すと、次のようになるだろう（「テンス」「アスペクト」「モダリティ」の順で意味を示す)。

(09)　**現代日本語の動詞基本形**：〈未来〉・〈非状態（完成的)〉・〈非現実〉

一方、古代日本語の動詞基本形は、テンスとしては〈現在〉に分布しており、～ヌや～ツ等との対立から〈未完了〉を表し、～ムや～ムズとの対立から〈現実〉を表すので、次のようになる。

(10)　**古代日本語の動詞基本形**：〈現在〉・〈未完了〉・〈現実〉

よって、動詞基本形の意味の変化は次のようにまとめられる。

(11)　**古代日本語の動詞基本形**：〈現在〉・〈未完了〉・〈現実〉
↓
現代日本語の動詞基本形：〈未来〉・〈非状態（完成的）〉・〈非現実〉

現代日本語の動詞基本形が、〈未来〉・〈非状態（完成的）〉・〈非現実〉を表すことは、切り離して考えることができない。動詞基本形が、アスペクト的に、〜テイルとの対立によって〈非状態〉を表すようになれば、完成的な意味を示すようになるので、〈現在〉に分布することは難しく、〈未来〉を表すようになる。〈未来〉を表すということは、〈非現実〉の領域に分布することに他ならない。

このような本書の見解は、動詞基本形と対をなす有標形式の変遷を体系的に把握することを意味する。つまり、有標形式である〜テイルが発達してくれば、動詞基本形との対立において、〈状態〉対〈非状態〉が確立することになる。同時に、動詞基本形が〈非状態〉を表すようになれば、動詞基本形が〈非現実〉の領域に分布することになるので、有標形式である〜ウ・〜ウズ（ル）が〈非現実〉を表し、動詞基本形が〈現実〉を表すというシステムは崩れることになる。つまり、「〜テイルの発達」と「〜ウ・〜ウズ（ル）の減少」を関連付ける捉え方ができるようになる。これは、従来の研究にはなかった発想である。

本書のように、無標形式である動詞基本形に、「〜テイルと対立する側面」と「〜ウ・〜ウズ（ル）と対立する側面」があること読み取ると、中世末期日本語が、まさに日本語の変遷における転換期であったことが、非常によく分かる。現代へと連なる新しいシステムと、古代から続く古いシステムが、動詞基本形を交点として、この時代に体系を成しているといえる。

ポイントを繰り返すと、中世末期日本語は、新旧のシステムが移り変わる状況を、分かりやすく示している。逆をいえば、動詞基本形が形成する体系に目を向けなければ、中世末期という時期の重要なポイントを見逃すことになる。中世末期日本語の状況がどのようなことを意味しているのかも分からぬままであり、また、「システムの移り変わり」がどのようであったのかも、分からぬままになる。

なお、本書の見解に対して、「〜テイルが発達しても、〜ウ・〜ウズ（ル）が全く減少しないような言語を仮定すれば、それは反例になるではないか」あるいは「〜ウ・〜ウズ（ル）が減少しても、〜テイルが全く発達しないような言語を仮定すれば、それは反例になるではないか」というような、架空の言語を根拠に、「〜テイル、動詞基本形、〜ウ・〜ウズ（ル）」に体系を認めるわけにはいかないという反論があるかもしれない。しかし、筆者（福嶋）の感覚からすると、反例となる言語を仮定して「○○という主張は成り立たない（体系は認められない）」という議論を展開してしまうと、言語の歴史的な変化に関する研究は、事実上、ほとんど否定することができると思う。否定したいと思う説は、ほぼ全て否定できてしまうので、反論としては、強力すぎて成り立たないだろう。

もちろん、「〜ウ・〜ウズ（ル）の減少」と、「〜テイルの発達」を関連付けないという立場があってもよい。また、本書は「〜ウ・〜ウズ（ル）の減少」と、「〜テイルの発達」が、どの資料でも完全に相関するという強すぎる主張をしているわけでもない。本書では、研究上の一つの立場として、〈現実〉対〈非現実〉の崩壊と、〈状態〉対〈非状態〉の確立を、大局的な流れの中で、関連させて捉えているということである。

6. ムード優位言語ではなくなるという言語類型論的な変化―ムードという文法カテゴリーの消滅―

本書では、テンス・アスペクト・モダリティ体系の変遷が、「ムード優位言語の崩壊」という言語類型論的な変化に繋がっていると考えている（本書第8章を参照のこと）。

本章の3.節では、古代日本語は、〈現実〉と〈非現実〉の対立に重点が置かれていることを述べた。加えて、中世末期日本語でも、形式間の関係は、古代日本語に近いことを述べた。要は、古代日本語や中世末期日本語は、ムード優位言語であったわけだが、中世末期以降にこの特徴が崩れてくるわけである。

前節で述べた通り、動詞基本形と～ム・～ムズ（または～ウ・～ウズ（ル））の対立が古いシステムであり、動詞基本形と～テイルの対立が新しいシステムである。つまり、「〈現実〉対〈非現実〉」という構造から、「〈状態〉対〈非状態〉」という構造に変化していく。この点と言語類型論的な変化をあわせてまとめると、次のようになる[*5]。

(12)

	非現実の一部（〈未来〉等）	現実の一部（〈現在〉等）
古代日本語	～ム・～ムズ	動詞基本形[*6]
中世末期日本語	～ウ・～ウズ（ル）	動詞基本形　～テイル

	非状態の一部（〈未来〉等）	状態の一部（〈現在〉等） ※〈未来〉も可
現代日本語	動詞基本形	～テイル

図　言語類型の変化を含む古代日本語から現代日本語への体系の変化

この（12）について、簡単な補足をしたい。～ム・～ムズや～ウ・～ウズ（ル）が、〈未来〉に多く分布しているのは、これらの形式が、〈非現実〉を

*5　（12）において、テンス的意味に「等」が付いていることについて説明をしておきたい。序章でも述べた通り、本書では、便宜的に、テンスで整理して、各時代の形式を示す場合がある。ただし、厳密には、テンスの意味と、アスペクトやモダリティの意味が完全に一致しているわけではない。例えば、古代日本語の動詞基本形の分布は、テンスでいう〈現在〉の領域に収まらない場合もある（土岐留美江（2010:203）のいう「現代語ではノダ構文に相当するケース」等である）。他の形式についても同様に、分布の範囲がテンスの意味と完全に一致しているわけではない。このため、ここでは、「等」を付けて示している。

*6　古代日本語の～タリも〈現在〉の領域に分布しているので、当時の動詞基本形が、〈現在〉の領域の全てをカバーしているわけではない。

表す形式だからである。現代日本語で、動詞基本形が、〈未来〉に分布しているのは、現代日本語の動詞基本形が、〈非状態〉を表す形式だからである。

同様に、古代日本語や中世末期日本語の動詞基本形が、〈現在〉に多く分布しているのは、この形式が、～ム・～ムズや～ウ・～ウズ（ル）との対立において、〈現実〉を表しているためである。現代日本語で、～テイルが、〈現在〉に分布しているのは、この形式が、〈状態〉を表しているためである。

つまり、〈未来〉や〈現在〉というテンスの観点から、各形式を整理することはできるが、「その形式が、どうして、その領域に分布しているのか」という理由は、時代によって異なっている。この根本的な異なりをおさえないと、各形式の分布を理解したことにはならない。この点を、同じ〈現在〉に分布している、古代日本語の動詞基本形と、現代日本語の～テイルを例に説明したい。古代日本語の動詞基本形は、〈現実〉を表す形式なので、〈未来〉のことを表す際には、～ム・～ムズの接続が必要と考えられる。一方、現代日本語の～テイルは、〈状態〉を表す形式なので、そのままの形で、〈未来〉のことを表すことができる（先も述べたが「明日の今頃、僕は、あそこのカフェでコーヒーでも飲んでいるよ」等の文は自然である）。時代によって、文法的なシステムが根本的に異なるのである。

文法的なシステムの移り変わりは、既に述べてきたように、次のように考えられる。「～テイルの有無による、〈状態（継続的）〉〈非状態（完成的）〉の対立」というシステムが確立すると、動詞基本形は、ひとまとまりの運動（完成的な意味）を表すようになり、〈未来〉の領域、つまり、〈非現実〉の領域にシフトすることになる。このため、「～テイルの有無による、〈状態（継続的）〉〈非状態（完成的）〉の対立」というシステムの確立は、同時に、「～ウ・～ウズ（ル）の有無による、〈非現実〉〈現実〉の対立」というシステムの崩壊を意味している。動詞基本形がそのままの形で、〈非現実〉の領域に分布することになると、「動詞基本形が、そのままの形で〈現実〉のことを表す。～ウ・～ウズ（ル）を接続させることで〈非現実〉のことを表す」というシステムは崩壊せざるをえないのである。

「走る（〈非状態〉）／走っている（〈状態〉）」の対立が確立すれば、「走る／走らむ」系統の「〈現実〉／〈非現実〉」の対立は崩れざるをえない。「どのようにして、古代日本語の体系から現代日本語の体系になったのか」という問いに、一言で答えるとすれば、そういうことになるだろう。

このような発想は、「～テイルの発達に伴い、日本語では、節レベルにおいて、ムードという文法カテゴリーが消滅した」という大きな変化を意味するものである。理解が難しい部分もあると思う。この点に絞って、もう一度、体系の変遷に関するポイントをまとめておきたい。

(13)　**古代日本語から現代日本語への変遷として重要な点**

①〈状態〉／〈非状態〉の対立というシステムの確立
～テイルと、動詞基本形によって形成されるシステムの確立

②〈現実〉／〈非現実〉の対立というシステムの崩壊
動詞基本形と、～ム・～ムズあるいは～ウ・～ウズ（ル）によって形成されるシステムの崩壊

この（13）の①と②は、切り離すことができないというのが、本書の立場である。

結果的に、～テイルの発達に伴い、〈非現実〉を表す～ウ・～ウズ（ル）は消滅する。～ウ・～ウズ（ル）の消滅は、「未然形に接続し（つまり複語尾であって、述語外接形式[*7]ではなく）、ある程度の用例数が観察され、〈非現実〉という抽象的な意味を、文中と文末の別なく、また、主語の人称の別なく、ほぼ義務的に表していた形式」の消滅である。これは、「<u>～テイルの発達に伴い、節レベルにおいて、ムードという文法カテゴリーが消滅した</u>」と捉えることができるのである[*8]。古代日本語から現代日本語への体系の変遷

*7　述語外接形式については、尾上圭介（2012）を参照のこと。

*8　現代日本語において、～タの有無によるテンスの対立も、～テイルの有無によるアスペクトの対立も、「複語尾（的）で（述語外接形式ではなく）、ある程度の用例数が観察され、文中と文末の別なく、また、主語の人称の別なく、ほぼ義務的に使用される形

を語る上で、この大きな変化（～テイルの発達に伴い、結果的に、少なくとも節レベルでは、ムードという文法カテゴリーがなくなったこと）を、見逃すわけにはいかないだろう。～テイルの発達に伴う変化は、動詞述語文に関するものであるが、さらに、これが、言語全体の変化（つまり、言語類型論的な変化）に繋がったというのが、本書の主張である（この点に関しては、状態性述語について述べた9.節も参照のこと）。

なお、中世末期日本語は、(12) の変化の過渡期であり、〈未来〉に分布している動詞基本形と、〈現在〉に分布している動詞基本形が混在している。一方で、動詞基本形という形態的な同一性があるのも事実である。これらのことを反映させると、次のようなまとめ方もできる（〈未来〉と〈現在〉に分布している動詞基本形をそれぞれ示し、かつ形態的な同一性があることを で囲んで示している）。

(14)

	非現実の一部（〈未来〉等）	現実の一部（〈現在〉等）
中世末期日本語	～ウ・～ウズ（ル）　動詞基本形	動詞基本形　～テイル

このようにまとめた場合でも、「～テイルの発達」と「～ウ・～ウズ（ル）の減少」を関連付けるという点は変わらない。さらには、ムード優位言語ではなくなるという言語類型的な変化があったということも変わらないだろう。

式」の対立である。このテンスやアスペクトと同列に、「ムード」を考えるのであれば、古代日本語の～ム・～ムズの有無や、中世末期日本語の～ウ・～ウズ（ル）の有無による、形式的な対立が、ムードであろう。このように考えると、節レベルでムードが消滅したというよりは、現代日本語においては、ムードという文法カテゴリーそのものがなくなったともいえる。

もちろん、「ムード」の定義次第では、現代日本語にも、ムードというカテゴリーは存在するともいえる。ここでは、「複語尾であって、ある程度の用例数が観察され、〈非現実〉という抽象的な意味を、文中と文末の別なく、また、主語の人称の別なく、ほぼ義務的に表していた形式」が消滅し、形式間の対立がなくなったことをムードの消滅と捉えているのである。

7. ～ウ・～ウズ（ル）が多用されているのは従属節だけの問題ではない

これまでの議論を踏まえた上で、中世末期日本語の従属節において、意志・推量形式が多用されていることについて述べたい。

中世末期日本語の体系を再び示すと、以下のようになる。

（15）（＝（03））**中世末期日本語の各形式を時制で整理した場合**

	未来	現在		過去
中世末期日本語	～ウ・～ウズ（ル）	スル	～テイル	～タ

この（15）は、主節と従属節の概ね両方に当てはまる（文末と文中の両方に当てはまる）と考えられる。ポイントになるのは、次の例にみるように、主節にも、従属節にも、～ウ・～ウズ（ル）が多用されているということである。（16）と（17）は主節末の例、（18）～（20）は従属節内の例、（21）は従属節内と主節末の両方に、当該形式が出現している例である。

（16）　私わなんぼうなりとも語りまらしょう（catari maraxô）。

（『天草版平家物語』p.10）

（17）　せうぶをさせて、かたつ方へ一のくひをやらふず、せうぶは何をせうぞ

（『狂言台本虎明本』上 p.124）

（18）　この学者を殺さう（coroſŏ）ことは本意無い、

（『天草版伊曽保物語』p.433）

（19）　［忠盛が、闇討ちの情報を聞いた場面］今不慮の恥にあわうずる（auŏzuru）事わ家のため、身のためこころ憂いことぢゃほどに

（『天草版平家物語』p.4）

(20)　是までおつかくるも、汝をがいせうためじや、

（『狂言台本虎明本』下 p.18）

(21)　その御返報にわどこなりともあかうずる（acŏzuru）国を下されうずる（cudaſareôzuru）とをうせられた。

（『天草版平家物語』p.4）

この（18）～（21）のような従属節内の例は、現代日本語で解釈する場合、「殺すこと」「あうこと」「害するために」「あく国」のように、動詞基本形で解釈することになると思うが、中世末期日本語の動詞基本形は、〈現在（同時）〉に傾いている（本節は、従属節の話題なので、相対テンスである、〈以前〉〈同時〉〈以後〉も含めて示す）。このため、当時の動詞基本形は、（18）～（21）のような、〈未来（以後）〉の例に出現しにくい。そして、動詞基本形のかわりに、～ウ・～ウズ（ル）が出現しているといえる。つまり、当時の従属節の節述語は、（15）の体系をそのまま反映しているのだと考えられる。

現代日本語では、従属節内（特に連体節内）において、意志や推量の形式が出現しにくい。このため、どうしても、「～ウ・～ウズ（ル）が従属節内（連体節内）に出現するのはどうしてか」ということに注目が集まってしまうが、実は、これは、当時の体系をそのまま反映しているだけのことであって、従属節だけの特殊な現象ではないのである。

本書のこの捉え方は、従属節内に～ウ・～ウズ（ル）が多用されるという現象が、当時の表現体系の中に解消されるということであって、無理のない捉え方といえるだろう。一度、このような捉え方をした上で、それでもなお従属節の問題として議論するべきことがあるのであれば、その時に改めて問題となる従属節に注目して、議論を進めればよいのだと思う。

8. 1000年を超える壮大なスケールで繰り返される体系の中に連体節の現象を位置付ける

これまでの節では、「古代日本語から現代日本語に、どのように変わってきたのか」という、変化した部分について述べてきた。本節では、その変化を踏まえた上で、「この点は繰り返されているのでないか（長期的に見れば不変ではないか）」という点について述べたい。

現代日本語の連体節等においては、「似た人」「走る人」等の表現が、「似ている人」「走っている人」に近い意味を表すことがある。もちろん、文中においても、「昨日来た人」「明日泳ぐ人」のように、～タが〈過去〉、動詞基本形が〈未来〉を表すこともできる。これらの点（文中の～タが、〈過去〉だけではなく〈現在〉も表す点と、文中の動詞基本形が、〈未来〉だけではなく〈現在〉も表す点）を、次の（22）の表では（　　）内で示したい。

加えて、現代日本語の～テイルについていえば、「10年前に一度この道を走っている」のように、〈過去〉の時間表現と共起できる～テイルも存在する（経験の～テイル、あるいは、動作パーフェクトの～テイルのことである）。この～テイルは、厳密には〈現在〉との繋がりをもっているため、（〈過去〉ではなく）パーフェクトとされているわけだが、〈過去〉の出来事を示している点から、便宜上、次の（22）の表では、〈過去〉に進出したものとして示すことにする[*9]。そうすると、次のようになる。

---

*9　現代日本語の状態化形式の～テイルは、「明日の今頃、僕は、あそこのカフェでコーヒーでも飲んでいるよ」等のように、〈未来〉の〈状態〉を表すこともできるし、「昨日の今頃は、あそこのカフェでコーヒーを飲んでいたよ」のように、～タを接続させることで、〈過去〉の〈状態〉を表すこともできる。一方、動作パーフェクトの～テイルは、〈状態〉を表している～テイルとは異なり、「シタ」のような表現に近づいている。状態化形式から踏み出している点に注目し、動作パーフェクトの～テイルを、（22）の表では、〈過去〉に進出したものとして扱っている（動作パーフェクトについては、工藤真由美（1995）を参照のこと）。

(22)　**表7　日本語のテンス・アスペクト・モダリティ体系の変遷2**

	非現実の一部	現実の一部	
	未来	現在	過去
古代日本語	〜ム・〜ムズ	ス　〜タリ	〜ケリ　〜キ
中世末期日本語	〜ウ・〜ウズ（ル）　スル	〜テイル　〜タ	
現代日本語	スル （スル）	〜テイル （〜タ）	〜タ

この（22）をおさえた上で、アスペクトを表す形式がテンスを表す形式になるという流れについて考えたい。この流れは、日本語に関しては、山口佳紀（1985）、工藤真由美（1995・2006）、小柳智一（2014・2018）等に考察や言及がある。また、日本語以外の言語に関しては、Comrie（1976）、Maslov（1988）、Bybee et al.（1994）等の指摘がよく知られている。これらの研究を参考に、日本語の変化に即して、アスペクト形式からテンス形式へという流れを簡潔にまとめると、次のようになるだろう。

(23)　（existential expression）→ resultative → actional perfect → simple past
||
（statal perfect）

この（23）は、存在表現をスタートとして、結果継続（状態パーフェクト）を表していた形式が、やがて、動作パーフェクトを表す形式に、そして、ついには、単純に、〈過去〉を表す形式になることを示したものである[*10]。存在表現は、もともと、「今、ここ」という目の前の出来事を中心的に表していたものだが、次第に「今、ここ」との関係が薄れていき、やがて、「今、ここ」とは切り離されて、〈過去〉を表すようになるというわけである。

日本語においては、〈過去〉を表すテンス形式が新たに成立すると、それ

---

*10　安平鎬・福嶋健伸（2005）で述べたが、韓国語でも同じような流れが観察できる。

と前後して、結果継続を表す新しいアスペクト形式が、存在表現を基に形成されるようである。これらは一連のセットとなる流れであろうし、同じ時代に存在する各形式は、この流れを踏まえた上で、体系を成していると考えた方がよいだろう。以下で、「体系を成している」という点を意識して、説明を加えたい。

例えば、「古代日本語の～タリ→中世末期日本語の～タ→現代日本語の～タ」の変化には、この（23）の流れが見られる。現代日本語の連体節内に見られる形式（例えば「似た人」等）は、かつての名残として知られている[*11]。「中世末期日本語の～テイル→現代日本語の～テイル」の変化にも、（23）の流れの一部が見られる。このように、各形式が、比較的分かりやすく（23）の流れに沿っているので、各形式の変化に注目が集まる。今述べたような、「～タには、（23）の流れが見られる」「～テイルには、（23）の流れが見られる」というような見方である。もちろん、この見方は誤りではない。

しかし、本書のように、中世末期日本語の～タと～テイルの関係、つまり、「体系」に注目した場合、（23）の流れは、各形式（つまり、各要素）の変化としてだけではなく、「体系」としての変化を含意していると捉えることができる。（22）で示したように、「中世末期日本語の～テイルが存在文的な意味に偏っており、～タや動詞基本形等と体系を成していること」がはっきりすると、（23）の流れが、より明瞭に、体系の変化（面の変化）として見通せるのである。「中世末期日本語において、～テイルの発達が未熟であったこと（存在文的な意味に偏っていること）と、～タが文末で〈状態〉を表すこと」は無関係なことではない。同様に、「現代日本語において、～テイルが広く用いられていることと、～タが〈状態〉を表すのは文中のみであること」は無関係なことではないといえる。これらの変化は、アスペクト形式の発達に伴う体系的な変化として見通せる。

---

*11　なお、中世末期日本語で状態を表している～タと、現代日本語の連体節内で見られる～タが、全く同一のものだと主張しているわけではない。両者の違いの一部については、Ogihara & Fukushima（2015）等を参照のこと。

先ほど、「過去を表すテンス形式が新たに成立すると、それと前後して、結果継続を表す新しいアスペクト形式が、存在表現を基に形成される」と述べたが、それを示すと、次のようになるだろう（"existential expression" の部分は省略して示す）。

(24)

resultative → actional perfect → simple past		
	resultative → actional perfect → simple past	

～タと～テイルに当てはめると、上段が（～テアリ→～タリから連なる）～タの流れであり、下段が（新たに台頭してきた）～テイルの流れになる[*12]。

この (24) の中から、中世末期において体系を形成している「形式」と「意味」を取り出すと次のようになる。

(25)　～タ　　resultative の一部／ actional perfect ／ simple past
　　　～テイル　resultative の一部

新旧のアスペクト形式が存在するわけだが、これらの形式が張り合って体系を形成している。その形式間の張り合い（体系）が、どのように変わっていくかが重要なのである。

resultative（あるいは既然態）という用語だけを見ると、「～タも～テイルも、ともに、resultative（あるいは既然態）を表す」ということになる。これが先行研究の段階である。しかし、(24) の流れをおさえ、新旧のアス

*12　ここでは、(23) の流れを、単純に繰り返して示している。しかし、この流れに、～テイルを当てはめた場合、～テイルが、今後、（～タリ→～タのように）過去の形式になるかは分からないと思う。そもそも、～テイルの特徴としては、結果継続だけではなく動作継続も表すということが重要なわけであり、～テイルと～タリを同一視することはできない。

ペクト形式が織りなす体系に着目すれば、「～タリからの連続性を持つ～タのresultativeと、新たな形式である～テイルのresultativeとでは、その内実が異なるのは自然なこと」という発想を得ることができるし、本書のように、各形式（ここでは、状態を表している～タと、～テイル）がどのように張り合っているのかを記述することもできるようになる。

このように中世末期日本語の体系をおさえると、1000年以上のスケールで、「体系」が、同一のパターンで繰り返されていることが、見通しやすくなる。以下、この点について述べていく。

小柳智一（2014:64-66）は、「「き」という過去（past）のテンスは、かつては結果継続（resultative）を表すアスペクトだったと考えられる。」として、『古事記』の歌謡の「浮きし脂（宇岐志阿夫良、「浮いている脂」のこと）」の例を挙げている。また、～ケリにも、「継続的な意味」を指摘し、「「けり」についても、アスペクチュアリティからテンポラリティへの変化を認めてよいだろう。」とする[*13]。

加えて、矢澤真人（1990）にも言及があることだが、～ケリには、「～ケラズ（～ケリ＋～ズ）」という文字列が存在する。次のような例である。

(26)　　青柳は縵（かづら）にすべく<u>なりにけらず</u>や（奈利尓家良受夜）

（『万葉集』817）

このような「～ケラズ（ヤ）」の例は、「過去＋否定」のように、単純に解釈することができず、「～ているではないか（あるいは「～たではないか」）」というような固定的な表現として、上代にわずかに存在するのみであることが、よく知られている。しかし、このような例から、かつては、否定の内側

*13　古代日本語における、アスペクトを表す形式から過去を表す形式への変化については、山口佳紀（1985:483-518）も参照のこと。また、「けり」と存在的意味の関係や、「き」が、変化の結果の状態というアスペクト的意味から、過去の意味へと発展したこと等については、『日本国語大辞典』（第二版、小学館）の当該項目の「語誌」の指摘がよく知られている。なお、～キの連体形に関しては、今泉忠義（1930・1932）や国田百合子（1958）に考察がある。

に分布している～ケリが、存在していたといえる。

一般的に、～ケリは、次の例のように、否定の外側に分布するものと考えられている。

(27)　直(ただ)にあらねば恋止まずけり（夜麻受家里）　（『万葉集』3980）

(28)　かうやうのこと、さらに知らざりけり。　（『土佐日記』p.49）

このため、(26) のような、否定の内側に分布している～ケリの例が、意味を持ってくる。

アスペクトとテンスは、ともに時間に関する概念であるが、日本語においては、否定との位置関係が、両者を分ける基準として知られている（否定の内側ならアスペクト、外側ならテンスということである。矢澤真人（1990）を参照のこと）。ここから、かつて、アスペクト側に分布する～ケリがあったと考えられるのである。

つまり、先に見た小柳智一（2014）の指摘や、この～ケリの分布を踏まえると、～キや～ケリすらも、さらにいえば、古代日本語の体系すらも、(23) の流れに沿っているとみることができる[*14]。

これらのことを踏まえた上で、(22) と (24) をもう一度見て頂きたい。

---

*14　厳密には、古代日本語の～キや～ケリと、現代日本語の～タを、同一視することはできないと思う。しかし、ここでは、「いずれの形式も〈過去〉を表している」という共通点に注目して、まとめて扱っている。

(29)（＝（22）に手を加えたもの）

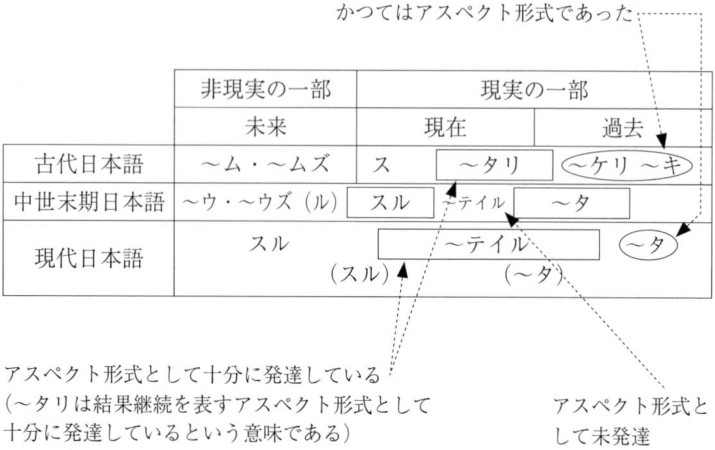
かつてはアスペクト形式であった
非現実の一部
現実の一部
未来
現在
過去
古代日本語
〜ム・〜ムズ
ス
〜タリ
〜ケリ 〜キ
中世末期日本語
〜ウ・〜ウズ（ル）
スル
〜テイル
〜タ
現代日本語
スル
〜テイル
〜タ
（スル）
（〜タ）
アスペクト形式として十分に発達している
（〜タリは結果継続を表すアスペクト形式として
十分に発達しているという意味である）
アスペクト形式と
して未発達

(30)（＝（24））

resultative → actional perfect → simple past
resultative → actional perfect → simple past

〜ケリは「来＋アリ（あるいは助動詞〜キ＋アリ）」、〜タリは「〜テ＋アリ」に由来すると考えられるので、「存在表現に由来する結果継続を表す形式が、やがて過去を表す形式になり、新たに、存在表現に由来する結果継続を表す形式が台頭してくる」という（24）の流れが、1000年を超える壮大なスケールで、体系として繰り返されているといえる[*15]。

興味深いことに、小柳智一（2014:65）は、先の「浮きし脂」の例について述べる際、このような結果継続を表している〜キの例が連体節に見られる

*15　ただし、〜キについては、その成立や存在動詞との関係も含め、不明な点が多い。なお、山口佳紀（1985:506-507）は、春日和男（1968）を引用した上で、「（福嶋注：〜キの活用形である）シ・シカが、存在の意のス（為）に遡るとすれば、その用法がかつてリ・タリに近いものであったとしても、不思議ではない。」と述べており、〜キの活用形の一部と、存在の意味を関連付ける見方はある。

ことに注目し、「連体節末は古い用法が残りやすい環境である。」と述べ、さらに、〈過去〉を表している～キの例は「連体節末にも主節末にも見られ、環境が制限されない。」と指摘する。これとほぼ同様のことが、現代日本語に見られるだろう。それが、連体節内に見られる～タ（「似た人」等の～タ等）である。周知の如く、〈過去〉を表す～タは、主節にも連体節にも現れるが、「似た人」のような～タは、出現する環境が限定されている（文末では「似ている」のように、～テイルの形にする必要がある）。

既に述べた通り、現代日本語の「似た人」のような～タは、第1章で論じた、中世末期日本語の「あの目のくるりとしたもにたよ」のような～タの名残と考えられる。しかし、単に形式的な名残、というだけに留まるものではない。「新しい状態化形式である～テイルの発達（存在文的な意味からの発達)」と「～タが（～タリから引き継いでいた）状態化形式としての役割を終え、〈過去〉専用の形式へと変化していく」ということは、偶然ではなく、体系の変化として捉えられる。そして、これに近い体系的変化が、～タリや、～キ、～ケリ等にもあったのだろうと推測される。この1000年を超える壮大なスケールで、繰り返される体系の1コマとして、連体節に見られる現象（「似た人」等の～タ、さらにいえば、「浮きし脂」等の～キ）を位置付けることができるというわけである。

「現代日本語において、～テイルが広く用いられていることと、～タが〈状態〉を表すのは文中のみであること」は無関係なことではない。同様に、「古代日本語において、～タリが広く用いられていることと、～キが〈状態〉を表すのは文中のみであること」は、無関係なことではない。これらのことをまとめると次のようになる。

(31)　**古代日本語の体系**：～タリが広く用いられており、～キが〈状態〉を表すのは文中のみである。

(32)　**中世末期日本語の体系**：～テイルの発達が未熟であり（存在文的な意味に偏っており)、～タが文末でも〈状態〉を表す。

(33)　　**現代日本語の体系**：～テイルが広く用いられており、～タが〈状態〉を表すのは文中のみである。

(31) ～ (33) は、それぞれの時代における「体系」である。中間地点である (32) の体系を明らかにすることによって、(31) → (32) → (33) の「体系」が、1000年を超える壮大なスケールで、繰り返されていることが見通しやすくなるというわけである。

9. 状態性述語の整理

ここまでは、運動動詞が述語になる場合を中心に整理を行ってきたが、本節では、状態性の述語にも目を向けたいと思う。

第8章等での議論をもとに、先ほどの (06) を、状態性述語のものに書き換えると次のようになる。

(34)　　**表8　日本語の状態性述語における体系の変遷**

	非現実の一部	現実の一部	
	未来	現在	過去
古代日本語	～ム・～ムズ	無標形式	～ケリ　～キ
中世末期日本語	～ウ・～ウズ(ル)	無標形式	～タ
現代日本語	無標形式		～タ

形容詞や存在動詞等の状態性述語は、アスペクトに関する形式が関与しにくいので、その分、分かりやすく流れを見通せる。

現代日本語では、～タの有無によって、きれいに二分されている。つまり、〈過去〉〈非過去〉の対立が重要なのである。中世末期日本語で、既にその兆しを見ることができる。

一方、古代日本語の場合、〈現在〉のことであっても、〈非現実〉のことなら、～ム・～ムズが接続するので、〈現実〉〈非現実〉の対立が主たる軸であろう。～ケリや～キが〈過去〉を表すというのは誤りではないだろうが、その分布は〈過去〉の一部に限定されており、主たる対立は、〈現実〉〈非現実〉の対立と見た方がよい。

中世末期日本語は、ちょうど、その中間的な段階である。～タの有無により、〈過去〉〈非過去〉を表し分けている一方で、～ウ・～ウズ（ル）も、広く分布しており、〈現実〉〈非現実〉の対立も十分に機能している。次の(35)～(39)は、状態性の述語（存在動詞や形容詞等）に～ウ・～ウズ（ル）が接続している例である。このような例が、中世末期日本語では、文中や文末を問わず、数多く見られる。

(35)　一げいあらふずる者を聟にとらふと申て、
（『狂言台本虎明本』上 p.381）

(36)　げにもさやうにござらば、罪の深からうずる（fucacarŏzuru）ことわ疑いない　（『天草版平家物語』p.103）

(37)　あひもせぬさきから、にくからふ事は、いや、今の間にどちへやらいたよ　（『狂言台本虎明本』中 p.174）

(38)　何がじやうがこはからふ　（『狂言台本虎明本』中 p.407）

(39)　義経わさだめて謀反の心もあらうず（arŏzu）、
（『天草版平家物語』p.374）

ただし、無標形式の一部には、〈非現実〉の領域に進出しているかと思われるものもある[*16]。この点で、現代日本語への萌芽をうかがわせる。次のよ

*16　ここで状態性述語の解釈の難しさについて補足をしておきたい。例えば、「ちがひだなに、あめがあらう程に、孫どもにねぶらせひ」（『狂言台本虎明本』上 p.114）という用例がある。この用例の解釈は、「飴があるだろうから」というような〈非現実〉の事

うな例である。

(40)　明日はれがましき客人が有程に、野中の清水をくんでわたしめ[*17]
（『狂言台本虎明本』中 p.242）

現代日本語においては、～ウを用いた言い回し（例えば「難しかろう」等）があるものの、使用場面や意味が限定されている。現代日本語には、〈非現実〉という広い意味を表す～ウ・～ウズ（ル）は、見られないのである。

この（34）と、先ほどの（06）や（12）を、あわせて見て頂きたい。次のことを指摘できるだろう。

(41)　日本語の変遷において、状態性述語についてまとめた（34）からは、〈現実〉〈非現実〉の対立の崩壊と、〈過去〉〈非過去〉の対立の確立が見て取れる。また、運動動詞が述語になる場合についてまとめた、(06）や（12）からは、〈現実〉〈非現実〉の対立の崩壊と、〈状態〉〈非状態〉の対立の確立が見て取れる。

大局的に見れば、モダリティの観点から「～ウ・～ウズ（ル）の減少による、〈現実〉〈非現実〉の対立の崩壊」ということは両者に共通しており、アスペクトの観点から「～テイルの有無による〈状態〉〈非状態〉の対立の確

態を表すものになるだろう。しかし、なぜ「飴があるだろうから」のような解釈になるのかといえば、～ウが接続しているからである。もし、「ちがひだなに、あめがある程に、孫どもにねぶらせひ」という用例であれば、「飴があるから」というような〈現実〉の事態を表す例として解釈するだろう。つまり、状態性述語の場合、〈現実〉／〈非現実〉の解釈が、かなりの程度、～ウ・～ウズ（ル）の有無によってしまうのである。このため、状態性述語の無標形式が〈非現実〉の事態を表している確例を指摘することは、運動動詞の場合と比べると困難を伴う。

*17　この例は、「明日」と「ある」が共起しているので、〈非現実〉の事態を表している例だと思われる。ただし、「明日の来客は決定している」と捉え、〈現実〉の事態を表している例に引きつける解釈も可能だと思う。

立」、テンスの観点から「～タの有無による〈過去〉〈非過去〉の対立の確立」というテンス・アスペクト・モダリティ体系の変化が、分かりやすく把握できる。このようなことは、有標形式だけを追っていては、見えてこないものである。さらにいえば、「～ウ・～ウズ（ル）、無標形式（動詞基本形を含む）、～テイル、～タ」を、体系的に把握するという視点が必要といえる。

なお、念のため、次の点も確認しておきたい。現代日本語において、運動動詞が述語になる場合、基本的に、「動詞基本形が〈未来〉、～テイルが〈現在〉、～タが〈過去〉」という分布になる。このため、ここだけを見ると、「現代日本語においては、何も接続していない形（無標の形）が、〈非現実〉を表す形式なのだ」という印象もある。しかし、この印象は正しいものではない。正確には、無標の形が〈未来〉になるのは、運動動詞が述語になる場合に限ったことなので、テンス・アスペクトの問題として捉えた方がよいだろう。つまり、「現代日本語において、運動動詞が述語になる場合、何も接続していない形（無標の形）が、ひとまとまりの運動を表すので、〈未来〉を表す形式になる」ということである。状態性述語の分布を見ると、この点がよく分かる。例えば、「明日の今頃、彼は、このカフェにいる」「今、彼は、このカフェにいる」という場合、ともに、「何も接続していない形（無標の形）」であるが、前者は〈非現実〉、後者は〈現実〉のことである。よって、「無標の形が〈非現実〉を表す形式」ということではない。このように、状態性述語に着目すると、運動動詞が述語になる場合だけの変化なのか、言語全体の変化なのか、判別できるのである。現代日本語では、言語全体の変化において、〈現実〉〈非現実〉の対立を形式によって区別するということがなくなったのである（ムード優位言語ではなくなったのである）。

10. 近代日本語のテンス・アスペクト・モダリティ体系の変遷について考察を加える—テンスを表し分ける体系への変化—

ここまでの議論を踏まえ、近代日本語におけるテンス・アスペクト・モダリティ体系の変遷について、考察を加えたい。

(12) 等を見る限り、「〜テイルの発達」ということが大きな変化として注目されるので、この点を中心に考えたいと思う。

「〜テイルの発達」は、〈状態〉を表す専用形式の発達であり、近代日本語が、〈状態〉対〈非状態〉というアスペクト体系の獲得に動いていることを意味している。多くの言語において、動作継続と結果継続は別の形式が担っているが、近代日本語の〜テイルの表す〈状態〉は、その両方をカバーしており、この点が重要であると考えられる。「動作継続と結果継続の両方をカバーする状態」の獲得が何を意味しているのかというと、これは、動詞述語文における、〈現在〉というテンスを表す形式の獲得と考えられるわけである。近代日本語の変遷は、〈現在〉というテンス的意味を積極的に形式化したものといえる。

全体としてみれば、〈現在〉を〜テイルが担い、〈過去〉を〜タが担うという状況になってくるわけであり、「〜テイルの発達」を通して、〈現在〉／〈過去〉／〈未来〉が、ほぼ専用の形式で表し分けられる体系になったのである[*18]。この点は、(04) のように、中世末期日本語と現代日本語を比較することで、分かりやすく把握できると思う。以下に再掲する。

---

*18　現代日本語の〜テイルが、〈現在〉を表すという見解は、特に珍しいものではない。例えば、須田義治 (2010) は、「する」「した」「している」の中核的意味として、次の表を示している (須田義治 (2010:46) から引用した。須田義治 (2010) の中核的な意味とは、プロトタイプ的な意味のことであり、基準時点を発話時＝現在とする場合だけに実現するものである。直前未来、直前過去のように、「直前」と付いているのは、そのためである)。〜テイルを〈現在〉と見なす点において、本書と共通している。

(42)（＝(04)）**近代日本語の形式の変遷を時制で整理した場合**

	未来	現在	過去
中世末期日本語	～ウ・～ウズ（ル）	スル　～テイル	～タ
現代日本語	スル	～テイル	～タ

「現代日本語（の共通語）では、なぜ、動作継続と結果継続を、形式上、区別しないのか」という問題に対する本書の回答は、「状態化形式というアスペクトの形式を用いて、〈現在〉というテンス的意味を積極的に形式化しているから（現代日本語において、アスペクト的な意味である〈状態〉こそが、テンス的な意味である〈現在〉を表す手段だから）」ということになる。

このように、近代日本語のテンス・アスペクト・モダリティ体系の変遷は、テンスを表し分ける体系への変化といえるのである。

11. 日本語の変遷を体系的にみることの重要さ

最後に、体系的にみることの重要性について述べたいと思う。

本書のような視点を持つことで、「～テイルの変遷」や「～タの変遷」というような、各形式（各要素）の変遷というレベルではなく、「体系の変遷」として見通すことが可能となった。いわば、「テンス・アスペクト・モダリ

テンス＼アスペクト	限界到達	過程継続
直後未来	する	
現在		している
直前過去	した	

また、仁田義雄（2019:60）にも、「具体的な現象として現れる顕在的な動きを表す事態類型にあっては、既に触れたように、テンスは、〔スル―シテイル―シタ〕の対立によって実現される。」という指摘がある。

ティ体系の変遷」という研究が可能になったわけである。本書は、その変遷の基本的な部分の一部を示したものといえるだろう。

現代日本語の体系に至るまでには、「存在文的意味からの～テイルの発達（〈現在〉の領域での拡大）」「動詞基本形の分布の〈非現実〉領域へのシフト（〈現在〉から〈未来〉へ分布が移ること）」「～ウ・～ウズ（ル）の変化、～ダロウ等の台頭（連体節内に分布しなくなることや、〈意志〉／〈推量〉の意味に特化すること等）」という大きな変化がある。本書のように考えることによって、これらの変化を（単なる偶然ではなく）体系的に捉えるという視点が得られたというわけである。体系的に考えなければ、統一的な視点が得られず、個々別々に、偶然として記述する他ないと思う。

12. 付節　古代日本語の～ヌや～ツについて

鈴木泰（1992・1999）等を参考に、～ヌと～ツの情報を（06）に付け加えると、次のようになる。

（43）　**表9　日本語のテンス・アスペクト・モダリティ体系の変遷（～ヌ・～ツ含む）**

	非現実の一部	現実の一部	
	未来	現在	過去
古代日本語	～ム・～ムズ	ス ［～タリ］ ［～ヌ ～ツ］	～ケリ　～キ
中世末期日本語	～ウ・～ウズ（ル）	［スル］ ～テイル	［～タ］
現代日本語	スル	～テイル	～タ

古代日本語の～タリの一部と、～ヌ・～ツは、〈完了〉を表している。〈完了〉を表す形式が単独で用いられた場合、事実上は、〈現在〉と〈過去〉の中間的な部分に分布することになるので、（43）では、その点を反映し、これらの形式を［　　　］で囲んで、〈現在〉と〈過去〉の中間に配置している。

中世末期日本語の時点では、既に～ヌと～ツは生産的ではない。このため、近代日本語の変遷に、～ヌと～ツが、直接的に関与しているとは思われず、「近代日本語の変遷（例えば「～ウ・～ウズ（ル）の減少」）」と「～ヌと～ツの消滅」は、別に語られることになる。ただし、～ヌや～ツが消滅したことで、「言語表現のシステム上、どうやって、完成的な意味を表現するのか」ということが、中世末期日本語の表現上の隙間となっている可能性はあると思う。〈過去〉であれば、～タで表すという選択肢もあるだろう（「シタ」という形式で「完成的な意味の〈過去〉」を表すということである）。しかし、〈非過去〉の出来事を表す場合は、少々困ることになりはしないか。古代日本語では、「～ナム（～ヌ＋～ム）」等で、完成的な意味を表現していたこともあったと思うが、この「～ナ（～ヌ）」の部分がなくなってしまうのだから、どのように表現することになるのか、気になるところである。～テイルの発達とともに、動詞基本形が完成的な意味を帯びて、〈非現実〉の領域にシフトしていくわけだが、このような表現上の隙間（〈非過去〉の完成的な意味を表しにくい）があったということにも、変化のモチベーションがあるのかもしれない。このように考えると、～ヌや～ツの消滅も、「～ウ・～ウズ（ル）の減少」に関わっているともいえる。

第2部のまとめ

古代日本語から現代日本語への変化

第2部では、第1部の成果を踏まえながら、古代日本語から現代日本語への体系的変化を考察した。テンス・アスペクト・モダリティ体系の変遷については、第11章でまとめたので、ここでは、「古代日本語から現代日本語への変化を、どのように読み解いたのか」という点を中心にまとめたい。

「古代日本語から現代日本語への変化を、どのように読み解いたのか」という観点からの第2部の主たる結論は、次の二つである。

(01)　言語類型の変化：古代日本語は、ムード優位言語（Mood-prominent language）であり、〈現実〉と〈非現実〉の区別に敏感な言語であった。それが、「〜テイルの発達」「動詞基本形の〈非現実〉の領域への分布のシフト」「〜ウ・〜ウズ（ル）の減少」という体系的な変化がおき、現代日本語では、ムード優位言語としての特徴が見られなくなる。中世末期日本語は、まさにその中間的様相を示しており、ムード優位言語の特徴を有しているが、それが崩壊していく兆しも見られるという状況である。

(02)　従属節の従属度の上昇：現代日本語に近づくにつれ、一部の従属節の従属度が上昇したと考えられる。

この（01）のように考える根拠は、端的にいえば、次の（03）と（04）である。

(03)　古代日本語では、〈非現実〉を表しているとしか言いようがない、

〜ム・〜ムズという形式が、複語尾として広く存在している。かつ、これらの形式の使用は、かなり義務的である。

(04)　古代日本語では、存在動詞や形容詞等の状態性述語にも、〜ム・〜ムズが接続している。このため、〜ム・〜ムズのような形式が存在することは、動詞述語文に限った問題ではなく、言語全体の問題であると考えられる。〜ム・〜ムズのような形式がなくなることを考える際には、言語全体の変化に関する視点が必要である。

この(03)と(04)をあわせて考えると、古代日本語と現代日本語とで言語の類型が異なっていた(気にしている部分が異なっていた)と考えるのがよいと思う。

中世末期日本語にも、〜ウ・〜ウズ(ル)という形式が存在するので、(03)を満たしており、加えて、中世末期日本語でも、状態性述語に〜ウや〜ウズ(ル)が接続するので、(04)も満たしている。ただ、中世末期日本語の動詞基本形は、〈未来(以後)〉(正確には、〈非現実〉)の領域に分布し始めているので、この点は、古代日本語とは異なっている。

(02)については、既に、先行研究で指摘されていることである。さらに、本書では、「解釈される現象(従属節内に〜ウ等が見られなくなること)」とは独立した、これまでに指摘されていない根拠を示した。次のものである。

(05)　中世前期日本語では、現代日本語とは異なり、「一文の中で、文中に丁寧語が生起しているにもかかわらず、文末に丁寧語が生起していない例」が、ある程度まとまった割合で存在する。

つまり、現代日本語の丁寧語「です・ます」では、「文中に丁寧語がなく、文末に丁寧語がある」というパターンは許容されるが、「文中に丁寧語があって、文末には丁寧語がない」というパターンは、許容されない。文としてのまとまりが強く、文末で一括して丁寧さを示すことができても、文中の従属節が独立して、丁寧さを示すことはできないのである。一方で、中世前期日本語の丁寧語「候ふ」は、「文中に丁寧語があって、文末には丁寧語がない」というパターンが問題なく許容される。文中の従属節が独立して丁寧さを示すことが可能であり、この点、従属節の従属度が相対的に低かった（従属節の自立性が相対的に高かった）といえる。

さらに、中世前期日本語の丁寧語「候ふ」と、現代日本語の丁寧語「です・ます」を、全体的に対照すると、次の（06）のようになる。

（06）　**現代日本語の「です・ます」と中世前期日本語の丁寧語「候ふ」の異なり**

a.「です・ます」はデフォルト的な丁寧語である。「候ふ」はデフォルト的な丁寧語ではない。

b.「です・ます」は談話統一的な丁寧語である。「候ふ」は談話統一的な丁寧語ではない。

c.「です・ます」は必要十分的な丁寧語である。「候ふ」は必要十分的な丁寧語ではない。

d.「です・ます」は文丁寧語（あるいは統語的丁寧語）だが、「候ふ」は文中と文末のどちらに生起してもよいという点で、節丁寧語（あるいは語彙的丁寧語）といえる。

先の（02）の主張が妥当だとすると、この（06）a.～d.の全てが統一的に説明できる。

「聞き手への敬意」である「丁寧」という領域が成立した当初は、「候ふ」のような分布をとることは不自然ではない。最初から、デフォルト的であったり、談話統一的であったり、必要十分的であったりする必要はないだろう。しかし、「候ふ」にかわり、「です・ます」のような特徴をもった丁寧語が台頭してくるということは、「丁寧」という領域の変化のみならず、文末の特殊性の現れ（従属節の従属度が上がり、文末との差が大きくなっていく）という、文の構造の変化が反映しているといえる。

このような第2部の見解は、次の問題について、回答を与えることになる。

(07)　a. 意志・推量を表す形式が出現できる環境であるにもかかわらず、実際には、なかなか従属節中に出現しないという問題
　　　b. 意志・推量を表す形式の出現しにくい環境が、従属節中にあるという問題

(07) a. の回答は次のようになる。ムード優位言語の特徴を有していた古代日本語と中世末期日本語は、各節ごとに、〈現実〉と〈非現実〉を表し分けており、〈非現実〉の領域について述べる場合には、～ムや～ウ・～ウズ(ル)等を、ほぼ義務的に用いる必要があった。この背景には、「～テイルが未発達である（あるいは、～テイルに相当する形式が存在しない)」ことと、「動詞基本形が〈現在〉に分布しており、そもそも〈非現実〉の領域を表しにくかった」という状況があったことは、既にみた通りである。それが、現代に近づくにつれ、～テイルが発達し、unmarked な形式である動詞基本形が〈非現実〉の領域に進出してくる。ここにおいて〈非現実〉の領域を表現する場合でも、問題なく、unmarked な形式が用いられるようになり、marked な形式（～ダロウ等）を用いるということは、かなり特別なことになってしまう。このため、南の4分類でいうC類の従属節であっても、現代日本語の場合は、～ダロウ等の出現率が低いということになる。

(07) b. の回答は次のようになる。

「一部の従属節の従属度が上がった」ということになれば、～ウ等が従属節に入らないことは問題なく説明できる。既に、金水敏（2011）に、次の指摘がある。

(08)　古典語の「む」「けむ」「らむ」と違って、現代共通語の「う」「よう」「まい」という真性モダリティ（時制を持たない推量の接辞）が埋め込み文に用いにくいというのも、文の様相的な意味を主文で

まとめて表そうとする性質が強い現代共通語の性質から来ていると考えられる。　　　　　　　　（金水敏（2011:115）、下線は筆者）

本書第２部の成果により、「現代共通語の「う」「よう」「まい」」だけではなく、実は、「です・ます」も、中世前期日本語の丁寧語「候ふ」と比べれば、丁寧さを主文でまとめて表そうとする性質が強いことが明らかになった。

つまり、「意志・推量を表す形式」だけの問題ではなく、「日本語の文構造の変化」の問題であることが、「候ふ」の分布という具体的な数値から、明らかになったといえる。この意味で、本書は、従属節の従属度の上昇という重要なテーマに対して、具体的な数値で検討できる材料を提供したともいえる。

さらに、一部の従属節の従属度が上がったことを示す現象の一つとして、「相対テンス」というシステムが台頭してきたことを挙げた。相対テンスは、一般的に、主節時との関係で決まるものであり、絶対テンスは発話時との関係で決まるものである。よって、相対テンスというシステムの台頭は、主節の従属節に対する支配が強くなったことを示しているといえるだろう。

第２部の重要なオリジナル・ポイントを明確にしておこう。第２部の見解は、以下の諸現象をリンクさせて捉えるものであり、この発想は、これまでの研究にはなかったものであると考えている。

(09)　a.　意志・推量を表す形式が、出現できる環境であるにもかかわらず、実際には、従属節中に出現しにくくなるという変化
　　　b.　意志・推量を表す形式の出現しにくい環境が増えてくるという変化
　　　c.　「候ふ」と「です・ます」に見られる丁寧語の統語的分布の変化
　　　d.　「候ふ」と「です・ます」の全体を通して見られる丁寧語としての振る舞いの異なり

e. 「ムード優位言語の特徴を失う」という言語類型論的な変化
f. 「～テイルの拡張」「動詞基本形と～タの分布のシフト」という テンス・アスペクト・モダリティ体系の変化
g. 「従属節の従属度が上がった」という従属節の変化
h. 「相対テンス」の台頭というテンスシステムの変化

「テンス・アスペクト・モダリティ体系の変遷」というテーマは、決して小さいものではない。このため、本書の内容は、様々なことと関わりをもつことになるだろう。

第3部で明らかになるように、国語教育（古典文法教育）や現代日本語のアスペクト研究、形式と意味の関係の記述方法、さらには、日本語学史にも、本書の内容は関わりをもつと考えている。

第3部で具体的にみていきたい。

第３部

「国語教育」「現代日本語のアスペクト研究」
「形式と意味の関係の記述方法」
「日本語学史」への関わりを示す

第３部では、第１部や第２部で述べてきたことが、様々な分野と関わりをもつことを示したいと思います。

「テンス・アスペクト・モダリティ体系の変化」や「言語類型の変化」、「従属節の従属度の上昇」等の問題は、決して小さい問題ではありませんので、本書の内容は、多くのことと関わりをもつことになると思います。

第 3 部について

第 3 部では、第 1 部と第 2 部で述べてきたことが、様々な分野と関わりをもつことを示す。具体的には、「国語教育（古典文法教育）」「現代日本語のアスペクト研究」「形式と意味の関係の記述方法」「日本語学史」との関わりを示すことになる。

本書のこれまでの内容の応用を試みたのが、この第 3 部である。このため、第 3 部で示す日本語の歴史的な変化に関する記述は、第 1 部と第 2 部で述べたことと重なる。「これまで述べてきたことが、他の分野にどのように関与するのか」という点に着目して頂ければと思う。

以下で、各章の内容を簡単に説明したい。

第 12 章～第 14 章では、国語教育における古典文法教育への関わりを示す。具体的には、古典文法教育における助動詞「む」「むず」を中心に議論を進める。助動詞「む」「むず」の意味として、〈仮定〉や〈婉曲〉を高校時代にならった方も多いと思うが、これらの意味が、よく分からなかったという方もいるだろう。第 12 章～第 14 章を読むと、「どうして、助動詞「む」「むず」の意味が、よく分からなかったのか」ということが、よく分かると思う。実は、助動詞「む」「むず」の意味がよく分からないことの背景には、第 1 部や第 2 部で述べたような、「テンス・アスペクト・モダリティ体系の変遷」や「言語類型の変化」という問題が潜んでいるのである。

第 12 章では、高等学校等で用いられている古典文法書等を確認しながら、助動詞「む」「むず」の意味の分かりにくさの理由を考察し、分かりにくさの背景を解き明かす。その後、第 13 章と第 14 章で、古典文法書の調査を行い、問題点をより明確にする。これらの章の考察を通して、「古典文法教育が苦痛であること」の本当の理由（の一つ）がはっきりとするだろう。なお、第 12 章～第 14 章では、用語や表記の一部を、国語教育のものにあわせている場合がある（～ムと表記せず、助動詞「む」と表記していることがあるのも、そのためである）。

第15章と第16章では、「池に鯉が泳いでいる（*池に鯉が泳いだ）」のような、動詞の格体制には本来含まれていないニ格句を出現させている～テイルについて考察する。これらの章の考察を通して、「存在という意味も含めて、～テイル等の形式を把握する」という本書の捉え方が、中世末期日本語だけに通用するアドホックなものではなく、現代日本語の分析にも有効な、汎用性のある捉え方だということが分かるだろう。

第17章では、～テイルの発達を踏まえた上で、アスペクト研究における形式と意味の関係の記述方法を問い直す。従来のように、「中世末期日本語の～テイルは進行態を表す」というような記述を無自覚に用いるだけでは、多くのことを見落としてしまう。この点を指摘したい。

第18章では、日本語学史への関わりを述べる。具体的には、モダリティの定義に関する学史への関わりを示すことになる。現代日本語に近づくにつれ、「意志・推量」「丁寧さ」「疑問」「禁止」を表す形式が文末に偏ってくる（現代日本語では、「～ウ」「～ダロウ」「～デス」「～マス」「～カ」「～ナ」の全てが文末に偏っている）。このことを不思議に思った方はいないだろうか（これは、単なる偶然なのだろうか）。このような偏りと、モダリティに関しては少なくとも二つの定義があること、さらには、第1部や第2部で述べてきたこと（「従属節の従属度の上昇」等）が、関係していることを述べる。

第12章 「む」「むず」の違和感を「言語類型の変化」と「テンス・アスペクト・モダリティ体系の変遷」から説明する

要旨

高等学校の古典文法の授業でならう、助動詞「む」「むず」に、分かりにくさを感じた方も多いと思う。現代日本語の感覚では捉えがたい違和感を感じてしまうのである。本章では、実際に高等学校で使用されている古典文法書等の内容を確認しながら、その分かりにくさの理由を探っていき、次のことが、その分かりにくさの背景にあることを指摘する。

①古代日本語は、〈現実（realis）〉／〈非現実（irrealis）〉の別を、ほぼ義務的に表し分ける、ムード優位言語（Mood-prominent language）であった。「む」や「むず」には、意味を説明しがたい場合があるが、このような、現代日本語の感覚で捉えがたい違和感があるのは、古代日本語の言語類型が現代日本語とは異なるためである。

②「ムード優位」という特徴が崩れていく過程には、「「ている」の発達」「動詞基本形の分布のシフト」「「う」「うず（る）」の減少」というテンス・アスペクト・モダリティ体系の変化があったと考えられる。このような体系的変化の結果、現代日本語の動詞基本形が表す領域と、古代日本語で「む」「むず」の表す領域が、かなりの部分、重なることになる。

1. はじめに―現代日本語母語話者がもつ「む」「むず」への違和感―

本章では、第1部や第2部で述べた内容が、国語教育における古典文法教育に関与することを示したい。具体的には、高等学校で実際に用いられている、古典文法書（及び、高等学校の国語の教科書）を確認しながら、助動詞「む」「むず」の分かりにくさとその背景について議論を進めようと思う（このため、本章で示す古典文法書は全て、実際に高等学校で使用されていると考えられるものである[*1]）。

次の問題は、高校生向け古典文法書の練習問題である（『標準古典文法』、第一学習社、出典『枕草子』）。この練習問題に答えることはできるだろうか。高校生になったつもりで、取り組んでもらいたい。

(01)　次の傍線部の助動詞「む」の意味と活用形を答えよ。
思は①む子を法師になしたら②むこそ、心苦しけれ。

活用形はともに「連体形」としよう。意味はどうだろうか。当該文法書の解答を見ると、①の答えは〈婉曲〉とあり、②の答えは〈仮定〉とある。しかし、『新選古典文法』（東京書籍）では、『枕草子』の全く同じ例に対して、①②ともに〈仮定〉と解説している。生徒としては、「①は、なぜ〈仮定〉ではなく〈婉曲〉なのか（あるいは、なぜ〈婉曲〉ではなく〈仮定〉なのか）」という質問をしたくなるが、なぜかを説明できるものは、文法研究者の中にもいないだろう。

また、次の「むず」と「む」の意味についても考えてみたい。これらの「むず」と「む」の意味は、何だろうか。

(02)　（福嶋注：俊寛達は）平家滅ぼさんずるはかりことをぞ廻（めぐ）らしける。
（『平家物語』）

(03)　法師は、人に疎くてありなむ。　（『徒然草』）

*1　古典文法書や教科書の詳細については、本書の参考文献欄の「第12章～第14章で使用した古典文法書と国語の教科書」の箇所を参照のこと。

『新選古典文法』によると、(02) は〈意志〉の例である。しかし、同書では (02) の例（主語が三人称相当で、かつ連体形の例）を〈意志〉と解説した次のページで、他の文法書と同様、「む」の意味を「一人称の場合→意志」「三人称の場合→推量」とまとめているので、混乱が生じやすい。

(03) は、『標準古典文法』では、原則からすると〈推量〉であるとしながら、〈適当〉にも〈勧誘〉にも解釈できる例としている。一方、『完全マスター古典文法』（第一学習社）の確認問題の解答では、(03) を〈適当〉としており、見解が異なっている。このような難しさを踏まえてか、『標準古典文法』では、「このように「む」は、原則どおりに解釈できない例や、いろいろな意味にとれる場合があるので注意しよう。」(p.61) と結んでいるが、練習問題に取り組んでいる生徒達は、これでは困るだろう[*2]。

次に、高校の教科書の例を見たい。以下の例は、『平家物語』の「木曽の最期」の一場面で、今井四郎が木曽義仲に自害を促す台詞の一部である (『言語文化』（筑摩書房）からの引用。下線は福嶋)。

(04)　（福嶋注：義仲を討った等と）申さむことこそ口惜しう候へ。

この「む」は、高校の授業では〈仮定〉〈婉曲〉とされる例だろう。この部分の現代語訳は「申すのが残念です」となっている（新編日本古典文学全集『平家物語』の訳による）が、「(04) の「む」が、なぜ動詞基本形で訳されているのか」「これはどのような変化を経た結果なのか」等を説明するのは難しい。

このように、「む」「むず」には、うまく説明しがたい違和感がある。端的にいえば、我々が実感できないような当時の理屈、つまり橋本修 (2014:218) のいう「現代語訳でははかれない古典語独自の論理がある」と

---

*2　なお、古典文法書によって「む」「むず」に関する説明は様々であり、『詳説古典文法』（筑摩書房）のように、「非現実」という言葉を用いて説明を加えているものもある（なお、本章の観点とは異なるが、高校生向け古典文法書の用語は小田勝 (2014・2016) が詳しい）。

思われるが、この「古典語独自の論理」の内実がよく分からないのである。

そこで、本章では、第1部と第2部で述べた内容をもとに、「「む」「むず」に見られる古典語独自の論理とは、言語学的にどのように捉えられるのか（現代日本語母語話者が、かつての日本語の論理を実感できないのはどうしてか）」という問題を考えたい。また、あわせて、「現代日本語が形成される過程において、一体、どのような変化があったのか」ということも、改めて確認したいと思う。

整理して示すと次のようになる。

(05)　a.「古典語独自の論理（現代日本語母語話者がもつ違和感）」は言語学的にどのように捉えられるのか。
　　　b. 現代日本語が形成される過程において、一体、どのような変化があったのか。

古典を教える側の教員が、(05) に関する知識をもっており、必要に応じてそれを説明できれば、生徒の古典文法に対する印象は違ってくるだろう。

2. 本章の四つのポイント

本節では、議論を進める際に重要になる四つのポイントについて確認する。第一のポイントは、「む」「むず」と、無標形式である動詞基本形[*3]が織りなす体系に着目するということである。高校生向けの古典文法書では、ほとんど言及されていないが、古代日本語の動詞基本形の分布は、現代日本語のそれとは大きく異なっていることが知られている（山口佳紀（1988）、鈴木泰（1992・2009）、福沢将樹（1997）、大木一夫（2009）、小田勝（2010）

---

*3　動詞基本形とは、助動詞や補助動詞の接続しない形式のことである。現代日本語であれば「スル」という形式で表される。例えば「走った」では～タ、「走っている」では～テイルが、動詞「走る」に接続している。これに対し、「走る」という、何も接続していない形式が、動詞基本形である。

等に指摘がある)。まず、この点に注目する必要がある。

第二のポイントは、言語類型の変化に着目するということである。古代日本語と現代日本語では、言語類型が異なると考えられる(ナロックハイコ(2005)、本書第8章等を参照のこと)。これが古代日本語の表現に対する違和感の最大の要因であると思われる。

第三のポイントは、中世末期日本語に着目するということである。古代日本語と現代日本語の中間地点である中世末期日本語の体系に着目すれば、古代日本語が現代日本語に変わる際に、どのような過程を経たのか分かるはずである。

第四のポイントは、「ている」という形式に着目するということである。現代日本語は「ている」という形式を有しており、動詞基本形とともに体系を形成している。動詞基本形は、古代日本語から存在しているわけだから、問題は、「「ている」がどのように体系に食い込んできたのか」「この変化は、どのような言語学的な意味をもつのか」ということになる。

古代日本語の「む」等の問題を考察する際に、当該形式のみを考察対象とする方法には限界があると思う。本書のように、「ている」や中世末期日本語に着目することは、一見、奇妙なことに思えるかもしれないが、しかし、このような視点をもたないと、「古典語独自の論理」の背景を、明らかにできないと考えている。

次節では、「む」「むず」の意味と古代日本語の言語類型について確認したい。

3. 「む」「むず」の意味と古代日本語の言語類型 —〈非現実〉とムード優位—

「む」「むず」の意味については、研究者によって用語や立場に異なりはあるが、概ね、〈非現実(irrealis)〉と捉えるのが妥当だろう[*4](山田孝雄

---

*4 モダリティ関係の用語の定義は、本書第8章の定義に従う。なお、「む」等が〈未来〉を表すという指摘も誤りではないだろうが、(01)の「思はむ子」のような〈未来〉とは言い難い例が存在することから、「む」等の形式は、〈非現実〉の一部を表すとみる方

(1908)、川端善明（1997)、井島正博（2014a)、小柳智一（2014）等の指摘を参照のこと)。例えば当時の人が、発話時以降に起こる出来事に言及する場合があったとしよう。発話時以降に起こる出来事は、時制からいえば〈未来〉だが、〈現実〉／〈非現実〉の観点からいえば、まだ起こっていないことなので〈非現実〉である。よって、〈未来〉の出来事について、〈非現実〉の有標形式である「む」「むず」を用いて表すという理屈になる。

次に動詞基本形の分布について述べる。現代日本語では、〈未来〉の出来事を表す場合に、動詞基本形を用いることができるが、古代日本語では、そのような場合に、動詞基本形が出現することは、ほとんどない。既に、鈴木泰（1992・2009）や福沢将樹（1997）等の調査から分かる通り、この時代の動詞基本形は、〈未来〉等[*5]ではなく、〈現在〉等[*6]の領域、つまり、〈現実〉／〈非現実〉の観点からいえば、〈現実〉の領域に広く分布している。以下に、鈴木泰（2009:194）の挙例を示す（現代語訳も鈴木泰（2009）による)。

(06)　「雪なんいみじうふる」といふなり。(蜻蛉・中)〔「雪がひどく降っている」という声が聞こえる。〕

※例文の後半は省略

現代日本語の感覚では、(06）は「降っている」のように「ている」を使

がよいだろう。

*5　歴史的に見た場合、どこかに変化の萌芽があるわけであって、当時の動詞基本形にも、〈未来〉を表しているように見える例が（少数ながら）存在する可能性はある。本書でもそのことを否定しているわけではない。ただし、現段階で土岐留美江（2010）等に指摘されている動詞基本形の単純未来の例は、土岐留美江（2010）自身と、土岐留美江（2010）の書評である岡部嘉幸（2012）によって、用例が『落窪物語』に偏るという問題が指摘されている。なお、岡部嘉幸（2012:50）の指摘は次のものである。「また、著者自身（福嶋注：土岐氏のこと）が述べるように、未来用法9例のうち、8例は落窪物語の用例（残り1例は源氏）であることも気になる。」

*6　当時の動詞基本形の分布は、時制でいう〈現在〉の領域に収まらない場合もある。例えば、土岐留美江（2010:203）のいう「現代語ではノダ構文に相当するケース」等である。なお、～タリ等も〈現在〉の領域に分布しているので、当時の動詞基本形が、〈現在〉の領域の全てをカバーしているわけではない。

用したいところだが、この時代には、そのような形式はない。〈現在〉の出来事は〈現実〉の一部なので、〈現実〉を表す無標形式の動詞基本形を用いて、〈現在〉の出来事を表すというのが当時の理屈である。つまり、古代日本語の「む」「むず」と動詞基本形は、主節・従属節の別を問わず、次のような体系を形成していたといえる（これは仁科明（2014）のいう無標性レベルの議論である）。

(07)　**表１　古代日本語の「む」「むず」と動詞基本形が織りなす体系**

非現実（irrealis）の一部（〈未来〉等）	現実（realis）の一部（〈現在〉等）
む・むず（有標形式）	動詞基本形（無標形式）

これに加えて、先行研究において、古代日本語では、「む」等の有標形式の使用が、ほほ義務的であったことが述べられている。よく知られたものとして『国語学大辞典』（東京堂出版）の「推量表現」の項があるので、その一部を引用したい。

(08)　文語の推量表現では、その内容が想像上の事実や将来に起こることが予想される事実について述べるばあいには、推量の助動詞を用いることが厳格に守られ、特に連体格に著しくあらわれる。「逢ひがたからむことを今よりいみじう思さるるほどに」（『宇津保物語』俊蔭）、「人はかたちありさまのすぐれたらむこそあらまほしかるべけれ」（『徒然草』一）の傍線部分などがそれで、現代口語では「逢いがたいこと」、「すぐれていること」というように推量表現にしないのが普通である。　（波線は福嶋が付した）

「推量の助動詞を用いることが厳格に守られ」とあるので、有標形式がほぼ義務的に用いられていたことを指摘しているとみてよいだろう（尾上圭介（2012）にもこれに近い指摘がある）。つまり、古代日本語は、〈現実〉／

〈非現実〉の別を、ほぼ義務的に表し分ける言語だったわけである[*7]。これは言語類型論的に、Bhat（1999）のいう「ムード優位言語（Mood-prominent language）[*8]」であったことをうかがわせる[*9]。「ムード優位」という名付けに異論があったとしても「〈非現実〉を表す際に、有標形式を、かなり積極的に用いるタイプの言語だった」とはいえるだろう。このような現代日本語との明確な異なりは看過できないと思う。

4.「ている」の発生とテンス・アスペクト・モダリティ体系の変化

ここで、古代日本語と現代日本語の中間地点である中世末期日本語を見てみよう。この時代の口語では、既に、「き」「けり」「つ」「ぬ」「たり」等の形式は、ほぼ姿を消しており、「た」や「ている」等によって体系が構成されている。つまり、形式としては、いわゆる近代日本語のものである。この意味では、古代日本語よりも現代日本語に近い。しかし一方で、「む」「むず」の後継の形式である、「う」「うず（る）」は健在であり、〈非現実〉の領域に広く分布している。この点では、現代日本語よりも古代日本語に近いといえる（つまり「ムード優位言語」の特徴がある）。このことは極めて重要であり、「う」「うず（る）」が使用されなくなる背景は、（「き」「けり」「つ」「ぬ」「たり」等の消滅とは異なり）近代日本語の体系的変化の中に求められることになる。

---

*7　「例外なく、義務的」というわけではないが、ほぼ義務的（かなり強い傾向がある）といって差し支えないと判断した。

*8　ムード優位言語とは、文法カテゴリーのうち、特にムードが発達している言語のことである。例えば、〈現実〉／〈非現実〉を義務的に表し分けるような言語であれば、ムード優位言語の特徴を有していると考えてよいだろう。詳しくはBhat（1999）や本書第8章の議論を参照のこと。

*9　なお、古代日本語の従属節には絶対テンス的な傾向が指摘されることもある（橋本修（1994）、井島正博（1996）、黒木邦彦（2007a・2012）等）。この指摘は重要なものと思うが、「〈非現実〉の出来事を表現するのに「む」等が必要であり、これが時制の枠組みの中では絶対テンスとして解釈される」ということであって、ムード優位という特徴を否定するものではないと思う。

まず、「う」「うず（る）」の例から見ていきたい。

(09) この学者を殺さう（corofŏ）ことは本意無い、
（『天草版伊曽保物語』p.433）

(10) かやうの事をきかずは、そのまゝまひらふ所で、はぢをかかふ、
（『狂言台本虎明本』上 p.331）

(11) その咎めの有らうずる（arŏzuru）時は、口を揃へて
（『天草版伊曽保物語』p.410）

(12) いかやうにもこたへまらせう （『狂言台本虎明本』上 p.216）

従属節に見られる、(09)～(11）のような例は、現代日本語の感覚では「殺す（こと）」「まいる（ところで）」「（咎めの）ある（時）」のように、動詞基本形を用いたいところであるが、このような領域に、「う」「うず（る）」が広く分布しているのである（本書第3章を参照のこと）。では、この時代の動詞基本形の分布はどうだったのだろうか。当時の動詞基本形の分布は、古代日本語ほどではないものの、依然として〈現在〉に傾いている（本書第2章を参照のこと）。現代日本語では「ている」で解釈したいところ（〈現在〉の状態を表しているように思える箇所）に、動詞基本形が広く分布しているのである。次の（13）や（14）のような例である。

(13) 「雨は降るか、降らぬか」と問ふ時、田夫のむすこ見ていふ［子供に雨が降っているかどうかを聞いている場面である（今後の天気を聞いている場面ではない）］ （『醒睡笑』p.196、かぎ括弧は福嶋）

(14) 水かくる内、女出て、なふかなしや、何といふぞ、
（『狂言台本虎明本』上 p.359）

よって、中世末期日本語は古代日本語にかなり近い体系を有しているといえる。しかし、中世末期日本語では〜テイルという形式が台頭してくるので、この点が大きく異なる。そこで、〜テイルに着目して、もう一度、体系を見てみよう。当時の〜テイルは、第1章等で指摘した通り、存在動詞「イル」の意味が比較的強く残っているので、表せる範囲が現代日本語の〜テイルよりも狭く、その狭さを動詞基本形が補うような形で体系を形成している。当時の〜テイルの進行態の例には、(13) や (14) のような具体的な動きのある場面での確例（現代日本語の感覚で、進行態の典型とするような確例）は、実はほとんどない。(15) のような具体的な動きのない進行態（静的な進行態）の例か、(15) のような既然態の例に、分布が大きく偏るのである[*10]。

(15)　つれほしうて是にまつてゐる、［進行態］

（『狂言台本虎明本』上 p.283）

(16)　西もんに立ている［既然態］　（『狂言台本虎明本』中 p.424）

一方で、「ている」という形式自体は、発達が未熟とはいえ、存在しているわけであり、動詞基本形の分布にも変化が見られる。本書第3章で述べた通り、『天草版伊曽保物語』『天草版平家物語』『狂言台本虎明本』『天理本狂言六義』の原因・理由節である「によって」・「ほどに」・「ところで」と、目的節の「ため（に）」を調査すると、(〈未来〉の領域には「う」「うず（る）」が広く分布しているものの）次の例のように、無標形式である動詞基本形が〈未来〉の出来事を表していると思われる例も採集できる。

*10　なお、既然態でも「似ている」等の存在文的な意味から遠いと思われる例は、「ている」の例が少ない。中世末期日本語では文末でも、「又あの目のくるりとしたも似たよ［「似ているよ」の意味］」（『狂言台本虎明本』上 p.179）のように、「た」を使用することが多いのである（本書第1章や Ogihara & Fukushima (2015) 等を参照のこと）。

(17)　只今、楽しうなる様を、教ゆるほどに、耳を澄まひて、聞け
（『天理本狂言六義』p.246）

(18)　［福嶋注：馬を］肥などを負する為に（vôfuru tameni）地下へ遣はいた。
（『天草版伊曽保物語』p.460）

特定の資料でのみ〈未来〉の割合が極端に高いというわけではなく、各資料に見られる数値は、節のタイプ毎にほぼ安定している（詳しくは、第3章を参照のこと）。これは、動詞基本形の〈現在〉から〈未来〉への移行（つまりは、〈現実〉から〈非現実〉への移行）が、既に始まっていたことを意味している。そして、その動詞基本形の分布のシフトは、「ている」が〈現在〉の領域に分布し始めていることと、軌を一にしているとみることができる。

古代日本語と中世末期日本語の体系を比較して示すと次のようになる（発達の未熟な「ている」は小書きで示す）。

(19)　**表2　古代日本語と中世末期日本語の体系**

	非現実（irrealis）の一部 （〈未来〉等）	現実（realis）の一部 （〈現在〉等）
古代日本語	む・むず	動詞基本形
中世末期日本語	う・うず（る）	動詞基本形　ている

〈現実〉対〈非現実〉の影響下ではあるが、「ている」が体系に食い込んできており、動詞基本形の分布のシフトが始まっている。〈非現実〉を表す有標形式が義務的に必要という特徴が崩れていく、過渡的状況といえる。

5. 無標形式である動詞基本形の分布の変化
―〈非現実〉へのシフト―

中世末期日本語から現代日本語への変化において、状態化形式としての

「ている」が成立する。このため、〈現在〉のことに言及したい場合、我々は、状態化形式である「ている」を用いるようになる（なお、状態化形式の「ている」は、そのままの形で〈未来〉をも表し得るので、〈現実〉と〈非現実〉の対立から解放されているといえる）。また、動詞基本形の分布がシフトする。無標形式である動詞基本形が、非状態の意味（完成的な意味）を担うようになり、〈未来〉を表せるようになるのである。そして、〈非現実〉の領域に広く分布していた「う」「うず（る）」は減少する。まとめると次のようになる。

(20)

	非現実の一部（〈未来〉等）	現実の一部（〈現在〉等）
古代日本語	む・むず	動詞基本形
中世末期日本語	う・うず（る）　動詞基本形	ている

⬇

	非状態の一部（〈未来〉等）	状態の一部（〈現在〉等） ※〈未来〉も可
現代日本語	動詞基本形	ている

図　言語類型の変化を含む古代日本語から現代日本語への体系の変化

「「ている」の発達」「動詞基本形の分布のシフト」「「う」「うず（る）」の減少」というテンス・アスペクト・モダリティ体系の変化が起こり、現代日本語では、無標形式である動詞基本形で〈未来〉等（〈非現実〉の事態）を表現できるようになる。現代日本語にも、「う」「だろう」等があるが、〈非現実〉の事態を表す際に、これらの形式の使用は義務的ではない。この点で、古代日本語の「む」「むず」や、中世末期日本語の「う」「うず（る）」とは、性格が根本的に異なるものである（この相違点については、野村剛史(1995)や尾上圭介(2012)等も参照のこと）。「〈非現実〉であれば、ほぼ義務的に有標形式が接続する」という特徴がなくなるので、現代日本語は、古代日本語や中世末期日本語とは異なるタイプの言語といってよいだろう。

(20) は、主に運動動詞に見られる体系の変化を述べたものだが、状態性の述語はどうだったのだろうか。ここで、(08) の指摘を思い出して頂きたい。古代日本語では、状態性の述語であっても推量表現を用いることが厳格に守られており、「逢ひがたからむ」等のように表現されていたが、現代日本語では、「逢いがたい」というように、推量表現にしないのが普通である。このようなことから、「運動動詞のテンス・アスペクト・モダリティ体系が変化した」というだけに留まらない、状態性述語をも含めた言語全体の変化(「ムード優位言語」ではなくなるという言語類型論的な変化*11) があったことを確認できるわけである。

6. 「古典語独自の論理」とは何か ―本書の内容の教育への関わり―

古代日本語と現代日本語とで、言語のタイプそのものが異なっているのであれば、現代日本語の母語話者が、古代日本語の「む」や「むず」に、違和感をおぼえることは、むしろ自然なことだろう。現代日本語の母語話者には、「〈非現実〉を有標形式で義務的に表す」という感覚自体がなくなっており、その感覚はどうやっても実感できない。「古典語独自の論理」の一端は、このような言語類型の変化に求められる。

また、〈仮定〉〈婉曲〉等に関する事情も、次のように考えれば理解できる。1.節の (04) で見た「(義仲を討った等と) 申さむこと」の例でいえば、義仲が討ち取られるという事態は、まだ現実には起こっていないので、〈非

*11 それでは、なぜ、「ムード優位」の特徴が崩れたのだろうか (「ている」が発達し、現代日本語のような体系になったのは、なぜだろうか)。この問いに答えることは難しく、また、そもそも回答可能な問いなのかも分からない。しかし、「なぜ」に答えられなくても、どのような現象と関係があるのかは研究できる。この意味で気になる点を述べると、「ムード優位」の崩壊に関連する変化として、アスペクトのタイプが、〈完了〉/〈未完了〉から、〈状態〉/〈非状態〉になったことがあると思われる。〈完了〉/〈未完了〉の対立が崩れることと、どのような現象が関係しているのか、ということが、今後の課題になると思う。

現実〉マーカーである「む」が接続している。しかし、「「ている」の発達」「動詞基本形の分布のシフト」等の体系的な変化により、「む」等に相当する領域には、現代では動詞基本形が分布しているため、現代語訳は「申す（の／こと）」等になるが、これでは「む」の意味を説明しにくい（一見、助動詞の意味を訳せないようにも見える）。そこで、やや強引に「む」を解釈し、〈仮定〉や〈婉曲〉にするというわけである。「一人称の場合は〈意志〉、三人称の場合は〈推量〉」ということも同様であり、〈非現実〉の事態をどう捉えるかという問題である（一人称の場合は自分のことなので〈意志〉の場合が多く、三人称の場合は、他人の心の中は分からないので、〈推量〉になる場合が多いということだろう。この点、小柳智一（2014・2018）の議論も参照のこと）。このため、「む」等に関して、〈仮定〉〈婉曲〉〈意志〉〈推量〉等のいずれなのかを問うても、特定できない場合が生じる。

動詞基本形の分布に関する、古代日本語から現代日本語への変化の過程においては、〈現実〉／〈非現実〉という対立から、〈状態〉／〈非状態〉という対立に移行していることが重要である。しかし、この議論をひとまずおくとしても、(20) に見られる変化さえ押さえておけば、「現代日本語で「ている」が表している領域と、古代日本語で動詞基本形が表している領域は、概ね重なっている。また、現代日本語で動詞基本形が表している領域と、古代日本語で「む」「むず」が表している領域は、概ね重なっている。」というイメージを掴むことができる。このイメージを掴むことができれば、自ずと次のことが分かるだろう。

(21)　a.「む」「むず」は、現代日本語に訳せない場合があるというが、無理に訳す必要はなく、動詞基本形の訳でよい。歴史的な変化をみれば、それが一番自然な訳なのである。

b.「む」「むず」の意味を無理に特定する必要はない。

c. 古代日本語では、「動詞基本形が使用できるのに、〈婉曲〉や〈仮定〉を表すために、敢えて「む」「むず」を接続させている」ということではない。当時の動詞基本形の表せる領域は、現代語の「ている」の領域とほぼ重なっているわけだから、「〈婉曲〉的に表現したい時は「む」「むず」、単刀直入に表現したい時は動詞基本形」というような使い分けは、そもそもできない。

教員がこのようなことを知っているだけでも、生徒達の古典文法に対する印象はかなり違ったものになるだろう。よって重要なことは、このようなことを大学等の授業で教員志望の学生達に積極的に伝えていくことだと思う。本書の内容は、このように、古典文法教育に貢献できるのである。

では、冒頭（05）と対応させる形で、本章の回答を示したい。

(22) a. 「古典語独自の論理（現代日本語母語話者がもつ違和感）」は言語学的にどのように捉えられるのか。→「古典語独自の論理」の一端には、言語類型の変化がある。具体的には、「ムード優位」という特徴が崩れていくという変化である。「む」等に違和感があるのは、「〈非現実〉を、ほぼ義務的に有標形式で示す」という当時の感覚を、現代日本語の感覚では捉えられないからである。

b. 現代日本語が形成される過程において、一体、どのような変化があったのか。→「ムード優位」という特徴が崩れていく過程には、「「ている」の発達」「動詞基本形の分布のシフト」「「う」「うず（る）」の減少」というテンス・アスペクト・モダリティ体系の変化があった。

7. 本書の考え方は比較的新しいもの

前節で、本書の内容が古典文法教育に応用できると述べた。ただし、注意点として、本書の考え方は比較的最近のもの（福嶋健伸（2006b・2011ab・2014・2018等））であり、学界における定説というようなものではないことを、お伝えしておきたい。

本書の考え方は、「ている」、動詞基本形、「う」「うずる」の間に体系を見出し、「「ている」の発達」と「「う」「うず（る）」の減少」を関連付けるものである。つまり、「「ている」の発達」と「「う」「うず（る）」の減少」という二つの変化を偶然とは考えないわけだが、この発想は、従来の研究には全くなかったものなのである。

学界における定説を教育に応用する場合と、比較的新しい説を教育に応用する場合とでは、説の扱いに異なりもあるだろう。教育への応用に際しては、本書の内容が、従来の研究には全くなかった発想を含んでいることを、念頭におく必要があると思う。

8. おわりに—ワンピースの仮説—

最後に次のことを述べておきたい。それは、「日本語に見られるいくつかの変化は、実は繋がっているのではないか」ということである[*12]。例えば、吉田永弘（2013）では、「る・らる」の肯定可能の展開を検討しているが、そのポイントは、「未実現の事態を表す形式であった「む（う）」が衰退し、その領域に無標形が侵出する」（吉田永弘 2013:27）ことである。これはまさに、本書の主張と重なることであり、「「ている」の発達」及び「動詞基本形の分布のシフト」と、「肯定可能の成立」とが繋がってくる可能性がある。さらに吉田永弘（2013）は、前述のポイントが、「已然形＋ば」が仮定条件を表すようになることと無関係ではないと示唆している。「已然形＋ば」を含む条件表現の変遷は矢島正浩（2013）に詳しいが、矢島正浩（2013）では、条件表現の変遷の背景として、従属節の従属度が上がるという変化を考えている。また、福嶋健伸（2011b）は、〜テイルや〜ウ・〜ウズ（ル）を扱ったものであるが、〜ウ・〜ウズ（ル）の減少には、従属節の従属度が上がるという変化が関与している可能性があるとみている。このため、矢島正

*12　本節の内容については、第8章の付節1も参照のこと。

浩（2013）では、一見関係がないように見える福嶋健伸（2011b）を引用し、その共通性について触れている。加えて、本書第9章では、「丁寧語の分布の変化（現代日本語とは異なり、中世前期日本語では、一文の中で、文中に丁寧語が生起しているにもかかわらず、文末には生起していないというパターンがある）」も、「「う」「うず（る）」の減少」等に関係していることを指摘した。もしかすると、「「ている」の発達」「動詞基本形の分布のシフト」「「う」「うず（る）」の減少」「言語類型の変化」「肯定可能の成立」「条件表現の変化」「丁寧語の分布の変化」等は、全く無関係な変化ではなく、何らかの繋がりをもつものかもしれない。本書の筆者（福嶋）はこれを「ワンピースの仮説」と呼んでいる。

誤解のないように申し添えるが、変化の要因を特定の形式に求められるかは疑問であって、本書でも「全ての変化は、「ている」の発達に起因する」と主張しているわけではない。ここで述べたいことは、「これまで個々別々に研究されてきた日本語の変化は、思っている以上に互いに関連しているのかもしれない」あるいは「文法現象というものは、共時的に、（普段は意識されない緩やかなものかもしれないが）相互に関わりをもっていることもあるので、それが変化する時にも、相互に（緩やかに）関わりをもっている可能性がある」ということである。

本章で述べてきた古典文法教育の問題は、多くの高校生が学ぶという点で影響も大きく、根が深い問題である。続く第13章と第14章では、古典文法書の具体的な調査をしながら、議論を深めていきたい。

第13章　古典文法書間で「む」「むず」の記載内容はこんなにも違う・その1―「古典文法教育が苦痛であること」の本当の理由―

要　旨

古典文法が好きではないという高校生は多いと思う。では、その理由は何だろうか。もちろん、暗記が多いこともあるだろうが、それだけではない。本章では、実際に高等学校で用いられている古典文法書の「む」「むず」の記載内容を調査するが、この調査を通して、以下の驚くべき実態が浮き彫りになる。

①古典文法書の用語の内実は、実はよく分かっていない。用語の定義や外延が定まっていないのである。

②「（古典文法の用語に関して）全員がよく分かっていないのだが、全員がよく分かっているふりをしなければならない」という状況がある。これが、「古典文法教育が苦痛であること」の本当の理由（少なくともその一つ）だと考えられる。

何ともひどい状況である。本章では、このような現状を改善するための具体的な解決案も、最後に示したいと思う。

1. 助動詞「む」「むず」の意味を説明できるか

前章で古典文法教育の問題点について述べた。本章と次章では、高等学校で用いられている古典文法書の具体的な調査をもとに、議論を深めたいと思う。

大学受験を控えている高校生から古典の助動詞「む」「むず」の意味は何かと質問されたら、高等学校の国語の教員として、何と答えるべきか。「（授業で使用している古典文法書を生徒に見せながら）〈推量〉、〈意志〉、〈適当〉・〈勧誘〉、〈仮定〉・〈婉曲〉ですよ」と答えるのが一般的とも思える。しかし、その生徒が次のように続けたらどう答えればよいのか。「友達の文法書だと、「①推量 ②意志・希望 ③婉曲・仮定 ④勧誘・丁寧な命令 ⑤可能推量」とあって、聞いたこともない〈丁寧な命令〉や〈可能推量〉があるんです。別の友達の文法書だと、「①推量 ②意志 ③可能 ④当然 ⑤命令 ⑥適当 ⑦仮定婉曲」とあって、〈当然〉や〈可能〉や〈命令〉があるんですが、〈勧誘〉がなくて、〈仮定〉と〈婉曲〉の違いがないようなんです。ところが、いとこの文法書だと、「①推量 ②意志 ③適当・勧誘 ④仮定 ⑤婉曲」とあって、〈仮定〉と〈婉曲〉がはっきりと分かれているんです。いとこの妹の文法書だと、「①推量 ②意志 ③適当 ④勧誘 ⑤仮定 ⑥婉曲」とあって、全て意味が分かれています。どの文法書が正しいのでしょうか。また、どの意味を覚えればよいのでしょうか。」

結局、古典文法書によって、内容はまちまちであって、「む」や「むず」に関して（ひいては、古典の助動詞全般に関して）、「どれだけの意味を認めるか」「大学入試に出してよい意味はどれか（大学入試で問うてはいけない意味はどれか）」等の厳密な公式的見解は、（本書執筆時点では）ない。大学入試の作問等は、比較的自由になされており、「む」「むず」の意味として、何が問われて何が問われないのかは、（ある程度の予測はできるものの）厳密には分からない。生徒達に何を教えればよいのかも厳密には分からないし、生徒達が何を覚えればよいのかも、厳密には分からない。Aという文法書とBという文法書があって、内容が異なった場合、どちらを覚えた方がよいのかも、結局は分からない。これは、（特に生徒達にとっては）かなり理不尽な状況ではないだろうか。この状況を少しでも何とかしたいと思う。

また、次のことも述べたい。前章でも述べたが、次の問題は、『標準古典文法』（第一学習社、出典『枕草子』）のものである。この問題に、根拠を持って、生徒は答えることができるだろうか。

(01)　次の傍線部の助動詞「む」の意味と活用形を答えよ。
　　思は①む子を法師になしたら②むこそ、心苦しけれ。

活用形はともに「連体形」として、意味について考えてみよう。当該文法書の解答には、①の答えは〈婉曲〉とあり、②の答えは〈仮定〉とあって、それぞれ、次のような説明がある。

(02)　(福嶋注：一つ目の「む」)
　　体言「子」が接続。「……ような」の意の婉曲の用法だが、無理に訳出しないほうが口語訳として自然な場合がある。
　　(福嶋注：二つ目の「む」)
　　「なしたらむことこそ」と体言を補うことができるので、連体形。「なしたとしたら(それは)」と口語訳する仮定の用法。
　　(略)
　　口語訳　愛する子を法師にしたとしたら、きっとつらいことだ。
　　(『標準古典文法　解答解説編』15頁、下線は原文)

しかし、『新選古典文法』(東京書籍)では、全く同じ例に対して、①②ともに〈仮定〉としている。生徒としては、「どのような根拠から、①や②の答えを導き出せるのか(〈仮定〉とは何か、〈婉曲〉とは何か)。」を知りたいと思うだろうが、説明できる者は、文法研究者の中にもいないはずである。

つまり、〈仮定〉とは何ぞや、〈婉曲〉とは何ぞや等のことが、教える側も、教わる側も、よく分からないまま授業が進み、入試が行われているのである。古典文法の授業が苦痛であることの根本的な原因の一つは、このような、「(本当は) 全員がよく分かっていないのだが、全員がよく分かっているふりをしなければならない」という状況ではなかろうか。先行研究により、古典を嫌う生徒が多いことはよく知られている(鳴島甫(2007)等)。しかし、一方で、今述べたような状況は、これまであまり議論されることがなかったように思われる。

そこで、本章では、古典文法の授業改善に資するための基礎資料として、古典文法書の「む」「むず」に関する調査結果を示したい。この調査結果から、「実は全員がよく分かっていない」という看過できぬ状況が明確に見て取れるので、教壇に立つ方には是非、見て頂きたいと思う。その後、古典文法書において、「む」「むず」の記載内容が多様であることの背景を、最近の古典文法研究の成果を踏まえて述べ、最後に、問題解決のための提案として、「ガイドラインの必要性」を主張し、本章をまとめたい。

2. 高等学校で使用されている古典文法書を調査する

高校で用いられる古典文法書等の調査は、小田勝（2014・2016）以外に、あまりなされていないため、「文法書間で差が見られる」という問題が顕在化していないようである。そこで、高校で用いられていると思われる次の文法書（15種）を調査し、「む」「むず」の記載内容の異同を把握する（本章や次章の引用では反映できないが、実際には、カラー刷りのものもある）。

(03)　調査対象とした古典文法書
（［ ］内は略称。初版の出版年順に示す。詳細は本書の参考文献欄を参照のこと）
『新訂 古典文法』［大修館 1］（大修館書店）
『読解をたいせつにする 体系古典文法 九訂版』［数研］（数研出版）
『楽しく学べる 基礎からの古典文法〈三訂版〉』［第一学習 1］（第一学習社）
『古典にいざなう 新古典文法』［大修館 2］（大修館書店）
『生徒のための古典読解文法』［右文書院］（右文書院）
『古文読解のための 標準古典文法〈三版四訂〉』［第一学習 2］（第一学習社）
『【基礎から解釈へ】新しい古典文法 四訂新版』［桐原書店］（桐原書店）

『よくわかる 新選古典文法』［東京書籍］（東京書籍）
『古文解釈のための総合力を養う 完全マスター古典文法〈新版五訂〉』［第一学習 3］（第一学習社）
『新修 古典文法 二訂版』［京都書房］（京都書房）
『標準 新古典文法』［文英堂 1］（文英堂）※本書執筆時、重版の予定なし。
『詳説 古典文法』［筑摩］（筑摩書房）
『読解のための必修古典文法〔改訂版〕』［文英堂 2］（文英堂）
『必携 古典文法』［明治書院］（明治書院）
『読解する力がつく精選 古典文法』［三省堂］（三省堂）

3. 古典文法書の記載内容はまちまち

本節では、「(i)「む」「むず」の意味に何をたてるか」「(ii)〈仮定〉と〈婉曲〉を分けるか」「(iii)〈勧誘〉と〈適当〉を分けるか」について、見ていきたい。

3. 1.「む」「むず」の意味に何をたてるか

調査結果は、次の通りである（なお、［大修館 1］［推量］とある場合は、［大修館 1］においては、「む」「むず」は、「推量の助動詞」とされているということである）

(04)　調査結果 1：「む」「むず」の意味に何をたてるか
［大修館 1］［推量］①推量 ②意志・希望 ③婉曲・仮定 ④勧誘・丁寧な命令 ⑤可能推量
［数研］［推量］①推量 ②意志 ③適当・勧誘 ④仮定・婉曲
［第一学習 1］［推量］①推量 ②意志 ③適当・勧誘 ④仮定・婉曲
［大修館 2］［推量］①推量 ②意志 ③勧誘・適当 ④仮定・婉曲

［右文書院 ］［推量意志など］①推量 ②意志 ③適当 ④仮定・婉曲
※「勧誘」の意味にも言及あり
［第一学習 2］［推量］①推量 ②意志 ③適当・勧誘 ④仮定・婉曲
［桐原書店］［推量］①推量 ②意志 ③適当・勧誘 ④仮定・婉曲
［東京書籍］［推量］①推量 ②意志 ③婉曲 ④仮定 ⑤適当 ⑥勧誘
※④⑤⑥の扱いは小さい
［第一学習 3］［推量］①推量 ②意志 ③適当・勧誘 ④仮定 ⑤婉曲
［京都書房］［推量］①推量 ②意志 ③可能 ④当然 ⑤命令 ⑥適当 ⑦仮定婉曲 ※③と⑤は、用例のまれな例として、他の意味とは別に説明をしている
［文英堂 1］［推量］①推量 ②意志 ③適当・勧誘 ④仮定・婉曲
［筑摩］［推量］①推量 ②意志 ③適当・勧誘 ④仮定・婉曲
［文英堂 2］［推量］①推量 ②意志 ③適当・勧誘 ④仮定・婉曲
［明治書院］［推量］①推量 ②意志 ③仮定 ④婉曲 ⑤適当・勧誘
［三省堂］［推量］①推量 ②意志 ③適当 ④勧誘 ⑤仮定 ⑥婉曲

［右文書院］以外の古典文法書は、［推量］を一番大きな分類としてたてており、「む」「むず」は、基本的に「推量の助動詞」と考えられていることが分かる（［右文書院］の本文中にも、「推量の助動詞「む」」という表記は見られる）。

このため、一見、「推量の助動詞」という点は、統一がとれているかのように見える。

しかし、話はそう簡単ではない。［推量］とは別の概念として［推定］をたてているもの（［第一学習 2］［第一学習 3］）では、「む」「むず」は「推量の助動詞」となるが、「らし」「めり」「なり」は「推定の助動詞」として区別される。一方、［推量］の下位概念として［推定］を考えるもの（［大修館 1］［第一学習 1］［文英堂 1］）では、「む」「むず」「らし」「めり」「なり」は全て「推量の助動詞」として扱われる。つまり、［推量］という概念自体に揺れが見られる。

さらにややこしいことに、[数研][大修館2][桐原書店]等では「らし」「めり」は「推量の助動詞」だが、「なり」は「伝聞・推定（あるいは推定・伝聞）の助動詞」として扱われており、[推量]のカバーする範囲は、文法書によって、まちまちである（なお、[右文書院]では、「らし」「めり」は「推定の助動詞」だが、「なり」は「推定伝聞の助動詞」となっており、[推定]という用語のカバーする範囲も文法書によって異なっている)。よって、「推量の助動詞」の内実は、統一がとれているとは言い難い。

全ての古典文法書を通して見ると、用語は全部で、〈推量〉〈意志〉〈適当〉〈勧誘〉〈仮定〉〈婉曲〉〈丁寧な命令〉〈可能推量〉〈可能〉〈当然〉〈命令〉の11がある。様々な用語が存在していることが、とてもよく分かる。これは、比較的自由に文法の用語を作成しているためだろう。なお、〈推量〉〈意志〉は、どの古典文法書にもある。これは、〈推量〉であれば現代語に「だろう」という形式があり、〈意志〉であれば「う」「よう」という形式があるため、意味をたてやすかったという側面もあると思われる。

意味の数でいえば、[京都書房]の七つの意味が最も数が多く、[東京書籍]と[三省堂]の六つがそれに続く。なお、15冊のうち、9冊が「①推量 ②意志 ③適当・勧誘 ④仮定・婉曲」のパターンである（あるいは、これに類するパターンである）が、残りの6冊はこのパターンではない。つまり、実に3分の1以上が、「①推量 ②意志 ③適当・勧誘 ④仮定・婉曲」以外の示し方をしているのである。

意味と用例の関係についても述べておきたい。例えば、[京都書房]では、「翁の申さむことは聞き給ひてむや。(竹取物語・貴公子たちの求婚)」の例を、〈命令〉としているが、[東京書籍]では、全く同じ例を〈勧誘〉としており、[三省堂]でも、「翁の申さむこと、聞きたまひてむや。」という事実上同じ例を、〈勧誘〉としている。[京都書房]では、〈命令〉の他に、〈当然〉や〈適当〉があり、「命長くとこそ思ひ念ぜめ。(源氏物語・桐壺)」の例を、〈適当〉ではなく、〈当然〉の例として挙げている。ところが、[東京書籍]と[三省堂]では、全く同じ「命長くとこそ思ひ念ぜめ。」の例を〈適当〉の例として挙げている。[文英堂2(の基本問題)][第一学習3]では、この例を〈適当・勧誘〉の例としている（[文英堂2][第一学習3]等では、〈適当〉と〈勧誘〉を分けていない)。

つまり、「翁の申さむことは聞き給ひてむや。」の例でいえば、[京都書房]で学習した生徒達は、この例を〈当然〉や〈適当〉ではなく、〈命令〉と考える。一方、[東京書籍][三省堂]で学習した生徒達は、〈適当〉ではなく、〈勧誘〉と考える。しかし、[文英堂2][第一学習3]等のように、〈適当〉と〈勧誘〉をまとめて扱う古典文法書で学習した生徒達は、〈適当・勧誘〉と考えるだろう。さらに、「命長くとこそ思ひ念ぜめ。」の例でいえば、[京都書房]で学習した生徒達は、この例を〈適当〉ではなく、〈当然〉として考え、[東京書籍][三省堂]で学習した生徒達は、この例を〈勧誘〉ではなく、〈適当〉として考え、[文英堂2][第一学習3]等で学習した生徒達は、「翁の申さむことは聞き給ひてむや。」の例と同様、〈適当・勧誘〉と考えるだろう。

これはかなり滅茶苦茶な状況ではないだろうか。このような状況であることを、授業を行う側も、大学入試の作問をする側も、知っておいた方がよいと思われる。

3. 2. 〈仮定〉と〈婉曲〉を分けるか

〈仮定〉と〈婉曲〉の違いを生徒から質問され、答えに窮した方もいるのではないか。では、実際の古典文法書ではどうなっているのだろうか。調査結果は、次の通りである。

(05)　〈仮定〉と〈婉曲〉を分けているもの：[東京書籍][第一学習3][明治書院][三省堂]

(06)　〈仮定〉と〈婉曲〉を分けていないもの：[右文書院][桐原書店][文英堂2]

(07)　〈仮定〉と〈婉曲〉を分けているのか、分けていないのか、よく分

からないもの：［大修館1、2］［数研］［第一学習1、2］［文英堂1］

(08)　高校生の段階では〈仮定〉と〈婉曲〉をまとめて扱ってよいと積極的に主張しているもの：［京都書房］

(09)　〈仮定〉と〈婉曲〉とにきれいに分類できないことを積極的に説明しているもの：［筑摩］

ここで、(07)の「〈仮定〉と〈婉曲〉を分けているのか、分けていないのか、よく分からないもの」という分類について説明したい。例えば、［第一学習社2］では、〈仮定・婉曲〉としてまとめて扱われており、本文中では両者を分けていないようにも見える。しかし、練習問題（本章の(01)のもの）を見ると、「婉曲・連体形」が正解になる場合と、「仮定・連体形」が正解になる場合とがあり、事実上、〈婉曲〉と〈仮定〉の違いを問うているので、両者を分けているようにも見える。また、［数研］等では、本文中では両者を分けていないように見えるものの、「「む」の意味の判別法の原則」等のところで、〈婉曲〉と〈仮定〉を分けて扱っているので、両者を分けているようにも見える。このように判断に迷うものを(07)に分類した。

(08)に挙げた［京都書房］では、「(福嶋注：〈仮定〉と〈婉曲〉について）実際の文例での厳密な訳し分けは難しく、高校生の段階では、ひとまとめにして理解しておきましょう。」(p.76）とあり、同書の「入試情報」というところでも「仮定と婉曲を細分化させることは、ほとんどありません。」(p.76）とある。また、(09)に挙げた［筑摩］では、「「む」は基本的に**その出来事が実現していないこと**を表す。」(p.65、ゴシック原文）とし、本章が(01)で示した「思はむ子を法師になしたらむこそ、心苦しけれ。」の二つの「む」について、「仮定・婉曲のどちらに訳すこともできる」(p.65）とする。

一方で、〈仮定〉と〈婉曲〉を別の意味としてたてている古典文法書や、両者の意味の違いを問うている古典文法書もあるわけであり、記載内容は、まちまちであるといえる。

このような状況で、「〈仮定〉と〈婉曲〉の違いがよく分かりました」と言っている生徒がいたとしたら、そちらの方が不安である。

3.3.〈勧誘〉と〈適当〉を分けるか

〈勧誘〉や〈適当〉という概念も、難しいところである。そもそも、[大修館1]のように〈適当〉がないものや、[右文書院][京都書房]のように〈勧誘〉がないものもある。既にこの時点で見解が分かれているわけだが、〈勧誘〉と〈適当〉の両方をたてている古典文法書の調査結果を示すと、次の通りになる。

(10)　〈勧誘〉と〈適当〉を分けているもの：[東京書籍][三省堂]

(11)　〈勧誘〉と〈適当〉を分けていないもの：[数研][第一学習1][桐原書店][文英堂1、2][筑摩][明治書院]

(12)　〈勧誘〉と〈適当〉を分けているのか、分けていないのか、よく分からないもの：[大修館2][第一学習2、3]

(12)の「〈勧誘〉と〈適当〉を分けているのか、分けていないのか、よく分からないもの」という分類について説明を加えたい。〈勧誘〉と〈適当〉を分けていないもの（つまり(11)）との対比が分かりやすいと思うが、例えば、[数研]では、〈勧誘〉と〈適当〉を分けていないと思われ、「「む」意味の判別法の原則」のところでも、「二人称……適当・勧誘（～がよい)」とあって、両者をまとめて扱っている。一方、(12)に挙げた[大修館2]では、本文中では両者をまとめて扱ってはいるものの、「「む」「むず」の意味と用法」というところでは、「相手（二人称）の動作　勧誘」となっており、〈勧誘・適当〉とは書いておらず、両者を分けているのか、はっきりとしない。また、同じく(12)に挙げた[第一学習3]では、本文中、及び「「む」

の意味の見分け方」のところでは、〈適当・勧誘〉とまとめて扱っているが、同書の確認問題の2（p.53）では、「法師は人に疎くてありなむ。（徒然草・七六段）」の「む」に関して、「適当・終止形」を正解としており、〈勧誘・終止形〉だと不正解になるのかどうか（つまり、〈適当〉と〈勧誘〉の別を問うているのかどうか）、よく分からない。このため、両者を分けているのか、はっきりしないと判断した。なお、［第一学習2］でも、本文中、及び「「む」の意味の判別」のところでは、〈適当・勧誘〉として、まとめて扱っている。しかし、［第一学習2］では、先ほどの「法師は人に疎くてありなむ。」の「む」に関して、「「疎遠なのがよい」と適当の意味にもとれるし、「疎遠であるべきだ」と（強い）勧誘の意味に訳すこともできる。」（p.61）としており、〈適当〉と〈勧誘〉を分けて考えているようにも見える。よって、［第一学習2］も両者を分けているのか、はっきりしないと判断した。なお、［第一学習2］では、このような状況を踏まえてか、「このように「む」は、原則どおりに解釈できない例や、いろいろな意味にとれる場合があるので注意しよう。」（p.61）と述べている。

以上、(i)（ii）（iii）の調査結果を見てきたが、古典文法書に統一的な見解はなく、古典文法書によって記載内容が異なることがお分かり頂けたと思う。

4.「古典文法教育が苦痛であること」の本当の理由 —調査結果から分かること—

本章の調査結果は、授業で用いられている、古典文法書の用語の内実が、実はよく分かっていないことを反映している。用語の定義や外延が定まっていないのである。

自分達が持っている古典文法書には、一応の答えは書いてあるが、改めて、用語の概念や、答えの根拠を聞かれると、はっきりとは説明できない（古典文法書でも見解が一致していないのだから無理もない）。このため、繰り返しになるが、「（本当は）全員がよく分かっていないのだが、全員がよく分かっているふりをしなければならない」という状況になる。教員は、本当はよく分からないまま、〈婉曲〉や〈仮定〉を説明し、生徒の方でも、その説明で、納得（するふりを）しなければならないのである。これでは、教える方も、教わる方も、大変だろう。これが、「古典文法教育が苦痛であること」の本当の理由（少なくともその一つ）ではなかろうか。

非常に言いにくいことだが、用語や概念、答えの根拠等を、はっきりと説明できないようでは、古典文法教育は根本的にダメである。数十年前から全く進歩していないわけだが、この何十年もの間、我々は、一体、何をやってきたのだろうか。

国語教育系の研究者や学界は、古典文法書がこのような状況であることを、あまり気にしていないのだろうか。もちろん、中には「このような状況であることは、何となく気づいていた」という方もいるだろう（小西甚一(1962)にも「文法学者たちは、めいめい勝手な術語を使うから、受験生にとって、これほど迷惑な話はない。」(p.148)という指摘がある)。しかし、本書執筆時では、この状況が改善される具体的なきざしは見られない。現実的に、数十年以上にわたって「迷惑な話」を放置してきたわけだから、「古典文法書に出てくる用語や概念が、厳密にはよく分からなくても、（その結果、生徒が混乱しても）あまり気にしていない」と言われても仕方がないだろう。少なくとも、真剣に改善に取り組んでいるようには見えない。このままだと、おそらく今後も、状況の改善は望めないと思う。

本節では、「む」「むず」の記載内容が古典文法書間で異なることを見てきた。次節では、本書の第1部や第2部、及び前章の内容を踏まえ、記載内容が、まちまちであることの背景について確認していきたい。

5. 古典文法書の記載内容はなぜ多様なのか

既に、山田孝雄(1908)、川端善明(1997)、井島正博(2014a)、小柳智一(2014・2018)等にも指摘があり、また、一部の古典文法書でも言及があることだが、「む」「むず」の表す意味は、言語学でいう〈非現実(irrealis)〉と捉えるのが妥当だろう（この用語は研究者よって〈未実現〉と訳す場合もある。なお、用語は異なるが、小西甚一（1962）や室城秀之（1993）も、〈非現実（irrealis)〉にかなり近い指摘をしている)。〈意志〉〈推量〉〈仮定〉〈婉曲〉等は、いずれも現実の世界では起こっていない（あるいは、起こったという確信をもてない）ことである。次の（13）の例では「こたえる」ということは、まだ起こっていないし、(14）の例でも「来る」ということは、まだ起こっていない。つまり、いずれも〈非現実〉である。

(13)　「ただ一度にいらへむも」(『宇治拾遺物語』)［福嶋訳：ただ一度でこたえるのも］

(14)　「迎へに人々まうで来むず」(『竹取物語』)［福嶋訳：迎えに人々がやってくる］

これまでの章でも指摘してきたことだが、約1000年前の日本語（古代語）は、〈非現実〉のことを表す場合には、ほぼ義務的に「む」「むず」等が必要な言語なのである。この点は、『国語学大辞典』(1980年、東京堂出版)の「推量表現」の項や尾上圭介（2012）等が指摘する通りである（本書第8章5節も参照のこと)。このような言語は、言語類型論でいう「ムード優位言語（Mood-prominent language)」であるといえる（Bhat（1999）や本書第8章・第12章を参照のこと)。

（13）や（14）の現代語訳では、「こたえる」「くる」のように、助動詞等が接続しない形（動詞基本形）が用いられるが、古代語では状況が異なっている。(13）や（14）のような〈非現実〉のことがらを述べる時には、(現代語と比べて）動詞基本形は極めて出現しにくいのである。では、当時の動詞基本形は、どの領域に分布していたのか（何を表していたのか）というと、次の例のように、〈現実（realis)〉の領域に広く分布している（鈴木泰(2009)、本書第8章を参照のこと)。

(15)　水を汲み歩く。(『竹取物語』)［福嶋訳：水を汲み歩いている］[*1]

現代語では、「ている」を用いる場面だが、古代語には、「ている」という表現はまだなく、そのような場面では動詞基本形が出現しているのである。この点、用語や枠組み、調査資料等に異なりはあるものの、加藤康秀（1982・1986)、鈴木泰（1986)、山口佳紀（1988)、黒田徹（1993）等にも、ほぼ同様の指摘がある。

なお、古典文法書によっては、「む」「むず」の〈婉曲〉等の意味について、「遠回しに表現する」「奥ゆかしいエチケット表現」等の説明が用いられるが、厳密にはこれは正確ではない。古代語では、〈非現実〉なことを表現する場合には、そもそも動詞基本形を使用しにくく、「む」等が必要なので、単刀直入に表現したい場合でも、「む」等が付くのである。次の例は分かりやすい例だと思う。『竹取物語』の翁が、かぐや姫を迎えに来る天人をやっつけてやるぞといきりたっている場面である。

(16)　「御迎へに来む人をば、長き爪して、眼をつかみつぶさむ。(略)」
(『竹取物語』)

(16）の下線部分の「む」は、次に名詞が続くので、〈仮定・婉曲〉に分類される「む」だろう。しかし、直後で、「眼をつかみつぶす」と言っている（この後には、髪の毛をつかんでひきずり下ろして、そいつの尻をめくり出して、辺りにいる兵士に見せて恥をかかせる、と続く）ので、「遠回しに表現する」や「奥ゆかしいエチケット表現」等の可能性は極めて低い。「来る」ということが実現していないので、「む」が接続しているとみるべきだろう。

ここまでをまとめると、「む」「むず」の表す意味は、〈非現実〉であり、古代語は「ムード優位言語」というタイプの言語であった、ということにな

---

*1　小学館の新編日本古典文学全集『竹取物語』の当該部分の現代語訳にも「水を汲み歩いています。」(p.32）とある。

る。ところが、中世を境に、日本語が大きく変化し、中世末期くらいになると「ている」が用いられる言語になってくる（湯澤幸吉郎（1929）や柳田征司（1991）参照）。中世末期日本語の「ている」の例を以下に示す。

（17）　西もんに立ている　（『狂言台本虎明本』中 p.424）

前章でも述べたことだが、「ている」の発達に伴い、「む」「むず」の後継の形式である「う」「うず（る）」や、動詞基本形等の分布にも変化が生じる。大まかな流れを示すと次の表のようになる（詳しくは、本書第11章を参照のこと）。

（18）　**表　古代語から現代語への体系の変化**

<table>
<tr><th></th><th>〈非現実（の一部）〉</th><th>〈現実（の一部）〉</th></tr>
<tr><td>古代日本語</td><td>む・むず</td><td>動詞基本形</td></tr>
<tr><td>中世末期日本語</td><td colspan="2">う・うず（る）　動詞基本形　ている</td></tr>
<tr><td>現代日本語</td><td>（う）動詞基本形</td><td>ている</td></tr>
</table>

※この表は、「む」「むず」（及びその後継の形式である「う」「うず（る）」）、動詞基本形、「ている」の関係についてまとめたものであり、「つ」「ぬ」「たり」「き」「けり」「た」等が表す〈完了〉や〈過去〉の領域等をカバーするものではない。なお、学校文法の枠組みを踏まえ、本章と次章では、現代日本語の「う」（「よう」も「う」で代表させる）を、（　）に入れて示している。

古代語の「む」「むず」のところには、現代語では動詞基本形が分布しており、古代語の動詞基本形のところには、現代語では「ている」が分布している。「ている」の発達に伴い、言語のタイプが変わってしまい、現代語では、〈非現実〉のことを表す場合に、特別な助動詞を接続させる必要はない。現代語は、もう「ムード優位言語」ではないのである。

このように、「む」「むず」の表す意味は、〈非現実〉という、やや抽象的な概念であり、(18) の表のような変化を経た現代語の話者は、言語のタイプが異なるため、「〈非現実〉を表す場合に義務的に助動詞が必要」という感覚自体が理解できない。このため、「む」「むず」の各例について、〈意志〉〈推量〉等の我々に理解できるものに、(それぞれの用語を用いて) 置き換えて解釈しているというのが実状だろう。これが、古典文法書において「む」「むず」の記載内容がまちまちであることの背景といえる (この点は、小柳智一 (2014・2018) も参照のこと。また、〈非現実〉という概念の教育への実践は、吉田茂晃 (2017b) 等も参照のこと)。「む」「むず」は〈未来〉を表していると感じる方も多いだろうし、実際にそのような学説もあるが、これも、「〈未来〉はまだ起こっていないことなので、〈非現実〉の一部である」という説明になる。なお、「一人称：意志」「三人称：推量」等の解釈方法も、一人称主語で、述語が〈非現実〉を表す場合は、自分のことを推し量ることは少ないため、結果として主語の人物の意向を表すパターンが多く、逆に、三人称主語で、述語が〈非現実〉の場合は、他人の心中は把握しにくいので、結果として主語の動き等を推し量るパターンが多いということだろう。次の例のように、三人称主語で、〈意志〉とも〈仮定・婉曲〉とも解釈できる用例があることからも、当時の人々が、人称 (一人称等) と意味 (〈意志〉等) とを一対一の対応で結びつけてはいなかったことが分かる (〈非現実〉のマークとして「む」「むず」が必要だったということだろう)。

(19)　(俊寛達は) 平家滅ぼさんずるはかりことをぞめぐらしける (『平家物語』) [福嶋訳：平家を滅ぼす計画をめぐらせた]

※この例は文法書によっては〈意志〉の例とされている。

また、本章1.節で見た (01) の例について、〈仮定〉か〈婉曲〉かを議論しても、本質的な意味はない。むしろ、「現実には存在していないことについて述べている」ということをおさえる方が重要なのである。

以上、古典文法書の「む」「むず」の記載内容が多様であることの背景について述べた。

6. ガイドライン作成の提案

古典文法書の「む」「むず」の記載内容には、かなりの異なりが見られ、いずれの見解が正解かも分からない状況だが、これでよいのだろうか。研究という側面からいえば、多様な意見があることは健全であろう。しかし、教育という側面からいえば、授業で扱う用語がよく分からない（自分達の持っている文法書には答えが書いてあるが、改めて質問されると、用語の定義と外延を説明できない）ということでは、教員も生徒も大変困る。繰り返しになるが、古典文法の授業が苦痛であることの根本的な原因の一つはここにあるといってもよいだろう。このような状況を改善する第一歩としては、本章のように、古典文法書を調査し、その結果を基礎資料として、情報を共有することが大切だと思われる。

また、本章では「む」「むず」について述べたが、他の助動詞や助詞に関しても、統一的な見解がないという点は同じであり、古典文法全体にわたって、本章で見てきたことと同様の問題が生じている（この点は、小田勝(2014・2016）も参照のこと)。教育上、このままでよいとは全く思われないが、一方で、このような問題は、個人レベルで解決できるものでもない（当然、古典文法書の責任でもない)。

そこで本章では、最後に、問題解決のために、次のような提案をしたい。

それは、最近の研究成果を参考に、大学入試問題作問の際のガイドラインのようなものを、学界（会）が作成するというものである。具体的な手順としては次のようなことが考えられる。

(20)　**手順1**：学界（会）として、高校教育レベルで共通見解にできることと、共通見解にできないことを整理する。例えば、「ぞかし」の「ぞ」のように、「係助詞説」と「終助詞説」で説が分かれており、それぞれに一定の支持者がいるような場合は、どちらかの説を共通見解にすることはできないと思う。

(21)　**手順2**：高校生に教えるべき内容は何か、また、高校生が知る必要のないことは何かを整理する。この場合、難易度を考慮してもよいと思われる（「む」「むず」の例でいえば、「古典文法の定着が進んでいる生徒には、未然形の（ま）を示すことが望ましいが、定着が難しい場合は、未然形の（ま）は示さなくてもよい」等)。なお、難易度を反映させて古典文法書を作成した場合、内容が分かれる可能性があるが、教員はどのようなバリエーションがあるのか予め把握できるので、現状とは状況が大きく異なる（事態は改善される)。加えて、現場の教員が安心して授業ができるように、実際の教材を使用した授業案を示す。

(22)　**手順3**：教員向けに、最近の研究成果を反映させた説明を加える。「む」「むず」の例でいえば、「基本的な意味は何か」「なぜ、文法書に様々な意味が記載されてきたのか」等を整理し、より原理的な部分も示す（暗記する部分があるのは仕方がないが、「全て丸暗記」という方法に頼らない)。また、現行の研究水準で、既に明らかになっていることと、未だ明らかになっていないこと（現在研究中の課題であること）も示す。

このような整理を行うことには、次のような多くのメリットがある。

(23)　①生徒が安心して学習できる
②高校の教員も安心して授業ができる（教員が分からない部分は、「研究者でも分からなくて、今調べているところなんだよ。」と説明できる)

③不可解さが軽減し、古典に興味を持つ生徒が増えるので、結果として、学界も活性化する
④入試問題作問の際のリスクや手間が、大幅に減少する（「古典文法の問題を安心して出題できる→入試等で古典文法の問題が増える→受験生が古典文法をより勉強するようになる→古典や古典文法の面白さを大学でより伝えやすくなる」という良い循環にも繋がる）

なお、誤解のないように申し添えるが、本書では、「む」「むず」の意味について、「〈意志〉や〈推量〉といった用語を極力使うな。〈非現実〉という用語を使うべきだ。」と主張しているわけではない。本書では、古典文法書の実態を把握した上で、日本語の変遷を押さえ、教育を考えていこうと言いたいのである。

検討の結果、教育上の効果を考え、〈意志〉や〈推量〉等の用語をこのまま使用することになってもよいと思う。一方、何の検討もしないまま、現状をただ受け入れるというのは、よろしくない。これは、はっきりとしている。

このままの状態が続き、状況が改善されないようであれば、古典文法教育の未来は、明るいとはいえないだろう。

第 14 章　古典文法書間で「む」「むず」の記載内容はこんなにも違う・その 2―「む」と「むず」の違いを大学等の入試問題で問うことは妥当か―

要　旨

本章では、前章に引き続き、実際に高等学校で用いられている古典文法書の「む」と「むず」の記載内容を調査する。

例えば、「む」と「むず」の違いを、大学の入試等で問うことは妥当なのだろうか。本章のような調査がなければ、このような問いに、具体的な根拠をもって答えることは難しい。

この問いの答えを述べると、「む」と「むず」の違いについて述べていない古典文法書もあるので、（このような状況であることを認識せずに）「む」と「むず」の違いを大学入試等で問うことは、積極的に肯定できることではないということになる。

「む」と「むず」の違いについて述べていない古典文法書があるのは、両者の違いが分かりにくいためである。では、「どうして「む」と「むず」の違いが分かりにくいのか」ということが問題となるが、この背景には、本書の第 1 部や第 2 部で見てきた、言語類型論的な変化と、テンス・アスペクト・モダリティ体系の変遷とが直接的に関与している。

本章の調査と考察を通して、国語教育（その中でも「古典文法に関する出題」という現実的な課題）と、歴史的文法研究の接点を示すことができるだろう。

1. はじめに―古典文法書の間で説明に差異がある―

前章では、高校で使用されている古典文法書を対象とし、助動詞の「む」

「むず」について、以下の観点から調査を行った。

(01)　①「む」「むず」の意味に何をたてるか
②〈仮定〉と〈婉曲〉を分けるか
③〈勧誘〉と〈適当〉を分けるか

その結果、古典文法書間で、看過できぬ差異が見られることが分かった。高校で用いられる古典文法書等の調査は、これまでは、小田勝（2014・2016）以外に、あまりなされてこなかったため、「文法書間で差が見られる」という問題は、あまり顕在化していなかったのである。

しかし、この問題は、古典文法の学界でも、古典文法教育の現場でも、いずれは向き合わなければならない問題である。また、大学等の入試問題に関しても少なからぬ影響がある。

そこで、本章では、前章に引き続き、高校で使用されている古典文法書を対象とし、助動詞の「む」「むず」の記載内容について、次の点を調査する。

(02)　①未然形の「ま」をたてるか
②「ん」「んず」の表記に言及があるか
③「む」と「むず」の意味に違いがあるとするか

古典文法書で学習した高校生であれば、「む」の未然形「ま」や、「ん」「んず」という表記に関して、ある程度、共通した情報を有していると考えてよいのだろうか。一度、確認してみる必要があるだろう。

また、実際に、以下のような問いも見られる。

(03)　次の［　　］に適する語を後から選び、記号で答えよ。
（略）［　④　］と比べ、［　⑤　］のほうが、より口語的な言葉である。

［ア むず　　イ む　　ウ 意志　　エ 婉曲　　オ 推量］

（『よくわかる 新選古典文法』p.51。引用元は問題文がゴシック）

これは、古典文法書の「チェック」という所の問いである。答えは、「④イ」「⑤ア」であって、「むず」の方が「む」よりも口語的であるという、「むず」と「む」の違いを問うたものになっている。この答え自体は誤りではないだろうし、理解度を確認したいという設問の意図も理解できる。

しかし、このような問い（「む」と「むず」の違いを問うようなもの）は、大学の入試問題として考えた場合、適しているといえるのだろうか。

本章の調査は、このようなことの回答の一つになると考えている。

なお、この問いの結論を先取りすると、「む」と「むず」の違いについて述べていない古典文法書もあるので、「む」と「むず」の違いを大学入試等で問うことは、積極的に肯定できることではないということになる。

「む」と「むず」の違いについて述べていない古典文法書があるのは、両者の違いが分かりにくいためである。では、「どうして「む」と「むず」の違いが分かりにくいのか」ということが問題となるだろう。本章の最後では、この問題の背景に、第1部や第2部で見てきた、言語類型論的な変化と、テンス・アスペクト・モダリティ体系の変遷とが直接的に関与していることを述べる。

2. 調査対象

本章の調査対象は、前章と同様、高校で用いられていると思われる次の古典文法書（15種）である（本章の引用では反映できないが、実際には、カラー刷りのものもある）。

（04）　調査対象とした古典文法書

（［ ］内は略称。初版の出版年順に示す。詳細は本書の参考文献欄を参照のこと）

『新訂 古典文法』［大修館1］（大修館書店）

『読解をたいせつにする 体系古典文法 九訂版』［数研］（数研出版）
『楽しく学べる 基礎からの古典文法〈三訂版〉』［第一学習 1］（第一学習社）
『古典にいざなう 新古典文法』［大修館 2］（大修館書店）
『生徒のための古典読解文法』［右文書院］（右文書院）
『古文読解のための 標準古典文法〈三版四訂〉』［第一学習 2］（第一学習社）
『【基礎から解釈へ】新しい古典文法 四訂新版』［桐原書店］（桐原書店）
『よくわかる 新選古典文法』［東京書籍］（東京書籍）
『古文解釈のための総合力を養う 完全マスター古典文法〈新版五訂〉』［第一学習 3］（第一学習社）
『新修 古典文法 二訂版』［京都書房］（京都書房）
『標準 新古典文法』［文英堂 1］（文英堂）※本書執筆時、重版の予定なし。
『詳説 古典文法』［筑摩］（筑摩書房）
『読解のための必修古典文法〔改訂版〕』［文英堂 2］（文英堂）
『必携 古典文法』［明治書院］（明治書院）
『読解する力がつく精選 古典文法』［三省堂］（三省堂）

次節以降、調査結果を示していきたい。

3. 未然形の「ま」をたてるか

まず、助動詞「む」の未然形に「ま」をたてているかという点から調査を行った。結果は以下の通りである。

(05)　**表1　未然形の「ま」をたてるか**

［大修館1］	活用表中に「(ま)」あり。挙例あり。脚注に説明あり。
［数研］	活用表中に「(ま)」なし。脚注に説明と挙例あり。
［第一学習1］	活用表中に「(ま)」あり。説明・挙例なし。
［大修館2］	活用表中に「(ま)」あり。説明・挙例なし。
［右文書院］	活用表中に「(ま)」なし。説明・挙例なし。
［第一学習2］	活用表中に「(ま)」あり。説明・挙例なし。
［桐原書店］	活用表中に「(ま)」あり。脚注に説明と挙例あり。
［東京書籍］	活用表中に「(ま)」なし。説明・挙例なし。
［第一学習3］	活用表中に「(ま)」あり。脚注に説明と挙例あり。
［京都書房］	「む」「むず」の活用表中には「(ま)」はないが、奈良時代の用法として、別立てで説明している。
［文英堂1］	活用表中に「(ま)」あり。脚注に説明と挙例あり。
［筑摩］	活用表中に「(ま)」あり。脚注に説明と挙例あり。同じ箇所にク語法の情報あり。
［文英堂2］	活用表中に「(ま)」あり。脚注に説明あり。挙例なし。
［明治書院］	活用表中に「(ま)」なし。脚注に説明と挙例あり。
［三省堂］	活用表中に「(ま)」あり。説明・挙例なし。

ご覧の通り、未然形の「ま」をたてるものと、たてないものとが混在している。活用表中に「ま」がある場合は、どの古典文法書も「(ま)」のように、(　) をつけて示している。また、活用表中に「(ま)」が見られない場合でも、脚注で、「む」の未然形について説明をしているものもあった。なお、「まほし」の成り立ちのところで、「む」の未然形である「ま」に言及しているものもある（［筑摩］や［三省堂］等）。

一方、［右文書院］と［東京書籍］には、「む」の未然形である「ま」に関して、特に説明はないようである。

まとめると次のようになる。

(06)　a. 活用表中に「ま」があるもの

［大修館1］［第一学習1］［大修館2］［第一学習2］

[桐原書店]［第一学習 3］［文英堂 1］［筑摩］［文英堂 2］
［三省堂］

b. 活用表中に「ま」はないが説明等があるもの
［数研］［京都書房］［明治書院］

c.「ま」への言及がないもの
［右文書院］［東京書籍］

「む」の未然形である「ま」については、次のような説明が多い。

(07)　未然形の「ま」は、奈良時代に接尾語「く」に連なり、「まく」〔ダロウコト〕の形で用いられるだけである。（［大修館 1］p.60）

(08)　奈良時代には、未然形「ま」があり、接尾語「く」が付いて「まく」（…ダロウコト・…ヨウナコト）の形でのみ用いられた。
（［桐原書店］p.58）

つまり、次のような例に触れるかどうかということだろう。

(09)　梅の花散ら**まく**惜しみわが園の竹の林に鶯（うぐひす）鳴くも
（万葉集・824）（［第一学習 3］p.52 の挙例より。傍点やゴシックも引用元の通り。なお、引用元は「ま」の部分が赤字である）

4.「ん」「んず」の表記に言及があるか

「ん」「んず」の表記に関する調査結果は、次の通りである。

(10)　**表2 「ん」「んず」の表記に言及があるか**

［大修館1］	「ん」及び「う」への言及あり。活用表中に「ん」「んず」の表記あり。「平安時代以降「む」は「ん」とも書かれるようになり、鎌倉時代以後は「う」にも変化した」。(p.60) とある。
［数研］	「ん」への言及あり。活用表中に「ん」「んず」の表記あり。「「む」は、大体、奈良時代には〔mu〕と発音され、平安時代には〔m〕からさらに〔n〕と発音されるようになって「ん」と表記されることもある。(福嶋注：改段落) 音読するときには、「ン」と発音すればよい。」(p.60) とある。
［第一学習1］	「ん」への言及あり。「んず」の表記あり。「「む」は「ン」と発音しますが、『平家物語』など中世以降の作品には表記も「ん」とするものが多くみられます。これは表記の違いであって意味的な違いは全くありません。」(p.66) とある。
［大修館2］	「ん」への言及あり。「ん」「んず」の表記あり。「「む」は、発音の変化に従って、平安時代の終わりごろから「ん」とも書かれるようになりました。「けむ」「らむ」の「む」も同じです。」(p.57) とある。
［右文書院］	活用表中に「ん」「んず」の表記あり。
［第一学習2］	「ん」への言及あり。活用表中に「ん」「んず」の表記あり。「「む」は「ン」と発音するが、『平家物語』など中世以降の作品では、表記も「ん」とするものが多くみられるようになる。」(p.60) とある。
［桐原書店］	「ん」への言及あり。活用表中に「ん」「んず」の表記あり。「「む」［mu］は、平安時代に［m］［n］と発音されるようになり、「ん」と表記されるようにもなった。」(p.58) とある。
［東京書籍］	「ん」への言及あり。「ん」「んず」の表記あり。「「む」は平安時代の末ごろからの発音の変化に伴って、「ん」と表記されることもあった。他の助動詞「むず」「らむ」「けむ」などの「む」も同様である。」(p.50) とある。
［第一学習3］	「ん」への言及あり。活用表中に「ん」「んず」の表記あり。「助動詞「む」は、奈良時代までは「ム」と発音されていたが、平安時代以降「ン」と発音されるようになり、平安時代後期には「ん」とも表記されるようになった。「むず」「らむ」「けむ」などの「む」も同様である。」(p.52) とある。
［京都書房］	「ん」への言及あり。活用表中に「ん」「んず」の表記あり。「「む」「むず」を、「ん」「んず」と表記することもある」(p.74) とある。

［文英堂 1］	「ん」への言及あり。活用表中に「ん」「んず」の表記あり。「「む」「むず」などの「む」の発音は、平安時代以後「ン」に変化する。そのため、「む」は「ん」とも表記される。」(p.62) とある。
［筑摩］	「ん」への言及あり。活用表中に「ん」「んず」の表記あり。「推量の助動詞「む」あるいは「ん」は、奈良時代には［mu］と発音され、平安時代に［m］、さらに［n］と変化していった。仮名も「む」「ん」ともに十世紀には［mu］を表していたが、次第に「ん」は撥音を表すようになっていった。」(p.64) とある。
［文英堂 2］	「ん」への言及あり。活用表中に「ん」「んず」の表記あり。「「む」は、平安時代以降「ン」と発音されるようになり、平安時代後期には、表記も「ん」が用いられるようになった。」(p.68) とある。
［明治書院］	「ん」への言及あり。活用表中に「ん」「んず」の表記あり。「「む」は平安時代の頃から、mu の母音が落ちて、m と発音されるようになり、「ん」と書かれるようになった。「むず」「けむ」「らむ」などの「む」も同じである。」(p.64) とある。
［三省堂］	「ん」への言及あり。活用表中に「ん」「んず」の表記あり。「「む」は、発音が「む」→「ん」と変化したため、「ん」と表記されることもある。」(p.74) とある。

調査した全ての古典文法書で「ん」「んず」の表記が示されている。よって、情報量に差があるものの、見解は概ね一致しているといえる。このため、「ん」「んず」という表記に関しては、古典文法書で学習した高校生であれば、ある程度、共通した情報を有していると考えてよいように思う。

5.「む」と「むず」の意味に違いがあるとするか

「む」と「むず」の意味に違いがあると考えるのだろうか。以下に調査結果を示したい。あわせて、「むず」の成立について言及しているのかということも述べる。

(11)　**表3 「む」と「むず」に違いがあるとするか**

[大修館1]	「むず」の成立に言及あり。両者の違いに言及なし。
[数研]	「むず」の成立に言及あり。両者の違いに言及あり。「「む」よりやや意味が強い。」(p.60) とある。
[第一学習1]	「むず」の成立に言及あり。両者の違いに言及なし。「「む」と同じはたらきをする助動詞に「むず (んず)」があります。」(p.67) とある。
[大修館2]	「むず」の成立に言及あり。両者の違いに言及あり。「「む」より語調が強く、平安時代には上品でない言葉とされて、主に会話で使われました。(福嶋注：改段落) 鎌倉時代には、軍記物語などで盛んに使われるようになりました。」(p.58) とある。
[右文書院]	「むず」の成立に言及あり。両者の違いに言及あり。「平安時代にあらわれ、鎌倉時代に多く用いられた。「む」の意味をやや強めた言い方である。」(p.40) とある。
[第一学習2]	「むず」の成立に言及あり。両者の違いに言及なし。「「む」と同じはたらきをする助動詞に「むず」がある。」(p.60) とある。
[桐原書店]	「むず」の成立に言及あり。両者の違いに言及あり。「意味は、「む」と同じ。平安時代に会話文で用いられ始め、後に地の文でも使われるようになった。」(p.58) とある。
[東京書籍]	「むず」の成立に言及あり。両者の違いに言及あり。「平安時代以降、主に話し言葉の中で用いられた。」(p.50) とある。「チェック」という欄で「む」と「むず」の違いを問うており、「むず」の方がより口語的な言葉とする。
[第一学習3]	「むず」の成立に言及あり。両者の違いに言及あり。「「む」より意味がやや強い。」(p.52) とある。
[京都書房]	「むず」の成立に言及あり。両者の違いに言及なし。「「む」と同じ意味です。」(p.74) とある。「「む＋ず (打消)」と勘違いしないよう、「むず＝む」と置き換える習慣をつけましょう。」(p.74) とあり、両者に違いがないと解釈できる。
[文英堂1]	「むず」の成立に言及あり。両者の違いに言及あり。「「む」とほぼ同義であるが語気はより強く、おもに鎌倉時代以後に用いられる。」(p.62) とある。
[筑摩]	「むず」の成立に言及あり。両者の違いに言及あり。「意味は「む」と同じである。平安時代に会話文を中心に用いられ、次第に地の文にも拡大した。」(p.65) とある。
[文英堂2]	「むず」の成立に言及あり。両者の違いに言及あり。「助動詞「む」よりやや意味が強い。打消の助動詞「ず」とは無関係。」(p.68) とある。

［明治書院］	「むず」の成立に言及あり。両者の違いに言及あり。「「む」よりやや語気が強い。鎌倉時代に多く用いられた。」(p.64) とある。
［三省堂］	「むず」の成立に言及あり。両者の違いに言及あり。「「む」より推量や意志の確実性が強い傾向にある。」(p.74) とある。

全ての古典文法書において、「むず」の成立には言及がある。例えば、次のようなものである。

(12)　「むず」は、「**む＋と＋す**」という形からできた、とされています。
（［大修館 2］p.58、太字も引用元の通り）

一方、「む」と「むず」の違いについては、その記述内容はまちまちである。両者に違いはないという古典文法書もあれば、違いがあるという古典文法書もある。また、両者に違いがあるという場合でも、「むず」の方が口語的という場合もあれば、「むず」の方が、やや意味が強い、あるいは、鎌倉時代に多く使用されるようになった、という場合もある。

まとめると次のようになるだろう。

(13)　a.「む」と「むず」の違いに言及しているもの
［数研］「「む」よりやや意味が強い。」(p.60)
［大修館 2］「「む」より語調が強く、平安時代には上品でない言葉とされて、主に会話で使われました。（福嶋注：改段落）鎌倉時代には、軍記物語などで盛んに使われるようになりました。」(p.58)
［右文書院］「平安時代にあらわれ、鎌倉時代に多く用いられた。「む」の意味をやや強めた言い方である。」(p.40)
［桐原書店］「意味は、「む」と同じ。平安時代に会話文で用いられ始め、後に地の文でも使われるようになった。」(p.58)
［東京書籍］「平安時代以降、主に話し言葉の中で用いられた。」(p.50)

［第一学習 3］「「む」より意味がやや強い。」(p.52)

［文英堂 1］「「む」とほぼ同義であるが語気はより強く、おもに鎌倉時代以後に用いられる。」(p.62)

［筑摩］「意味は「む」と同じである。平安時代に会話文を中心に用いられ、次第に地の文にも拡大した。」(p.65)

［文英堂 2］「助動詞「む」よりやや意味が強い。打消の助動詞「ず」とは無関係。」(p.68)

［明治書院］「「む」よりやや語気が強い。鎌倉時代に多く用いられた。」(p.64)

［三省堂］「「む」より推量や意志の確実性が強い傾向にある。」(p.74)

b.「む」と「むず」の違いに言及していないもの、あるいは、両者に違いはないと解釈できるもの

［大修館 1］

［第一学習 1］「「む」と同じはたらきをする助動詞に「むず（んず）」があります。」(p.67)

［第一学習 2］「「む」と同じはたらきをする助動詞に「むず」がある。」(p.60)

［京都書房］「「む」と同じ意味です。」(p.74)、「「む＋ず（打消）」と勘違いしないよう、「むず＝む」と置き換える習慣をつけましょう。」(p.74)

「む」と「むず」の違いについて統一的な見解のないことがよく分かる。「む」と「むず」の違いについて述べていない古典文法書もあるので、（このような状況であることを認識せずに）「む」と「むず」の違いを大学入試等で問うことは、積極的に肯定できることではない。また、大学で古典文法教育を行うにあたっても、このような状況であることを把握しておいた方がよいと思われる。

6. まとめと「む」「むず」にまつわる難しさの背景 —国語教育と歴史的文法研究の接点—

調査結果をまとめたい。本章冒頭の（02）に対応させる形で示す。

（14）（＝（02））①未然形の「ま」をたてるか
②「ん」「んず」の表記に言及があるか
③「む」と「むず」の意味に違いがあるとするか

「未然形の「ま」をたてるか」については、未然形の「ま」に言及がない古典文法書もあった。このため、古典文法書で学習した高校生であっても、共通した情報を有していない可能性がある。

「「ん」「んず」の表記に言及があるか」については、情報量に差があるものの、調査した全ての古典文法書で「ん」「んず」の表記が示されていた。このため、古典文法書で学習した高校生であれば、ある程度、共通した情報を有していると考えてもよいだろう（共通した情報を有している可能性が高い）。

「「む」と「むず」の意味に違いがあるとするか」については、両者の違いに言及していない古典文法書もあった。このため、古典文法書で学習した高校生であっても、共通した情報を有していない可能性がある。

「「む」と「むず」の違いを大学等の入試問題で問うことは妥当か」という問いに対しては、繰り返しになるが、「む」と「むず」に違いはないと解釈できる古典文法書もあることから、「積極的に肯定できることではない」といえる。

古典文法書は、学習者のレベルや興味にあわせられるよう、内容にバリエーションがあった方がよいともいえる。本章の調査も、古典文法書の優劣を論じるためのものではないし、「詳しければよい」ということでもないだろう。ただ、このような状況であるということを、古典文法の関係者は、知っておく必要があると思う。

最後に「む」と「むず」の違いについて、次のことを述べたい。

「む」と「むず」の違いについて言及していない古典文法書もあるわけだが、それは、「む」と「むず」の違いが分かりにくいためだろう。では、どうして「む」と「むず」の違いは分かりにくいのか。この問題の背景には、本書が第1部や第2部で述べてきた、言語類型論的な変化と、テンス・アスペクト・モダリティ体系の変遷とが直接的に関与していると思われる。

本書で何度も述べてきたように、古代語（古典文法書で主たる対象とされる言語のこと）は、言語のタイプが、現代日本語とは異なる。古代語は、「ムード優位言語（Mood-prominent language）」だったと考えられるのである。「ムード優位言語」とは、〈非現実（irrealis）〉と〈現実（realis）〉の区別に敏感な言語のことである（詳しくはBhat（1999）や本書第8章を参照のこと）。

ところが、中世末期頃から、「ている」という形式が台頭し、「む」「むず」の後継の形式である「う」「うず（る）」や、動詞基本形等の分布をも巻き込んだ、次のような変化がおきた。これも前章までの議論で、何度も述べてきたことである（学校文法の枠組みを踏まえ、本章と前章では、現代日本語の「う」（「よう」も「う」で代表させる）を、（　　）に入れて示している）。

（15）　**表4　古代語から現代語への体系の変化**

<table>
<tr><th></th><th>〈非現実（の一部）〉</th><th>〈現実（の一部）〉</th></tr>
<tr><td>古代日本語</td><td>む・むず</td><td>動詞基本形</td></tr>
<tr><td>中世末期日本語</td><td colspan="2">う・うず（る）　　動詞基本形　　ている</td></tr>
<tr><td>現代日本語</td><td>（う）動詞基本形</td><td>ている</td></tr>
</table>

古代日本語の「む」「むず」のところには、概ね、現代日本語では動詞基本形が分布し、古代日本語の動詞基本形のところには、概ね、現代日本語では「ている」が分布している。

現代日本語では、〈非現実〉のことを表す場合に、助動詞を義務的に接続させる必要はない。つまり、現代日本語は、もう「ムード優位言語」ではない。

古代語の「む」や「むず」を初めて見た時、感覚的に理解しがたいものを感じた方もいると思うが、その第一印象は、両言語（現代語と古代語）の異なりを捉えたものともいえる。言語のタイプが異なるため、「〈非現実〉を表す場合に、ほぼ義務的に助動詞が必要」という、かつてあった感覚自体が、現代ではなくなっているのである。

「む」「むず」が表す〈非現実〉という概念自体が、やや抽象的なものであり、その使用方法も、今述べたように、我々の感覚では捉えにくい。

さらに、「む」と「むず」の違いとなると、より難しいものになるだろう。両者の違いは、「〈非現実〉を義務的に示す形式同士の違いは何か」ということになるからである（「む」「むず」「べし」の違いという問題にもなってくるだろう）。もちろん、両者の違いを調査することは重要であり、これまでにもそのような研究は行われている。しかし、「む」と「むず」の違いを高校生に教える必要があるのかということは、これまで議論されてこなかったといえる。

「む」と「むず」の違いを高校生に教える必要があるのかという問題については、今後、さらなる議論が必要であり、ここで結論を述べることはできない。しかし、少なくとも、「む」と「むず」の違いが分かりにくいことの背景には、言語類型論的な変化と、「ている」の台頭を始めとするテンス・アスペクト・モダリティ体系の変遷とがあることは指摘できると思う。

国語教育における、「む」と「むず」に関する難しさと、歴史的な文法研究における「ている」の台頭は、一見、全く無関係に見えるが、このように見ると、繋がってくるのである。この点に、国語教育と歴史的文法研究の接点を垣間見ることができ、興味深いと思われる。

第 15 章　現代日本語の格体制を変更させている〜テイル・その 1 —「池に鯉が泳いでいる」「冷蔵庫にビールが冷えている」とはいうが「池に鯉が泳いだ」「冷蔵庫にビールが冷えた」とはいわない—

要　旨

「池に鯉が泳いでいる」「冷蔵庫にビールが冷えている」とはいうが、「池に鯉が泳いだ」「冷蔵庫にビールが冷えた」とはいわない。本章で扱うのは、このような、格体制を変更させていると考えられる〜テイルである。

本章では、当該の〜テイルについて、語順の傾向があることや「経験（あるいは動作パーフェクト）」の解釈ができないこと、「動作／状態変化」という意味の中に「位置変化」の意味が見て取れること等の特徴を指摘し、この〜テイルが存在表現の一種であることを確認する。さらに、当該の〜テイルに、いくつかのパターンがあることを述べる。その後、格体制を変更させているわけではない、通常の〜テイルについても、その一部が存在表現の一種として研究されていることを述べ、格体制を変更させている〜テイルも、存在表現としての〜テイルの中に位置付けられることを確認する。最後に、「格体制を変更させている〜テイル」のアスペクト研究における意味を考察する。

本章の議論を通して、格体制を変更させている〜テイルの特徴が明らかになり、さらに、「存在という意味も含めてアスペクト形式を把握する」という本書の見方が、現代日本語の〜テイルの研究にも有効なものだと分かる。

1. はじめに—格体制を変更させている～テイル—

本書では、第１章から「存在という意味も含めて日本語のアスペクト形式（具体的には～テイルと～テアル）を把握する」という見方をとってきた。このような見方は、中世末期日本語の～テイル等を記述するためだけのアドホックな捉え方なのだろうか。それとも、現代日本語の～テイルの研究にも有効な捉え方なのだろうか。

「格体制を変更させている～テイル」に関する本章の議論と次章の調査から、本書の見方が現代日本語の～テイルの研究にも有効なものであることを示したい。

まず、「格体制を変更させている～テイル」について説明する。現代日本語の～テイルには、次のようにニ格句（[場所] ニ格句）を新たに出現させている～テイルが存在する。

(01)　池に鯉が泳いでいる　　cf. ＊池に鯉が泳いだ

(02)　木陰に子供達が休んでいる　　cf. ?? 木陰に子供達が休んだ

(03)　庭に犬が死んでいる　　cf. ＊庭に犬が死んだ

(04)　冷蔵庫にビールが冷えている　　cf. ＊冷蔵庫にビールが冷えた

(01) の例で説明すると、「池に鯉が泳いだ」とは通常いわないが、「池に鯉が泳いでいる」は自然である。つまり、(01) の「池に鯉が泳いでいる」には、「泳ぐ」という動詞の格体制には含まれないはずのニ格句（「池に」）が出現している。

このような～テイルを、議論の便宜上、「格体制を変更させている～テイル」と呼ぶことにする。本章では、この格体制を変更させている～テイルに関して、以下のことを、確認・検討する。

(05)　a. 格体制を変更させている〜テイルを研究する意義。
b. 格体制を変更させている〜テイルに言及している先行研究（既に分かっていることと、まだ分かっていないことの整理）。
c. 格体制を変更させている〜テイルの特徴、及び、その特徴から当該の〜テイルが存在表現の一種と考えられること。
d. 格体制を変更させている〜テイルに、いくつかのパターンがあること。
e. 格体制を変更させているわけではない、通常の〜テイルについて、その一部が存在表現の一種として研究されていること。「格体制を変更させている〜テイル」も、存在表現としての〜テイルの中に位置付けられること。
f.「格体制を変更させている〜テイル」は、「動作」や「状態変化」という概念を、存在表現と結びつける手段であること。

次節から、a.〜f.の順で議論を行いたい。

2. 格体制を変更させている〜テイルを研究する意義

〜テイルという形式は、現代日本語のアスペクト研究における中心的な形式であり、盛んに研究が行われてきた。それらの先行研究の多くは、（それぞれの立場や用語に違いはあるものの）〜テイルの意味として概ね次の五つを認めている[*1]。

*1 「動作継続」というのは、概ね、「進行態」のことである。「結果継続」「単なる状態」「過去の経験」は、概ね、「既然態」に含まれる。「反復・習慣」は、「進行態」に含まれる場合もある。本章では現代日本語の例で議論をするので、「動作継続」「結果継続」等の用語を用いることにする。

(06)　「動作継続」　例：鯉が泳いでいる
　　　　　　　　　例：太郎がご飯を食べている
　　「結果継続」　例：犬が死んでいる
　　　　　　　　　例：窓があいている
　　「過去の経験（動作パーフェクト）」
　　　　　　　　　例：十年前に、一度、この道を走っている
　　「反復・習慣」　例：毎日、散歩している
　　「単なる状態」　例：この道は曲がっている

このような五つの意味を～テイルに認めることは、事実上、先行研究の共通認識であると考えられ、～テイルの意味記述に大きな成果を挙げている。

しかし本章冒頭で見たような、格体制を変更させている～テイルは、(06)の枠組みでは捉えることができない。次の例が示すように、格体制の変更は、結果継続の～テイルにも動作継続の～テイルにも生じ得るからである。

(07)　動作継続の例　池に鯉が泳いでいる　（*池に鯉が泳いだ）

(08)　結果継続の例　庭に犬が死んでいる　（*庭に犬が死んだ）

また、次の（09）と（10）が示すように、同じ動作継続や結果継続の中にも、格体制を変更できる場合（A）と、できない場合（B）とがある。

(09)　動作継続の例
　　A　池に鯉が泳いでいる
　　B　*食堂に太郎がご飯を食べている

(10)　結果継続の例
　　A　庭に犬が死んでいる
　　B　*572号室に窓があいている

このことから明らかなように、「動作継続（progressive）」や「結果継続（resultative）」という従来の概念だけでは、格体制を変更させている～テイルを記述することができないのである。

現代日本語の～テイルを包括的に記述することが、～テイルに関する研究の当面の目的であるならば、格体制を変更させている～テイルを含めた上で、現代日本語の～テイルを記述する必要があるだろう。これが、当該の～テイルを研究する意義といえる。これは、つまり、現代日本語の～テイルを記述するためには、「動作継続」や「結果継続」以外の視点が必要になってくることを意味している。

3. 格体制を変更させている～テイルに言及している先行研究

「格体制を変更させている～テイル」という用語を使用しているわけではないが、事実上、このような～テイルに言及していると考えられる先行研究はいくつかある。本節では、それらの研究を紹介し、具体的な事実をもとに、本書の立場から、先行研究が明らかにしていないことを整理する。

3. 1. 杉本武（1988）

格体制を変更させている～テイルに明示的に言及した研究として杉本武（1988）がある。杉本武（1988:107）は、次の例を挙げている[*2]。

(11)　結果相（本書でいう結果継続）の例
　a　道端で人が死んだ　／　道路脇で車がつぶれた
　b　*道端に人が死んだ　／　*道路脇に車がつぶれた
　c　道端で人が死んでいる　／　道路脇で車がつぶれている
　d　道端に人が死んでいる　／　道路脇に車がつぶれている

---

*2　例文の挙げ方には福嶋が手を加えた。

(12)　進行相（本書でいう動作継続）の例

a　図書館で太郎は勉強した　／　校庭で子供達は遊んだ

b　*図書館に太郎は勉強した　／　*校庭に子供達は遊んだ

c　図書館で太郎は勉強している　／　校庭で子供達は遊んでいる

d　*図書館に太郎は勉強している　／　*校庭に子供達は遊んでいる

これらの例をもとに、杉本武（1988:107）は、「(福嶋注：格体制を変えるようなことは）進行相のテイル形の場合には起こらない。」と述べ、「このように、進行相の「ている」と結果相の「ている」とでは、動詞の格結合能力に対する影響力が異なる。これも、進行相のテイル形と結果相のテイル形の違いとして挙げることができよう。」(杉本武 1988:108）としている。

杉本武（1988）は、格体制を変更させている～テイルを明示的に指摘したという点において注目する必要がある。しかし、次のことを問題点として指摘できる。既に見てきた、「池に鯉が泳いでいる」「木陰に子供達が休んでいる」という例からも分かる通り、動作継続（杉本武（1988）でいう進行相）でも格体制を変更させている例が存在する。この点、杉本武（1988）の記述では誤った予測をしてしまう。さらにいえば、結果継続（杉本武（1988）でいう結果相）の中にも「572 号室に窓が開いている」のように許容できない例も存在するので、格体制を変更させるか否かを、動作継続と結果継続の違いに還元させることは難しいと言わざるを得ない。

3. 2.　岡智之（1999）

認知言語学的アプローチから、格体制を変更させている～テイルに言及している研究に、岡智之（1999）がある。岡智之（1999）は、中心的存在構文（「玄関に変な人がいる」等）の認知モデルを、「概念化者（conceptualizer)」や「概念化者の心的経路（mental path)」等を用いて示し、このモデルを拡張させることによって、文末がテイル（テアル）になる様々な構文に統一的な説明を与えることを目的としている。

岡智之（1999）では、「動詞自体はニ格を要求せず、ニ格は存在動詞が要求している」（岡智之 1999:118）として次の例を挙げている。

(13)　あそこに鳥が飛んでいる（* あそこに鳥が飛ぶ）

(14)　あそこに人が死んでいる（* あそこに人が死ぬ）

これらの例は、本書でいう「格体制を変更させている〜テイル」に相当するだろう。

〜テイルと「存在」との関係に着目している岡智之（1999）の考え方を本書も参考にしている。しかし、岡智之（1999）は、(13）や（14）のような例について「本来のイル・アルの基本的な使い分けである有情、非情の別が反映している。」（岡智之 1999:118）と述べているので、次のような例をどのように扱うのか分からない。

(15)　冷蔵庫にビールが冷えているよ（* 冷蔵庫にビールがいるよ）

本書では、「格体制を変更させている〜テイル」の主語は、有生物（有情物）に限定されているとは考えていない（つまり、「格体制を変更させている〜テイル」には、存在動詞「イル」の有生性の制約はないと考えている）。この点、岡智之（1999）とは見解が異なる。

3. 3.　安平鎬（2000）・加賀信広（2002）

対照研究の立場から「格体制を変更させている〜テイル」に注目し、その特徴に言及している研究に、安平鎬（2000）や加賀信広（2002）等がある。

ただし、安平鎬（2000）は、日本語と韓国語の対照[*3]が目的であり、また、

---

*3　この点、安平鎬・福嶋健伸（2001）の議論も参照のこと。なお、現代日本語の体系よ

加賀信広（2002）は、英語の音放出移動構文[*4]の成立条件を考察するものであるため、「格体制を変更させている～テイル」の記述を目的とする本書とは、そもそも論点が異なっている。

なお、加賀信広（2002）では、常態か否か（常にその行為をしているか否か）に注目し、「池に鯉が泳いでいる」という文が許容できる理由を「魚にとっては泳いでいることが常態である。」（加賀信広 2002:31）ことに求めている。しかし、次のような例も存在するので、さらなる検討が必要であると思われる（「ザリガニ」や「姉」にとって、「歩いている」ことが常態であるとは言い難い。なお、新潮文庫の100冊については次章を参照のこと）。

(16)　あっ？床にザリガニが歩いている！

（毎日新聞 1999年12月12日・朝刊）

(17)　その隣に姉が歩いている。　（新潮文庫の100冊・梶井基次郎）

本書では、(16) や (17) のような～テイルも考察対象として議論を進める。

3. 4. 本節のまとめ

以上、本節では、「格体制を変更させている～テイル」に関する先行研究を見てきた[*5]。先行研究の不十分な点として、次のことが指摘できるだろう。

りも、中世末期日本語の体系の方が、現代韓国語に近いという事実があり、その議論は、安平鎬・福嶋健伸（2005）にまとめられている。

*4　Levin & Rappaport（1991）で議論されている "The beautiful new Mercedes purred along the autobahn." のような文のことである。この文では、音を放出することと、移動が、同時に表現されている。

*5　3.節で見た研究の他に、概念意味論からのアプローチを試みた岩本遠億（2001・2008）、Iwamoto & Kuwabara（1997）等の研究もある。また、ニハ構文に着目した研究として Nakajima（2000）がある。Dubinsky & Hamano（2003）も、その論述の中で、本書が問題としている現象にふれている。また、ニ格句と～テイルとの関係に関し

(18)　実際の現象とは異なる記述をしている場合がある。

この（18）の背景には、作例のデータに頼るのみで、実際の使用状況を把握していないということがあると思う。そこで、本書では、次の第16章において小説を調査し、実際の使用状況を踏まえて考察を進める。

また、「格体制を変更させている〜テイル」には、先行研究では指摘されていない特徴がある。その点を次節で詳しく述べ、当該の〜テイルの記述を進めたい。

4.「格体制を変更させている〜テイル」の特徴

まず、「格体制を変更させている〜テイル」の特徴を記述する際には、次の点に留意する必要があることを述べておきたい。

(19)　ニ格句の出現に関しては、当該の動詞（あるいは動詞句）の意味という側面と、「テイル」という形式が表す意味という側面の両方から記述を進める必要がある（当該現象の記述は、動詞（あるいは動詞句）の意味だけに還元させることはできないし、「テイル」という形式の意味だけに還元させることもできない）。

「テイル」という形式がニ格句を要求していると考えざるを得ない一方で、全ての動詞において格体制の変更がおこるわけでもない。動詞（または動詞句）の側と、「テイル」という形式の側の両面から、記述を進めていく必要があるだろう。

この（19）を踏まえた上で記述を進めたい。まず、「テイル」という形式が表す意味の手がかりとして、次の特徴が指摘できる。

ては奥田靖雄（1983）も参照のこと。

(20)　格体制を変化させている〜テイル文の基本語順は「〜ニ」→「〜ガ」である。

これは、「あそこに犬が死んでいる」という文と「犬があそこに死んでいる」という文を比べた場合、前者の方がより自然であるということである。この語順傾向は、存在文の傾向と一致しており、この点から、「格体制を変更させている〜テイル」は、存在表現の一種と考えられる（語順傾向の具体的な数値については、次章で示す）。

さらに、次のような特徴もある。

(21)　格体制を変更させている〜テイルは、「経験」（あるいは、動作パーフェクト）として解釈できない。

次の（22）にみるように、格体制を変更させている〜テイルは、文脈をそれらしいものに変えてみたり、主格名詞を主題化する等の許容度を上げる工夫をしても、過去を表す時間副詞（句）を生起させることはできない（ただし、無生物主語の場合は、経験の解釈をそもそも読み込みにくいという傾向がある。これは、無生物の経験を想定するのが困難なことに起因していると思われる）。

(22)　*3年前、この鯉は、一度だけ、汚染された川に泳いでいる（だから、念のため、調べる必要があるだろう）

(23)　*先ほど、相手チームの選手達は、この休憩室に休んでいる

(24)　*10年前に、太郎の犬はあそこの庭に死んでいる

念のために述べるが、（22）〜（24）の［場所］ニ格句を［場所］デ格句に変えると、これらは問題のない文となる。「3年前、この鯉は、一度だけ、

汚染された川で泳いでいる（だから、念のため、調べる必要があるだろう）」「先ほど、相手チームの選手達は、この休憩室で休んでいる」「10年前に、太郎の犬はあそこの庭で死んでいる」等の文は、許容できるだろう。

当然、もともと［場所］ニ格句を要求する動詞の場合は、［場所］ニ格句を伴っていても、次にみるように、過去を表す時間副詞（句）を問題なく生起させることができる。

(25)　かつて一度だけ、太郎は、あの椅子に<u>座っている</u>

(26)　2時間前、太郎達は、頂上に<u>到着している</u>

(27)　去年、太郎はアメリカに<u>行っている</u>

(28)　昨日、山田教授が、この部屋に<u>来ている</u>

これらのことから、「経験」（あるいは、動作パーフェクト）として、許容できないということは、格体制を変更させている～テイルの特徴だと分かる。

「経験」（あるいは、動作パーフェクト）として許容できないことは、当該の～テイルが、現在の状態を表していることを意味する。また、存在動詞も、「経験」（あるいは、動作パーフェクト）として許容できない。よって、格体制を変更させている～テイルが、「経験」（あるいは、動作パーフェクト）として許容できないことは、「当該の～テイルは、存在表現の一種なのだ」という主張を支持するものだと思う。

また、動詞（句）の側から考えると、次のような点に着目して考察を進めることが重要なことだと思われる。

(29)　「動作／状態変化」と、「位置変化」との接点が見られる。

これは、当該の動詞（句）が「動作」や「状態変化」を表している場合でも、「位置変化」の意味が読み込めるということである[*6]。

この点、もう少し説明を加えたい。例えば「泳ぐ」というのは動作である。このため、「泳ぐ」は動作動詞であって、位置変化動詞ではない。また、「冷える」というのは状態変化である。動詞の分類としては、「冷える」は状態変化動詞であって、位置変化動詞ではない。

これらの動詞は、位置変化動詞ではないので、[場所] ニ格句は、基本的に共起しないはずである。しかし、次の例を見てもらいたい。

(30)　池に鯉を泳がせた　(* 池に鯉が泳いだ)

(31)　隣の部屋に花子を休ませた　(?? 隣の部屋に花子が休んだ)

(32)　冷蔵庫にビールを冷やした　(* 冷蔵庫にビールが冷えた)

(33)　家の前に花子を待たせた　(?? 家の前に花子が待った)

位置変化動詞ではないのだが、他動詞や使役形にすると、[場所] ニ格句が共起しやすくなる。

(30) ～ (33) の例文の判断は、個人によって微妙に揺れがあると思う。しかし、～テイルの形にしても格体制を変更できない動詞の場合、対応する他動詞・使役形は、[場所] ニ格句が生起しにくく、以下の (34)・(35) と、先の (30) ～ (33) とで、はっきりとした差を見て取ることができる。この差が重要だと思われる。

---

*6　主に英語学の研究であり、本書とは観点が異なるが、江口巧 (2019)、Goldberg (1995)、影山太郎 (1996) 等に、「状態変化」の中に「位置変化」の要素をみることに関する、考察や言及がある。

(34)　*572 号室に窓を開けた

(35)　*食堂に食べさせた

これらのことは、次のような特徴としてまとめることができる。

(36)　他動詞・使役形にすると［場所］ニ格句を生起させやすくなる動詞は、「格体制を変更させている〜テイル」になる傾向がある。

(30) 〜 (35) のようなテストを行うことで、「格体制を変更させている〜テイル」を、ある程度、予測可能な形で、記述できるようになるだろう（ただし、「死ぬ」のように形態的に対応する他動詞がないものは検討することができない）。

おそらく、(30) 〜 (33) に見られる［場所］ニ格句は、「格体制を変更させている〜テイル」に見られる［場所］ニ格句と、並行的に考えられるものだろう。「動作」や「状態変化」にも、「位置変化」の意味を読み込める場合があり、それが、他動詞や使役形、あるいは〜テイルという形をとることで、［場所］ニ格句を生起させやすくなっているのだと思う。

この「動作／状態変化」と「位置変化」の接点ということも、「格体制を変更させている〜テイル」が、存在表現の一種であることを支持するものである。「格体制を変更させている〜テイル」に見られるニ格句は、「位置変化」後の事物の存在場所を表しているといえるためである。

また、統語的な特徴として、次のようなものがある。

(37)　〜テイル文中にヲ格句が現れている場合は、格体制を変更させることが難しい[*7]。

*7　この現象は、竹沢幸一氏（筑波大学・当時）、川野靖子氏（福岡女子大学・当時）、田川拓海氏（筑波大学大学院生・当時）の指摘による。

次の例のように、ヲ格句が現れていると、ニ格句を新たに生起させることが難しいのである。

(38)　＊池に鯉が藻の中を泳いでいる。

この（37）の特徴が存在表現とどう関わるのかはよく分からない（ヲ格句が現れていると、動作の表現としての解釈が強くなり、存在表現として解釈しにくくなるということなのだろうか）。

これと関連して、次のことが挙げられる。

(39)　～テイル形をとって格体制を変更させている動詞は、自動詞に偏っている。

基本的に他動詞は、～テイル形をとって格体制を変更することが難しいようである[*8]。この点は、（37）で指摘したことと関連があるのかもしれない（ただし、この（37）や（39）は、あくまでも相対的な問題だと考えている。当該の～テイル文について、ヲ格句の出現している実例が全くないことを予測するものではないし、また、他動詞の例が全くないというような主張をしているわけでもない）。

以上、「格体制を変更させている～テイル」に見られる特徴について述べた。

5.「格体制を変更させている～テイル」には複数のパターンがある

本節では、「格体制を変更させている～テイル」に、複数のパターンがあることを述べたい。

本章冒頭では、次の例を見た。

---

*8　ただし、「待つ」は～テイル形をとって格体制を変更させる。

(40)（＝（01））池に鯉が泳いでいる　　cf. ＊池に鯉が泳いだ

(41)（＝（02））木陰に子供達が休んでいる　cf. ?? 木陰に子供達が休んだ

しかし、この二つの例文は、よく見ると異なる特徴がある。「鯉が泳いでいる」の方は、そもそも、「池で鯉が泳いでいる」とは言い難い[*9]。一方、「子供達が休んでいる」の方は、休息をとっている子供達を見て、「木陰で子供達が休んでいる」という表現も可能である。

また、冒頭で見た次の例についても説明を加えたい。

(42)（＝（03））庭に犬が死んでいる　　cf. ＊庭に犬が死んだ

(43)（＝（04））冷蔵庫にビールが冷えている
cf. ＊冷蔵庫にビールが冷えた

目の前の状況を述べる際に、デ格句を用いた「庭で犬が死んでいる」という表現も可能だと思われる（例えば、「家の前の道路で動物が死んでいます。どこに連絡すればよいでしょうか」等の表現は自然だろう）。一方、「冷蔵庫でビールが冷えている」の方は、不自然である。

「池に鯉が泳いでいる」「冷蔵庫にビールが冷えている」としかいえないパターンもあれば、「木陰で子供達が休んでいる」「庭で犬が死んでいる」ともいえるが、敢えて「～ニ　～テイル」という表現を選択しているというパターンもあるということである。

また、「海底に宝が眠っている」のような表現では、「海底に宝が眠った」は不自然なので、この例は、「格体制を変更させている～テイル」の一種といえる[*10]。しかし、そもそも、「宝が眠った」という表現が不自然である。さ

---

*9　ただし、個人によって例文の判断に差がでるようである。なお、江宛軒（2015:231）も、「池で鯉が泳いでいる」が不自然であると述べている。

*10　安平鎬（2000:228）も「売れない商品が倉庫に寝ている」（波線と下線原文）という

らに、「宝が眠っている」という表現も、「ドコニ」という場所の情報がないと欠落感がある。このため、「〜ニ　〜テイル」とすることで、安定した表現になっている（この例は比喩表現であることも関係していると思う）。

「部屋の片隅に太郎がじっとしている」のような例も、「部屋の片隅に太郎がじっとした」は不自然なので、「格体制を変更させている〜テイル」の一種といえる。この例も、「宝が眠った」と同様に、「太郎がじっとした」という表現自体が不自然なわけだが、一方で、「太郎がじっとしている」という表現は自然である。よって、「宝が眠っている」というパターンとは、若干、異なる。

このように観察してみると、「格体制を変更させている〜テイル」には、いくつかのパターンがあるといえる。

先ほど、「格体制を変更させている〜テイル」は、存在表現の一種と思われることを述べた。「池に鯉が泳いでいる」「冷蔵庫にビールが冷えている」「庭に犬が死んでいる」「木陰に子供達が休んでいる」「海底に宝が眠っている」「部屋の片隅に太郎がじっとしている」等は、いずれも存在表現の一種であり、「格体制を変更させている〜テイル」という存在表現が選択される背景は、（デ格句が使用できる場合もあれば、ニ格句しか使用できない場合もある等）様々であるということである。

6. 存在表現としての〜テイル

本節では、「格体制を変更させている〜テイル」ではなく、通常の〜テイルの一部が、存在表現の一種として機能していることを述べたい。

野村剛史（2003b）には、次のような指摘がある。

(44)　一応話を現代日本語に限っておくが、日本語は存在様態文を好むようである。単に「門のところに人がいる。」とでも述べればすむと

例文を考察し、存在文であると述べている。

ころを、「人が立っている。」などと言いたがる、ということである。　（野村剛史 2003b:3）

張麟声（1990・1991・2006）等も、～テイルと存在表現の関係について考察している。例えば張麟声（2006）では、「線路わきにはいろいろな物が<u>落ちている</u>」（張麟声（2006:76）、下線も原文）等の～テイルの例も、複合存在表現として扱っており、～テイルの一部を存在表現として捉えていることがよく分かる[*11]。

さらに、～テイルと存在表現の関係を考察した陳昭心（2009）を受ける形で、佐藤琢三（2017）は、次のような指摘をしている。

（45）　本稿は、陳（2009）と同様に、結果状態の「している」を存在動詞の「いる」「ある」と一種の類義関係にあるものとしてこれらの関係について論じたものでもある。文法の基礎的研究の観点から、「する」と「している」、「する」と「した」の対立のあり方が論じられるのは当然である。しかしながら、話者は実際の言語使用において、当該の状況を「ある」「いる」も含めてより多様な形式のうちからの選択を迫られている。　（佐藤琢三 2017:17）

佐藤琢三（2017）のこの指摘にあるように、「している」（の一部）を、「いる」「ある」の類義関係とみる立場があるのである。

加えて、庵功雄（2019）も、次のように述べている。

---

*11　なお、張麟声（2006）で、複合存在表現として示されている例の一つに、「片側に往来の人が歩いている」（張麟声 2006:76）という例がある。この例は、本書でいう「格体制を変更させている～テイル」といえる。張麟声（2006）では、「格体制を変更させている～テイル」も、通常の～テイルも、区別することなく、存在表現の一種として捉えているということだと思う。なお、張麟声（2006）等では、「～ニ　～ガ」語順のものを「存在表現」、「～ガ　～ニ」語順のものを「所在表現」として分けているが、本書では両者の区別をしていない。

(46)　日本語では、「(場所）に（もの）がある／（人）がいる」で言える場合は少なく、多くの場合、「Vてある／Vている」の形をとらなければならない。(略)　（庵功雄（2019:197）の（21）の一部[*12]）

さらに、渡辺誠治（2020・2021・2023）でも、〜テイル（の一部）を存在表現と考えている。例えば、渡辺誠治（2023:38）では、次の（47）を指摘した後、(48）のように述べている。

(47)　(a) ラーメンにかまぼこが {* あります／入っています}。
　　　(b) 歩道にギンナンの実が {?? あります／落ちています}。

(48)　(a)（b）では「アル」よりもむしろ「テイル」のほうが対象の存在を表す表現として自然である。こうした「テイル」は当該事態を表現するための、「アル」にかわる必須の表現であり、「アル」と相補い合いながら存在表現を構成する。　（下線は福嶋）

これらの研究は、厳密にいえば、用語や立場に違いがある。しかし、いずれも、〜テイルの一部を存在表現（あるいは存在表現に近いもの）として捉えているという点では共通している[*13]。各研究とも、現代日本語の〜テイルがアスペクトの形式であり、動作継続や結果継続を表せることを踏まえた上で、「〜テイルが存在表現としての選択肢になり得る」ことを述べているのである。

このような捉え方により、〜テイルの分布をより包括的に記述できるよう

---

*12　庵功雄（2019:197）の（21）は、庵功雄（2017）で示した仮説を整理したものである。

*13　念のため申し添えるが、これらの研究や本書は、「現代日本語の〜テイルはアスペクトの形式ではない」あるいは、「現代日本語の〜テイルは「〜テ＋存在動詞」であって、〜テイルのイルは、補助動詞ではない」というような、極端な主張をしているわけではない。そもそも、現代日本語の〜テイルを、「〜テ＋存在動詞」と捉えるならば、「存在動詞と〜テイルの使い分け」という問題にはならないだろう。

になる。また、佐藤琢三（2017）が、「ある／いる」「している」「した」の使い分けを、「日本語において知覚されていない過程の言語化可能性にどのような要因が関与しているのか」（佐藤琢三 2017:7）という大きなテーマの中で分析していることからも分かるように、研究に広がりがでてくるともいえる。

これらの研究が実際に行われていることからも、「存在という意味も含めてアスペクト形式を把握する」という見方が、現代日本語の研究にも有効なものであると分かるだろう。

本章で扱った「格体制を変更させている〜テイル」も、このような存在表現の〜テイルの一種として、位置付けることができると思う。

7. おわりに　—「格体制を変更させている〜テイル」のアスペクト研究における意味—

これまで述べてきたことを踏まえた上で、「格体制を変更させている〜テイル」のアスペクト研究における意味を考察したい。

「格体制を変更させている〜テイル」は存在表現の一種であり、また、1. 節で見たように、この〜テイルは、動作継続と結果継続にまたがって見られる。これらのことは、どのように考えていけばよいのか。

基本的に、位置変化動詞の〜テイル形は、存在表現として解釈しやすい。例えば、「顔にお米が付いた」という位置変化が起こった後の「顔にお米がついている」という状況は、事実上、「顔に／お米が／存在している」ことを表すことになる。6. 節で紹介した先行研究の例文に、位置変化動詞の〜テイル形が多いのもこのためだろう [*14]。

これに対し、「動作動詞」や「状態変化動詞」は、存在表現とは直接は関

*14　奥田靖雄（1983:284）にも「くっつけ動詞と移動動詞（いわゆる瞬間動詞）は、状態体のかたち（つく—ついている、くる—きている）をとると、存在動詞の資格をもってきて、に格の名詞とのくみあわせにおいて存在のむすびつきをつくる。」という指摘がある。

わってこない。例えば、「泳いでいる」であれば、特定の動作の最中であることを表すのみであり、「冷えている」であれば、温度が低いことを表しているのみである。これは、「動作」や「状態変化」という概念から考えれば当然のことといえる。

一方、実際には、「泳いでいる何か」が存在するわけであり、同様に、「冷えている何か」が存在するわけである。このため、次のようなことが起こりうる。

(49)　「ある場所に／何かが／「泳いでいる状態で」あるいは「冷えている状態で」（つまり「動作中」あるいは「状態変化後」という状況で）／存在している」ことを表現したい。

「動作動詞」や「状態変化動詞」は、存在表現とは直接は関わらない。しかし、一方で、(49) のようなことがある。このギャップを埋めるのが、「格体制を変更させている～テイル」なのだと思う。つまり、次のことがいえる[*15]。

(50)　「格体制を変更させている～テイル」は、「動作」や「状態変化」という概念を、存在表現と結びつける手段である（「動作」や「状態変化」を、存在表現化させる手段である）。

このようなことは、当然のことながら、「存在という意味を含めて～テイルを把握する」という見方をとらなければ見えてこない。

「格体制を変更させている～テイル」がある一方で、格体制を変更できな

---

*15　次の (50) の発想は、Goldberg (1995) や矢澤真人 (1997) のいう「構文 (construction)」の発想の一つともいえる。ただし、本書では、構文という観点よりも、「存在型」というアスペクト形式の類型と、その発達の方に、力点を置いて考えている。～テイルの類型と発達（存在文的な意味からの発達）を踏まえると、(50) の指摘は、無理のないものと思える。

い場合もあるわけだから、「動作」や「状態変化」の中にも、存在表現化しやすいものと、そうでないものとがあるのだろう。その詳細の記述は今後の課題となる。しかし、ここで重要なことは、「存在」という観点を導入しない限り、(50）のような発想を持つことができず、記述上の課題すら見えてこないということである。

現代日本語の～テイルについて、動作継続や結果継続を表すという理解ももちろん重要ではあるが、それだけでは、現代日本語の～テイルの全体像を捉えることができず、多くの重要な論点（例えば、今述べたような「「動作／状態変化」の存在表現化という問題」や、佐藤琢三（2017）の指摘するテーマ等）を見逃してしまうことになる。

このように、本書が第1章から述べている「存在という意味も含めて日本語のアスペクト形式を把握する」という見方は、現代日本語の～テイルの研究にも有効な捉え方なのである。

次章では、小説の調査をもとに、「格体制を変更させている～テイル」の語順の傾向等を確認したい。

第16章　現代日本語の格体制を変更させている～テイル・その2―小説のデータを用いたニ格句の分析―

要　旨

「あそこに犬が死んでいる」という文は許容できるが、これと比べて「あそこに犬が死んだ」という文は許容しにくい。このような現象について、現代日本語の小説を調査し、次のことを述べる。

①実例調査の結果、当該の～テイル文には、「～ニ　～ガ」という語順の傾向がある。この語順の傾向は存在文の傾向と一致する。

また、上記①を踏まえた上で、次のことを指摘する。

②「格体制を変更させている～テイル」は、従来の「動詞の局面のタイプから～テイルの意味を計算する」という理論からは予測できない現象であり、新たな観点を導入して考察を行う必要がある。

1. はじめに―格体制を変更させている～テイル―

前章で述べた通り、現代日本語の～テイルには、「動詞の格体制にはない［場所］ニ格句を、新たに出現させている」と考えられる例がある。具体的には次のような例である。

(01)　a. *池に鯉が泳いだ

　　　b. 池に鯉が泳いでいる

(02)　a. *庭に犬が死んだ

　　　b. 庭に犬が死んでいる

（01）a. と（02）a. の「池に鯉が泳いだ」「庭に犬が死んだ」は、現代日本語として不自然である。一方で、（01）b. と（02）b. のように、〜テイルという形にして「池に鯉が泳いでいる」「庭に犬が死んでいる」とすると、かなり自然な文となる。

次の例も同様である。

（03）　a. ?? 木陰に子供達が休んだ
　　　b. 　木陰に子供達が休んでいる

（04）　a. * 冷蔵庫にビールが冷えた
　　　b. 冷蔵庫にビールが冷えている

前章と同様、本章でも、各例文の b のように、新たに［場所］ニ格句を出現させている〜テイルを、便宜上、「格体制を変更させている〜テイル」と呼び、議論を進めることにする。

このような、「〜テイルが新たに［場所］ニ格句を出現させている」という現象自体は、杉本武（1988）をはじめ、いくつかの先行研究で指摘されている。このことは、既に前章で述べた通りである。

しかし、先行研究は内省のデータを中心とした研究が多く、実例を調査し、その結果をもとに「格体制を変更させている〜テイル」の特徴を明らかにしたという研究は管見の限り見られない。

内省のデータによる検討が重要であることは言うまでもなく、本章でもその方法論に肯定的な立場をとっている。その上で、本章では、以下の理由により実例の調査を行う必要があると考えた。

まず、（詳しくは前章で述べたが）先行研究の記述の中には言語的事実とは異なる予測をするものがある。実例の調査を行うことで、言語的事実を把握しやすくなり、記述の妥当性を高めることができると考えている。

次に、前章では、当該の〜テイルの特徴として語順の傾向について述べたが、語順の傾向は人によって判断が微妙な場合もある。よって、語順に関する記述の妥当性を高めるためにも、実例の調査は必要である。

本章では、このような実例調査の必要性を踏まえ、小説を資料とした調査を行う。

本章の構成を簡単に述べると以下のようになる。次の2.節で本章の調査の概要について述べる。その後、3.節で「格体制を変更させている～テイル」という現象を実例をもとに確認する。この3.節では、採集された実例を内省に照らし合わせ、その自然さを確認するという作業もあわせて行う。4.節では、小説のデータをもとに、当該の～テイル文に見られる語順の傾向を指摘する。5.節では、4.節で確認した語順の傾向等を踏まえ、格体制を変更させている～テイルが表している意味について考察し、当該の～テイルが存在表現の一種であることを確認する。6.節では、本章で扱った現象が従来のアスペクト理論にとってどのような意味をもつのかを簡単に述べ、最後に7.節で本章が述べたことをまとめる。

2. 調査概要

データの調査には、大量のデータを採集・分析し、全体の傾向を把握するものと、データ数自体は多くはないが個々のデータについて細かく検討するものとがあると思われる。本章では後者よりの調査を行うことにする。具体的には、データが採取された前後の文脈や小説家の生まれた年なども考慮に入れて検討を行っていく。

以下に調査の概要について述べる。本章では、動詞の格体制に［場所］ニ格句が入っているとは考えにくい動詞をいくつか選び、当該の動詞が、非～テイルの形式で［場所］ニ格句と共起している用例と、～テイルの形式で［場所］ニ格句と共起している用例を『CD-ROM版　新潮文庫100冊』（1995、新潮社発行 、NECインターチャネル発売）に収録されている日本人作家全員分（67人）の作品を資料として調査した。

具体的に述べると、今回調査した動詞は、「歩ク」「休ム」「泳グ」「死ヌ」の四つである。「歩ク」を例にとって説明をすると、「歩く」「歩いた」「歩いて」「歩き」「歩け」の形式を「非～テイル」とし、「歩いている」「歩いていた」「歩いていて」「歩いていろ」の形式を「～テイル」とした。その上で、非～テイルの形式と～テイルの形式のそれぞれについて［場所］ニ格句と共起している例を調査した。

「歩いてる」等の～テイルの「イ」が脱落した例も～テイルの例として採集している。また、「歩きます」「歩いています」等のいわゆるマス形の例も用例として採集した。なお、今回は動詞が漢字で表記されている例のみを調査対象としている。

「歩いていく」等のような複合的な例は調査対象から外した。これは、「いく」等の要素が、ニ格句の出現に影響を及ぼしている可能性が考えられるためである。

また、次の例のように、［場所］ニ格句を要求している動詞が判定しにくい場合も、データとしてとらないことにした。

(05)　この橋は、まんなかあたりが一メートルばかり凸起して、その波頭のように高まったところに、金髪の白人青年が俯伏せて、両手で頭を抱いて死んでいた。　(井伏鱒二[*1])

(06)　もっとも以前は、ここいらの礁の海中には、華美な色彩、奇態な姿をした熱帯魚が大群をなして 泳いでいたものだが。　(北杜夫)

(05) や (06) のような例では、下線部分のどの部分が［場所］ニ格句を要求しているか正確に分からないという判断である。

明らかに文体が異なるもの（「～タリ」「～ケリ」「～候」等が使用されているものや詩、漢文訓読の影響が強いと考えられるもの等）は調査対象外とした。また、「ドコドコ沿いに（歩く／歩いている）」「ドコドコづたいに（歩く／歩いている）」「ナニナニヲ背景に（歩く／歩いている）」等の、一般

*1　(　) 中には小説の作家名を示す。

的に議論されている［場所］ニ格句とは異なる例も考察の対象から外している。

本章では、［場所］と［方向］とを異なるものとして考えているため、「右の方に（歩く／歩いている）」等の［方向］ニ格句の例も調査対象外としている。

なお、次の例のように［場所］ニ格句が「ハ（モ）」等の助詞を伴っている例は用例に含めている（ただし、語順の分析を行う際には用例から外している。「ハ（モ）」等が語順に影響する可能性を排除したいためである）。

(07)　堤防の上には避難民がたくさん歩いていた。僕は能島さんが足ばやに歩くので、咽は渇くし足は痛いし、どうにもついて行けなくなった。　（井伏鱒二）

以上、調査の概要について述べた。次節では調査結果を示す。

3. 調査結果

当該の動詞が、非～テイルの形式で［場所］ニ格句と共起している用例数、及び～テイルの形式で［場所］ニ格句と共起している用例数は、以下の通りである。

(08)　**表1　［場所］ニ格句と共起している、非～テイル／～テイルの用例数**

	歩ク	休ム	泳グ	死ヌ	合計
非～テイル	1	2	1	1	5
～テイル	11	9	8	5	33

まず、用例数から考えても、明らかに、非～テイルの方は少なく、一方で

〜テイルの方は多い。加えて、個々の実例を観察すると、非〜テイルの例は、使用している作家が限定されていたり、前後の文体に特徴があったり、内省に照らし合わせると不自然なものであったりするのに対し、〜テイルの例は、使用している作家が限定されているとは考えられず、前後の文体にも問題がなく、内省と照らし合わせてみても極めて自然である。このため、両者の差は明らかである。よって、実例の観察という作業を通して、「格体制を変更させている〜テイル」という現象を確認できる。それでは次小節から個々の実例を観察していきたい。数の上でも明らかに差があるが、実例を見ると、両者の違いが、さらによく分かる。

では、以下で、「歩ク」「休ム」「泳グ」「死ヌ」の順で見ていく。

3. 1. 「歩ク」について

まず、非〜テイルの例についてみることにする。

(09)　余丁町の方へ出て、暑い陽射しのなかに、ぶらぶら歩く。
亀が這っているような自分の影が何ともおかしい。
三宅やす子さんの家の前を通る。
偉い女の人に違いない。
門前の石段に一寸腰を降して休む。　（林芙美子）

今回の調査で、(09) のような例（「歩ク」が非〜テイルの形式で［場所］ニ格句と共起している例）を使用している作家は、67 人中、林芙美子（1903 年生まれ）のみであった[*2]。内省と照らし合わせてみても不自然であり、前後の文体にも特徴があるように思われる。これらのことから、［場所］

*2　2. 節で述べた通り、本章では作家の生まれた年を考慮に入れ、現象を観察する上での一つの目安としている。『CD-ROM 版　新潮文庫 100 冊』の中には 1862 年〜 1949 年の間に生まれた作家の作品がおさめられており、この間の言語体系の変化を無視できないためである。

ニ格句の共起は自然なものではないと考えられる[*3]。

一方、非〜テイルの例に比べて、次にみる〜テイルの例はかなり自然である。

(10) それを見送っているうちに、われわれはおどろきました。行列の中に、あの水島に似たビルマ僧が歩いているではありませんか。

(竹山道雄)

(11) 今彼の前を、勝子の手を曳いて歩いている信子は、家の中で肩縫揚げのしてある衣服を着て、足をにょきにょき出している彼女とまるで違っておとなに見えた。その隣に姉が歩いている。

(梶井基次郎)

(12) 国道には避難者が疎らに歩いていた。竹薮のなかで立ち聞きした通り、沿道の人家はみんな土間口の戸も縁側の雨戸もしめていた。

(井伏鱒二)

(13)（＝(07)）堤防の上には避難民がたくさん歩いていた。僕は能島さんが足ばやに歩くので、咽は渇くし足は痛いし、どうにもついて行けなくなった。 (井伏鱒二)

〜テイルの方は複数の作家が使用しており、内省と照らし合わせてみても

*3 現代日本語で解釈する場合、動作場所を表すデ格句に置き換えた方が自然だと思われる、明治・大正期の［場所］ニ格句については、赤羽義章（1987)、柏木成章（1987)、鈴木英夫（1992)、鈴木英夫・王彦花（1987)、矢澤真人（1998)、矢澤真人・橋本修（1998）等に考察（あるいは言及）がある。このような明治・大正期の［場所］ニ格句をどのように捉えるべきかに関しては検討が必要だと思われるが、本章では、「非〜テイルの形では［場所］ニ格句が出現しにくい動詞でも、〜テイルという形になると［場所］ニ格句の共起が自然になる場合がある」という事実の確認に力点を置く。5.節でも述べるが、もし、当該のニ格句が、存在場所ではなく、動作場所を表すものであれば、非〜テイル形と〜テイル形とで、数値的な差を生じることはないだろう。

自然である。また、前後の文体に問題があるとは思われない。

続いて「休ム」を見る。

3. 2. 「休ム」について

先程と同様、まず、非～テイルの例からみたい。

(14)　次の便船の出るまで是処で待つより外は無い。それでもまだ歩いて行くよりは増だ、と考えて、丑松は茶屋の上り端に休んだ。霙が落ちて来た。空はいよいよ暗澹として、一面の灰紫色に掩われて了った。（島崎藤村）

(15)　二人は真昼に街道を歩いて、夜は所々の寺に泊った。山城の朱雀野に来て、律師は権現堂に休んで、厨子王に別れた。「守本尊を大切にして往け、父母の消息はきっと知れる」と言い聞かせて、律師は踵を旋した。（森鴎外）

非～テイルの例は 2 例のみである。内省と照らし合わせると、やや古めかしい言い回しのように感じられ、表現としては不自然であると思われる。今回の調査で、(14) や (15) のような例が島崎藤村（1872 年生まれ）と森鴎外（1862 年生まれ）以外に見られなかったことと無関係ではないだろう。

次に～テイルの方を見ていきたい。こちらは非～テイル形に比べて、かなり自然である。

(16)　昼間は丘のかげ、百姓家などに休んでいて、暗くなってから歩きだす。（北杜夫）

(17)　それから船の上に、「ちょっといいネエちゃん」が二、三人休んでいたので、二人も上に上った。（曽野綾子）

（18） 橋からは階段で中洲に下りることができるようになっていて、柳の葉かげにベンチがひとつ置かれ、そのまわりにはいつも何頭かの獣たちが休んでいた。（村上春樹）

（19） 尭は掃除をすました部屋の窓を明け放ち、籐の寝椅子に休んでいた。（梶井基次郎）

〜テイルの方は、内省に照らし合わせてみても自然であり、特に古めかしい印象はない。曾野綾子（1931年生まれ）や村上春樹（1949年生まれ）等が使用していることからも、そのことが確認できる。

次に「泳グ」を見てみたい。

3. 3. 「泳グ」について

まず、非〜テイルの例から見ることにする。

（20） 凡そ人間が滅びるのは、地球の薄皮が破れて空から火が降るのでもなければ、大海が押被さるのでもない、飛騨国の樹林が蛭になるのが最初で、しまいには皆血と泥の中に筋の黒い虫が泳ぐ、それが代がわりの世界であろうと、ぼんやり。（泉鏡花）

今回の調査で採取できた非〜テイルの例は1例のみである。内省と照らし合わせると、やはり、古めかしい言い回しのように感じられ、現代日本語の表現としては不自然であると思われる。泉鏡花（1873年生まれ）以外に例が見られなかったことも、古めかしい印象がすることと無関係ではないだろう。

次に〜テイルの例を見たい。

(21)　電線の上を鳶が舞い、油蝉の声が聞え、国道のわきの蓮池にカイツブリが忙しそうに泳いでいた。（井伏鱒二）

(22)　「誰？ 彼処に泳いでいるのは？」（谷崎潤一郎）

(23)　げんに十月はじめの台風のとき、潮が引いたあとの庭の溝に、魚がうじゃうじゃ泳いでいた例がある。（立原正秋）

(24)　「ここにはまさかあの爪のはえた魚が泳いでいるんじゃないだろうね？」と私は彼女の気配のする方に向って訊ねてみた。（村上春樹）

〜テイルの方は、内省に照らし合わせてみても自然であり、特に古めかしい印象はない。立原正秋（1926年生まれ）や村上春樹（1949年生まれ）等が使用していることからも、そのことが確認できる。

最後に「死ヌ」を観察する。

3. 4. 「死ヌ」について

これまでと同様、非〜テイルの形から観察する。

(25)　私は了解した。こうしてひとり深き淵に死ぬのはつまらない。殺されるまでも、あの会堂に入って、生涯の最後の時に私を訪れた、一つの疑問を晴らさねばならぬ。（大岡昇平）

(25) は、破線部分の「殺されるまでも」というような言い回しからも分かる通り、現代日本語の普通の文体とは、やや異なっているように思える。

このことは、次に見る～テイルとの対比からはっきりと分かる。

(26)　用水の溝川も干あがって、底の泥土の窪みに折り重なっている鰌が殆どもう骨だけになっていた。雀も一羽、溝のほとりに死んでいた。翼の一部が焼焦げて腐爛の臭気を出していたが、体を斜かいに半分くらい泥土へ滅入りこませ、七八寸くらいスリップした跡をつけている。　(井伏鱒二)

(27)　広島の県立第一中学校の校庭にプールがある。そのプールのほとりに何百人もの中学生や作業奉仕隊員が死んでいる。シャツが焼け切れているから半裸体同然で、互に重なりあって池のぐるりに並んでいる。だから遠くから見ると、池のまわりのチューリップの花壇のようである。近づいて見ると、菊の花のように折り重なっている。

(井伏鱒二)

(28)　苦しい眠りであった。吹雪の音が遠のいていく中で、彼は彼の体温を失うまいということだけを考えながら眠った。

「おい誰かあそこに死んでるぞ」

加藤はそれを遠くに聞いた。夢の中のことばだった。　(新田次郎)

～テイルの例を3例挙げたが、先程の (25) と比べて、自然な文体で使用されていることは明らかだろう。

3. 5. 本節のまとめ

これまでの観察を通して、次のことがいえるだろう。

(29)　非～テイルの形では［場所］ニ格句が出現しにくい（［場所］ニ格句が出現した場合は、現代日本語の通常の文体とは異なる印象がある）動詞でも、～テイルという形になると［場所］ニ格句の共起が自然になる場合がある。

現代日本語の通常の表現としては許容しにくいものの、また数としては少ないものの、今回の調査において、「歩ク」「休ム」「泳グ」「死ヌ」が非～テイルの形で、［場所］ニ格句と共起していることは事実であり、そのことを踏まえれば、今回採集した～テイルの用例の全てが、「格体制を変更させている～テイル」だと主張することはできないだろう。しかし、～テイルという形にすると［場所］ニ格句の共起が自然になるという現象が用例からも確認できる以上、(29) は指摘できると思われる。少なくとも、非～テイルの形と、～テイルの形で差がないとする記述は、妥当ではない。

また、実例を調べることにより、以下の (30) ～ (32) のような例を確認できる。

(30)（＝(10)）それを見送っているうちに、われわれはおどろきました。行列の中に、あの水島に似たビルマ僧が歩いているではありませんか。

(31)（＝(11)）今彼の前を、勝子の手を曳いて歩いている信子は、家の中で肩縫揚げのしてある衣服を着て、足をにょきにょき出している彼女とまるで違っておとなに見えた。その隣に姉が歩いている。

(32)（＝(12)）国道には避難者が疎らに歩いていた。竹藪のなかで立ち聞きした通り、沿道の人家はみんな土間口の戸も縁側の雨戸もしめていた。

これらの用例から動作継続を表していても格体制を変更させている場合が

あることが分かる。このことから、「(福嶋注：格体制を変えるようなことは) 進行相のテイル形の場合には起こらない」という杉本武 (1988:107) の記述は、再検討する必要がある。また、(30) の「ビルマ僧」、(31) の「姉」、(32) の「避難者」が、常に「歩いている」とは考えられない (つまり「常態」とは考えられない)。このことから、「池に鯉が泳いでいる」という文が許容できる理由を、常態か否か (常にその行為をしているか否か) に求め、「魚にとっては泳いでいることが常態である」という加賀信広 (2002:31) の指摘も、再度の検討が必要である。

次の4.節で、格体制を変更させている〜テイル文について、実例の分析をもとに語順の傾向を明らかにし、5.節で、当該の〜テイル文の表す意味を確認する。

4. 格体制を変更させている〜テイル文の語順の傾向

本節では、格体制を変更させている〜テイル文の語順を見ていきたい。本節では、前節で見た「歩ク」「休ム」「泳グ」「死ヌ」の〜テイルの例に加え、同じく格体制を変更していると考えられる例として「待ツ」「固マル」「濡レル」の〜テイルも用例として採集する[*4]。

集めた実例を観察すると、次のことが指摘できる。

(33)　格体制を変更させている〜テイル文には、「〜ニ　〜ガ」という語順の傾向がある。

以下に、このことを確認していきたい。「歩ク」「休ム」「泳グ」「死ヌ」「待ツ」「固マル」「濡レル」が〜テイルという形で［場所］ニ格句と共起している例、つまり格体制を変更させていると考えられる〜テイルの例は、今

---

*4　調査概要は前節と同様である。なお、「ドコドコニ運命が待っている」のように、抽象的なものを指す名詞がガ格句となっている例は調査対象から外している (ただし、このような例を調査対象に含めても結論に支障はない)。

回の調査では延べ73例あった。それらの中から、[場所] ニハ（モ）のように、場所が主題化されている例を除き[*5]、さらにガ格句が現れていない例を除いた。このようにして、「～ニ　～ガ　～テイル」「～ガ　～ニ　～テイル」の用例数を比較できる形にすると次のような結果が得られる。圧倒的に「～ニ　～ガ」の方が優勢であることが分かるだろう。

(34)　**表2 「～ニ　～ガ　～テイル」と「～ガ　～ニ　～テイル」の用例数**

語順	用例数
～ニ　～ガ	22
～ガ　～ニ	4

ところで、久野暲（1973）、矢澤真人（1997）、川野靖子（2004・2021）等の指摘にもある通り、「～ガ　イル／アル」等の存在文も「～ニ　～ガ　イル／アル」という語順の傾向をもつことが知られている。

このことから、格体制を変更させている～テイル文に関して、語順の傾向が存在文と同じであるという特徴を指摘できる[*6]。まとめると次のようになる。

(35)　格体制を変更させている～テイル文には、「～ニ　～ガ」という語順の傾向がある。この語順の傾向は存在文の傾向と一致する。

---

*5　主題は文の前の方に置かれる傾向があるためである。この点、野田尚史（2000）、佐伯哲夫（1975）等を参照のこと。

*6　本章の（10）のような「～ニ　～ガ」という語順をとる例に対して、梅津拓也（2016:136）は、「[場所] ニ格句が焦点化されているため、あたかも題目のように理解され、「ニハ」の状況題目提示用法とほぼ同義となる。」と述べている。この「焦点化」については、筆者（福嶋）の理解が及ばない点もある。しかし、仮に、もし、[場所] ニ格句の焦点化が、「イル」「アル」の存在文についても生じやすい（かつ、「～ガ　～ニ」を基本語順とする位置変化動詞には生じにくい）ということであれば、結局、格体制を変更させている～テイル文と存在文は、「～ニ　～ガの語順が優勢」といえるので、本書の主張と矛盾することはないだろう。

5. 格体制を変更させている〜テイルの意味

本節では、前節で見た語順の傾向を踏まえ、当該の〜テイルが存在表現の一種であることを確認する。

前節でみた語順の傾向から、「格体制を変更させている〜テイル」を統一的に捉えるためには、「存在」という概念が必要なのではないかと思われる。

このことを念頭に置いて、当該の〜テイルが表す意味について考えると、格体制を変更させている〜テイルは、「（ドコドコニ）〜ガ、イル・アル」という主体の存在と、「ヒト・モノがどのようにあるか」という様態をあわせて表しているといえる。次の例を、もう一度、見てもらいたい。

(36)（＝(27)）広島の県立第一中学校の校庭にプールがある。そのプールのほとりに何百人もの中学生や作業奉仕隊員が死んでいる。シャツが焼け切れているから半裸体同然で、互に重なりあって池のぐるりに並んでいる。だから遠くから見ると、池のまわりのチューリップの花壇のようである。近づいて見ると、菊の花のように折り重なっている。

(37)（＝(12)）国道には避難者が疎らに歩いていた。竹藪のなかで立ち聞きした通り、沿道の人家はみんな土間口の戸も縁側の雨戸もしめていた。

(38)（＝(23)）げんに十月はじめの台風のとき、潮が引いたあとの庭の溝に、魚がうじゃうじゃ泳いでいた例がある。

例えば、(36) であれば、「プールのほとりに中学生や作業奉仕隊員が存在する」わけであり、どのような様態かといえば、「死んで」という様態なのである。同様に、(37) であれば、「国道に避難民が（疎らに）存在する」わけであり、どのような様態かといえば「歩いて」という様態なのである。(38) も「庭の溝に魚が（うじゃうじゃ）存在する」と考えられ、どのような様態かといえば「泳いで」という様態だと考えられる[*7]。本章では、比較的長く例文を引用しているが、その前後の文脈からも、「存在」ということに、ウエイトがあることが分かるだろう。「疎らに」等の副詞的な表現は、そのあらわれといえる。

これらのことから、当該の〜テイルは、「(ドコドコニ) 〜ガ、イル・アル」という主体の存在と「ヒト・モノがどのようにあるか」という様態をあわせて表している状態であるといえる。まとめると次のようになる。

(39)　格体制を変更させている〜テイルは、「(ドコドコニ) 〜ガ、イル・アル」という主体の存在と「ヒト・モノがどのようにあるか」という様態をあわせて表している。

前章でも述べた通り、当該の〜テイルは、存在表現の一種といえる。野村剛史（1994）のいう「存在様態[*8]」、あるいはそれに非常に近い意味を表しているといえるだろう。

「格体制を変更させている〜テイル」を「存在表現」と捉え、当該の〜テイルと共起している［場所］ニ格句を［存在場所］と考えることの利点として、次のことが挙げられる。

(40)　「なぜ、非〜テイルの形では［場所］ニ格句が出現しにくく、〜テイルという形にすると［場所］ニ格句の共起が自然になる場合があ

---

*7　「疎らに」「うじゃうじゃ」という副詞句のある（37）と（38）の例に関して説明を加えると、「避難民が疎らに歩いた」「魚がうじゃうじゃ泳いだ」という文には不自然さがあると思われる一方で、「避難民が疎らに歩いている（cf. 避難民が疎らにいる）」「魚がうじゃうじゃ泳いでいる（cf. 魚がうじゃうじゃいる）」という言い方は相対的に自然である。この点からも「格体制を変更させている〜テイル」と存在文との近さが見て取れるだろう。

*8　存在様態に関しては野村剛史（2003b）も参照のこと。

るのか」ということが説明できる。

もし、当該の［場所］ニ格句が、［存在場所］ではなく、［動作場所］（あるいは［出来事の起こった場所］）を表していると考えた場合、非～テイル形と～テイル形とで、［場所］ニ格句の分布が異なるという現象をうまく説明できなくなる。当該の～テイルが、「存在」を表しており、当該の［場所］ニ格句が［存在場所］を表していると考えれば、非～テイルの形では存在を表せないということから、本章でみた［場所］ニ格句の分布の偏りの説明が可能になるだろう。

6.「格体制を変更させている～テイル」と従来のアスペクト理論との関係

本節では、これまで見てきた現象が従来のアスペクト理論にとってどのような意味をもつのかを確認する。

従来のアスペクト理論の基本的な部分は、それぞれの立場や用語に違いはあるものの、大まかにいって次のようなことを含んでいると思われる。それは、～テイルの意味として（少なくとも）「動作継続（progressive）」と「結果継続（resultative）」の二つを認め、動詞の内部構造の「局面（動作の局面や結果の局面）」と、～テイルという形式を関連付けて考えるということである。

このように考えることによって、動詞の内部構造から、～テイルの意味を予測できる理論を構築している。

この考え方自体に異論はないが、本章で見てきた現象は、これまでとは違った角度からの考察を必要とする。

なぜなら、前章でも指摘している通り、格体制の変更は、これまで動作継続の中に分類されていた～テイルと、これまで結果継続の中に分類されていた～テイルの両方に生じ得るからである。

(41)　動作継続の例

池に鯉が泳いでいる（*池に鯉が泳いだ）

(42)　結果継続の例

庭に犬が死んでいる（*庭に犬が死んだ）

このことから、(41)と(42)の〜テイルに共通する意味を考える必要があると思われる。加えて、次の(43)と(44)が示すように、同じ動作継続や結果継続の中にも、格体制を変更できる場合(a.)と、できない場合(b.)とがある。

(43)　動作継続の例

a.　池に鯉が泳いでいる

b.　*食堂に太郎がご飯を食べている

(44)　結果継続の例

a.　庭に犬が死んでいる

b.　*572号室に窓があいている

これらのことから分かるように、「格体制を変更させている〜テイル」は、「局面のタイプから〜テイルの意味（「動作継続」か「結果継続」か）を捉える」という理論からは予測できない現象といえる。

従って、当該現象の記述には、これまでとは違った角度からの考察が必要となる。具体的には、これまで、動作の局面を有するという点において同じグループとされてきた「泳ぐ」と「食べる」の違いを（自動詞と他動詞で異なっているということ以外に）考えることになる。同様に、これまで結果の局面（より限定すると状態変化後の結果の局面）を有するという点において同じグループとされてきた「冷える」と「あく（開く）」の違いを考える必要もある。また、それと並行して、共に〜テイルという形式をとって格体制を変更させる「泳ぐ」と「冷える」の共通点も考察する必要が出てくるだろう。

前章や本章では、「格体制を変更させている～テイル」を存在表現の一つと指摘したが、これは、「従来、動作継続／結果継続に分類される～テイルの中にも、存在という意味との近さにおいて程度差がある」ということになる。このような見方をすることで、新たに見えてくる課題があるといえる（前章参照のこと）。

このように、「存在」という観点も含めて～テイルを捉える見方は、現代日本語の～テイルの全体像を記述するために、必要な見方である。

7. おわりに

本章で述べたことをまとめると次のようになる。

(45)　**本章のまとめ**

①実例をもとに、「格体制を変更させている～テイル」という現象を確認した。

②実例をもとに、当該の～テイル文には、「～ニ　～ガ」という語順の傾向があることを指摘した。また、この語順の傾向は存在文の傾向と一致することを確認した。

③語順の傾向等を踏まえて、当該の～テイルが存在表現の一種であることを確認した。

④本章で扱った現象は、従来の「動詞の局面のタイプから～テイルの意味を計算する」という理論からは予測できない現象であり、新たな観点を導入して考察を行う必要があることを述べた。

本章が行った実例の調査と分析を通して、当該現象の特徴がより明らかになったと考えている。

本書では、第1部において、中世末期日本語の～テイルや～テアルの分布を記述する際に、「存在という意味も含めてアスペクト形式を把握する」という見方をとった。このような「存在」という観点も含めた捉え方は、中世末期日本語にしか通用しないようなものではない（アドホックなものではない）。現代日本語に関しても、記述・理論の両面において、重要な捉え方であることを、前章と本章の議論を通して、示すことができたと思われる。

第17章　アスペクト研究における形式と意味の関係の記述方法を問い直す —〜テイルの発達を踏まえて—

要　旨

本章では、アスペクト研究でよく用いられる、「○○という形式は、△△（という意味）を表す」という表現（例えば、「□□時代の〜テイルは、動作継続（あるいは進行態）を表す」のような表現）について、その内実を考察し、問い直しを試みる。

例えば、次のような記述があったとしよう。

①古代日本語の動詞基本形は動作継続を表している

②中世末期日本語の〜テイルは動作継続を表している

③現代日本語の〜テイルは動作継続を表している

④現代英語の “be -ing” は動作継続を表している

これら①〜④の指摘は、誤りではないものの、その内実は大きく異なる。ところが、形式と意味の関係をどう記述していくか、ということに自覚的でないと、①〜④の内実の違いをうまく捉えることができないのである。

本章では、形式と意味の関係に注目し、具体的な研究の方法として、大まかに、「一般言語学的な手法」「個別言語学的な手法」「言語類型論的な手法」の三つのタイプがあることを述べる。

1. はじめに

本章では、〜テイルのスタート地点ともいえる中世末期日本語と、現代日本語を比べることで、アスペクト研究における形式と意味の関係の記述方法を問い直したいと思う。

具体的には、アスペクト研究でよく用いられる、「○○という形式は、△

△（という意味）を表す」という表現（例えば、「□□時代の～テイルは、動作継続（あるいは進行態）を表す」のような表現）について、その内実を考察し、問い直しを試みる。

まず、2. 節では、～テイルの用例がまとまって見られるようになるのは、中世末期頃からであることを述べ、当時の～テイルの特徴について説明する。続く 3. 節では、中世末期日本語の～テイルが表している意味について述べる。この 2. 節と 3. 節は、本書の第 1 部と第 2 部の内容をもとにしている。4. 節では、形式と意味の関係の記述方法について考察を行い、研究の方法として、大まかに、「一般言語学的な手法」「個別言語学的な手法」「言語類型論的な手法」の三つのタイプがあることを述べ、アスペクト研究の問い直しを試みる。最後に 5. 節で本章のまとめを行う。

なお、本章で述べる記述的事実は、第 1 部で述べたことと重なるが、ここでは、「形式と意味の記述方法」ということに注目して頂ければと思う。

2. いつ頃から～テイルの例がまとまって見られるのか

～テイルの発生時期を厳密に特定することは難しいが、『天草版平家物語』『天草版伊曽保物語』『狂言台本虎明本』あたりから、ある程度まとまった量の～テイルの用例を確認できる。この点は、これまでの章で述べてきた通りである。

『天草版平家物語』『天草版伊曽保物語』は、それぞれ、1592 年、1593 年成立とされるキリシタン資料である。厳密にいえば、当該資料には、当時の方言等が一部反映している可能性はある。しかし、これらの資料は宣教師の日本語の教科書であるため、総じて、1592 年前後の時点で規範的と考えられる言語を反映しているといわれている。また、『狂言台本虎明本』は、書写された年は 1642 年であり、近世初期の言語の混入もあるが、狂言の詞章整理という文献的性質から考えて、概ね中世末期あたりの言語を反映しているとされる（小林千草（1973）や金水敏（1982）をはじめ、多くの研究が、本書と同様に、これらの資料を中世末期頃の資料であると判断している）。

このように見ていくと、～テイルが盛んに用いられるようになってくるのは、概ね、中世末期頃からのようである。

以下では、この時代の～テイルの特徴を、簡単に確認したい。

まず、当時の～テイルには、有生性に関する制約がある。主格の名詞句（ガ格名詞句、ノ格名詞句）が、有生物である場合は、～テイルが使用できるが、主格の名詞句が無生物である場合は、～テイルは使用できない（この点、坪井美樹（1976）や柳田征司（1991）に指摘がある）[*1]。つまり、次の(01）のような例はあるのだが、主格名詞が無生物である場合は、～テイルが使用できず、(02）の例のように～テアルを使用しているのである。

(01)　あわれこれわ言うかいないわれらが（vareraga）念仏している（nenbut xite yru）を妨げうとて、　（『天草版平家物語』p.104）

(02)　その風呂屋の前に鋭な石が（furudona ixiga）一つ出てあつた（dete atta）が、出入りの人の足を傷り、

（『天草版伊曽保物語』p.417）

(02）の場合、現代日本語の感覚では、「石が（一つ）出ていた」のように、～テイルを用いたいところであるが、当時はこのような～テイルの使用が難しいのである（逆に、現代日本語では、(02）のような～テアルの使用方法がない）[*2]。

---

*1　なお、東国の資料に関しては状況が異なっていたのではないかという指摘もある（迫野虔徳 1998）。

*2　中世末期日本語の～テアルは、現代日本語の～テアルと異なり、進行態を表すことができる。また、無生物を主格名詞とすることもでき、(02）の例にように、自動詞に接続することもある（さらには、動作パーフェクトと解釈できるような～テアルもある）。このため、坪井美樹（1976:542）には、当時の状況について、「現代にくらべて一般にテアルの使用が活発であり、相対的にテイルは未発達であると思われる。」という指摘がある。

また、「～テル（例：「立ってる」)」というような、「～テイル」の「イ」を脱落させた形は、当時の資料には存在しない（坪井美樹（1976）によると、～テルという形は、近世後期の江戸語から用いられるようになるとのこと)。

加えて、当時の～テイルの例には、「10年前に、一度、この道を走っている」のような、過去の経験の例（工藤真由美（1995）の動作パーフェクトに相当する例）がないことも、本書第1章で指摘した通りである。

中世末期日本語の～テイルに見られるこれらの特徴は、「当時の～テイルに、存在動詞「イル」の影響が、より強くあったことの反映だ」と考えられる。

なお、抄物資料にも、～テイルの用例は見られ、湯澤幸吉郎（1929）等が用例を挙げて検討を加えている。

(03)　　潔齋シテイル精舎テ病ソ

（『蒙求抄』の例。湯澤幸吉郎（1929:176)、下線は福嶋）

しかし、時期的に考えて、抄物資料の中に、～テイルの萌芽的な用例があるとは思われるものの、抄物資料は、『天草版平家物語』『天草版伊曽保物語』『狂言台本虎明本』等の資料と、まとめて扱うことはできないと思われる。本書第3章の4.節等で述べてきたことと重なるが、以下でその理由について、もう一度、確認したい。

抄物資料に関しては、イタという形式が、(〈過去〉ではなく)〈現在〉の存在を表す場合があることが指摘されている。例えば、金水敏（1997）は、次の(04)のような例について、「これらの例における「いた」は過去の意味ではなく、現代語訳すれば「いる」「いられる」等とすべきものである。」(金水敏1997: 249）と述べている。なお、この（04）は、『中華若木詩抄』の例である。

(04)　　斉国ヨリ、サヤウノ者コソコヽニアレ。羊ノ裘ヲ衣(キ)テ、沢中ニ釣ヲ垂テイタゾ。　　（金水敏（1997:249）の（17)、下線も原文）

金水敏（1997:248）は、この場合のイタの「タ」の意味について、「過去ではなく、語源である「たり」に近いアクチュアルな状態を表すもの」と指摘している。これは、抄物資料の時間表現上の特徴といえる。さらに金水敏（1997）の指摘は、抄物資料中の「〜テイタ」という文字列の中にも、（過去の状態ではなく）現在の存在や状態を表している例があったことを意味している（上記（04）も、文字列としては「テイタ」である）。

このように、キリシタン資料や狂言資料とは異なり、抄物資料では、〈現在〉を表すイタが、存在や状態を表す表現体系の中に組み込まれている。つまり、キリシタン資料や狂言資料と、抄物資料とでは、時間表現の体系の構成要素が異なる可能性があるのである（本書で扱ったキリシタン資料や狂言資料よりも、少し古い時代の言語を反映している可能性がある）。よって、抄物資料の調査を行う場合には、この点を考慮するべきだと思う[*3]。特に、「抄物資料を調査し、特徴的な〜テイルの用例をまとめてみたら、そのほとんどが、〜テイタの例だった」というような場合は、注意をした方がよい。当該の〜テイタという文字列は、〜テイルの過去形とは言い切れない可能性がある。

時間表現の体系の構成要素が異なる可能性があるという理由から、本書では、抄物資料を、キリシタン資料や狂言資料と分けて考え、後者を中心的な資料として議論を進めている。

なお、念のために付け加えるが、当然のことながら、抄物資料に価値がないと主張しているわけではない。むしろ、古代日本語から近代日本語への変化を見る上で、極めて重要な資料群であろう。本書が述べていることは、抄物資料の価値を十分にいかすためにも、まずは、キリシタン資料や狂言資料等とは、分けて処理をした方がよいということである（検討の後に、まとめ

---

*3　抄物資料といっても様々であるので、金水敏（1997）の指摘が、抄物資料のどこまで当てはまることなのか検討が必要だとは思う。しかし、いずれにせよ、現段階で、抄物資料を、キリシタン資料や狂言資料と、無批判にまとめて扱うことは適切ではないだろう。

て扱うということがあっても、もちろんよいと思う)。

では、次節から、キリシタン資料や狂言資料を見ていきたい。

3. 中世末期日本語の〜テイルの表す意味は何か

当時の〜テイルはどのような意味を表していたのか。坪井美樹 (1976) や柳田征司 (1991) 等も指摘しているが、当時の〜テイルには、「進行態」や「既然態」を表しているとみられる用例が存在する (ただし、用語は研究者によって、「継続進行態」「進行態」等、様々である)。歴史的な日本語を専門としない場合は、「動作継続 (progressive)」や「結果継続 (resultative)」という用語の方が、なじみがあると思うので、以下では、「動作継続」や「結果継続」という用語を用いたいと思う。

(05)　[動作継続の例]　つれほしうて是にやすらふていまらした
(『狂言台本虎明本』上 p.43)

(06)　[結果継続の例]　西もんに立ている　(『狂言台本虎明本』中 p.424)

当時の〜テイルは、動作継続や結果継続を表すとはいっても、現代日本語の〜テイルのように、動作継続や結果継続の全てを表せるわけではない (第 1 部参照のこと)。以下では、この点について述べていきたい。

3.1. 動作継続を表している場合

動作継続に関していえば、当時の〜テイルが表せる動作継続は、先に見た (05) や次の (07) のように、具体的な動きのない動作継続 (第 2 章や第 4 章でいう「静的な進行態 (あるいは静的な動作継続)」) に大きく偏っている。

(07)　つれほしうて是にまつてゐる、　（『狂言台本虎明本』上 p.283）

動作継続を表せるのであれば、「歩いている」「折っている」等のような具体的な動きを伴う動作継続の確例があってもよさそうである。しかし、中世末期日本語の資料として、『狂言台本虎明本』『天草版平家物語』『天草版伊曽保物語』、加えて『醒睡笑』『きのふはけふの物語』を調査しても、一部の例外を除いて、具体的な動きを伴う動作継続の確例は見られない（詳しくは、第2章や第4章を参照のこと）。一部の例外というのは、次のような発話に関係する動作継続のことである。

(08)　［太郎冠者が独り言を言っているのを主人が見つける］むさとしたる事を、ひとり事に云ている、　（『狂言台本虎明本』中 p.130）

調査資料中には、具体的な動きを伴う動作継続の解釈が期待される場面も少なからず存在し、そのような場面では、既に本書で述べてきた通り、次の例のように動詞基本形が出現している。

(09)　されはこそ竹の子をおるよな、　（『狂言台本虎明本』下 p.84）

(10)　あらきどくや、おくびやうなやつじやがきどくに夜まはりをするよ、　（『狂言台本虎明本』中 p.126）

(09) は、竹藪の主が見回りに行き、隣の畑のものが竹の子を折っているところに出くわすという場面である。(10) は、太郎冠者がちゃんと留守番をしているか主人が確かめに行き、夜回りをしている太郎冠者を見つけるという場面である。どちらも、現代日本語で解釈する場合、「折っている」「夜回りをしている」のような解釈が期待される。このように、具体的な動きを伴う動作継続（第4章の「動的な進行態」）の解釈が期待される場面では、〜テイルではなく、動詞基本形が出現しているのである。

なお、誤解のないように申し添えるが、（当たり前のことだが）本書は、「当時の〜テイルは、動作継続を全く表さない」ということを主張しているわけではない。ある日突然、〜テイルが（全ての）動作継続を表すようになることはないだろうから、中世末期日本語の状況は、現代日本語のようなテンス・アスペクト体系を形成する過程の一段階を示していると捉えるのが妥当だと思われる。つまり、動作継続の一部はカバーしていたが、現代日本語の〜テイルのように、全ての動作継続をカバーするほどには発達していないということである。先に、「一部の例外を除いて、具体的な動きを伴う動作継続の確例は見られない」と述べたが、過渡的段階を示しているという理解に立てば、当時の〜テイルに、具体的な動きを伴う動作継続の確例が数例ほどあったとしても、本書の主張の支障にはならないことが分かるだろう。同様に、当時の〜テイルに、発話に関係する動作継続の例が見られるのも、過渡的段階であることを示していると思う。

繰り返すが、ここで大切なのは、「当時の〜テイルは、全ての動作継続をカバーするほどには発達していない」ということである。

また、金水敏（1995b）のいう、強進行態（telic verb の進行態）と、弱進行態（atelic verb の進行態）との関係についても触れておきたい。当時の〜テイルは、具体的な動きのない動作継続に大きく偏っており、強進行態を表している例はないように思う。あっても、非常に少数だろう（おそらく、強進行態に相当する表現は、当時、動詞基本形が担っていたのではないかと思われる）[*4]。当時の〜テイルが表す動作継続の例は、(05) の「やすらふていまらした」や、(07) の「まつてゐる」のように、弱進行態であるといえる。一方、「歩いている（弱進行態の例）」等の具体的な動きを伴う確例は極めて少ないので、弱進行態の中でも、具体的な動きを伴うものは、当時の

---

*4　安平鎬・福嶋健伸（2001）や本書第4章でも述べたが、「具体的な動きを伴う動作継続（動的な動作継続／動的な進行態）」の中には、強進行態も弱進行態も含まれる（「木を切っている（強進行態）」「歩いている（弱進行態）」は、ともに、動的な動作継続である）。ただし、具体的な動きのない動作継続は、基本的に弱進行態だと思われる。

〜テイルでは表しにくかったのだと思われる。このように見ると、当時の〜テイルの分布を記述するためには、telic ／ atelic 以外の観点が必要であるといえる（本書第5章を参照のこと）。

3. 2. 結果継続を表している場合

詳しくは第1章で述べたが、当時の〜テイルが表している結果継続の例には、主体の姿勢の変化や、主体の位置変化を表す動詞の例がよく見られる。次のような例である。

(11)　されはこそ是にふせつてゐる、　（『狂言台本虎明本』中 p.54）

(12)　いや是に一のたなとおぼしき所に、女がまいつているよ、　（『狂言台本虎明本』中 p.247）

このため、主体の存在場所を表す［場所］ニ格句（上記の例の波線部分）と共起している例が比較的多いということになる。

一方で、当時の〜テイルには、「似ている」「知っている」「持っている」等の例は乏しい。「似ている」「知っている」「持っている」等の例は、主体の存在場所を表す［場所］ニ格句が想定しにくい例である。当時は、このような状態を、〜テイルではなく、〜タで表現していたようである。

(13)　あのみゝのきつとしたは、其まゝ女共が耳ににた、又あの目のくるりとしたもにたよ［自分の妻の顔と似ている鬼瓦を見ながらの発話］　（『狂言台本虎明本』上 p.179）

(14)　しらぬものにことばをかくるものか、しつた［私はあなたのことを知っている］　（『狂言台本虎明本』下 p.13）

(15)　いやさいぜんから某ばかりもつた、又おぬしもたしめ［さっきから自分ばかりが手紙を持たされているので二郎冠者が不満を述べている］　(『狂言台本虎明本』中 p.110)

ここでも、誤解のないように申し添えておきたいが、本書は、「当時の～テイルは、主体の存在場所を表す［場所］ニ格句が想定できるような結果継続しか表さない」とか、「当時の～テイルのイルは、存在動詞そのものであって、アスペクト形式ではない」というような極端な主張をしているわけではない。動作継続の場合と同様、ある日突然、～テイルが（全ての）結果継続を表すようになるわけではないから、中世末期日本語の状況は、現代日本語のようなテンス・アスペクト体系を形成する過程の一段階を示していると捉えるのが妥当だろう。当時の～テイルにも、存在文的ではない例は存在する。しかし、結果継続の例に限って割合を見れば、存在文的ではない状態を表す例は、圧倒的に、～タの方が多い。当時の～テイルは、現代日本語の～テイルと比べると、発達が十分ではないのである。

つまり、当時の～テイルは、結果継続の一部はカバーしていたが、現代日本語の～テイルのように、全ての結果継続を十分にカバーするほどには発達していないということであり、この点が重要なポイントなのである。

4.　～テイルの発達から日本語のアスペクト研究を問い直す―形式と意味との関係―

これまでの議論を踏まえた上で、日本語のアスペクト研究の問い直しを試みたいと思う。

アスペクト研究では、「○○という形式は、△△（という意味）を表す」という表現がよく用いられる。例えば、「□□時代の～テイルは、動作継続（進行態）を表す」のような表現である。このような表現は、ある種、論文の定型表現のようになっており、非常によく見かける。一方で、この表現の意味するところは、あまり考察されてこなかったように思われる。しかし、このような表現の意味するところに無自覚であったことが、いくつかの見落としや、不要な議論に繋がっているようにも思う。そこで、本章では、以下で、このことを考察する。

論点をもう少し具体的に述べたい。前節までの観察を踏まえれば、「中世末期日本語の～テイルは、動作継続（あるいは結果継続）を表す」や「現代日本語の～テイルは、動作継続（あるいは結果継続）を表す」という表現自体は、誤りではないだろう。しかし、既に見てきたことから分かる通り、中世末期日本語の～テイルと、現代日本語の～テイルとでは、表せる範囲が異なるため、このような表現だけでは不十分である。形式（～テイル）と意味（動作継続／結果継続）との関係をどのように記述すればよいのか、という点に、より注意を向ける必要があるといえる。

結論からいえば、形式と意味の関係に関する記述方法として、大きく分けて、「一般言語学的な手法」「個別言語学的な手法」「言語類型論的な手法」の三つのタイプがあるように思われ、それぞれの長所と短所を踏まえながら、分析を進めていくことがよいように思う。

以下、それぞれについて見ていきたい。

4. 1.　一般言語学的な手法

今、仮に、「動作継続」と「結果継続」という意味を想定したとしよう（もちろん、これらの概念自体が大きな論点ではあるが、その点はおいて、ここでは議論を先に進めたい）。

先行研究により、ある程度、形式と意味の関係が判明している、中古日本語、中世末期日本語、現代日本語、現代英語を対象として、「動作継続」と「結果継続」を表している（ように見える）形式を集めたとしよう。「歩いている」のような、動作継続の解釈が期待される場面や、「（窓が）開(あ)いている」のような、結果継続の解釈が期待される場面で、どのような形式が出現しているのか集めてみる、ということである（もちろん、「解釈」という時点で、各人の使用言語（筆者であれば現代日本語）の影響がでてしまうが、これは避けようがないので、このまま議論を進めたいと思う)。

形式を整理すると、概ね、次の (16) のようになる (中古日本語は、鈴木泰 (1992・2009)、福沢将樹 (1997)、金水敏 (2006)、土岐留美江 (2010) 等の研究を参考にしている。現代英語に関しては、Comrie (1976)、Iori (2018)、庵功雄 (2019)、"The Cambridge Grammar of the English Language" (Cambridge University Press, 2002) 等を参考にしている)。

(16)　**表　各言語における形式と意味の関係 (主に文末)**

	中古日本語	中世末期日本語	現代日本語	現代英語
動作継続	動詞基本形 〜タリ	動詞基本形 〜テイル	〜テイル	be -ing
結果継続	〜タリ	〜テイル 〜タ	〜テイル	have 過去分詞 be 過去分詞 (be 形容詞："the window is open" 等)

※〜ツや〜ヌ、〜テアルや〜テオル、動詞連用形＋存在動詞等の形式も存在するが、論点が多岐にわたることを避けるため、ここでは除いて示す。

※現代英語の「be 過去分詞」は、「be 形容詞」として、まとめて捉えるという考え方もあると思う。また、「have 過去分詞」には、結果継続の例が指摘されることがあるが、あまり生産的ではないようである (この点、Comrie (1976) も参照のこと)。

このような手法、つまり、「動作継続」や「結果継続」という意味を予め設定し、各言語において、どのような形式が、当該の意味を担っている (ように見える) かを把握する手法を、全ての言語を対象にできるという意味で、「一般言語学的な手法」と呼んでおこう。この手法は、複数の言語を対照できるという点で優れていると思う。実際に、(16) の表を見れば、各言語の形式の分布が把握できる。

しかし、一方で、「○○という形式は、△△という意味を表す」という表現を用いたとしても、その内実には異なりがあるだろう。例えば、「現代英語の be -ing は、動作継続を表す」「現代日本語の～テイルは、動作継続を表す」「中世末期日本語の～テイルは、動作継続を表す」といっても、その意味するところは同じではない。

大雑把な議論になるが、現代英語の "be -ing" の場合、「動作継続を表す形式は、"be -ing" である（どのようなタイプの動作継続でも、"be -ing" で表すことができる）」といえる。また、「"be -ing" であれば、基本的に動作継続である」ともいえる。この2点から、「現代英語の "be -ing" という形式は、動作継続を表す」ということは、必要十分であるといえる（厳密にいえば、"be -ing" の形で未来の予定を表す等のこともある。しかし、日本語の～テイル等の形式と比べた場合、"be -ing" が動作継続を表すということは、必要十分であるといってよいように思う）。この意味で、「"be -ing" は、動作継続を表す積極的な形式である」といえそうである。

一方、現代日本語ではどうか。「動作継続を表す形式は、～テイルである（どのようなタイプの動作継続でも、～テイルで表すことができる）」とはいえても、「～テイルであれば、基本的に動作継続である」とはいえない（「結果継続」の～テイルもある）。このため、「現代日本語の～テイルという形式は、動作継続を表す」ということは、誤りではないものの、「～テイル」と「動作継続」は、必要十分の関係にはない。このため、「～テイルは、動作継続を表す積極的な形式である」といえるか、議論が必要となる（金水敏（1983）のように、～テイルを状態化辞（あるいは状態化形式）と考える立場も多い）。

中世末期日本語ではどうだろう。「動作継続を表す形式は、～テイルである（どのようなタイプの動作継続でも、～テイルで表すことができる）」とはいえない。当時の～テイルは、3.1.節で見た通り、具体的な動きを伴う動作継続（動的な動作継続）は、表しにくいからである（動作継続の一部を当時の～テイルが表していたということである）。また、「～テイルであれば、基本的に動作継続である」ともいえない。当時、既に、結果継続を表している～テイルは存在する。この場合、「～テイルは、動作継続を表す積極的な形式である」とは言い難いと思う。

「一般言語学的な手法」で分かることは、言語を分析する立場から、ある意味（例えば「動作継続」）を用意して、ある言語（例えば中世末期日本語）を見れば、結果として、～テイル（と動詞基本形）が集まる、ということである。中世末期日本語という個別の言語で考えた場合、当時の～テイルが積極的に動作継続を表しているかどうかは、全く別の話である。既に見た通り、当時の～テイルが積極的に動作継続を表していたとは、むしろ、考えにくい[*5]。

次に、中古日本語について見てみよう。中古日本語の動詞基本形は、どのようなタイプの動作継続でも表せるのかもしれないが、「動詞基本形であれば、基本的に動作継続である」ということはない（土岐留美江（2010）の指摘を見ると、動作継続を表している動詞基本形の割合は、あまり多くないように思える）。また、中古日本語の～タリは、結果継続（あるいは既然態）を表すことが知られているが、金水敏（1995b）等によって、弱進行態（atelic verb の動作継続）を表している例も報告されている。このため、「動作継続」「結果継続」という枠組みで見ると、～タリは、「動作継続」を表している場合と、「結果継続」を表している場合とがあることになる。しかし、それは、現在の我々の目から見ればそのように見えるというだけではないかとも思う。当時の～タリには当時の～タリの論理があり、「動作継続」と「結果継続」に分ける必要があるのか、という疑念が残る[*6]。

---

*5　中世末期日本語の動詞基本形も、動作継続を積極的に表す形式だとは考えにくい。この点については、安平鎬・福嶋健伸（2001:429-430）等でも、「中世末期日本語の～テイル／～テアルが表しにくかった状態を、基本形が消極的に表していた」という可能性について述べている。

*6　なお、金水敏（1995b）も～タリを二つに分けようと積極的に主張しているわけではない。むしろ、金水敏（1995b）は、形式の統一的意味を念頭において考察を進めており、金水敏（2006:270）において、「弱進行相は結果相の一部と見なしうるので、「-たり」「-り」は結果相の形態とすればよく、進行相の形態とする必要はない。」としている。

このように、「○○という形式は、△△を表している」といっても、その内実には、かなりの異なりがあるわけであり、その点を押さえた上で、記述を行う必要がある。

4. 2.　個別言語学的な手法

「各言語の各形式毎に、独自の論理があるわけだから、我々が持っている感覚や見方を、（無理に）当てはめてはいけない」というような議論は、それなりに耳にする。確かに、中古日本語の動詞基本形や、中世末期日本語の動詞基本形には、動作継続を積極的に表しているとは言い難い印象がある（そもそも、これらの言語に、動作継続という概念があると考えてよいのかも疑問である）。

このように「各言語の各形式毎に、独自の論理がある」と考え、各形式の特徴を記述していく方法を、個別言語に寄り添っているという意味で、「個別言語学的な手法」と呼ぶことにしよう。この手法のように、分析対象とする言語に注目することは大切なことだと思う。また、この手法は、「分析対象とする形式は、どの形式と対立しているのか」という観点を導入することになる。例えば、一口に、動詞基本形といっても、～テイルと対立して体系を成している現代日本語の動詞基本形と、～ム・～ムズや～ツ・～ヌ等と対立して体系を成している古代日本語の動詞基本形とでは、そのあり方が異なるだろう。このため、「どの形式と対立を成しているのか」という視点は非常に重要である。

ただ一方で、この手法は、次のような点に注意する必要がある。

「各言語の各形式毎に、独自の論理がある」という考え方は、究極的には、「言語の形式の数だけ、意味がある」ということに繋がる。例えば、中世末期日本語の～テイルの意味を X_1 とし、現代日本語の～テイルの意味を X_2 とした場合、X_1 と X_2 は、言語の体系が全く同じでない以上、（重なる部分があったとしても）必ず異なるわけである。

よって、厳密に考えていくとキリがないともいえる。また、現実的には、

「当時の言語の独自の論理」というものは記述が難しい。個別の言語に注目するあまり、形式間の記述に有効ではないような広い概念で記述することになってしまったり、言語学の用語らしからぬ、（よく分からない）独自の概念で記述することになってしまったりしかねないのである（「独自の概念」で記述を試みること自体は悪くはないが、考えた本人にしか分からないような概念では、やはり問題である）。

4. 3.　言語類型論的な手法

4.1.節で述べた「一般言語学的な手法」の背景にある、他の言語と対照してみたいという欲求は、よく分かる。しかし、4.1.節でも述べたように、この手法だと、考察対象の形式が、どのような意味を積極的に担っているのかを捉えにくいという側面がある。例えば、「中世末期日本語の～テイルは、動作継続の一部と、結果継続の一部を表す」のように述べるだけでは、（誤りではないものの）やはり不十分であり、もう少し、当時の～テイルの分布を捉えられるような記述が必要だと思う。

一方で、4.2.節で述べた「個別言語学的な手法」の背景にある、考察対象としている言語の独自の論理を考慮したい、という考え方にも共感できる。しかし、この手法だと、「言語の形式の数だけ、意味がある」ということになりかねないし、この点に注意して考察を進めたとしても、個別言語の論理に沿った形式の記述は、かなり難しいものになる。

では、「一般言語学的な手法」と「個別言語学的な手法」のバランスを、うまくとるような手法はないのだろうか。いくつかの試みが考えられると思うが、ここでは、「言語類型論的な手法」とでもいうような手法について見ていきたいと思う。

「言語類型論的な手法」とは、全ての言語に当てはまるような意味ではなく、いくつかの言語に当てはまるような意味に注目し、形式と意味の関係を見ていくという考え方である。なお、以下に見ていく方法は、厳密には、「言語類型論的な手法」に、「プロトタイプ論的な見方」を加えることで、形式と意味の記述に、グラデーションをもたせている。このような「プロトタイプ論的な見方」も重要であるが、議論が煩雑になるので、ここでは「言語類型論的な手法」に絞って議論を進めたい。

以下で、中世末期日本語の～テイルを例に、具体的に説明する。中世末期日本語の～テイルが、動作継続の一部と、結果継続の一部を表していたことは、既に、3.節で見た通りである。では、この中世末期日本語の～テイルの分布を、どのように記述すればよいのだろうか。記述の方向としては、現代日本語の～テイルとの異なりが捉えられるような形で記述するのが望ましく、また、「なぜ、中世末期日本語の～テイルがそのような分布をしているのか」ということに答えられるような記述が望ましい。

当時の～テイルが表している動作継続には、具体的な動きを伴う動作継続の例が乏しいことは既に見た通りである。また、当時の～テイルが表している結果継続には、主体の姿勢の変化や、主体の位置変化を表す動詞の例がよく見られ、主体の存在場所を表す［場所］ニ格句と共起している例が比較的多いことも既に述べた。さらに、主体の存在場所を表す［場所］ニ格句との共起という点でいえば、動作継続と解釈される例の中にも、「つれほしうて是にやすらふていまらした（本章の（05））」「つれほしうて是にまつてゐる（本章の（07））」のように、主体の存在場所を表す［場所］ニ格句が共起している例もある。

ところで、日本語のアスペクト形式を言語類型的に考えると、～テイルという形式は、形として「存在動詞」を含んでいる。このため、日本語は、存在型アスペクト形式の言語ということになる。そこで、この「存在」という点に注目して、当時の～テイルの分布を考えると、次のように記述できる[*7]。

（17）　中世末期日本語の～テイルが表している例は、現代日本語の～テイルが表している例に比べて、存在文に近い例に偏る。

---

*7　「存在」という意味が重要なので、中世末期日本語の～テイルの分布を捉える記述の概念としては、野村剛史（1994）の「存在様態」が有効であると思われる。

この（17）は、当時の〜テイルの分布と、現代日本語の〜テイルの分布の違いを記述するだけではなく、中世前期日本語の〜タリが表す状態や、中世末期日本語の〜タや動詞基本形が表す状態とも区別できる形で、当時の〜テイルの分布を捉えている（詳しくは、本書第1章と第2章を参照のこと）。

また、「〜テイルの発達」という観点から見ると、「中世末期日本語の〜テイルの例が、なぜ、存在文に近い例に偏るのか」ということに対して、次のように考えることができる。

(18)　〜テイルという形式が使われ始めたばかりなので、中世末期日本語の〜テイルは、現代日本語の〜テイルと比べて、存在動詞「イル」の意味を強く残していた。

この（18）は、「中世末期日本語の〜テイルが、なぜ、存在文に近い例に偏るのか」という問いに対して、自然な回答だと思われる。加えて、どのような方向で〜テイルが発達してきたのか、ということも、分かりやすく捉えることができるだろう。「存在」という意味を中心として、〜テイルが拡張してきたということである。

このような「存在」という意味を含めた見方は、全ての言語に対して有効なわけではないと思う。しかし、日本語と同じように存在型アスペクト形式を持つ言語、例えば、韓国語等では有効な見方であろうし、実際に、「存在型アスペクト形式」という類型的な観点から見た場合、現代韓国語は、現代日本語のテンス・アスペクト体系よりも、中世末期日本語のテンス・アスペクト体系に近いという事実が指摘されている（安平鎬・福嶋健伸（2005）を参照のこと）。

5. おわりに

本章では、〜テイルの発達をもとに、アスペクト研究における形式と意味の関係の記述方法の問い直しを試みた。要点をまとめると次のようになる。

(19)　形式と意味の関係を記述する際の方法には、大きく分けて、「一般言語学的な手法」「個別言語学的な手法」「言語類型論的な手法」の三つがある。「○○という形式は、△△という意味を表す」という表現がなされることがあるが、その内実は、様々であり、その点を自覚した上で、記述を行う必要がある。

(20)　〜テイルの発達を考える上では、「言語類型論的な手法」として、「存在型」に着目した記述が有効である。

形式と意味の記述のあり方に無自覚であると、記述上の問題を解決できない場合があることは、既に述べてきた通りである。「○○という形式は、△△という意味を表す」という表現の内実がよく分からないと、記述の正確さが保てないのである。よって、記述上、形式と意味との関係が、必要条件なのか、十分条件なのか、必要十分条件なのか、自覚的に検討していく必要があると思われる。筆者（福嶋）の研究がでる前の段階では、「○○という形式は、△△という意味を表す」という表現の内実に注意を払っていなかったため、現代日本語の〜テイルと、中世末期日本語の〜テイルの違いが、よく分からなかった。「中世末期日本語の〜テイルは進行態を表す」という記述は誤りではないが、しかし、「現代日本語の〜テイルは進行態を表す」ともいえるわけである。このため、「中世末期日本語の〜テイル」と「現代日本語の〜テイル」とで、（主格名詞の有生性の制限以外に）どう違うのか、という問題が生じていた。〜テイルの発達から見れば、現代日本語と中世末期日本語とで、当該形式の分布が異なるのは自然なことだと思われるが、両者の違いが記述できていなかったのである。

一方で、「形式と意味の関係を記述する方法」に自覚的になると、意識的に、次のような手順を踏んで研究を行うことが可能となる。

例えば、“progressive（動作継続、進行態）”という概念を用意し、この概念をもって、各言語を見るという方法をとったとする（「一般言語学的な手法」）。そうすると、中世末期日本語では、少なくとも、〜テイル、〜テアル、動詞基本形が、“progressive”を表している場面で出現している。

本書のように、研究方法に自覚的であれば、既に、この時点で、「動詞基本形」の存在も、分析対象に入ってくるのである。その上で、中世末期日本語の各形式が、“progressive”とどのような関係にあるのかを検討する。このような手続きを経ることにより、“progressive”という概念で、記述できることと、記述できないことがはっきりとする。各形式の分布の偏りを捉えるために、新たな記述概念（例えば「言語類型論的な手法」に基づく概念）が必要かどうかも、このような手続きを踏めば、自ずと分かるだろう。

最後に次の 3 点を強調しておきたい。

まず、一つ目は、言語学の議論を行う際には、このような形式と意味との関係（また、それに関する研究方法）を、もう少し、意識してもよいのではないか、ということである。「メタ的な観点から研究方法について検討する」ということが、もっと必要ではないかと思う。例えば、本章で述べた「一般言語学的な手法」「個別言語学的な手法」「言語類型論的な手法」は、対立するものではなく、言語学の異なる分析方法として立体的に考えるべきものだと思う。各方法の短所と長所を考慮して研究を進めることで、研究成果は、より多層的で豊かなものになるだろう。逆に、この点を意識しないと、異なる研究方法が同じ土俵の上で議論されることになってしまう。本章でいう「一般言語学的な手法」を用いた研究に対して、「各言語の各形式毎に、独自の論理があるわけだから、我々が持っている感覚や見方を、（無理に）当てはめてはいけない」あるいは「当該の形式が、△△という意味を積極的に表していたとは考えられない」というような意見がでることがあるが、議論を行う双方が、複数の手法が存在することに自覚的でないと、議論がかみあわず、生産的な方向にいかない場合も多い。

二つ目に強調したいことは、本章で述べたような三つの手法は、あくまでも、研究をメタ的に捉えるための便宜的なものであって、クリアカットな分類ではないということである。このため、ある研究がどの手法に属するのか、という議論に執着してもあまり意味はないように思う[*8]。また、本章では、三つの手法の名称に固執しているわけでもない（「一般言語学的な手法」というよりも「通言語的な手法」というべきだ等の議論は、必要なのかもしれないが、本章の論点ではないのである）。

三つ目に強調したいことは、これらの手法に優劣はないということである。本章の構成上、「言語類型論的な手法」に紙幅を割いているが、この手法が他の手法よりも優れていると主張したいわけではない。あくまでも、一長一短であって、その点をより自覚しようということが、本章で述べたいことである（本章のような見方は、「メタ日本語学」「メタ言語学」の一環であると考えている）。

このような問い直しは、アスペクト以外の研究にも当てはまることかもしれない。

---

*8　例えば、「存在」という意味に注目した記述に対して、「類型的なことを全く考えずに、中世末期日本語だけを観察していても思いつく可能性がある記述なので、「言語類型論的な手法」ではなく、「個別言語学的な手法」ではないか」という意見があるかもしれないが、その点を議論しても、あまり生産的な方向にはいかないと思う。

第 18 章　モダリティの定義に二つの立場があることの背景―「意志・推量」「丁寧さ」「疑問」「禁止」の各形式の分布が文末に偏ってくるという変化に注目して日本語学史と日本語史の接点を探る―

要　旨

モダリティの定義には、少なくとも二つの立場がある。それはどうしてだろうか。この学史的な問題の背景には、「意志・推量」「丁寧さ」「疑問」「禁止」を表す各形式の分布が、現代日本語に近づくにつれ、文末に偏ってくるという日本語史上の事実がある。実際に、現代日本語では、「～ウ」「～ダロウ」「～デス」「～マス」「～カ」「～ナ」の全てが文末に偏っている。このような事実に注目することで、日本語学史と日本語史の接点が見えてくる。

1. はじめに

本章では、モダリティの定義に、少なくとも二つの立場があることの背景を、「意志・推量」「丁寧さ」「疑問」「禁止」の四つの観点から考察し、日本語学史と日本語史の接点を探る。また、あわせて、これまで個別に論じられてきたいくつかの現象を、包括的に捉えることができる可能性についても述べたいと思う。

本章の議論を通し、本書の第 1 部や第 2 部で議論してきたことが、学史にも応用できることを示したい。

2. モダリティの定義には少なくとも二つの立場がある

「一口にモダリティと言っても論者によってその内実は相当に異なる。」と述べたのは、田野村忠温（2004:217）であるが、日本語文法研究において、モダリティという用語に関しては、様々な定義のあることが知られている。また、同時に、モダリティの定義に関して整理することができることも、よく知られており、大きく分けて、少なくとも二つの立場があることが指摘されている（原田登美（1999）、黒滝真理子（2002）、野村剛史（2003a）、田野村忠温（2004）、岡部嘉幸（2006・2013）、ナロックハイコ（2009）、尾上圭介（2012）等）。ここでは、野村剛史（2003a）と岡部嘉幸（2013）から引用し、二つの立場を確認したい。次のＡとＢである。

（01）　Ａ：「文内容に対する把握の仕方・心的態度」のように規定する立場
Ｂ：「文内容と現実との関わり」のように規定する立場
（野村剛史 2003a:17）

（02）　Ａ：文において客観的内容を表わす「命題」と対置される「話し手の主観的把握」（話し手の発話時における心的態度）を「モダリティ」と呼ぶ立場
Ｂ：文によって述べられる事態（内容）と話し手の現実との関係性を述べることに関わる意味を「モダリティ」と呼ぶ立場
（岡部嘉幸 2013:96）

（01）のＡの立場は（02）のＡの立場とほぼ重なり、（01）のＢの立場は（02）のＢの立場とほぼ重なるものだろう[*1]。

---

*1　ここでいうＡの立場は、概ね、尾上圭介（2012）のいう「Ｂ説モダリティ論」に相当し、

もちろん、このAとB以外の立場もあるだろうし、また、明確な定義をせずにモダリティ研究を進めた方が有益であるという考え方もあるかもしれない。しかし、少なくとも、現在この二つの立場があるという先行研究の認識は誤りではないと思う。

以下、AとB、それぞれの立場について説明を加えたい。

Aの立場をとるものは、仁田義雄（1991・1997）、益岡隆志（1991・2000・2007）、日本語記述文法研究会（編）（2003）等である。日本語教育学会（編）『新版日本語教育事典』（大修館書店）のモダリティの説明も、Aの立場によるものといえる。

このAの立場のモダリティ観は、比較的、揺れが少なく、概ね以下のように説明されている。ここでは、日本語記述文法研究会（編）（2003）から引用する。

(03)　文の表す意味は、命題とモダリティという2つの側面から成り立っているが、日本語の特徴は、この違いが文の構造に強く反映されるということである。基本的に、事柄的な内容を表す命題的な要素が文の内側に、モダリティ的な要素が文の外側に現れるという傾向がある。

このような日本語の特徴は、命題をモダリティが包み込むという、階層的な構造としてとらえられる。

（日本語記述文法研究会（編）2003:2）

このように述べたあとで、次のような文の構造が提示されている。

ここでいうBの立場は、概ね、尾上圭介（2012）のいう「A説モダリティ論」に相当すると思う。本書では、便宜上、野村剛史（2003a）と岡部嘉幸（2013）の整理に従う。

(04)

命　題	モダリティ

文の内部構造

（日本語記述文法研究会（編）(2003:2)、ゴシック原文）

Aの立場のモダリティでは、文の表す事柄を「命題」と捉える（これを「言表事態」ともいう)。また、その命題に対する、話し手の態度や捉え方をモダリティとする（これを「言表態度」ともいう)。文の構造としては、モダリティが、命題を包み込んでいると考える。

例えば、「夕食を食べるだろう」という文があった場合、「夕食を食べる」は事柄であり、これを命題とする。また、「だろう」は、その事柄に対する話し手の推量を表しているので、これをモダリティ形式と捉えるのである。その上で、両者の構造を次の（05）のように考える。なお、「夕食を食べよう」等の意志の表現も、次の（05）に準じて考えることになる。

(05)　［［夕食を食べる］　だろう］
　　　［　［命題］　　モダリティ］

このように考えるため、「夕食を食べるよ」のような終助詞「よ」が付いた文に関しても、「よ」は、聞き手にどのように命題を示そうとしているのかという話し手の態度を表していると考えられるので、モダリティ形式であると捉える。また、その構造は次のように考える。

(06)　［［夕食を食べる］　よ］
　　　［　［命題］　　モダリティ］

このように、Aの立場においては、「だろう」と「よ」を、共に、モダリティ形式とする。この（05）と（06）を見れば、両者を同じ構造の中で捉えていることが、よく分かるだろう。(04）のような文構造の把握が前提となっているのである。Aの立場におけるモダリティの捉え方は、(04) のような文構造の把握と、事実上、切り離せないといえる。このAの立場において、「命題」と「モダリティ」の境界をどこに求めるのかは、厳密には難しい問題であるが、次のような基準がよく知られている。

(07)　　そこで、本稿では、「こと」という名詞を内容補充する連体修飾部に入り得る要素を命題内要素とみなすという基準を立てたいと考える。例えば、「私が仕事を必要としていること」という例であれば、「私が仕事を必要としている」を命題内要素と見るということである。　(益岡隆志 2000:88)

簡単にいえば、コト節に入るかどうかを基準にしているということである。

一方、Bの立場は、Aの立場とはかなり異なり、(04) のように文の構造を把握することは、まずないと思われる。

Bの立場をとる研究は、岡部嘉幸 (2006・2013)、尾上圭介 (2001・2004・2012)、野村剛史 (2003a・2004b)、大鹿薫久 (2004)、小柳智一 (2014・2018)、及び、本書等である。

Bの立場のモダリティ観は、比較的、揺れが大きく、研究者間の差が非常に大きい。何をモダリティの形式とするのかという点でも、かなりの異なりがある。Bの立場は、事実上、「Aの立場ではない研究」という側面もあるが、しかし、敢えて、その共通点をまとめると、〈現実 (realis)〉と〈非現実 (irrealis)〉の対立を重視する立場といえる。例えば、「夕食を食べるだろう」という文があった場合、話し手は推量をしている。推量ということは、いわば観念上のことといえるわけであり、〈非現実〉に属すると考えるわけである。このため、Bの立場でも、「だろう」等の形式は、概ね、モダリティの形式と考えられている。

一方、「夕食を食べるよ」等の終助詞に関しては、終助詞「よ」の存在が、〈現実〉と〈非現実〉の対立に直接関与しているとは思われないので、モダリティ形式とは考えないのである（この辺りの整理は、尾上圭介（2012）や岡部嘉幸（2006・2013）等が詳しい）。

Ａの立場と、Ｂの立場は、結果として、モダリティ形式と考えるものに重なりはあるものの、根本的な考え方に大きな異なりがあると言わざるを得ない。

では、なぜ、このような大きな違いが生じるのだろうか。このような違いが生じる背景には、どのようなことがあったのだろうか。次節以降、考察していきたい。

3. Ａの立場の前提と、Ａの立場の研究史上の位置付け

まず、注目したいのが、次の点である。

（08）　Ａの立場に立つ研究：現代日本語を対象とした研究が多い。
　　　　Ｂの立場に立つ研究：現代日本語だけではなく、歴史的な日本語を射程に入れた研究が多い。

もちろん、現代日本語の研究であってもＢの立場を支持するものはあるだろうし、逆に、歴史的な日本語の研究であっても、Ａの立場を支持するものもあるだろう。しかし、一般的な傾向として、（08）は指摘できると思われる。田野村忠温（2004:220）が、「現在モダリティと聞いて大多数の現代語研究者が真っ先に念頭に思い浮かべるのはこの立場の説くところのモダリティ（福嶋注：Ａの立場のモダリティ）であろう」と述べている通りである。

次に注目したいのが、Ａの立場の（09）のような文構造の把握は、一体何を前提としているのか、ということである（次の（09）は、（04）の一部を抜粋したものである）。

(09)

命　題	モダリティ

ここで、簡単に、「モダリティ」という用語を用いた議論が盛んになる前の研究史について触れておきたい。

「モダリティ」という用語が日本語学で一般的なものになる前には、文の成立に関して、山田孝雄（1908）等の「統覚作用」「陳述（語）」等の議論があり、それらを踏まえた、時枝誠記（1941・1955）等の「詞」と「辞」の議論があった。また、この流れと前後して、金田一春彦（1953）の「不変化助動詞」の議論や、渡辺実（1953・1971）、芳賀綏（1954）等の議論がおこる。つまり、いわゆる「陳述論」が盛んになる。川本茂雄（編）（1956）、中右実（1979）、南不二男（1974）、仁田義雄（1979）等の研究も注目されてくるようになり、また、三上章（1959）や寺村秀夫（1982b・1984）等の「コト」と「ムード（ムウド）」の議論も台頭してくる。

「不変化助動詞」や「陳述論」等の議論の中では、文末に出現する形式に注目が集まることがある。モダリティのAの立場は、助動詞の一部と終助詞をまとめて扱うことからも明らかな通り、文末に出現する形式に注目するという考えを、比較的強く引き継ぐもので、このような流れ（陳述論等の議論の流れ）を前提としている[*2]。Aの立場について、尾上圭介（2012:14）が「陳述論のニューヴァージョン」と指摘するのもそのためだろう。

一方で、かつての日本語を見ると、形式が文末に偏るという「文末の特殊性」は、現代日本語と比べて顕著ではなく、従って、(09）のような把握はしにくいといえる。もちろん、かつての日本語に、「文末の特殊性」というものが全くなかったというような極端な主張をしているわけではない。現代日本語と比べて、(09）のような把握をしにくいという、相対的な違いがあ

---

*2　このような研究史を踏まえると、（「モダリティ」という用語を用いてはいるが）本章の作業は、「不変化助動詞」や「陳述論」等の議論を、日本語の歴史的な変化も含めて、現時点で、もう一度振り返るという意味合いもあると思う。なお、「陳述」という用語の理解に関しては、仁田義雄（1977・1978・2021）等も参照のこと。

ることを述べたいのである。

この点を、「意志・推量」「丁寧さ」「疑問」「禁止」の四つの観点から、見ていきたいと思う。

4. 意志・推量

本章では、意志・推量表現の中でも、仁田義雄（1991）において、真正モダリティとされる、「〜ウ」「〜ダロウ」に注目したい。これらは、「最も純粋にモダリティ的なもの・典型的なモダリティ表現」（仁田義雄 1991:18）とされるためである。

仁田義雄（1991:53）では、これらの形式について次の例を挙げている。

（10）　よし、すぐに<u>行こう</u>。
（仁田義雄（1991:53）の（83）、下線も仁田義雄（1991）による）

（11）　たぶん明日は晴れる<u>だろう</u>。
（仁田義雄（1991:53）の（84）、下線も仁田義雄（1991）による）

これらの例の場合、「行こう」「晴れるだろう」は、コト節の中に入りにくい。

（12）　?? 行こうコト　／　?? 晴れるだろうコト

コト節の中に入りにくいという現象は、「〜ウ」「〜ダロウ」が命題には含まれないということを示唆している。「行くコト」「晴れるコト」等の表現は問題ないので、「行こう」「晴れるだろう」等の表現は、次のような構造をイメージしやすい。

(13)

命　題（行くコト / 晴れるコト）	モダリティ（〜ウ／〜ダロウ）

「行く」「晴れる」という事柄に、意志や推量という話し手の心的な態度を加えていると捉えるわけである。

一方、かつての日本語はどうだろうか[*3]。よく知られた事実であるが、いわゆる意志・推量を表す形式である〜ムや〜ムズは、コト節（あるいは名詞節）の中に全く問題なく生起する。

(14)　みづら結ひたまへるつらつき、顔のにほひ、さま変へたまはむこと惜しげなり。　（『源氏物語』桐壺 p.45）

(15)　「（略）此里の縁尽きて、いまはよそへまかり候なんずる事の、かつはあはれにも候。又、事のよしを申さではと思ひて、このよしを申なり」といふと見て、　（『宇治拾遺物語』p.54）

また、〜ムや〜ムズの後継の形式とされる、〜ウ・〜ウズ（ル）も、コト節（あるいは名詞節）の中に全く問題なく生起することが知られている。

(16)　賤しい者にも仇を為さず、却つて情を先とせうこと（xôcoto）ぢや、いかな賤しい者なれども、時としては（略）　（『天草版伊曽保物語』p.452）

(17)　［忠盛が、闇討ちの情報を聞いた場面］今不慮の恥にあわうずる事（auǒzuru coto）わ家のため、身のためこころ憂いことぢゃほどに、　（『天草版平家物語』p.4）

*3　歴史的な変遷については、山口堯二（1991）、小木曽智信（2020）等も参照のこと。

(14) ～ (17) のような例は、歴史的な文献において、比較的よく見られる例である。このような例では、(13) のような構造を仮定しにくい。

金水敏 (2011) にも次のような指摘があるが、文末でまとめて表そうとする現代日本語の特徴（古代日本語との異なり）が、ここに見られる。

(18)　古典語の「む」「けむ」「らむ」と違って、現代共通語の「う」「よう」「まい」という真性モダリティ（時制を持たない推量の接辞）が埋め込み文に用いにくいというのも、文の様相的な意味を主文でまとめて表そうとする性質が強い現代共通語の性質から来ていると考えられる。　（金水敏 (2011:115)、下線は筆者）

5. 丁寧さ

「食べます」「学生です」等の丁寧語によって、「丁寧さ」を表す場合がある（なお、本書でいう丁寧語とは、「聞き手への敬意を表す」かつ「主語に制約がない（尊者も主語になれる）」という、一般的な意味での丁寧語のことである）。

仁田義雄 (1991) では、「丁寧さ」が「発話・伝達のモダリティ」として位置付けられている[*4]。また、日本語記述文法研究会（編）(2003) でも、「～デス」「～マス」等を、「丁寧さのモダリティ」として、モダリティの形式としており、「丁寧さ」は、A の立場において、基本的にモダリティとして捉えられている。

以下で、ポイントを確認していきたい。

例えば、教室での学生から教師への発話を考えた場合、次の発話は、全く問題ないものである。

---

*4　厳密には、仁田義雄 (1991) の初版第 6 刷（初版第 6 刷は 1997 年の発行）以降から、「丁寧さ」が「発話・伝達のモダリティ」の中に位置付けられている。

(19)　雨が降っているので、窓を閉めます。

この（19）において、「降っているので」の部分には、丁寧語が生起していない。「雨が降っていますので、窓を閉めます。」等のように、従属節内に丁寧語を生起させた表現も可能ではあるので、（19）は、敢えて、丁寧語を用いていないともいえるわけだが、この点をもって、聞き手への配慮に欠けると判断することはまれだろう。これは、文末で表現されている丁寧さが、従属節中にも及んでいるためと考えられる。

つまり、文末の「〜マス」によって、（19）の文全体に、丁寧さが付与されていると判断するのである（この点は、益岡隆志（2007:81）の「主節の丁寧さの作用域（スコープ）」の指摘も参照のこと）。

よって、次のような構造をイメージできる。

(20)　［［命　題（雨が降っているので窓を閉めるコト）］モダリティ（〜マス）］

「雨が降っているので窓を閉める」という事柄に、丁寧さという話し手の心的な態度を付与していると考えるのである。

現代日本語の「〜デス」であっても事情は同じであり、「〜デス」「〜マス」ともに、（20）のような構造をイメージしやすい。

このような状況もあり、従来の丁寧語の研究では、「文末に丁寧語がある場合、文中に丁寧語が生起するか（生起できる環境はどのようなものか）」ということが注目されてきた。主に、三尾砂（1942）の「丁寧化百分率」や、それを踏まえた上での「従属節の従属度」の議論等である（南不二男（1974）、金澤裕之（2005）等）。

一方で、これとは逆の「文中に丁寧語が生起している場合、文末に丁寧語が生起するかどうか」という議論は極端に少ない。現代日本語では、丁寧に表現したい場合は、文末に丁寧語が必要である。よって、文中に丁寧語があれば、文末にもあるのは当たり前であり、そもそも議論の対象にはならなかったのである。

先の（19）と同じ状況で、（21）の発話があったとしたら、やはり不自然といえる。

（21）　?? 雨が降っています<u>ます</u>ので、窓を閉める。

つまり、現代日本語の丁寧語には、本書第9章で指摘した次のような統語上の制約があるといえる。

（22）　**丁寧語の統語的分布に関する制約**：文中に丁寧語が生起する場合、基本的には、文末にも丁寧語が生起する。

では、かつての日本語はどうだったのだろうか。小田勝（2015）等の指摘を参考にすれば、中世前期日本語の「候ふ」は、「①主語が誰であっても（尊者であっても）使用できる」「②主語尊敬語の「給ふ」等に下接できる」の2点から、「丁寧語」と判断できる。第9章で指摘したように、当時の「候ふ」には、次のような、文中に丁寧語があるが文末にはないという例が散見される[*5]。

（23）　［主人である俊寛に向けての有王の発話である］「いづれも御嘆のをろかなる事は候はざ（ッ）しか共、おさなき人はあまりに恋まいらさせ給て、まいり候たび毎に、「有王よ、鬼界の嶋とかやへわれぐしてまいれ」とむつからせ給<u>候</u>しが、過<u>候</u>し二月に、もがさと申事に失させ給①<u>候</u>ぬ。北方は其御嘆と申、是の御事と申、一かたならぬ御思にしづませ給ひ、日にそへてよはらせ給②<u>候</u>しが、同三月二日、つゐにはかなく③<u>ならせ給ぬ</u>。いま姫御前ばかり、奈良の姑御

*5　なお、敬語あるいは丁寧語の歴史的変遷については、辻村敏樹（1971）、宮地裕（1981）、青木博文（2020）、小田勝（2022）等も参照のこと。

前の御もとに御わたり候。是に御ふみ給てまい（ッ）て候」とて、取いだいて奉る。　（『平家物語』上 p.237）

文中に「よはらせ給②候しが」とあるが、文末は「はかなく③ならせ給ぬ」と、丁寧語がない形で終わっている。直前に「失させ給①候ぬ」とあるので、「はかなくならせ給候ぬ」という表現も可能だと思われるが、文末には「候ふ」が生起していないのである。

また、次の例も分かりやすい。『宇治拾遺物語』（旧日本古典文学大系）の例で、宇多院の質問に対する源融（の霊）の返事である。

(24)　「爰の主に候翁也」と申（まうす）。　（『宇治拾遺物語』p.346）

当該部分の現代語訳（新編日本古典文学全集の訳、『宇治拾遺物語』の底本は旧日本古典文学大系と同一）は、「ここの主の翁でございます」であり、現代日本語の感覚では、文中には丁寧語がなくてもよいが、文末にはないと不自然である。しかし、『宇治拾遺物語』の原文では、全く逆になっており、文中に丁寧語「候ふ」があり、文末にはない。

現代日本語の丁寧語は、文末の丁寧語が文全体に影響を及ぼす「文丁寧語」といえる（文全体に影響を及ぼすので、「統語的丁寧語」ともいえる）。これに対し、中世前期日本語の「候ふ」は、従属節のみの生起も、主節のみの生起も、許されることから、「節丁寧語」とでもいうべき丁寧語である（こちらの方は、語の意味として、聞き手への敬意を表しているだけなので、「語彙的丁寧語」ともいえる）。

第9章で詳しく述べた通り、(23) や (24) のような用例は、決して珍しいものではない。このようなことを踏まえると、(20) のような文末に偏る構造を、どうしても仮定しにくいのである（また、丁寧語の分布に関しては、第10章も参照のこと）。

6. 疑問

いわゆる疑問表現も、モダリティ形式として扱われる。仁田義雄（1991）では、「発話・伝達のモダリティ」の一部として扱われており、また、日本語記述文法研究会（編）（2003）でも、「疑問のモダリティ」という節が設けられている。

疑問文の論点は多岐にわたるが、ここでは論点を絞りたいので「はい／いいえ」で答えることのできる疑問文、つまり、肯否疑問文について見ていきたい。

現代日本語の場合、「～カ」という形式で、肯否疑問文を表すことが多いだろう[*6]。

(25)　昨日、渋谷に行ったか。

この場合、やはり、次のような構造をイメージしやすい。

(26)

命　題（昨日渋谷に行ったコト）	モダリティ（～カ）

「昨日渋谷に行った」という事柄に対して、話し手の疑問という心的な態度を示しているという捉え方である。

一方、かつての日本語はどうだったのだろうか。

近藤泰弘（1987）、小田勝（2015）、岡崎正継（1996）等を参考にすると、古代日本語の肯否疑問文の基本的な形式は、次のように整理できる[*7]。

---

*6　もちろん、「昨日、渋谷に行った？」等の表現も可能である。

*7　なお、疑問表現の歴史的変遷については、澤瀉久孝（1941）、田中健子（1956）、山口堯二（1990）等も参照のこと。

(27)　～ヤ　連体形（文中の場合）

例：「あなかしこ、このわたりに、わかむらさきやさぶらふ」

（『紫式部日記』p.165）

(28)　終止形　～ヤ（文末の場合）

例：名にしおはばいざ言問はむみやこどりわが思ふ人はありやなしやと　（『伊勢物語』p.122-123）

(29)　連体形 ／ 名詞（あるいは名詞句）～カ（文末の場合）

例：「何ごとぞや。童べと腹立ちたまへるか」とて

（『源氏物語』若紫 p.206）

例：喜て問て云く、「君は眉間尺と云ふ人か」と。

（『今昔物語集』二 p.275）

このうち、(28)(29) に関しては、文末に助詞があるので、現代日本語と近いイメージを持つことができる。

しかし、古代日本語では、(27) のような「～ヤ　連体形」の例も多く、この場合、(26) のようなイメージを持ちにくい。

加えて、上代日本語には、次の例のように、「～カ　連体形」で、疑問を表しているとされる例がある（近藤泰弘（1987）、柳田征司（2017）、小田勝（2015）等を参照のこと。なお、『万葉集』はページ数ではなく国歌大観番号を示す）。

(30)　流らふる　つま吹く風の　寒き夜に　我が背の君は
ひとりか寝らむ（獨香宿良武）
（福嶋部分訳：ひとり寝ているだろうか）　（『万葉集』59）

(31)　虎か吼ゆると（虎可叫吼登）　諸人の　おびゆるまでに
（福嶋訳：虎が吠えているかと、人のおびえるほどで）

（『万葉集』199）

現代日本語の感覚からすると、文末に「〜カ」が欲しいところだが、そうはなっていない。上代の文献において、このような、「〜カ　連体形」で、疑問を表しているとされる例は、それなりに存在し、ここでも（26）のようなイメージを持ちにくいのである。

一方で、現代日本語のように、文末に疑問表現の形式（「〜カ」）がまとまってくると、（26）のようなイメージを持ちやすくなってくる。

7. 禁止

いわゆる禁止表現も、モダリティ形式として扱われる。仁田義雄（1991）では、「発話・伝達のモダリティ」の一部として扱われており、また、日本語記述文法研究会（編）（2003）でも、「行為要求のモダリティ」の中で、「禁止」が扱われている。次の例を見てもらいたい。

（32）　（今、座っている人に対して）廊下を走るな

（33）　（今、廊下を走っている人に対して）廊下を走るな

（32）は、予め予想される行為を禁止している（今行っている行為を禁止しているわけではない）ので「予防的禁止」、（33）は、今行っている行為を禁止しているので「阻止的禁止」とされている（ともに、日本語記述文法研究会（編）（2003:80）や小田勝（2015:229）に指摘がある）。前者は小柳智一（1996）でいう、狭義の〈禁止〉であり、後者は〈制止〉である。

現代日本語においては、これら二つは同一の形式で表されるわけだが、（32）も（33）も、文末に「〜ナ」という形式があるため、現代日本語では、次のような構造をイメージしやすい。

(34)

命　題（廊下を走るコト）	モダリティ（～ナ）

「廊下を走る」という事柄に対して、禁止という話し手の態度を示しているという捉え方である。

一方、かつての日本語はどうだったのだろうか。

古代日本語において、禁止を表す形式は様々であるが、代表的な形式には、次の二つがあるだろう（小田勝（2015）等を参照のこと）[*8]。

(35)　「～ナ」

(36)　「～ナ　～ソ」

この（35）のパターンの例は、次のようなものである。

(37)　我が背子が　帰り来まさむ　時のため　命残さむ　忘れたまふな
（和須礼多麻布奈）（福嶋部分訳：お忘れになるな）（『万葉集』3774）

このような例であれば、（34）のような構造をイメージしやすい。しかし、小柳智一（1996）に、文末に「～ナ」があるパターンの禁止表現は、狭義の〈禁止〉（予防的禁止）のみであるという指摘がある。

一方で、「～ナ　～ソ」のパターンは、予防的禁止も阻止的禁止も表すことができる。以下の例で確認したい。

(38)　「なにか射る。な射そ、な射そ」と制したまひて、（『大鏡』p.326）

---

*8　なお、禁止表現の歴史的な変遷や古代語での状況については、池田（大坪）併治（1935）、原栄一（1987）、森英樹（2013）等も参照のこと。

(39)　「人にな語りたまひそ。かならず笑はれなむ」　(『枕草子』p.286)

(38) では「射ること」を制しているので、小柳智一 (1996) では、これを〈制止〉(阻止的禁止) の例としている。また、小田勝 (2015) では、(39) を予防的禁止の例とする。

「～ナ　～ソ」の禁止表現は、よく用いられる表現であるが、このような表現を見る限り、(34) のような、文末に偏る構造はイメージしにくい。

さらにいえば、上代日本語の禁止表現には、次のようなものがある。

(40)　我(あれ)なしと　なわび我が背子 (奈和備和我勢故)　ほととぎす
(『万葉集』3997)

(41)　引かばぬるぬる　我(あ)を言な絶え (安乎許等奈多延)(『万葉集』3501)

これらは、「ナ＋動詞連用形」と考えられる例である。(40) では、「な＋わび」で、「落ち込むな」というような意味を表し、(41) は「な＋絶え」で、「絶えるな (あるいは「絶やすな」)」というような意味を表している。このような禁止表現は、中古日本語では見られなくなっていくわけだが、上代日本語ではそれなりに用例数があり、〈制止〉と狭義の〈禁止〉のどちらも表すという指摘がある (小柳智一 (1996) のⅢ型の指摘を参照のこと)。

この (40) や (41) のような例からは、(34) のような文末に偏った構造を、イメージしにくい。

禁止表現の大きな流れとしては、次のものが確認できるのである。

(42)　すなわち「な―」や「な―そ」で構成される「な」の文中用法、つまり「Na―」型の禁止表現形式が、時代の流れと共に、次第に、文末用法の「―な」、つまり「―Na」型の禁止表現に吸収されるかたちで、変化していったと言えよう。　(細川英雄 1972:88-89)

8. モダリティの定義に二つの立場があることの背景

これまで、「意志・推量」「丁寧さ」「疑問」「禁止」の四つを概観し、現代日本語に近づくにつれ、各形式が文末に偏ることを見てきた。現代日本語では、「〜ウ」「〜ダロウ」「〜デス」「〜マス」「〜カ」「〜ナ」の全てが文末に偏っているのである。

このような、現代日本語に見られる文末の特殊性を捉えようとしたのが、モダリティのAの立場なのであり、以下のような文構造の把握なのである。

(43)（=(09)）

命　題	モダリティ

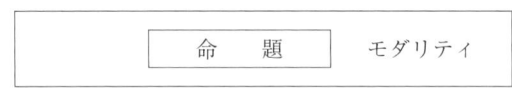

一方で、現代日本語に加えて、歴史的な日本語を分析しようとすると、話は変わってくる。歴史的な日本語に目を向けると、この(43)のような構造を仮定しにくいのは既に見てきた通りである。

つまり、モダリティの定義に二つの立場があることの背景には、研究対象とする言語の特徴、さらにいえば、日本語の文構造の変化があると考えられるのである[*9]。「モダリティの定義に二つの立場があること」は日本語学史上の事実であり、日本語の文構造に変化があったことは、日本語史上の問題である。ここに両者の接点をみることができる。

以上の点を踏まえると、さらに興味深いことが浮かび上がってくる。

---

*9　なお、研究対象とする言語の特徴によらず、そもそも、モダリティのAの立場は（全く）認められない（あるいはBの立場は（全く）認められない）という考え方もあるだろう。しかし、現状、少なくとも二つの立場があるのは事実である。また、それぞれの立場に長所があるともいえる。このため、「一方の立場を、全て否定し、全く議論しない」という方向よりも、研究の立場を相対化しながら、必要に応じて、それぞれの立場の長所と短所を整理して議論を進める方向がよいように思う。

それは、「意志・推量」「丁寧さ」「疑問」「禁止」の四つの変遷が、互いに無関係ではない可能性があるということである。現代日本語に近づくにつれ、「意志・推量」「丁寧さ」「疑問」「禁止」を表す形式が、文末に偏ってくる（現代日本語では、「～ウ」「～ダロウ」「～デス」「～マス」「～カ」「～ナ」の全てが文末に偏っている）ことは、単なる偶然ではなく、包括的に扱える可能性があるのである。この点について以下で述べたい。

繰り返しになるが、日本語の歴史として、次のような事実がある。

(44)　現代日本語に近づくにつれ、「意志・推量」「丁寧さ」「疑問」「禁止」を表す各形式が、文末に偏ってくる（現代日本語では、「～ウ」「～ダロウ」「～デス」「～マス」「～カ」「～ナ」の全てが文末に偏っている）。

さらに、これらの形式は、陳述論からの流れを受ける、Aの立場においては、全て、「モダリティ」という同じ文法カテゴリーに位置付けられている。Bの立場もあるので、モダリティという用語で括ることには議論があると思うが、モダリティという用語を用いずとも、これらは、「文で表されている内容に対する、話者の心的態度」とでもいうべき観点で括ることのできる形式群である。つまり、次のことがいえる。

(45)　「～ウ」「～ダロウ」「～デス」「～マス」「～カ」「～ナ」を、統一的な観点から捉えている研究（Aの立場）がある。

(44) は日本語史としての事実であり、(45) は日本語学史としての事実である。加えて、先ほど、次のことも指摘した。

(46)　モダリティの定義に二つの立場があることの背景には、日本語の文構造の変化がある。

これらのことを、まとめて捉えると、次のような可能性が考えられる（ここにも、日本語学史と日本語史の接点をみることができるだろう）。

(47)　現代日本語に近づくにつれ、「意志・推量」「丁寧さ」「疑問」「禁止」を表す形式が、文末に偏ってくる（現代日本語では、「～ウ」「～ダロウ」「～デス」「～マス」「～カ」「～ナ」の全てが文末に偏っている）のは、単なる偶然ではなく、「文末の特殊性」が際立ってくるという文構造の変化として、包括的に捉えることができる可能性がある。

端的にいえば、「文末という位置が、かつてと比べて、特殊な役割を担うようになってきた」ということが、記述の観点として重要になってくると思う。「話者の心的態度」のようなものは、古代日本語にもあったとは思うが、「話者の心的態度」を表す形式が、現代日本語になると、文末に集中してくるというところにポイントがあると思えるのである。

Aの立場が、文の成立に関する陳述論の流れを受けるものであることも重要だろう。「文末の特殊性」が際立ってくることと、文の成立に関する議論は、親和性が高いと思われる。

これまでの歴史的な研究において、「意志・推量」「丁寧さ」「疑問」「禁止」の四つの変遷は、別々に論じられることが多く、これらの変遷を関連付けて扱うということは、ほとんどなかった[*10]。しかし、(44)～(46)をまとめて考えれば、これら四つの変遷は、互いに無関係ではない可能性がある。

これが本章で最も主張したいことである。

なお、念のために次の3点を申し添えたい。

まず、本書では、「現代日本語に限定して考えた場合、Aの立場の方が、Bの立場より、優れている」というようなことを主張しているわけではな

---

*10　全くなかったわけではなく、例えば、禁止表現と係り結びを関連させて考察したものとして、柳田征司（2017）等の研究がある。

い。もちろん、現代日本語に限定して考えた場合でも、Bの立場から分析することは十分に可能である。

次に、本書では、「Aの立場では、歴史的な日本語を分析することはできない」と主張しているわけでもない。例えば、仁田義雄（1997:125）が、「ねえ困ったことにたぶんこの雨あと4時間も続くだろうね」という文の分析で示したような方法（の一部）を、歴史的な日本語に応用する、というような考え方もできるのかもしれない[*11]。

最後に、本書は、「意志・推量」「丁寧さ」「疑問」「禁止」が、完全に全く同じ変遷を辿ってきた、あるいは、これら四つの間に違いは全くない、というような強すぎる主張をしているわけでもない。本章では、「意志・推量」「丁寧さ」「疑問」「禁止」の四つの変遷が、無関係ではない可能性について述べているのである。

9. 現代日本語のような構造に至るまでにどのような変化があったのか

従来の研究でも、文末に形式が偏る傾向は、日本語の大きな流れの特徴として、しばしば言及されてきたことである（例えば、浜田敦（1957）等）。しかし、本書では、文末に形式が偏る傾向を、現段階で、もう一度、自覚的に捉えなおし、文法項目間の繋がりを探ることが大切であると考えている。本節ではその理由について述べる。

まず、現代日本語のような構造に至るまでに、どのような変化があったのかを確認したい。既に、本書で述べてきたことだが、主節・従属節を通し

---

*11　Aの立場に見られるような階層的モダリティ論を古代語に応用できるのか、という点については、〜ム等を対象に、井島正博（2014a）が検討を行っている。この点に関する井島正博（2014a）の検討結果は、「以上のような検討から導かれることは、そもそも階層的モダリティ論を維持したまま理論構成をすることがこれほど困難を伴うとするならば、中古語の推量表現を階層的モダリティ論に立って分析することは誤っているのではないか、という疑いである。」（井島正博 2014a: 252-253）というものであり、古代語への応用には否定的である。

一方で、高山善行（2021）のように、「たぶん」「きっと」等の発達に注目し、Aの立場の考え方（文構造）を、古代語に応用している研究も存在する。

て、日本語には次のような体系的な変化があったと思われる（本書第11章参照のこと）。

（48）

	非現実の一部（〈未来〉等）	現実の一部（〈現在〉等）
古代日本語	～ム・～ムズ	動詞基本形
中世末期日本語	～ウ・～ウズ（ル）	動詞基本形　～テイル

	非状態の一部（〈未来〉等）	状態の一部（〈現在〉等） ※〈未来〉も可
現代日本語	動詞基本形	～テイル

図　言語類型の変化を含む古代日本語から現代日本語への体系の変化

古代日本語では、各節毎に、〈非現実〉な出来事を表す際には、～ム・～ムズ等が必要であった。言語類型論でいうと、ムード優位言語（Mood-prominent language）にあたると思う（Bhat（1999）、本書の第8章を参照のこと）。

具体例で説明しよう。次の例では、～ムが使用されている。

（49）　「御迎へに来む人をば、長き爪して、眼をつかみつぶさむ。（略）」
（『竹取物語』p.69）

現代日本語では、「来る人」となるところだが、当時、〈非現実〉の事態を表す動詞基本形（「来る」のように助動詞等が何も接続していない形）の使用は、あまり一般的ではない（詳しくは、鈴木泰（1992・1999）、本書第8章等を参照のこと）。古代日本語では、〈非現実〉な事態を表す際に、～ム・～ムズ等が必要なのである（そういうタイプの言語だったのである）。

ところが、中世末期以降、「～テイルの発達」「動詞基本形の分布のシフト」「〜ウ・〜ウズ（ル）の減少」というテンス・アスペクト・モダリティ体系の変化が起こり、現代日本語では、無標形式である動詞基本形で〈未来〉等（〈非現実〉の事態）を表現できるようになる[*12]。現代日本語にも〜ウや〜ダロウ等があるが、〈非現実〉の事態を表す際に、これらの形式を義務的に使う必要はない（連体節内ではむしろ生起しにくい）。つまり、古代日本語とは異なり、各節毎に、〈非現実〉と〈現実〉を専用の形式で表し分ける必要がなくなったのである（言語類型論的には、ムード優位言語ではなくなったといえる）。

各節毎に、〈非現実〉と〈現実〉を表し分けているシステムであれば、当然、文末で一括して処理をすることは難しい。しかし、各節毎に表し分けるシステムがなくなってしまえば、文末で処理をするというシステムが台頭しやすくなる。

第9章では、丁寧表現と、いわゆる意志・推量表現の共通点として、次のことを指摘した。

(50)　現代日本語に近づくにつれ、（節毎ではなく）文末で一括して処理される傾向が強くなった。

文末で一括して処理をする傾向が強くなったということは、少なくとも一部の従属節において、従属節の従属度が上がったことを意味しているが、これは、現代日本語に近づくにつれ、「相対テンス」というシステムが台頭してくることとも一致する。第8章で述べた通り、相対テンスは、一般的に、主節時との関係で決まるものであり、絶対テンスは発話時との関係で決まるものである。よって、相対テンスというシステムの台頭は、主節の従属節に対する支配が強くなったことを示しているといえる。

ここまでをまとめると、かつては節毎に考えられていたものが、現代日本

---

*12　中世末期日本語、及びその前後の状況に関しては、安平鎬・福嶋健伸（2005）、Ogihara & Fukushima（2015）等も参照のこと。

語に近づくにつれ、節と節のまとまりが強くなり、文としてのまとまりが緊密になって、文毎に考えられるようになってきた（つまり、主節と従属節の異なりが大きくなってきた）という変化があったといえる。

既に述べてきた通り、このような変化は、表現の仕方こそ違え、これまでの研究で、しばしば言及されてきたことである。具体的には、阪倉篤義(1970)の「開いた構造（開いた表現）」、小松英雄（1997）の「連接構文」、近藤泰弘（2012）の「節連鎖」等である[*13]。矢島正浩（2013）の条件表現の変遷の議論もここに含まれるだろう。

研究者によって表現の仕方や研究対象の射程は異なるとはいえ、阪倉篤義(1970)、小松英雄（1997)、近藤泰弘（2012)、矢島正浩（2013)、及び、本書は、巨視的観点からいえば、同じ方向の流れについて言及している。

本節で今述べた流れと、8.節までに見てきた、現代日本語に近づくにつれ、「意志・推量」「丁寧さ」「疑問」「禁止」を表す形式が、文末に偏ってくる（現代日本語では、「～ウ」「～ダロウ」「～デス」「～マス」「～カ」「～ナ」の全てが文末に偏っている）という傾向は、文としてのまとまりが強くなってくるという点でリンクしている可能性があり、現段階で、これらのことを総合的に考えてみる必要があると思われるのである。

10. おわりに
―多くの現象が緩やかに関連している「ワンピースの仮説」―

本章の内容をまとめたい。本章では、モダリティの定義に、少なくとも二つの立場があることの背景を、「意志・推量」「丁寧さ」「疑問」「禁止」の観点から考察し、次の点を指摘した。

(51)　Aの立場の文構造だと、現代日本語において、「～ウ」「～ダロウ」「～デス」「～マス」「～カ」「～ナ」の全てが文末に偏っているとい

*13　また、川端春枝（1982)、田中章夫（1973）等の議論も参照のこと。

う事実を捉えやすい。一方、歴史的な日本語に目を向けると、現代日本語に比べて、各形式が文末に集中しておらず、Aの立場の文構造をイメージしにくい。このように、モダリティの定義に二つの立場があることの背景には、研究対象とする言語の特徴、引いては、日本語の文構造の変化があると考えられる。

(52)　現代日本語に近づくにつれ、「意志・推量」「丁寧さ」「疑問」「禁止」を表す形式が、文末に偏ってくる（現代日本語では、「〜ウ」「〜ダロウ」「〜デス」「〜マス」「〜カ」「〜ナ」の全てが文末に偏っている）という事実がある。また、これらの形式を、統一的な観点から捉えている研究がある（Aの立場）。さらに、(51)で述べたように、モダリティの定義に二つの立場があることの背景には、日本語の文構造の変化がある。これらのことを、まとめて捉えると、「意志・推量」「丁寧さ」「疑問」「禁止」の四つの変遷は無関係ではない可能性があるといえる。つまり、現代日本語に近づくにつれ、「意志・推量」「丁寧さ」「疑問」「禁止」を表す形式が、文末に偏ってくる（現代日本語では、「〜ウ」「〜ダロウ」「〜デス」「〜マス」「〜カ」「〜ナ」の全てが文末に偏っている）ことは、単なる偶然ではなく、「文末の特殊性」が際立ってくるという文構造の変化として、包括的に捉えることができる可能性があるのである。

これまでの研究において、「意志・推量」「丁寧さ」「疑問」「禁止」の四つの変遷は、別々に論じられることが多く、これらの変遷を関連付けて扱うことは、ほとんどなかった。しかし、この四つの変遷は、無関係ではない可能性があるといえるのである。繰り返すが、これが本章で最も主張したいことである。

なお、誤解のないように申し添えるが、本章では、「意志・推量」「丁寧さ」「疑問」「禁止」等で、個別に研究を行うことを否定しているわけではない。それぞれに、数多くの研究があり、精緻な調査（具体的な数値）に裏付けられた研究成果は、言語を記述する上で最も重要なものである[*14]。

よって、先行研究の方法に問題があるとは考えていない。本書では、(51)や(52)のように考えると、「今まで別々に研究されてきた変遷を包括的に扱うという視点も浮かび上がってくる」ということを述べたいのである。

9.節では、「意志・推量」「丁寧さ」「疑問」「禁止」の変遷に加えて、「〜テイルの発達」「動詞基本形の分布のシフト」「ムード優位が崩れるという言語類型論的な変化」「相対テンスの台頭」、さらには、阪倉篤義(1970)の「開いた構造（開いた表現）」、小松英雄(1997)の「連接構文」、近藤泰弘(2012)の「節連鎖」、矢島正浩(2013)が論じた「条件表現の変遷」も、関与している可能性を述べた。巨視的な観点から見ると、文としてのまとまりが強くなってくるという点で、互いに繋がりがあるといえる。

これらは、まさに、本書第12章で述べた「ワンピースの仮説」であり、これまで別々に扱われてきた、それぞれの変化が、実は関連している可能性を示している。

---

*14　具体的な数値をもとに記述を行っている研究として、意志表現では北﨑勇帆(2021)、丁寧表現では森勇太(2021・2023)、疑問表現では、林淳子(2021)、衣畑智秀(2014)（疑問詞疑問文も含めると衣畑智秀(2022)等）、禁止表現では、中田幸子(2014)等がある。

第3部のまとめ

「国語教育」「現代日本語のアスペクト研究」「形式と意味の関係の記述方法」「日本語学史」への関わり

1. はじめに

第3部では、第1部と第2部の成果を踏まえながら、「国語教育（古典文法教育）」「現代日本語のアスペクト研究」「形式と意味の関係の記述方法」「日本語学史」への関わりを示した。

2. 国語教育（古典文法教育）への関わり

第12章～第14章では、高等学校で実際に使用されている古典文法書の「む」「むず」に関する事項の調査等をもとに、本書の内容との関わりを示した。

本書で述べてきたように、日本語には、テンス・アスペクト・モダリティ体系の変化があり、言語の類型が変化している。このため、古代日本語と現代日本語とでは、意識のズレが生じている。そのズレを考慮せず、現代日本語の感覚を、何とかして古代日本語に当てはめようとしているので、古典文法書の内容が不可解なものになってしまっているのである。

第12章～第14章を通して見られる、古典文法教育の問題とは、一言でいえば、そういうことだろう。

不可解なものを無理に説明しようとするので、「（本当は）全員がよく分かっていないのだが、全員がよく分かっているふりをしなければならない」という状況に陥ってしまい、教員は、よく分からないまま、〈婉曲〉や〈仮定〉等を授業で説明し、生徒の方でも、その説明で、納得（するふりを）しなければならないのである。明らかに問題である。

ただ、古典文法教育において、「現代日本語の感覚を、無理に古代日本語に当てはめているような気がする」という印象は、以前からあったのだと思う。しかし、両言語にどのようなズレがあるのかが今一つはっきりしていなかったため、問題を直視しにくく、改善されないまま、同じ状況が続いてきたのだろう。

本書で述べてきた、「日本語のテンス・アスペクト・モダリティ体系の変化」と「言語類型の変化」は、古典文法教育に直結する両言語の異なりの一端を、簡潔かつストレートに指摘したものであり、この異なりを踏まえることによって、問題を直視しやすくなったのではないかと思う。

もちろん、教育内容をすぐに変更することは難しい。しかし、「教育上、すぐには解決できない問題があって、その問題の内実の一部が明らかになった」ということは、意味のあることだと考えている。

3. 現代日本語のアスペクト研究への関わり

第15章と第16章では、「格体制を変更させている〜テイル」を中心に、現代日本語のアスペクト研究への関わりを述べた。

本書では、「存在という意味も含めてアスペクト形式を把握する」という見方を取ってきたが、この見方が、中世末期日本語の記述にしか通用しないアドホックなものではなく、現代日本語の〜テイルの把握にも有用なものであることを示し得たと思う。

従来、〜テイルの研究をする場合、「動作継続」「結果継続」「進行態」「既然態」、あるいは「限界性（telicity）」という概念を中心に、分析が進められてきた。そのような分析は誤りではないものの、それだけでは、見落とすことがある。

存在型のアスペクト形式である〜テイルは、「存在」という意味も含めて記述を考えた方がよい。この「〜テイルの記述に「存在」という意味が有効」というケースは、「アスペクト形式の類型が、記述方法と関連する」という典型的な例ではないかと思う。

4. 形式と意味の関係の記述方法への関わり

第17章では、形式と意味の関係の記述方法への関わりについて述べた。第17章は、研究方法をメタ的に考えるという内容である。このようなメタ的なことは、これまでのアスペクト研究では、あまり議論されてこなかったように思う。しかし、この点に自覚的でないと多くのことを見逃すことになるだろう。

実際に、「中世末期日本語の～テイルは進行態を表す」と考えられてきた。この記述自体は誤りではないので、記述上の問題が顕在化しにくかったわけだが、しかし、一方で、「現代日本語の～テイルは進行態を表す」ともいえる。このため、「中世末期日本語の～テイル」と「現代日本語の～テイル」とで、どう違うのか、実はよく分からなかったのである。形式と意味の関係の記述のあり方に無自覚だと、両者の違いをはっきりと指摘することができない。

同様のことは、動詞基本形をはじめとする、他の形式にもいえることだろう。

5. 日本語学史への関わり

第18章では日本語学史への関わりを述べた。

モダリティの定義には、少なくとも二つの立場（本書でいうAの立場とBの立場）がある。このような日本語学史上の事実と、「意志・推量」「丁寧さ」「疑問」「禁止」を表す各形式の分布が文末に偏ってくるという日本語史上の事実の接点を考察し、本書との関わりを示した。

これまでの研究において、「意志・推量」「丁寧さ」「疑問」「禁止」の四つの変遷は、別々に論じられることが多く、これらの変遷を関連付けて扱うことは、ほとんどなかった。しかし、この四つの変遷は、無関係ではない可能性がある。本書が述べたような、「従属節の従属度が上がって、文としてのまとまりが強くなり、文末で一括して判断する傾向が強くなる」ということが、各現象の背後にある（つまり、各現象の変化は無関係ではない）可能性があるのである。

モダリティの定義に二つの立場があることは、このような日本語の変遷を反映してのことではないかというのが、本書の主張である。

6. おわりに

第3部の議論を通して、第1部や第2部で述べてきたことが、「国語教育（古典文法教育）」「現代日本語のアスペクト研究」「形式と意味の関係の記述方法」「日本語学史」に関わりをもつということを示せたと思う。

「テンス・アスペクト・モダリティ体系の変化」や「言語類型の変化」、「従属節の従属度の上昇」等の問題は、決して小さい問題ではない。このため、本書の内容は、多くのことと関わりをもっているのである。

終章

終章

1. 本書の目的の確認

序章で示した、本書の目的は、次の通りである。

(01)　**本書の目的**：中世末期日本語のテンス・アスペクト・モダリティ体系を記述する。さらに、その体系をもとに、日本語の変遷を示す。

詳細は各章や各部のまとめを見て頂くことにして、終章では、ポイントとなる部分のみを簡単に見ていこう。

2. 中世末期日本語のテンス・アスペクト・モダリティ体系

本書で明らかにした、中世末期日本語のテンス・アスペクト・モダリティ体系を以下に示す（厳密には、〈未来（以後）〉等とするべきだが、「(以後)」等は省く）。

(02)　**中世末期日本語のテンス・アスペクト・モダリティ体系**

	非現実の一部	現実の一部	
	未来	現在	過去
中世末期日本語	～ウ・～ウズ（ル）	スル　～テイル	～タ

以下、当該の体系を端的に示す例文を挙げる。

中世末期日本語の～テイルは、現代日本語の～テイルと比べて、存在動詞

「イル」の意味が、まだ強く残っている。このため、既然態や進行態の中でも、(03) や (04) のような、存在文に近い例に分布が偏っている。

(03)　西もんに立ている　(『狂言台本虎明本』中 p.424)

(04)　よびにやつて参るあひだまつていまらした
(『狂言台本虎明本』上 p.320)

次の例のように、～タが、既然態を表している例もある。ただし、当時の～タが既然態を表している場合は、存在文的な意味から遠い例に分布が偏っている。

(05)　あのみゝのきつとしたは、其まゝ女共が耳ににた、又あの目のくるりとしたもにたよ ［自分の妻の顔と似ている鬼瓦を見ながらの発話］　(『狂言台本虎明本』上 p.179)

(06)　それ左の手があいたは［大名が、昆布売の左手があいていると指摘する場面］　(『狂言台本虎明本』上 p.285)

動的な進行態の解釈が期待される場面（次の例では、「折っている」という解釈が期待される）では、動詞基本形が出現している。

(07)　されはこそ竹の子をおるよな、　(『狂言台本虎明本』下 p.84)

この (07) の例から分かるように、中世末期日本語の動詞基本形は、現代日本語の動詞基本形に比べて、〈現在〉に偏っている。また、この時代の〈未来〉の領域には、～ウ・～ウズ（ル）が広く分布している。

～ウ・～ウズ（ル）は、厳密には、〈非現実〉を表す形式である。中世末期日本語では、～ウ・～ウズ（ル）が〈非現実〉の領域に広く分布しており、～テイル、動詞基本形、～タで、〈現実〉領域内の表し分けを行っている。～テイル、動詞基本形、～タという形式が用いられている点では、現代日本語と同じであるが、これらの形式が、〈現実〉領域内の表し分けを行っているという点では、現代日本語のシステムとは根本的に異なっている。

3. 古代日本語から現代日本語までのテンス・アスペクト・モダリティ体系の変遷を見通す

中世末期日本語の体系を踏まえた上で、日本語のテンス・アスペクト・モダリティ体系の変遷を示すと、次のようになるだろう。

(08)　**日本語のテンス・アスペクト・モダリティ体系の変遷**

	非現実の一部	現実の一部	
	未来	現在	過去
古代日本語	～ム・～ムズ	ス　～タリ	～ケリ　～キ
中世末期日本語	～ウ・～ウズ（ル）	スル　～テイル	～タ
現代日本語	スル	～テイル	～タ

(08) を踏まえ、現代日本語までの変遷をまとめると、次のようになる。

(09)　①～テイルが状態化形式として発達し、「～テイルの有無によって、〈状態（継続的）〉と〈非状態（完成的）〉の対立が表現される」というシステムが確立する。【現代日本語のアスペクト体系の確立】

②上記の①により、～テイルが〈現在〉の領域をカバーするようになると、～タが〈過去〉のみを表す形式となる。「～タの有無によって、〈過去〉と〈非過去〉の対立が表現される」というシステムが確立する。また、「～タが〈過去〉、～テイルが〈現在〉、動詞基本形が〈未来〉」というシステムも確立する。【現代日本語

のテンス体系の確立】

③上記の①により、〜テイルが〈現在〉の領域をカバーするようになると、動詞基本形が〈非状態〉の意味を担い、〈未来〉の領域（〈非現実〉の領域）に分布するようになる。無標の形式である動詞基本形が、〈非現実〉の領域を表すようになると、「〜ウ・〜ウズ（ル）の有無によって、〈非現実〉と〈現実〉の対立が表現される」というシステムが崩壊する。崩壊したシステムにかわって、〜ダロウ等の特定の意味を表すモダリティ形式が台頭してくる。【古代日本語から続いていたムード体系の崩壊と、新しいモダリティ体系の台頭】

（09）の①②③は切り離すことができない変化であり、〜テイル、〜タ、動詞基本形、〜ウ・〜ウズ（ル）、〜ダロウ等に見られる変化は、大局的にみれば、体系的なものである。一言でいえば、これが、日本語のテンス・アスペクト・モダリティ体系の変遷といえる。古代日本語から現代日本語までの体系の変遷は、このように見通せる。

なお、「（09）の①が原因で、②③が結果である」等の因果関係を主張しているわけではない。「（09）の①②③が体系の変遷として見通せる」ということを述べたいのである。

本書のような視点を持つことで、「〜テイルの変遷」や「〜タの変遷」というような、各形式（各要素）の変遷というレベルではなく、「体系の変遷」として見通すことが可能となった。「テンス・アスペクト・モダリティ体系の変遷」という研究が可能になったわけである。本書は、その変遷の基本的な部分の一部を示したものといえるだろう。

また、（09）の変化に伴い、次のことも指摘した。

（10）　言語類型の変化：古代日本語は、ムード優位言語（Mood-prominent language）であったが、「〜テイルの発達」「動詞基本形の〈非現実〉の領域への分布のシフト」「〜ウ・〜ウズ（ル）の減少」という体系的な変化がおき、現代日本語は、ムード優位言語ではなくなった。

(11) 従属節の従属度の上昇：現代日本語に近づくにつれ、一部の従属節の従属度が上昇したと考えられる。

この（10）と（11）は、「現代日本語においては、意志・推量を表す形式が、従属節内に出現しにくい」という問題の回答となるものである。(12) a. と（12）b. に分けて、回答を示す。

(12) a. 意志・推量を表す形式が、出現できる環境であるにもかかわらず、実際には、なかなか出現しないという問題
→ムード優位言語ではなくなり、各節ごとに〈現実〉と〈非現実〉を表し分けることがなくなった。また、unmarkedな形式で〈非現実〉を表すことができるようになったので、いわゆる意志・推量形式を用いる必要性が激減した。
b. 意志・推量を表す形式が、出現しにくい環境があるという問題
→上記（12）a. の回答に見られる変化に伴い、一部の従属節の従属度が上がった。

さらに、意志・推量形式の分布だけではなく、丁寧語の分布からも、「現代日本語に近づくにつれ、一部の従属節の従属度が上昇した」という見解が支持されることを述べた。解釈される現象（従属節内において、意志・推量形式が減少すること）とは、別の現象から根拠を示したという点で、意味のあることだと考えている。

4. 様々な現象がリンクしている

本書の見解は、古代日本語から現代日本語への変化として、以下の諸現象をリンクさせて考えるものであり、この発想は、これまでの研究にはなかっ

たものである。

(13)　a．状態化形式としての〜テイルの発達
b．〈過去〉を表す形式である〜タの確立
c．〈現実〉の領域に分布していた動詞基本形が、〈非現実〉の領域へと分布を移行すること（動詞基本形が〈非状態〉の意味を担うようになること）
d．「〜タ」「〜テイル」「動詞基本形」で、それぞれ、〈過去〉〈現在〉〈未来〉を表し分けるようになること
e．（〜ム・〜ムズの後継形式である）〜ウ・〜ウズ（ル）の減少
f．「ムード優位言語の特徴を失う」という言語類型論的な変化
g．〜ダロウ等の新しいモダリティ形式の台頭
h．意志・推量を表す形式が、従属節中に出現しにくくなるという変化（文末に偏ってくるという変化）
i．「従属節の従属度が上がった」という従属節の変化
j．「候ふ」と「です・ます」に見られる丁寧語の変化
k．「相対テンス」の台頭というテンスシステムの変化

さらには、「疑問」や「禁止」を担う形式が、文末に偏ってくるという現象ともリンクしてくる可能性があることも述べた。

5. 記述上の11の疑問に対する本書の回答

では、序章で示した、11の記述上の疑問に対する本書なりの回答を示していこう。分かりやすいように、序章と対応させた形で示す。

Ⅰ　中世末期日本語の各形式の違いが明らかになった

疑問①：中世末期日本語の〜タと〜テイルは、いずれも、既然態を表していることが知られている。では、〜タが既然態を表している場合

と、～テイルが既然態を表している場合とで、違いはないのか。違いがあるとすれば、どのように違うのか。そして、その違いの背景には、どのようなことがあるのか。【中世末期日本語で、既然態を表している～タと～テイルの違いが分からない】

回答：両者には違いがある。中世末期日本語の文末で～タが既然態を表している場合は、存在文的な意味から遠いものに偏っている。一方、～テイルが既然態を表している場合は、存在文的な意味に近いものに偏っている。このような違いは、「当時の～テイルは、存在動詞「イル」の意味が比較的強かった」ことにより生じている。

疑問②：中世末期日本語の～タと～テアルは、いずれも、既然態を表していることが知られている。では、～タが既然態を表している場合と、～テアルが既然態を表している場合とで、（主格名詞の有生／無生の制約以外に）違いはないのか。違いがあるとすれば、どのように違うのか。そして、その違いの背景には、どのようなことがあるのか。【中世末期日本語で、既然態を表している～タと～テアルの違いが分からない】

回答：両者には違いがある。中世末期日本語の文末で～タが既然態を表している場合は、存在文的な意味から遠いものに偏っている。また、～タには文体的な制約がない。一方、～テアルが既然態を表している場合は、存在文的な意味に近いものに偏っている、あるいは、文体的な制約がある。このような違いは、「当時の～テアルは、存在動詞「アル」の意味が比較的強かった」ことと、「次の時代には消滅してしまう、古い表現の～テアルが一部に存在する」ことにより、生じている。

疑問③：中世末期日本語の動詞基本形（スルの形）は、どのように分布しており、当時の～テイルや～テアル、～タの分布と、どのような関係であったのか。また、当時の無標形式と有標形式の分布は、日本語の歴史の中で、どのように考えられるのか。そして、当時の無標形式と有標形式の分布の背景には、どのようなことがあるのか。【中世末期日本語の動詞基本形と、～テイル、～テアル、～タの分布の関係が分からない】

回答：中世末期日本語の動詞基本形は、〈現在〉（あるいは〈現実〉）の領域に広く分布しており、動的な進行態の解釈が期待される場面では、動詞基本形が出現している。当時の～テイルは、存在文的な意味に偏って分布しており、動的な進行態の場面ではあまり見られない。当時の～テアルも存在文的な意味に偏っている。また、存在文的な意味から遠い～テアルには、文語的という文体的な制約がある。～タは、既然態の中でも、存在文的な意味から遠い状態に偏って分布している。

テンスの区分でいえば、〈現在〉の領域に、動詞基本形、～テイル、～テアル、～タが混在しているわけである。このため、「動詞基本形、～テイル、～テアル、～タ」という形式自体は、現代日本語と同様であるが、「動詞基本形が〈現実〉の領域に分布しており、その動詞基本形に、テンスやアスペクトに関する形式が接続することで、〈現実〉領域内の表現を区別している」という点では、むしろ、古代日本語の体系に近い。

～テイルが、存在文的な意味から発達している途中であり、〈現在〉の領域を全てカバーできていないため、無標形式と有標形式の分布がこのようになっている。

疑問④：中世末期日本語において、既然態を表している～タの主格名詞と、～テイルの主格名詞に、制約の異なりはないのか。もし、異なりがあるとすれば、どのように異なっているのか。そして、その異なりの背景には、どのようなことがあるのか。【中世末期日本語の既然態を表している〜タと当時の〜テイルに関して、主格名詞の制約に異なりがあるのか分からない】

回答：両者に異なりはある。中世末期日本語の既然態を表している〜タの主格名詞は、有生物でも無生物でもよい。一方、当時の〜テイルの主格名詞は、有生物に限られる。このような違いは、「当時の〜テイルは、存在動詞「イル」の意味が比較的強かった」ことにより生じている。

疑問⑤：中世末期日本語の動詞基本形の分布は、当時の〜ウや〜ウズ（ル）の分布と、異なりがあるのか。異なりがあるとすれば、どのように異なっているのか。そして、その異なりの背景には、どのようなことがあるのか。また、当時の動詞基本形と〜ウや〜ウズ（ル）は、どのような関係であったのか。【中世末期日本語の動詞基本形と、〜ウ・〜ウズ（ル）の分布の異なりが分からない】

回答：両者は、〈現実〉〈非現実〉で対立する関係である。中世末期日本語の動詞基本形は、〈現実〉（〈現在〉等）の領域に広く分布している。一方で、当時の〜ウ・〜ウズ（ル）は、〈非現実〉（〈未来〉等）の領域に広く分布している。当時の〜テイル（と〜テアル）は、〈現在〉の領域を全てカバーできていないため、まだ、動詞基本形が〈現在〉の領域（つまり〈現実〉の領域）に分布している。このため、当時の動詞基本形は、現代日本語の動詞基本形とは異なり、まだ、〈非現実〉の領域にはあまり分布していない。

Ⅱ　古代日本語と中世末期日本語の類似する形式について、それらがどのように違うのかが明らかになった

疑問⑥：古代日本語の～タリも、既然態を表していることが知られている。では、古代日本語の～タリが既然態を表している場合と、中世末期日本語の～タが既然態を表している場合とで、違いはないのか。違いがあるとすれば、どのように違うのか。そして、その違いの背景には、どのようなことがあるのか。【古代日本語の既然態を表している～タリと、中世末期日本語の既然態を表している～タの違いが分からない】

回答：古代日本語の既然態を表している～タリは、存在文的な意味に近い状態も、存在文的な意味から遠い状態も、ともに表している。一方、中世末期日本語の文末で既然態を表している～タは、存在文的な意味から遠い状態に偏って分布している。中世末期日本語の～タは、存在動詞の意味が比較的強く残っている～テイルと体系を形成しているため、存在文的な意味から遠い状態に偏って分布しているのである。

疑問⑦：古代日本語にも、動詞基本形があったことが知られている。では、古代日本語の動詞基本形と、中世末期日本語の動詞基本形とで、分布に異なりはないのか。異なりがあるとすれば、どのように異なっているのか。そして、その異なりの背景には、どのようなことがあるのか。【古代日本語の動詞基本形と、中世末期日本語の動詞基本形の分布の異なりが分からない】

回答：両者とも、テンスの区分でいうと〈現在〉、モダリティの観点からいえば、〈現実〉の領域に広く分布しているという点は共通している。しかし、中世末期日本語の動詞基本形は、〈未来〉（ある

いは〈非現実〉）の領域にも若干、分布しており、この点、古代日本語の動詞基本形と異なっている。このような分布の異なりは、～テイルの台頭に起因していると思われる。中世末期日本語では、発達が十分ではないとはいえ、～テイルという形式が〈現在〉に分布しはじめており、動詞基本形の分布にも変化が見られるのである。

Ⅲ　現代日本語と中世末期日本語の類似する形式について、それらがどのように違うのかが明らかになった

疑問⑧：現代日本語の～テイルも、進行態と既然態を表すことが知られている。では、現代日本語の～テイルが表している進行態や既然態と、中世末期日本語の～テイルが表している進行態や既然態とで、（主格名詞の有生／無生の制約以外に）違いはないのか。違いがあるとすれば、どのように違うのか。そして、その違いの背景には、どのようなことがあるのか。【現代日本語の～テイルが表している進行態や既然態と、中世末期日本語の～テイルが表している進行態や既然態との違いが分からない】

回答：現代日本語の～テイルは、基本的に全ての運動動詞の進行態や既然態を表すことができる。一方、中世末期日本語の～テイルが表しているのは、進行態や既然態の一部であり、存在文的な意味に偏っている。この点に、現代日本語の～テイルとの違いがある。中世末期日本語の～テイルは、存在動詞「イル」の意味が比較的強いため、このような違いが生じている。

疑問⑨：上記⑧の疑問と関連して、現代日本語の～テイルが表している進行態や既然態と、中世末期日本語の～テアルが表している進行態や既然態とで、違いはないのか。違いがあるとすれば、どのように違うのか。そして、その違いの背景には、どのようなことがあ

るのか。【現代日本語の～テイルが表している進行態や既然態と、中世末期日本語の～テアルが表している進行態や既然態との違いが分からない】

回答：現代日本語の～テイルは、基本的に全ての運動動詞の進行態や既然態を表すことができる。一方、中世末期日本語の～テアルが表しているのは、進行態や既然態の一部であり、存在文的な意味に偏っている。さらに、存在文的な意味から遠いと思われる～テアルには、文体的な制約がある。大局的にみれば、中世末期日本語の～テアルは、存在文的な意味が強いものと、次の時代には消滅する（存在文的意味から遠い）ものとが混在している。このため、当時の～テアルには、いずれにせよ、分布の制約があるといえる。

疑問⑩：現代日本語にも、動詞基本形が存在する。では、現代日本語の動詞基本形と、中世末期日本語の動詞基本形とで、分布に異なりはないのか。異なりがあるとすれば、どのように異なるのか。そして、その異なりの背景には、どのようなことがあるのか。【現代日本語の動詞基本形と、中世末期日本語の動詞基本形の分布の異なりが分からない】

回答：現代日本語の動詞基本形は、基本的に、〈未来〉の領域（〈非現実〉の領域）に分布しているが、中世末期日本語の動詞基本形は、その大半が、〈現在〉の領域（〈現実〉の領域）に分布している。この点、両者は大きく異なっている。ただし、中世末期日本語の動詞基本形は、〈未来〉の領域（〈非現実〉の領域）にも若干、分布してきている。この点は、現代日本語のような分布になる萌芽といえる。中世末期日本語と現代日本語の動詞基本形の分布の違いは、中世末期日本語の～テイルは発達が未熟であり、現代日本語の〜テイルは十分に発達していることに起因している。

疑問⑪：中世末期日本語にも、無標形式である動詞基本形と、有標形式である〜テイルが存在している。現代日本語では、動詞基本形と〜テイルとが、〈非状態（完成的）〉〈状態（継続的）〉の対立を成し、体系を形成しているが、中世末期日本語ではどうなのか。【動詞基本形と〜テイルの関係が、現代日本語と同じかどうか分からない】

回答：動詞基本形と〜テイルの関係は、現代日本語とは異なる。中世末期日本語では、動詞基本形も、〜テイルも存在しているが、〈非状態（完成的）〉〈状態（継続的）〉という対立は形成していない。このようなことは、使用されている形式だけではなく、形式間の関係という、目に見えないものに注意を向けないと分からないことである。

如何だろうか。各形式ごとに特別な記述概念を用意するのではなく、一つの観点から統一的に、①〜⑪までの記述上の問題に回答できていると思う。要は、存在文的な意味から〜テイルが発達したということであり、「中世末期日本語の〜テイルは、存在動詞「イル」の意味が比較的強かった」という点が重要なのである。

さらに、「なぜ、中世末期日本語において、このような分布になっているのか」ということにも答えられると思う。「中世末期日本語は、〜テイルが使用され始めて間もないので、現代日本語と比べると、存在動詞「イル」の意味が強く残っており、状態化形式としての発達が未熟だった」という答えは、日本語の歴史的な流れの中で、自然なものだろう。一言で答えれば、「中世末期日本語は、〜テイルができて間もない時期だから（このような分布になっている）」ということである。

加えて、どうしてこのような回答ができるのかという根拠も明確である。

中世末期日本語の～テイルに、存在動詞「イル」の意味が、比較的強く残っていることの根拠として、「主格名詞の制限がある（存在動詞「イル」と同様、有生物に制限される）」「～テルという形式がない」「動作パーフェクトと解釈できる例がない」ということが、挙げられるからである。

～テアルに関しても、ほぼ同様のことがいえるだろう。～テイルと異なるのは、中世末期日本語の～テアルには、存在文的な意味が強いものの他に、次の時代には消滅する（存在文的な意味から遠い）ものがあるということである。

6. 本書の目的は達成できたといえる

これまでよく分からなかった、中世末期日本語の各形式の分布を明らかにすることで、中世末期日本語のテンス・アスペクト・モダリティ体系を記述することができた。古代日本語や現代日本語の各形式との異なりもはっきりしたことと思う。

中世末期日本語は、時期的に、古代日本語と現代日本語のほぼ中間に位置する言語である。本書で記述した、中世末期日本語のテンス・アスペクト・モダリティ体系は、古代日本語の体系と現代日本語の体系のほぼ中間的な姿をしている。「時期的に、古代日本語と現代日本語のほぼ中間に位置する言語を調べてみたら、ほぼ中間的な体系であった」ということである。これは、日本語の歴史の中で自然な記述だと思われる。ただ、もしかすると、当たり前の結論ではないかという意見もあるかもしれない。しかし、それは、結論が示された後だからいえることである。結論が示される前は、前節の①～⑪の記述上の疑問に答えられなかったことを思い出して頂きたい。どのような体系なのかは、調査してみないと分からないのである。

中世末期日本語のテンス・アスペクト・モダリティ体系が記述できたことで、日本語のテンス・アスペクト・モダリティ体系の変遷も見通せるようになった。「～テイルの発達」と「～ウ・～ウズ（ル）の減少」を関連させて捉えるという発想により、「どのようにして古代日本語の体系から、現代日本語の体系になったのか」ということの基本的な部分の一部を、示すことができるようになったと思う。

1000年以上にわたる日本語の変遷のポイントを、一言で簡単に述べれば、「走る／走っている」のような「非状態（完成的）／状態（継続的）」という対立が確立すれば、「走る／走らむ」系統の「現実／非現実」の対立は崩れざるをえないということである。古代日本語から続く～ムの影響力は、このようにして、なくなっていったのである。

残された課題は多いものの、これにて本書の目的は、一応は、達成できたと考えたい。

参考文献

青木三郎（2000）「〈ところ〉の文法化」青木三郎・竹沢幸一（編）『空間表現と文法』pp.77-103. くろしお出版.

青木博史（2010）『語形成から見た日本語文法史』ひつじ書房.

青木博史（2016）『日本語歴史統語論序説』ひつじ書房.

青木博史（2019）「補助動詞の文法化―「一方向性」をめぐって―」日本語文法学会『日本語文法』19-2, pp.18-34.

青木博史（2020）「第Ⅲ部 日本語における丁寧語の歴史」『文法化・語彙化・構文化』pp.211-288. 開拓社.

青木伶子（1956）「「へ」と「に」の消長」国語学会『国語学』24, pp.107-120.

赤羽根義章（1987）「格助詞「に」と「で」について―文法指導の視点から―」『日本語学』6-5, pp.82-94. 明治書院.

赤峯裕子（1989）「「まだ～ない」から「まだ～ていない」へ」『奥村三雄教授退官記念 国語学論叢』pp.745-764. 桜楓社.

浅川哲也（2016）「『源氏物語』における語り手の敬語不使用について―〈語り〉の構造から「敬語の文学的考察」を再検討する―」國學院大學 国語研究会『国語研究』79, pp.12-30.

浅野百合子（1975）「「うちに」「あいだに」「まに」をめぐって」日本語教育学会『日本語教育』27, pp.53-62.

安達隆一（1972）「天草版平家物語の「ウ・ウズ・ウズル」について―いわゆる原拠本との比較を通してみた―（1）（2）」解釈学会『解釈』18-2, pp.21-26.『解釈』18-9, pp.37-43.

安達隆一（1985）「「天草版平家物語」の表現―助詞「に」「へ」の用法―」神戸市外国語大学研究会『神戸外大論叢』36-5, pp.23-37.

阿部軍治（1980）「古代スラブ語・ロシア語の未来時制」筑波大学 現代語・現代文化学系『言語文化論集』8, pp.59-74.

安部清哉（2009）「意味から見た語彙史―“パーツ化”“名詞優位化”」『シリーズ日本語史 2 語彙史』pp.73-104. 岩波書店 .

天野みどり（1997）「「～ほどに」と「～うちに」―中世語の時間従属節―」新潟大学 人文学部 国語国文学会『国語国文学会誌』39, pp.26-33.

安平鎬（1996）「自動詞文における格の代換について―「発生」と「移動変化」をめぐって、「あふれる」を中心に―」筑波大学 国語国文学会『日本語と日本文学』23, pp.13-22.

安平鎬（2000）「結果相を表す表現と空間表現との共起関係―日韓対照を中心に―」青木三郎・竹沢幸一（編）『空間表現と文法』pp.215-247. くろしお出版 .

安平鎬（2001）「韓国語の「タ」―「hayss-ta（했다）をめぐって」―」つくば言語文化フォーラム（編）『「た」の言語学』pp.207-250. ひつじ書房 .

安平鎬・福嶋健伸（2001）「中世末期日本語と現代韓国語のアスペクト体系―アスペクト形式の分布の偏りについて―」筑波大学『「東西言語文化の類型論」特別プロジェクト研究成果報告書平成 12 年度Ⅳ PART Ⅰ』pp.407-436.

安平鎬・福嶋健伸（2005）「中世末期日本語と現代韓国語のテンス・アスペクト体系―存在型アスペクト形式の文法化の度合い―」日本語学会『日本語の研究』1-3, pp.139-154.

李淑姫（1998）「大蔵虎明本狂言集の原因・理由を表す接続形式について―その体系化のために―」筑波大学大学院 文芸・言語研究科 日本語学研究室『筑波日本語研究』3, pp.43-59.

李淑姫（2000）「キリシタン資料における原因・理由を表す接続形式― ホドニ・ニヨッテ・トコロデを中心に―」筑波大学大学院 文芸・言語研究科 日本語学研究室『筑波日本語研究』5, pp.92-104.

李淑姫（2001）「文の焦点から見たホドニとニヨッテ―大蔵虎明本狂言集を中心に―」筑波大学大学院 文芸・言語研究科 日本語学研究室『筑波日本語研究』6, pp.117-138.

李忠均（2009）「『天草版平家物語』における「シテ＋存在詞」形式の意味」東京大学 国語国文学会『国語と国文学』86-11, pp.95-107.

李忠均（2012）「中世日本語のテンス・アスペクト研究に関する考察」東京大学大学院 人文社会系研究科 国語研究室『日本語学論集』8, pp.18-29.

庵功雄（2017）『一歩進んだ日本語文法の教え方 1』くろしお出版 .

庵功雄（2019）「テンス・アスペクトの教育」庵功雄・田川拓海（編）『日本語のテンス・アスペクト研究を問い直す 第 1 巻』pp.187-222. ひつじ書房 .

庵功雄（2021）「現代日本語のムードを表す形式についての一考察」庵功雄・田川拓海（編）『日本語のテンス・アスペクト研究を問い直す 第 2 巻―「した」「している」の世界―』pp.267-284. ひつじ書房 .

五十嵐海理（2016）「陳述論の系譜とモダリティ」角岡賢一（編）『機能文法による日本語モダリティ研究』pp.67-111. くろしお出版 .

生野浄子（1961）「「ため」「ゆゑ」の意味変化に就いて」学習院大学 国語国文学会『国語国文学会誌』5, pp.1-11.

池上岑夫（訳）（1993）『ロドリゲス日本語小文典 （上）（下）』岩波書店 .

池田英喜（1998）「「シテイル」vs'PERFECTIVE' 'IMPERFECTIVE'―非形態的アスペクト論に向けての試論―」大阪大学『現代日本語研究』5, pp.79-90.

池田廣司（1967）『古狂言台本の発達に関しての書誌的研究』風間書房 .

池田（大坪）併治（1935）「禁止表現法史」京都大学 文学部 国語学国文学研究室『国語国文』5-10, pp.1-53.

石垣謙二（1955）『助詞の歴史的研究』岩波書店 .

石田尊（2011）「テイル構文の項構造と解釈の関係について」八洲学園大学 生涯学習学部『八洲学園大学紀要』7, pp.25-38.

井島正博（1991）「従属節におけるテンスとアスペクト」東洋大学 言語文化研究会『東洋大学日本語研究』4, pp.13-57.

井島正博（1996）「相対名詞または格助詞による時の副詞節」『山口明穂教授還暦記念国語学論集』pp.195-224. 明治書院 .

井島正博（2011）『中古語過去・完了表現の研究』ひつじ書房.
井島正博（2014a）「上代・中古語の推量表現の表現原理」益岡隆志他（編）『日本語複文構文の研究』pp.249-297. ひつじ書房.
井島正博（2014b）「動詞基本形をめぐる問題」日本語文法学会『日本語文法』14-2, pp.34-49.
井島正博（2016）「上代・中古語推量助動詞の連体・準体用法」東京大学 国語国文学会『国語と国文学』93-5, pp.3-16.
井島正博（2018）「他言語から見た上代・中古語の推量表現」沖森卓也（編）『歴史言語学の射程』pp.133-149. 三省堂.
井島正博（2019）「複文のテンス」東京大学大学院 人文社会系研究科国語研究室『日本語学論集』15, pp.1-11.
井島正博（2021）「同一名詞連体節のテンス」東京大学大学院 人文社会系研究科国語研究室『日本語学論集』17, pp.1-12.
井島正博（2022）「順接確定条件文のテンス」東京大学 国語国文学会『国語と国文学』99-5, pp.85-97.
出雲朝子（1987）「キリシタン物の文法」『国文法講座 5』pp.273-299. 明治書院.
一戸克夫（2001）「結果構文テアルにおけるアルの存在動詞としての性質について」『意味と形のインターフェイス　中右実教授還暦記念論文集 上巻』pp.41-52. くろしお出版.
井筒勝信（1999）「アスペクト表現の意味と機能」葛西清蔵（編著）『英語学と現代の言語理論』pp.100-111. 北海道大学図書刊行会.
井手至（1969）「つ」「ぬ」『月刊 文法』5 月号, pp.33-36.
伊藤英人（1989）「現代朝鮮語動詞の非過去テンス形式の用法について」朝鮮学会『朝鮮学報』131, pp.1-44.
伊藤英人（1990）「現代朝鮮語動詞の過去テンス形式の用法について（1）―었다形について―」朝鮮学会『朝鮮学報』137, pp.1-53.
稲村すみ代（1995）「再帰構文について」東京外国語大学 日本語学科『日本語学科年報』16, pp.55-80.

井上章（1968）『天草版伊曽保物語の研究』風間書房．

井上和子（1976）『変形文法と日本語（上）』大修館書店．

井上和子（1977）『変形文法と日本語（下）』大修館書店．

井上文子（1992）「「アル」・「イル」・「オル」によるアスペクト表現の変遷」国語学会『国語学』171, pp.20-29.

井上文子（1998）『日本語方言アスペクトの動態―存在型表現形式に焦点をあてて―』秋山書店．

井上優（2001a）「日本語研究と対照研究」日本語文法学会『日本語文法』1-1, pp.53-69.

井上優（2001b）「現代日本語の「タ」―主文末の「…タ」の意味について―」つくば言語文化フォーラム（編）『「た」の言語学』pp.97-163. ひつじ書房．

井上優（2002）『日本語文法のしくみ』研究社．

井上優（2009）「「動作」と「変化」をめぐって」東京大学 国語国文学会『国語と国文学』86-11, pp.132-142.

井上優（2021）「話し手の気持ちとアスペクト形式の選択―日本語と中国語の場合―」益岡隆志（監修）『［研究プロジェクト］時間と言語―文法研究の新たな可能性を求めて―』pp.291-316. ひつじ書房．

今泉忠義（1930）「助動詞「き」の活用形「し」の考」國學院大學『國學院雑誌』36-10, pp.44-48.

今泉忠義（1932）「助動詞「き」の連体形」『金澤博士還暦記念 東洋語学の研究』pp.91-100. 三省堂．

井本亮（2001）「位置変化動詞の意味について―副詞句の解釈との対応関係と語彙概念構造―」日本語文法学会『日本語文法』1-1, pp.177-197.

岩崎卓（1994）「ノデ節，カラ節のテンスについて」国語学会『国語学』179, pp.1-12.

岩崎卓（2000）「日本語における文法カテゴリーとしてのテンスとは何か」『日本語学 4 月臨時増刊号』19-5, pp.28-38. 明治書院．

岩野靖則（1987）「前後を表わす語の意味関係について」大谷女子大学『大

谷女子大学紀要』22-1, pp.1-12.
岩本遠億（2001）「進行相とニ格後置語句の認可について—概念意味論による接近法—」神田外国語大学『平成 12 年度 COE 形成基礎研究費 研究成果報告書（5）』pp.33-60.
岩本遠億（2008）『事象アスペクト論』開拓社 .
上野左絵（2006）「明和・安永期洒落本におけるタとテイル—アスペクトを中心に—」国語学研究と資料の会『国語学　研究と資料』29, pp.1-12.
上野左絵（2007）「近世後期江戸語資料における動詞「似る」」早稲田大学日本語学会『早稲田日本語研究』16, pp.25-36.
内田賢徳（1999）「存在詞アリの意味と述語性」『森重先生喜寿記念 ことばとことのは』pp.27-49, 和泉書院 .
内堀朝子（2007）「モダリティ要素による認可の（非）不透明領域—「こと」「よう（に（と））」が導く命令・祈願表現をめぐって—」長谷川信子（編）『日本語の主文現象—統語構造とモダリティ—』pp.295-330, ひつじ書房 .
梅津拓也（2016）「いわゆる「格体制の変化」をめぐる問題」熊本県立大学日本語日本文学会『国文研究』61, pp.128-144.
江口巧（2019）「位置変化を内在する状態変化表現 —単一経路の制約をめぐって—」九州大学大学院 言語文化研究院 英語科『英語英文学論叢』69, pp.1-22.
江口正（2014）「主節の名詞句と関係づけられる従属節のタイプ」益岡隆志他（編）『日本語複文構文の研究』pp.143-167. ひつじ書房 .
江口正弘（1987）「天草版平家物語の助動詞（1）」熊本女子大学『熊本女子大学学術紀要』39, pp.140-152.
江口正弘（1988）「天草版平家物語の助動詞（2）」熊本女子大学『熊本女子大学学術紀要』40, pp.176-196.
江口泰生（1990）「上接語・出現位置からみた「たり」の用法」九州大学 筑紫国語学談話会『筑紫語学研究』1, pp.37-56.
遠藤嘉基（1962）『新講和泉式部物語』塙書房 .

大木一夫（1992）「『太平記』における「テ候」の用法―時にかかわる面を中心に―」東北大学「国語学研究」刊行会『国語学研究』31, pp.25-37.

大木一夫（2009）「古代日本語動詞基本形の時間的意味」東京大学 国語国文学会『国語と国文学』86-11, pp.21-31.

大木一夫（2017）『文論序説』ひつじ書房 .

大木一夫（2022）「テ形補助動詞成立史概略，拾遺」青木博史他（編）『コーパスによる日本語史研究　中古・中世編』pp.65-87. ひつじ書房 .

大久保一男（1991）「「御」の使用と用言性敬語の不使用―源氏物語の場合―」國學院大學『國學院雑誌』92-6, pp.32-41.

大倉浩（1991）「『狂言記外篇』の「まらする」」京都大学 文学部 国語学国文学研究室『国語国文』60-7, pp.39-52.

大倉浩（1993）「和泉家古本にみる狂言用語の整理・統一 ―「おりゃる」と「まらする」―」『小松英雄博士退官記念　日本語学論集』pp.53-67. 三省堂 .

大鹿薫久（1982）「未完了・完了・未来・過去―終止法の述語における―」天理大学 国語国文学会『山辺道』26, pp87-102.

大鹿薫久（1999）「叙法小考」関西学院大学日本文学会『日本文芸研究』50-4, pp.35-45.

大鹿薫久（2004）「第 8 章 モダリティを文法史的に見る」『朝倉日本語講座 6 文法Ⅱ』pp.193-214. 朝倉書店 .

大島中正（1993）「動詞述語文における場所名詞のニ格とデ格」同志社女子大学『同志社女子大学学術研究年報』44-4, pp.28-50.

大島留美子（1990）「噺本に見られる条件表現の様相（上）―仮定条件・偶然条件―」専修大学 国語国文学会『専修国文』47, pp.93-123.

大島留美子（1991a）「噺本に見られる条件表現の様相（中）―必然条件・偶然必然不定・恒常条件―」専修大学 国語国文学会『専修国文』48, pp.77-102.

大島留美子（1991b）「噺本に見られる条件表現の様相（下）―主要な表現形式について―」専修大学 国語国文学会『専修国文』49, pp.75-95.

大塚高信（訳）(1934)『コイヤード 日本語文典』坂口書店.
大塚光信（1956)「ウズとウズル」京都大学 文学部 国語学国文学研究室『国語国文』25-9, pp.15-26.
大塚光信（1966)「抄物とその助動詞三つ」京都大学 文学部 国語学国文学研究室『国語国文』35-5, pp.78-90.
大野晋（1977)「主格助詞ガの成立（上）（下)」『文学』45-6, pp.653-666.『文学』45-7, pp.876-891. 岩波書店.
岡智之（1999)「存在構文に基づくテイル（テアル）構文—認知言語学的アプローチによる文法構文の研究—」大阪外国語大学 言語社会学会『EX ORIENTE』1, pp.113-131.
岡智之（2000)「存在型アスペクトとしての朝鮮語고/어 있다 {ko/eo issta} 構文—認知類型論と日朝対照の観点から—」大阪外国語大学 言語社会学会『EX ORIENTE』3, pp.159-184.
岡智之（2002)「存在構文に基づく日本語諸構文のネットワーク—日本語文法論への存在論的アプローチ」『認知言語学論考 2』pp.111-156. ひつじ書房.
岡智之（2013)『場所の言語学』ひつじ書房.
岡﨑友子（2010)『日本語指示詞の歴史的研究』ひつじ書房.
岡崎正継（1986)「今昔物語集の「今夜」と「夜前」と」國學院大學『國學院雑誌』87-9, pp.1-10.
岡崎正継（1996)『国語助詞論攷』おうふう.
岡崎正継（2016)『中古中世語論攷』和泉書院.
岡田正世（1970)「天草版伊曾保物語の文末表現についての報告」福井大学国語国文学会『国語国文学』14, pp.1-9.
岡野幸夫（1995)「平安・鎌倉時代における「動詞＋テ＋ヰル（居)」の意味について」鎌倉時代語研究会『鎌倉時代語研究 18』pp.429-456. 武蔵野書院.
岡部嘉幸（2006)「モダリティ研究に残る謎は何か」『国文学 解釈と教材の研究』51-4, pp.25-27. 學燈社.

岡部嘉幸（2011a）「現代語からみた江戸語・江戸語からみた現代語―ヨウダの対照を中心に―」金澤裕之・矢島正浩（編）『近世語研究のパースペクティブ―言語文化をどう捉えるか―』pp.34-55. 笠間書院 .

岡部嘉幸（2011b）「江戸語の推定表現」青木博史（編）『日本語文法の歴史と変化』pp.195-213. くろしお出版 .

岡部嘉幸（2012）「〈書評〉土岐留美江著『意志表現を中心とした日本語モダリティの通時的研究』」日本語学会『日本語の研究』8-2, 45-51.

岡部嘉幸（2013）「モダリティに関する覚え書き」千葉大学 文学部 日本文化学会『語文論叢』28, pp.1-22.

小木曽智信（2020）「通時コーパスに見るモダリティ形式の変遷」田窪行則・野田尚史（編）『データに基づく日本語のモダリティ研究』pp.63-82. くろしお出版 .

荻野綱男（1996）「言語データとしての話者の内省・新聞 CD-ROM・国語辞典の性質―サ変動詞の認定をめぐって―」計量国語学会『計量国語学』20-6, pp.233-252.

荻原俊幸（2016）『「もの」の意味、「時間」の意味―記号化に頼らない形式意味論の話―』くろしお出版 .

奥田靖雄（1978）「アスペクトの研究をめぐって（上）（下）」『教育国語』53, pp.33-44.『教育国語』54,pp.14-27. むぎ書房 .

奥田靖雄（1983）「に格の名詞と動詞とのくみあわせ」言語学研究会『日本語文法・連語論（資料編）』pp.281-323. むぎ書房 .

奥田靖雄（1984）「おしはかり（1）」『日本語学』3-12, pp.54-69. 明治書院 .

奥田靖雄（1985）「おしはかり（2）」『日本語学』4-2, pp.48-62. 明治書院 .

奥田靖雄（1988）「時間の表現（1）（2）」『教育国語』94,pp.2-17,『教育国語』95, pp.28-41. むぎ書房 .

奥田靖雄（1993）「動詞の終止形（その 1）」『教育国語』2-9, pp.44-53. むぎ書房 .

奥田靖雄（1994）「動詞の終止形（その 2）（その 3）」『教育国語』2-12, pp.27-42.『教育国語』2-13, pp.34-40. むぎ書房 .

奥津敬一郎（1975）「形式副詞論序説—「タメ」を中心として—」東京都立大学 人文学部『人文学報』104, pp.1-17.
生越直樹（1997）「朝鮮語と日本語の過去形の使い方について—結果状態形との関係を中心に—」国立国語研究所（編）『日本語と朝鮮語（下）』pp.139-152. くろしお出版 .
小田勝（2010）『古典文法詳説』おうふう .
小田勝（2014）「高校生向け古典文法書における文法用語・文法説明のゆれについて」岐阜聖徳学園大学 国語国文学会『国語国文学』33, pp.91-102.
小田勝（2015）『実例詳解　古典文法総覧』和泉書院 .
小田勝（2016）「古典文法の学習参考書を読む—古典文法研究者の立場から—」岐阜聖徳学園大学 国語国文学会『国語国文学』35, pp.108-118.
小田勝（2022）「古典敬語の特質と関係規定語の問題」近藤泰弘・澤田淳（編）『敬語の文法と語用論』pp.90-112. 開拓社 .
尾上圭介（1982）「現代語のテンスとアスペクト」『日本語学』1-2, pp.17-29. 明治書院 .
尾上圭介（2001）『文法と意味Ⅰ』くろしお出版 .
尾上圭介（2004）「第１章 主語と述語をめぐる文法」『朝倉日本語講座６ 文法Ⅱ』pp.1-57. 朝倉書店 .
尾上圭介（2012）「不変化助動詞とは何か—叙法論と主観表現要素論の分岐点—」東京大学 国語国文学会『国語と国文学』89-3, pp.3-18.
尾上圭介・西村義樹（1997）「国語学と認知言語学の対話Ⅰ—主語をめぐって—」『言語』26-12, pp.82-95. 大修館書店 .
澤瀉久孝（1941）「「か」より「や」への推移」『萬葉の作品と時代』pp.115-184. 岩波書店 .
賈朝勃（2001）「カラ・ノデ節中の述語の「同時型スル形」」筑波大学 国語国文学会『日本語と日本文学』32, pp.19-30.
加賀信広（2002）「移動様態と存在様態」『英語青年』147-12, pp.30-31. 研究社 .

影山太郎（1993）『文法と語形成』ひつじ書房 .
影山太郎（1996）『動詞意味論—言語と認知の接点—』くろしお出版 .
影山太郎（2021）『点と線の言語学—言語類型から見えた日本語の本質—』くろしお出版 .
風間力三（1955）「「てゐる」のいひ方」東京大学 国語国文学会『国語と国文学』32-3, pp.48-58.
柏木成章（1987）「芥川の「に」—特にその「で」に代替する用法について—」大東文化大学 語学教育研究所『語学教育研究論叢』4, pp.1-19.
春日和男（1968）『存在詞に関する研究—ラ変活用語の展開—』風間書房 .
春日政治（1942）『西大寺本金光明最勝王経古点の国語学的研究　研究篇』岩波書店 .
加藤重広（2010）「外的アスペクトと内的アスペクト」北海道大学大学院 文学研究科 言語情報学講座（編）『言語研究の諸相—研究の最前線—』pp.47-73. 北海道大学出版会 .
加藤康秀（1982）「日本語動詞のテンス・アスペクト」大東文化大学 日本語文法研究会『研究会報告』3, pp.1-17.
加藤康秀（1985）「古典語動詞の文末表現「～す」の用法」大東文化大学 日本文学会『日本文学研究』24, pp.92-97.
加藤康秀（1986）「文末に使用される動詞の意味・用法の指導」『日本語学』5-4, pp.55-63. 明治書院 .
金澤裕之（2005）「近代語—話しことばにおける文の内部の丁寧さ—」『国文学 解釈と教材の研究』50-5, pp.24-32. 學燈社 .
鎌田廣夫（1989）「天草本平家物語の助動詞「た」について（一）」二松学舎大学大学院 文学研究科『二松』3, pp.99-117.
鎌田廣夫（1990）「天草本平家物語の助動詞「た」について（二）」二松学舎大学大学院 文学研究科『二松』4, pp.249-267.
鎌田廣夫（1991）「天草本平家物語の助動詞「た」について（三）」二松学舎大学大学院 文学研究科『二松』5, pp.283-316.
神永正史（2009）「中世末期以降のテアル構文—狂言台本虎明本を主資料に

して―」筑波大学 日本語日本文学会『日本語と日本文学』49, pp.1-19.

神永正史（2010）「虎明本のテアル構文―競合という観点から―」筑波大学大学院　人文社会科学研究科 日本語学研究室『筑波日本語研究』14, pp.35-52.

神永正史（2015）「中世末のテアル文にみられる完成の用法について」日本語学会『日本語の研究』11-2, pp.1-15.

神永正史（2016）「変化の結果を表す「〜てあり」の用法について―「〜たり」との関係から―」日本語学会『日本語の研究』12-4, pp.52-68.

亀井孝（1944）「狂言のことば」『能楽全書 5』pp.253-303, 創元社 .

かりまたしげひさ（2004）「沖縄方言の動詞のアスペクト・テンス・ムード―沖縄県具志川市安慶名方言のばあい―」工藤真由美（編）『日本語のアスペクト・テンス・ムード体系―標準語研究を超えて― 』pp.220-265. ひつじ書房 .

川野靖子（1997）「位置変化動詞と状態変化動詞の接点―いわゆる「壁塗り代換」を中心に―」筑波大学大学院 文芸・言語研究科 日本語学研究室『筑波日本語研究』2, pp.28-40.

川野靖子（2001）「ヲ格句を伴う移動動詞句について―アスペクト的観点からの動詞句分類における位置づけ―」筑波大学 国語国文学会『日本語と日本文学』33, pp.25-38.

川野靖子（2002）「自動詞文における二種類の代換現象と所有関係―「N_1 ガ N_2 デ〜」と「N_1 ガ N_2 ニ〜」の違いを中心に―」日本語文法学会『日本語文法』2-1, pp.22-42.

川野靖子（2004）「空間表現における格成分の語順」日本語教育学会『日本語教育』120, pp.23-32.

川野靖子（2006）「移動動詞と共起するヲ格句とニ格句―結果性と限界性による動詞の分類と格体制の記述―」矢澤真人・橋本修（編）『現代日本語文法―現象と理論のインタラクション―』pp.273-296. ひつじ書房 .

川野靖子（2021）『壁塗り代換をはじめとする格体制の交替現象の研究―位置変化と状態変化の類型交替―』ひつじ書房 .

川端春枝（1982）「文と文の関係・史的考察」『講座日本語学 2　文法史』pp.262-283. 明治書院 .

川端善明（1964）「時の副詞（上）（下）― 述語の層について　その一 ―」京都大学 文学部 国語学国文学研究室『国語国文』33-11, pp.1-23.『国語国文』33-12, pp.34-54.

川端善明（1976）「用言」『岩波講座　日本語 6　文法Ⅰ』pp.169-217. 岩波書店 .

川端善明（1997）『活用の研究Ⅱ』清文堂 .

川本茂雄（編）（1956）『文の構造』白水社 .

菅野裕臣（1990）「アスペクト―朝鮮語と日本語―」『国文学 解釈と鑑賞』55-1, pp.117-122. 至文堂 .

菊地康人（1994）『敬語』角川書店.

菊地康人（1997）「「が」の用法の概観」川端善明・仁田義雄（編）『日本語文法　体系と方法』pp.101-123. ひつじ書房 .

来田隆（2001）『抄物による室町時代語の研究』清文堂 .

北﨑勇帆（2019）「意志・推量形式の終止・非終止用法の推移」高知大学 国語国文学会『高知大国文』50, pp.93-77.

北﨑勇帆（2021）「中世・近世における従属節末の意志形式の生起」日本語学会『日本語の研究』17-2, pp.19-36.

北原博雄（1997）「「位置変化動詞」と共起する場所ニ格句の意味役割―着点と方向の二分―」東北大学「国語学研究」刊行会『国語学研究』36, pp.43-52.

北原博雄（1998）「移動動詞と共起するニ格句とマデ格句―数量表現との共起関係に基づいた語彙意味論的考察―」国語学会『国語学』195, pp.15-29.

北原保雄（1973）『きのふはけふの物語 研究及び総索引』笠間書院 .

北原保雄（1981）『日本語助動詞の研究』大修館書店 .

北原保雄（1982）「動詞性述語の史的展開（3）叙法」『講座日本語学 2　文法史』pp.141-161. 明治書院 .

北原保雄（1984）『日本語文法の焦点』教育出版.
北原保雄（1994）「古典の敬語を考える」『国文学　解釈と教材の研究』39-10, pp.6-9. 學燈社.
北村仁美（1985）「様態副詞「ゆっくり（と）」の意味記述―述語動詞との共起関係から―」東北大学「国語学研究」刊行会『国語学研究』25, pp.11-20.
衣畑智秀（2014）「日本語疑問文の歴史変化―上代から中世―」『日本語文法史研究 2』pp.61-80. ひつじ書房.
衣畑智秀（2022）「日本語疑問文の歴史変化―近世以降の疑問詞疑問文を中心に―」日本語学会『日本語の研究』18-1, pp.1-18.
京健治（1995）「「ウズ」「ウズル」」京都大学 文学部 国語学国文学研究室『国語国文』64-2, pp.32-45.
京健治（2001）「「ウズ」「ウズル」の衰退に関する一考察」文献探究の会『文献探究』39, pp.1-10.
清瀬良一（1982）『天草版平家物語の基礎的研究』渓水社.
金水敏（1982）「人を主語とする存在表現―天草版平家物語を中心に―」東京大学 国語国文学会『国語と国文学』59-12, pp.58-73.
金水敏（1983）「上代・中古のヰルとヲリ―状態化形式の推移―」国語学会『国語学』134, pp.1-16.
金水敏（1993a）「古事記のテンス・アスペクト」『国文学 解釈と鑑賞』58-7, pp.28-33. 至文堂.
金水敏（1993b）「状態化形式の推移補記」『松村明先生喜寿記念会 国語研究』pp.262-277, 明治書院.
金水敏（1994）「連体修飾の「～タ」について」田窪行則（編）『日本語の名詞修飾表現―言語学、日本語教育、機械翻訳の接点―』pp.29-65. くろしお出版.
金水敏（1995a）「「語りのハ」に関する覚書」益岡隆志他（編）『日本語の主題と取り立て』pp.71-80. くろしお出版.
金水敏（1995b）「いわゆる「進行態」について」『築島裕博士古稀記念国語

学論集』pp.169-197. 汲古書院 .

金水敏（1997）「現在の存在を表す「いた」について―国語史資料と方言から―」川端善明・仁田義雄（編）『日本語文法　体系と方法』pp.245-262. ひつじ書房 .

金水敏（1999a）「補説 日本語史」西光義弘（編）『日英語対照による英語学概論 増補版』pp. 366-401. くろしお出版 .

金水敏（1999b）「近代語の状態化形式の構造」近代語学会『近代語研究 10』pp.391-418. 武蔵野書院 .

金水敏（2000）「時の表現」『日本語の文法 第2巻　時・否定と取り立て』pp.1-92. 岩波書店 .

金水敏（2001a）「文法化と意味―「～おる（よる）」論のために―」『国文学解釈と教材の研究』46-2, pp.15-19. 學燈社 .

金水敏（2001b）「テンスと情報」音声文法研究会『文法と音声Ⅲ』pp.55-79. くろしお出版 .

金水敏（2004）「日本語の敬語の歴史と文法化」『言語』33-4, pp.34-41. 大修館書店 .

金水敏（2006）『日本語存在表現の歴史』ひつじ書房 .

金水敏（2011）「統語論」『シリーズ日本語史 3 文法史』pp.77-166.　岩波書店 .

金田一春彦（1950）「国語動詞の一分類」日本言語学会『言語研究』15, pp.48-63.（『日本語動詞のアスペクト』pp.5-26. むぎ書房 1976 所収）

金田一春彦（1953）「不変化助動詞の本質―主観表現と客観表現の別について―（上）（下）」京都大学 文学部 国語学国文学研究室『国語国文』22-2, pp.1-18.『国語国文』22-3,pp.15-35.

金田一春彦（1955）「日本語動詞のテンスとアスペクト」名古屋大学 文学部『名古屋大学文学部研究論集』10, pp.63-90.（『日本語動詞のアスペクト』pp.27-61. むぎ書房 1976 所収）

金田一春彦（1957）「時・態・相および法」『日本文法講座 1 総論』pp.223-245. 明治書院 .

釘貫亨（1996）『古代日本語の形態変化』和泉書院 .
草薙裕（1981）「従属節および関係節におけるテンス・アスペクトについて」『馬淵和夫博士退官記念　国語学論集』pp.201-224. 大修館書店 .
草薙裕（1983）「テンス・アスペクトの文法と意味」水谷静夫（編）『文法と意味 I 』pp.166-208. 朝倉書店 .
工藤真由美（1982）「シテイル形式の意味記述」武蔵大学 人文学会『人文学会雑誌』13-4, pp.51-88.
工藤真由美（1986）「アスペクトについてのおぼえがき」『国文学 解釈と鑑賞』51-1, pp.39-48. 至文堂 .
工藤真由美（1987）「現代日本語のアスペクトについて」『教育国語』91, pp.2-21. むぎ書房 .
工藤真由美（1989a）「現代日本語のパーフェクトをめぐって」言語学研究会『ことばの科学 3』pp.53-118. むぎ書房 .
工藤真由美（1989b）「現代日本語の従属文のテンスとアスペクト」横浜国立大学『横浜国立大学人文紀要（第二類 語学・文学）』36, pp.1-24.
工藤真由美（1990）「現代日本語の受動文」言語学研究会『ことばの科学 4』pp.47-102. むぎ書房 .
工藤真由美（1991）「アスペクトとヴォイス」横浜国立大学 1988-1990 年度科学研究費報告書『現代日本語のテンス・アスペクト・ヴォイスについての総合的研究』pp.5-40.
工藤真由美（1993）「小説の地の文のテンポラリティー」言語学研究会『ことばの科学 6』pp.19-65. むぎ書房 .
工藤真由美（1994）「蓮華寺では下宿を兼ねた」『国文学 解釈と鑑賞』59-7, pp.60-66. 至文堂 .
工藤真由美（1995）『アスペクト・テンス体系とテクスト―現代日本語の時間の表現―』ひつじ書房
工藤真由美（1996）「否定のアスペクト・テンス体系とディスコース」言語学研究会『ことばの科学 7』pp.81-136. むぎ書房 .
工藤真由美（1997）「反事実性の表現をめぐって」横浜国立大学 教育学部

『横浜国立大学 人文紀要 第二類 語学・文学』44, pp.51-65.
工藤真由美（2002）「文法化とアスペクト・テンス」『シリーズ言語科学5 日本語学と言語教育』pp.71-92. 東京大学出版会
工藤真由美（2004）「現代語のテンス・アスペクト」『朝倉日本語講座6 文法Ⅱ』pp.172-192. 朝倉書店.
工藤真由美（編）（2004）『日本語のアスペクト・テンス・ムード体系―標準語研究を超えて―』ひつじ書房.
工藤真由美（2006）「日本語のさまざまなアスペクト体系が提起するもの」日本語文法学会『日本語文法』6-2, pp.3-19.
工藤真由美（2014）『現代日本語ムード・テンス・アスペクト論』ひつじ書房.
国田百合子（1958）「助動詞「し」の用法―記紀歌謡を中心として―」全国大学国語国文学会『文学・語学』7, pp.84-91.
國廣哲彌（1978）「時間接続表現の意味―意義素の分析―」東京大学 国語国文学会『国語と国文学』55-5, pp.159-173.
久野暲（1973）『日本文法研究』大修館書店.
熊谷智子（2011）「敬語のイメージの世代差―大学生の「です・ます」への意識を中心に―」待遇コミュニケーション学会『待遇コミュニケーション研究』8, pp.17-32.
栗田岳（2014）「連体修飾のム―「思はむ子」をめぐって―」東京大学大学院 総合文化研究科 言語情報科学専攻『紀要』21, pp.15-27.
黒木邦彦（2007a）「中古日本語におけるアスペクトとテンスの相関―主節とノチ節の考察から―」熊本県立大学 日本語日本文学会『国文研究』52, pp.1-18.
黒木邦彦（2007b）「中古日本語のトキ節に見られる文法的特徴」大阪大学 国語国文学会『語文』88, pp.45- 53.
黒木邦彦（2012）「日本語の過去表現の構造とその変化」『日本語文法史研究1』pp.127-144. ひつじ書房.
黒田徹（1993）「万葉集のテンス・アスペクト」『国文学 解釈と鑑賞』58-7,

pp.34-40. 至文堂 .
黒田徹（1995）「ムード・モダリティ研究から見た古典文法」『国文学 解釈と鑑賞』60-7, pp.21-28. 至文堂 .
黒滝真理子（2002）「日英対照・認識的モダリティの研究動向」お茶の水女子大学 日本言語文化学研究会『言語文化と日本語教育』2002 年 5 月増刊特集号 , pp.87-101.
言語学研究会（編）（1983）『日本語文法・連語論（資料編）』むぎ書房
言語学研究会・構文グループ（笠松郁子・菅原厚子・鈴木美都代・登野城ルリ子）（1993）「同時性をあらわす時間的なつきそい・あわせ文―「あいだ」と「うち」―」言語学研究会『ことばの科学 6』pp.141-177. むぎ書房 .
黄麗華（2000）「否定表現の日中対照―「まだＶしない」と「还不Ｖ」―」『日本と中国ことばの梯 佐治圭三教授古稀記念論文集』pp.335-345, くろしお出版 .
河野六郎（1946）「中期朝鮮語の完了時稱に就いて」『Toyogo kenkyu』創刊号（『河野六郎著作集 1』pp.467-480. 平凡社 . 1979 所収）
郡博子（1996）「「存在文」における「に格」と「が格」の語順について」『小泉保博士古稀記念論文集　言語探求の領域』pp.175-182. 大学書林 .
国立国語研究所（1985）『現代日本語動詞のアスペクトとテンス』秀英出版 .
小西甚一（1962）『フレッシュでわかりよい　古文の読解』旺文社 .
此島正年（1973）『国語助動詞の研究』桜楓社 .
小林賢次（1985）「中世語資料としての狂言台本」『日本語学』4-5, pp.49-58. 明治書院 .
小林賢次（1996）『日本語条件表現史の研究』ひつじ書房 .
小林賢次（2000）『狂言台本を主資料とする 中世語彙語法の研究』勉誠出版 .
小林賢次（2008）『狂言台本とその言語事象の研究』ひつじ書房 .
小林千草（1973）「中世口語における原因・理由を表わす条件句」国語学会『国語学』94, pp.16-44.

小林英夫（訳）（1972）『一般言語学講義』岩波書店.

小松英雄（1997）『仮名文の構文原理』笠間書院.

小松英雄（1999a）『日本語はなぜ変化するか【母語としての日本語の歴史】』笠間書院.

小松英雄（1999b）「日本語進化のメカニズム—環境への適応としての言語変化—」国語学会『国語学』196, pp.17-29.

小柳智一（1996）「禁止と制止—上代の禁止表現について—」国語学会『国語学』184, pp.1-13.

小柳智一（2014）「古代日本語研究と通言語的研究」定延利之（編）『日本語学と通言語的研究との対話—テンス・アスペクト・ムード研究を通して—』pp.55-82. くろしお出版.

小柳智一（2018）『文法変化の研究』くろしお出版.

小柳智一（2021）「文法史と文法史研究—「古典文法」の背後にある面白さ—」信州大学 人文学部『信州大学人文科学論集』9-1, pp.1-12.

小矢野哲夫（1982）「国語学におけるテンス・アスペクト観の変遷」『日本語学』1-2, pp.48-55. 明治書院.

權奇洙（1992）「「うちに」と「あいだに」について—時間的限定を表す用法を対象として—」東北大学 文学部 日本語学科『日本語学科論集』2, pp.85-100.

近藤明（2003）「助動詞「リ・タリ」に否定辞が下接する場合」東北大学「国語学研究」刊行会『国語学研究』42, pp.1-13.

近藤明（2004）「助動詞「リ・タリ」が命令形になる場合」金沢大学 教育学部 国語国文学会『金沢大学 語学・文学研究』32, pp.1-12.

近藤真宣（1993）「時間を表わす従属節内のテンス・アスペクトについて」拓殖大学『語学研究』71, pp.135-160.

近藤泰弘（1987）「古文における疑問表現—「や」と「か」—」『国文法講座3』pp.258-277. 明治書院.

近藤泰弘（1989）「ムード」『講座 日本語と日本語教育 4 日本語の文法・文体（上）』pp.226-246. 明治書院.

近藤泰弘（1992）「丁寧語のアスペクト的性格―中古語の「はべり」を中心に―」『辻村敏樹教授古稀記念 日本語史の諸問題』pp.18-32. 明治書院 .
近藤泰弘（1993）「推量表現の変遷」『言語』22-2, pp.68-74. 大修館書店
近藤泰弘（2000）『日本語記述文法の理論』ひつじ書房 .
近藤泰弘（2012）「平安時代語の接続助詞「て」の様相」東京大学 国語国文学会『国語と国文学』89-2, pp.49-60.
近藤泰弘・澤田淳（編）（2022）『敬語の文法と語用論』開拓社 .
佐伯哲夫（1975）『現代日本語の語順』笠間書院 .
佐伯哲夫（1976）『語順と文法』関西大学出版 .
阪倉篤義（1952）「「侍り」の性格」京都大学 文学部 国語学国文学研究室『国語国文』21-10, pp.41-45.
阪倉篤義（1958）「条件表現の変遷」国語学会『国語学』33, pp.105-115.
阪倉篤義（1964）「「夜の寝覚」の文章」東京大学 国語国文学会『国語と国文学』41-10, pp.144-156.
阪倉篤義（1970）「「開いた表現」から「閉じた表現」へ―国語史のありかた試論―」東京大学 国語国文学会『国語と国文学』47-10, pp.22-35.
阪倉篤義（1993）『日本語表現の流れ』岩波書店 .
坂梨隆三（2002）「『浮世床』『浮世風呂』のテルとテイル」東京大学 国語国文学会『国語と国文学』79-8, pp.38-48.
櫻井光昭（1974）「撰集抄の侍リ」国語学会『国語学』99, pp43-52.
迫野虔徳（1988）「「たり」の展開」九州大学 文学部『文学研究』85, pp.1-19.
迫野虔徳（1998）『文献方言史研究』清文堂 .
佐々木峻・藤原与一（編）（1998）『日本語文末詞の歴史的研究』三弥井書店 .
定延利之（2002）「現代日本語主節末の「た」試論」京都大学 科学研究費報告書『相互行為の民族誌的記述―社会的文脈・認知過程・規則―』pp.119-132.
定延利之（2006）「心内情報の帰属と管理―現代日本語共通語「ている」の

エビデンシャルな性質について―」中川正之・定延利之（編）『言語に現れる「世間」と「世界」 シリーズ言語対照 外から見る日本語 2』pp.167-192, くろしお出版.

定延利之（2021a）「パーフェクトらしく見える 3 つの「た」の過去性」益岡隆志（監修）『[研究プロジェクト] 時間と言語―文法研究の新たな可能性を求めて―』pp.15-40. ひつじ書房.

定延利之（2021b）「体感度の高さに動機づけられる「て（い）る」「た」に関する覚え書き―世界モデルへの潤色を通して―」庵功雄・田川拓海（編）『日本語のテンス・アスペクト研究を問い直す 2―「した」「している」の世界―』pp.215-250, ひつじ書房.

定延利之・マルチュコフ，アンドレイ（2006）「エビデンシャリティと現代日本語の「ている」構文」中川正之・定延利之（編）『言語に現れる「世間」と「世界」 シリーズ言語対照 外から見る日本語 2』pp.153-166, くろしお出版.

佐藤琢三（1999）「ナッテイルによる単純状態の叙述」日本言語学会『言語研究』116, pp.1-21.

佐藤琢三（2005）『自動詞文と他動詞文の意味論』笠間書院.

佐藤琢三（2017）「知覚されていない〈過程〉とその言語化―「ある／いる」「している」「した」の選択可能性をめぐって―」日本語／日本語教育研究会『日本語／日本語教育研究』8, pp.5-20. ココ出版.

佐藤武義（1973）「国語史上からみた「宇治拾遺物語」の「侍り」と「候ふ」」東京大学 国語国文学会『国語と国文学』50-11, pp.37-52.

澤田和浩（1994）「「するまえ」と「しないまえ」」『国文学 解釈と鑑賞』59-7, pp.93-102. 至文堂.

澤田淳（2022）「日本語敬語の運用に関する語用論的研究―相対敬語の類型化をもとに―」近藤泰弘・澤田淳（編）『敬語の文法と語用論』pp.114-182. 開拓社.

沢田奈保子（1986）「複合接続助詞「うちに」の時を特定する用法の分類」現代日本語研究会『ことば』7, pp.22-33.

沢田奈保子（1991）「「ウチニ」と「アイダニ」―使い分け要因の分析と記述―」大阪大学 文学部 日本語学研究室『日本学報』10, pp.61-73.
澤田治美（2006）『モダリティ』開拓社.
柴生田稔（1944）「古代に於ける「ため」の意味用法に就いて」『橋本博士還暦記念 国語学論集』pp.809-831. 岩波書店.
白川博之（1995）「理由を表わさない「カラ」」仁田義雄（編）『複文の研究（上）』pp.189-219. くろしお出版.
末吉勇貴（2021）「トキ節を用いた複文におけるテンス表現の歴史的変遷―中古から中世末期資料の比較を通して―」『日本語学会 2021 年度春季大会 予稿集』pp.109-114.
末吉勇貴（2024）「ノチ節複文に見られるテンス・アスペクト形式の歴史的変遷」関西大学 国文学会『国文学』108, pp.165-180.
杉本武（1988）「「動詞＋ている」の表すアスペクトについて」『論集ことば』pp.101-115. くろしお出版.
鈴木彩香（2022）『属性叙述と総称性』花鳥社.
鈴木重幸（1957）「日本語の動詞のすがた（アスペクト）について―～スルの形と～シテイルの形―」言語学研究会報告（『日本語動詞のアスペクト』pp.63-81. むぎ書房 1976 所収）
鈴木重幸（1958）「日本語の動詞のとき（テンス）とすがた（アスペクト）― ～シタと～シテイター」言語学研究会報告（『日本語動詞のアスペクト』pp.83-95. むぎ書房 1976 所収）
鈴木重幸（1972）『日本語文法・形態論』むぎ書房.
鈴木重幸（1976）「日本語の動詞の時について」『言語』5-12, pp.50-58. 大修館書店.
鈴木重幸（1979）「現代日本語の動詞のテンス―終止的な述語につかわれた完成相の叙述法断定のばあい―」言語学研究会『言語の研究』pp.5-59, むぎ書房.
鈴木重幸（1983a）「形態論的なカテゴリーについて」『教育国語』72, pp.2-15. むぎ書房.

鈴木重幸（1983b）「形態論的なカテゴリーとしてのアスペクトについて」『金田一春彦博士古稀記念論文集 1　国語学編』pp.435-460. 三省堂 .
鈴木重幸（1996）『形態論・序説』むぎ書房 .
鈴木泰（1986）「テンス」『国文学 解釈と鑑賞』51-1, pp.29-38. 至文堂 .
鈴木泰（1987）「古文における六つの時の助動詞」『国文法講座 2』pp.273-309. 明治書院 .
鈴木泰（1991）「完了の助動詞のアスペクト的意味―源氏物語の移動・移し替え動詞の場合―」国語学会『国語学』165, pp.67-80.
鈴木泰（1992）『古代日本語動詞のテンス・アスペクト―源氏物語の分析―』ひつじ書房 .
鈴木泰（1993a）「源氏物語会話文における動詞基本形のアスペクト的意味」武蔵大学 人文学会『武蔵大学人文学会雑誌』24-2・3,　pp.35-64.
鈴木泰（1993b）「時間表現の変遷」『言語』22-2, pp.60-67. 大修館書店 .
鈴木泰（1996）「メノマエ性と視点（Ⅲ）―古代日本語の通達動詞の evidentiality（証拠性）―」『日本語文法の諸問題―高橋太郎先生古希記念論文集―』pp.107-138, ひつじ書房 .
鈴木泰（1999）『改訂版　古代日本語動詞のテンス・アスペクト―源氏物語の分析―』ひつじ書房 .
鈴木泰（2001）「時間的局在性とテンス・アスペクト―古代日本語の事例から―」日本語文法学会『日本語文法』1-1, pp.24-40.
鈴木泰（2009）『古代日本語時間表現の形態論的研究』ひつじ書房 .
鈴木泰（2022）「Н. А. Сыромятников スィロミャートニコフ著、『近代日本語の時制体系』について」類型学研究会『類型学研究』6, pp.147-171.
鈴木棠三（訳）（1964）『醒睡笑―戦国の笑話―』平凡社 .
鈴木棠三（校注）（1986）『醒睡笑（上）（下）』岩波書店 .
鈴木棠三（1986）『醒睡笑研究ノート』笠間書院 .
鈴木英夫（1992）「「台所に働く」という言い方について」名古屋大学 国語国文学会『国語国文学』71, pp.59-70.
鈴木英夫・王彦花（1987）「場所を表す名詞につくデ・ニ・ヲの用法の異同

について―中国人への日本語教育に関連して」茨城大学 人文学部『茨城大学人文学部紀要 人文学科論集』20, pp.39-62.

鈴木裕史（1988）「敬語の使用密度について―『紫式部日記』と『枕草子』を資料として―」國學院大學『國學院雑誌』89-12, pp.55-74.

鈴木恵（1995）「和化漢文における時の形式名詞について」鎌倉時代語研究会『鎌倉時代語研究 18』pp.196-225.

鈴木康之（1977）『日本語文法の基礎』三省堂.

鈴木康之（1986）「古典語の動詞の語形の体系―テンス・ムードからボイス・アスペクトまで―」『国文学 解釈と鑑賞』51-8, pp.29-45. 至文堂.

鈴木康之（1995）「古典文法はどこに問題があるのか」『国文学 解釈と鑑賞』60-7, pp.6-13. 至文堂.

鈴藤和子（1984）「～あいだ / ～あいだに」『日本語学』3-10, pp.27-34. 明治書院.

須田義治（2010）『現代日本語のアスペクト論―形態論的なカテゴリーと構文論的なカテゴリーの理論―』ひつじ書房.

砂川有里子（1986）『日本語文法 セルフマスターシリーズ 2　する・した・している』くろしお出版.

砂川有里子（2000）「空間から時間へのメタファー ―日本語の動詞と名詞の文法化―」青木三郎・竹沢幸一（編）『空間表現と文法』pp.105-142. くろしお出版.

関山和夫（1961）『安楽庵策伝―咄の系譜―』青蛙房.

関山和夫（1987）「安楽庵策伝の出自について―岩波文庫『醒睡笑』解説への異見―」東海学園女子短期大学 国語国文学会『東海学園国語国文』31, pp.1-12.

副島健作（2007）『日本語のアスペクト体系の研究』ひつじ書房.

高橋敬一（1995）「『宇治拾遺物語』における「～て侍り」「～て候ふ」について」活水女子大学・短期大学『活水論文集』38, pp.59-71.

高橋敬一（1997）「『宇治拾遺物語』における「テアリ」について」活水女子大学・短期大学『活水論文集』40, pp.23-33.

高橋敬一（1998）「『宇治拾遺物語』における「テアリ」について（二）」活水女子大学・短期大学『活水論文集』41, pp.65-74.
高橋太郎（1969）「すがたともくろみ」教育科学研究会文法講座テキスト（『日本語動詞のアスペクト』pp.117-153. むぎ書房 1976 所収）
高橋太郎（1986）「動詞の動詞らしさについて」『国文学　解釈と鑑賞』51-1, pp.6-16. 至文堂 .
高橋太郎（1989）「現代日本語動詞の発展―その文法的な性格をとおして―」『国文学 解釈と鑑賞』54-7, pp.25-33. 至文堂 .
高橋太郎（1994）『動詞の研究―動詞の動詞らしさの発展と消失―』むぎ書房 .
高橋太郎（2003）『動詞 九章』ひつじ書房 .
高山道代（2014）『平安期日本語の主体表現と客体表現』ひつじ書房 .
高山百合子（1995）「大蔵流虎明本・虎寛本に見るアスペクト表現―存続を表す助動詞「た」をめぐって―」筑紫女学園大学短期大学部 国文科『筑紫国文』18, pp.1-8.
高山百合子（2000）「完了辞・過去辞の統合をめぐって―「た」への統合史・素描―」長崎大学 国語国文学会『国語と教育』24, pp.28-35.
高山善行（2002）『日本語モダリティの史的研究』ひつじ書房 .
高山善行（2005）「助動詞「む」の連体用法について」日本語学会『日本語の研究』1-4, pp.1- 15.
高山善行（2021）『日本語文法史の視界―継承と発展をめざして―』ひつじ書房 .
田川拓海（2002）「擬似自動詞の派生について―「イチゴが売っている」という表現―」筑波大学大学院 人文社会科学研究科 文芸・言語専攻 応用言語学領域『筑波応用言語学研究』9, pp.15-28.
田窪行則（1987）「統語構造と文脈情報」『日本語学』6-5, pp.37-48. 明治書院
竹内史郎（2006）「ホドニの意味拡張をめぐって―時間関係から因果関係へ―」日本語文法学会『日本語文法』6-1, pp.56-71.
竹内史郎（2011）「近代語のアスペクト表現についての一考察―ツツアルを

中心に―」青木博史（編）『日本語文法の歴史と変化』pp.151-173. くろしお出版.
竹内史郎（2014）「事象の形と上代語アスペクト」『日本語文法史研究 2』pp.1-20. ひつじ書房.
竹内史郎（2018）「動詞「ありく」の文法化―平安時代語のアスペクト表現における一考察―」国語語彙史研究会『国語語彙史の研究 37』pp.37-56. 和泉書院.
竹内美智子（1968）「完了と存続（つ・ぬ・り・たり）」『国文学 解釈と鑑賞』33-12, pp.48-61. 至文堂.
竹内美智子（1993）「土佐日記のテンス・アスペクト」『国文学 解釈と鑑賞』58-7. pp.62-68. 至文堂.
竹沢幸一（1991）「受動文、能格文、分離不可能所有構文と「ている」の解釈」仁田義雄（編）『日本語のヴォイスと他動性』pp.59-81. くろしお出版.
竹沢幸一（2000）「空間表現の統語論―項と述部の対立に基づくアプローチ―」青木三郎・竹沢幸一（編）『空間表現と文法』pp.163-214. くろしお出版.
竹沢幸一（2001）「コピュラ動詞アルの二面的語彙特性とその構文的具現」『意味と形のインターフェイス　中右実教授還暦記念論文集 下巻』pp.713-723. くろしお出版.
田中章夫（1973）「終助詞と間投助詞」『品詞別 日本文法講座 9　助詞』pp.209-247. 明治書院.
田中健子（1956）「疑問表現形式の史的変遷―会話文を中心として―」全国大学国語国文学会『文学・語学』1, pp.71-81.
田中涼子（1987）「『宇治拾遺物語』の「侍り」と「候ふ」」鹿児島大学 法文学部 国語国文学研究室『国語国文薩摩路 』30・31, pp.31-50.
田野村忠温（2004）「現代語のモダリティ」『朝倉日本語講座 6 文法Ⅱ』pp.215-234. 朝倉書店.
田村早苗（2013）『認識視点と因果―日本語理由表現と時制の研究―』くろ

しお出版.
田村澄香（2008）『現代日本語における名詞文の時間表現』溪水社.
江宛軒（2015）「存在様態のシテイルについて―格体制の変更から―」お茶の水女子大学 比較日本学教育研究センター『比較日本学教育研究センター研究年報』11, pp. 229-234.
張麟声（1990）「中日単純存在表現の対照研究」『日本語学』9-9, pp.65-76. 明治書院.
張麟声（1991）「中日様態存在表現の対照研究」『言語』20-7, pp.76-83. 大修館書店.
張麟声（2006）「現代日本語の存在表現」益岡隆志他（編）『日本語文法の新地平1　形態・叙述内容編』pp.69-82. くろしお出版.
陳昭心（2009）「「ある／いる」の「類義表現」としての「結果の状態のテイル」―日本語母語話者と中国語を母語とする学習者の使用傾向を見て」国際交流基金『世界の日本語教育』19, pp.1–15.
辻村敏樹（1968）『敬語の史的研究』東京堂出版.
辻村敏樹（1971）「敬語史の方法と問題」『講座国語史5　敬語史』pp.3-32, 大修館書店.
辻村敏樹（1992）『敬語論考』明治書院.
坪井美樹（1976）「近世のテイルとテアル」『佐伯梅友博士喜寿記念国語学論集』pp.537-560. 表現社.
坪井美樹（2001）『日本語活用体系の変遷』笠間書院.
坪井美樹（2005）「テ形接続形式と文法化」東京大学 国語国文学会『国語と国文学』82-11, pp.13-25.
鶴橋俊宏（2013）『近世語推量表現の研究』清文堂.
手坂凡子（1999）「虎明本狂言のテアルについて」國學院大學 国語研究会『国語研究』62, pp.19-32.
手坂凡子（2000）「タの丁寧表現―虎明本から虎寛本へ―」國學院大學『國學院雑誌』101-6, pp.33-47.
寺村秀夫（1978）『日本語教育指導参考書4　日本語の文法（上）』国立国語

研究所.
寺村秀夫（1982a）『日本語のシンタクスと意味Ⅰ』くろしお出版.
寺村秀夫（1982b）「テンス・アスペクトのコト的側面とムード的側面」『日本語学』1-2, pp.4-16. 明治書院.
寺村秀夫（1983）「時間的限定の意味と文法的機能」『副用語の研究』pp.233-266. 明治書院.
寺村秀夫（1984）『日本語のシンタクスと意味Ⅱ』くろしお出版.
寺村秀夫（1991）『日本語のシンタクスと意味Ⅲ』くろしお出版.
土井忠生（訳註）（1955）『ロドリゲス日本大文典』三省堂.
土井忠生・森田武・長南実（編訳）（1980）『邦訳　日葡辞書』岩波書店.
土井洋一（1969）「抄物の資料的性格」国語学会『国語学』76, pp.59-71.
土岐留美江（1999）「現代韻文資料における日本語動詞基本形のテンス」京都大学 文学部 国語学国文学研究室『国語国文』68-6, pp.35-51.
土岐留美江（2010）『意志表現を中心とした日本語モダリティの通時的研究』ひつじ書房.
時枝誠記（1941）『国語学原論』岩波書店.
時枝誠記（1955）『国語学原論 続篇』岩波書店.
中右実（1979）「モダリティと命題」『英語と日本語と』pp.223-250. くろしお出版.
中右実（1980）「テンス、アスペクトの比較」『日英語比較講座 2 文法』pp.101-155. 大修館書店.
中右実（1994）『認知意味論の原理』大修館書店.
中沢紀子（2004）「連体修飾節にみられるウ・ウズル」筑波大学大学院 人文社会科学研究科 日本語学研究室『筑波日本語研究』9, pp.55-68.
中田幸子（2014）「江戸語から現代語に見られる禁止表現形式の変遷について」小林賢次・小林千草（編）『日本語史の新視点と現代日本語』pp.583-565. 勉誠出版.
永田高志（1996）「「平家物語」に見る第三者に対する待遇表現」京都大学 文学部 国語学国文学研究室『国語国文』65-3, pp.25-46.

永田高志（2001）『第三者待遇表現史の研究』和泉書院．
永田高志（2015）『対称詞体系の歴史的研究』和泉書院．
中西宇一（1982）「動詞性述語の史的展開（2）態・時」『講座日本語学 2 文法史』pp.122-140. 明治書院．
中西宇一（1996）『古代語文法論―助動詞篇―』和泉書院．
中道知子（1998）「「V タ＋前」―従属節中のテンスの用法について―」大東文化大学『大東文化大学紀要〈人文科学〉』36, pp.399-401.
中村ちどり（2001）『日本語の時間表現』くろしお出版．
中村幸弘（1995）『補助用言に関する研究』右文書院．
鳴島甫（2007）「古典教育再考―七割もの生徒に嫌われている古典教育からの脱却―」『日本語学』26-2, pp.6-12. 明治書院．
ナロックハイコ（2005）「言語類型論から見た日本語文法史」東京大学 国語国文学会『国語と国文学』82-11, pp.1-12.
ナロックハイコ（2006）「従属節におけるモダリティ形式の使用」日本語文法学会『日本語文法』6-1, pp.21-37.
ナロックハイコ（2009）「モダリティと文の階層構造」『言語』38-1, pp.34-41. 大修館書店．
西田直敏（1968）「平家物語の「候ふ」」東京大学 国語国文学会『国語と国文学』45-2, pp.75-90.
西田直敏（1998）『日本人の敬語生活史』翰林書房．
仁科明（2003）「「名札性」と「定述語性」―万葉集運動動詞の終止・連体形終止―」東京大学 国語国文学会『国語と国文学』80-3, pp.43-57.
仁科明（2014）「「無色性」と「無標性」―万葉集運動動詞の基本形終止、再考―」日本語文法学会『日本語文法』14-2, pp.50-66.
仁田義雄（1976）「「文の文法」から「文を越える文法」へ―「後日大阪へ行ッタ」の有する連文機能をめぐって―」『佐藤喜代治教授退官記念 国語学論集』pp.525-543. 桜楓社．
仁田義雄（1977）「山田文法における文の認定」大阪外国語大学 研究留学生別科『日本語・日本文化』6, pp.73-110.

仁田義雄（1978）「時枝文法における文認定」大阪外国語大学『大阪外国語大学学報』42, pp.121-136.
仁田義雄（1979）「日本語文の表現類型―主格の人称制限と文末構造のあり方の観点において―」『英語と日本語と』pp.287-306. くろしお出版.
仁田義雄（1982）「動詞の意味と構文―テンス・アスペクトをめぐって―」『日本語学』1-1, pp.33-42. 明治書院.
仁田義雄（1991）『日本語のモダリティと人称』ひつじ書房.
仁田義雄（1997）『日本語文法研究序説―日本語の記述文法を目指して―』くろしお出版.
仁田義雄（2019）「「する」が未来を表す場合」庵功雄・田川拓海（編）『日本語のテンス・アスペクト研究を問い直す 1 「する」の世界』pp.53-73, ひつじ書房.
仁田義雄（2021）『国語問題と日本語文法研究史』ひつじ書房.
日本語記述文法研究会（編）（2003）『現代日本語文法 4　モダリティ』くろしお出版.
日本語記述文法研究会（編）（2007）『現代日本語文法 3　アスペクト・テンス・肯否』くろしお出版.
日本語記述文法研究会（編）（2008）『現代日本語文法 6 複文』くろしお出版.
日本語記述文法研究会（編）（2009a）『現代日本語文法 7　談話・待遇表現』くろしお出版.
日本語記述文法研究会（編）（2009b）『現代日本語文法 2 格と構文・ヴォイス』くろしお出版.
日本語記述文法研究会（編）（2010）『現代日本語文法 1 総論・形態論』くろしお出版.
丹羽哲也（1996）「ル形とタ形のアスペクトとテンス―独立文と連体節―」大阪市立大学 文学部『大阪市立大学文学部紀要　人文研究　国語・国文学』48-10, pp.23-60.
丹羽哲也（1997）「連体節のテンスについて」大阪市立大学 文学部『大阪市

立大学文学部紀要 人文研究　国語・国文学』49-5, pp.29-64.
布村政雄（奥田靖雄）(1977)「アスペクトの研究をめぐって―金田一的段階―」宮城教育大学 国語国文学会『宮城教育大学国語国文』8, pp.51-63.
根来司（1985）「文法史における中世」『日本語学』4-5, pp.24-32. 明治書院 .
野田高広（2010）「『今昔物語集』のアスペクト形式Vテイル・テアルについて」日本語学会『日本語の研究』6-1, pp.1-15.
野田高広（2011）「現代日本語の習慣相と一時性」東京大学大学院 人文社会系研究科 文学部 言語学研究室『東京大学言語学論集』31, pp.197-212.
野田高広（2012）「アスペクト形式「ている」の成立について」東京大学大学院 人文社会系研究科 文学部 言語学研究室『東京大学言語学論集』32, pp.85-107.
野田高広（2014）「天理本『狂言六義』のテイル・テアルについて」小林賢次・小林千草（編）『日本語史の新視点と現代日本語』pp.82-103. 勉誠出版 .
野田尚史（1998）「「ていねいさ」からみた文章・談話の構造」国語学会『国語学』194, pp.1-14.
野田尚史（2000）「語順を決める要素」『言語』29-9, pp.22-27. 大修館書店 .
野村剛史（1989）「上代語のツとヌについて」国語学会『国語学』158, pp.1-14.
野村剛史（1991）「助動詞とは何か―その批判的再検討―」国語学会『国語学』165, pp.38-52.
野村剛史（1993）「古代から中世の「の」と「が」」『日本語学』12-11, pp.23-33. 明治書院 .
野村剛史（1994）「上代語のリ・タリについて」京都大学 文学部 国語学国文学研究室『国語国文』63-1, pp.28-51.
野村剛史（1995）「ズ、ム、マシについて」『宮地裕・敦子先生古稀記念論集 日本語の研究』pp.2-21. 明治書院 .
野村剛史（1996）「ガ・終止形へ」京都大学 文学部 国語学国文学研究室『国語国文』65-5, pp.524-541.

野村剛史（2003a）「モダリティ形式の分類」国語学会『国語学』54-1, pp.17-31.
野村剛史（2003b）「存在の様態—シテイルについて—」京都大学 文学部 国語学国文学研究室『国語国文』72-8, pp.1-20.
野村剛史（2004a）「近世スタンダードの動詞アスペクト」『言語』33-4, pp.50-57. 大修館書店.
野村剛史（2004b）「述語の形態と意味」『朝倉日本語講座 6 文法Ⅱ』pp.81-104. 朝倉書店.
野村剛史（2007）「源氏物語のテンス・アスペクト」『講座 源氏物語研究 第八巻 源氏物語のことばと表現』pp.30-56. おうふう.
野村剛史（2013）『日本語スタンダードの歴史—ミヤコ言葉から言文一致まで—』岩波書店.
野村剛史（2015）「現代日本語動詞のアスペクト体系」東京大学 国語国文学会『国語と国文学』92-08, pp.55-72.
野村剛史（2016）「古代日本語動詞のアスペクト・テンス体系」京都大学 文学部 国語学国文学研究室『国語国文』85-11, pp.1-17.
野村剛史（2019）『日本語「標準形」の歴史—話し言葉・書き言葉・表記—』講談社.
野村雅昭（1969）「近代語における既然態の表現について」『佐伯梅友博士古稀記念国語学論集』pp.675-696. 表現社.
芳賀綏（1954）「“陳述”とは何もの？」京都大学 文学部 国語学国文学研究室『国語国文』23-4, pp.241-255.
朴鐘升（1999）「古代日本語動詞原形の意味・用法—テンス的意味の認否について—」学習院大学大学院『学習院大学人文科学論集』8, pp.195-226.
橋本修（1994）「上代・中古和文資料における、ノチ節のテンスとアスペクト」筑波大学大学院 人文社会科学研究科 文芸・言語専攻『文藝言語研究・言語篇』26, pp.55-72.
橋本修（1996）「引用節の基準時」筑波大学大学院 人文社会科学研究科 文芸・言語専攻『文藝言語研究・言語篇』29, pp.25-39.

橋本修（2001）「古典日本語の完了形をめぐる研究動向」つくば言語文化フォーラム（編）『「た」の言語学』pp.165-205. ひつじ書房 .
橋本修（2003）「日本語の複文」『朝倉日本語講座 5 文法Ⅰ』pp.181-199. 朝倉書店 .
橋本修（2014）「文法史に関する複文研究の動向と課題」益岡隆志他（編）『日本語複文構文の研究』pp.215-227. ひつじ書房 .
橋本進吉（1969）『助詞・助動詞の研究』岩波書店 .
長谷川信子（1999）『生成日本語学入門』大修館書店 .
長谷川信子（2011）「「所有者分離」と文構造―「主語化」からの発展―」長谷川信子（編）『70 年代生成文法再認識―日本語研究の地平―』pp.85-121. 開拓社 .
畠山真一（2017）「日本語の存在動詞イルの成立とシテイル形式の文法化」尚絅大学・尚絅大学短期大学部『尚絅大学研究紀要』49, pp.29-42.
蜂谷清人（1971）「助動詞「う」「うず」「うずる」の語形・用法に関する一考察―狂言古本を中心に―」国語学会『国語学』86, pp.7-19.
蜂谷清人（1977）『狂言台本の国語学的研究』笠間書院
蜂谷清人（1981）「文禄本舞の本の「候ふ」と「さふらふ」―男女の使い分けの問題を中心に―」『山梨英和短期大学　創立十五周年記念　国文学論集』pp.327-349. 笠間書院 .
浜田敦（1957）「中世の文法」『日本文法講座 3 文法史』pp.175-224. 明治書院 .
浜之上幸（1991）「現代朝鮮語動詞のアスペクト的クラス」朝鮮学会『朝鮮学報』138, pp.1-93.
浜之上幸（1992a）「現代朝鮮語の「結果相」＝状態パーフェクト―動作パーフェクトとの対比を中心に―」朝鮮学会『朝鮮学報』142, pp.41-108.
浜之上幸（1992b）「アスペクトとテクストの時間的構成について―時間的局所限定性・タクシス性の観点から―」朝鮮学会『朝鮮学報』144, pp.1-86.
林淳子（2021）「話し手の行為について問う文―疑問文の歴史的対照の試み

―」野田尚史・小田勝（編）『日本語の歴史的対照文法』pp.201-219. 和泉書院 .

林田理惠・金子百合子（訳）（2018）『アスペクト論』（ユーリー・S・マスロフ（著））ひつじ書房 .

早津恵美子（2016）『現代日本語の使役文』ひつじ書房 .

原栄一（1987）「古文における禁止の表現」『国文法講座 3』pp.331-358. 明治書院 .

原田登美（1999）「モダリティ論小考―モダリティをめぐる日本語研究の二つの動向―」甲南大学 国際言語文化センター『言語と文化』3, pp.123-136.

原田芳起（1958）「「うちに」の接続機能とその意味―中古特殊語法私考―」平安文学研究会『平安文学研究』22, pp.39-50.

日高水穂（2004）「普通体と丁寧体の混在による表現効果」『言語』33-11, pp.118-119. 大修館書店 .

日野資純（1991）『基礎語研究序説』桜楓社 .

日野資純（1996）『古典解釈のための基礎語研究』東宛社 .

日野資純（1997）「古典文学の作品における「中」字の訓―ナカとウチの意味分析―」東京大学 国語国文学会『国語と国文学』74-2, pp.1-15.

廣瀬幸生（2000）「視点と知覚空間の相対化」青木三郎・竹沢幸一（編）『空間表現と文法』pp.143-161, くろしお出版

福沢将樹（1997）「タリ・リと動詞のアスペクチュアリティー」国語学会『国語学』191, pp.28-41.

福沢将樹（1998）「過去と完了―語り手と視点―」北海道大学 国語国文学会『国語国文研究』109, pp.18-33.

福沢将樹（2002）「〈未来〉と〈必然〉」愛知県立大学 文学部 国文学科『愛知県立大学文学部論集（国文学科編）』50, pp.1-20.

福沢将樹（2003）「〈未来〉と〈必然〉（2）―ル形の意味論―」愛知県立大学 文学部 国文学科『愛知県立大学文学部論集（国文学科編）』51, pp.1-37.

福沢将樹（2014）「アスペクト」『日本語文法史研究 2』pp.221-232. ひつじ書

房．
福沢将樹（2015）『ナラトロジーの言語学—表現主体の多層性—』ひつじ書房．
福沢将樹（2018）「事態継続と期間継続—中世抄物を中心に—」『日本語文法史研究 4』pp.135-154. ひつじ書房．
福島邦道（1985）「中世語の位置」『日本語学』4-5, pp.4-11. 明治書院．
福嶋健伸（1997）「いわゆる質形容詞の非過去形と過去形について」筑波大学大学院 文芸・言語研究科 日本語学研究室『筑波日本語研究』2, pp.117-132.
福嶋健伸（2000）「中世末期日本語の〜テイル・〜テアルについて—動作継続を表している場合を中心に—」筑波大学大学院 文芸・言語研究科 日本語学研究室『筑波日本語研究』5, pp.121-134.
福嶋健伸（2001）「中世末期日本語のウチ（ニ）節における〜テイルと動詞基本形—状態化形式の文法化をめぐって—」筑波大学大学院 文芸・言語研究科 日本語学研究室『筑波日本語研究』6, pp.139-162.
福嶋健伸（2002a）「中世末期日本語の〜タについて—終止法で状態を表している場合を中心に—」京都大学 文学部 国語学国文学研究室『国語国文』71-8, pp.33-49.
福嶋健伸（2002b）「中世末期日本語の〜タにおける主格名詞の制限について—終止法で状態を表している場合を中心に—」筑波大学大学院 文芸・言語研究科 日本語学研究室『筑波日本語研究』7, pp.95-105.
福嶋健伸（2003）「中世末期日本語の〜テアルの条件表現—〜テアレバは状態表現として解釈できるか—」筑波大学大学院 人文社会科学研究科 日本語学研究室『筑波日本語研究』8, pp.105-122.
福嶋健伸（2004a）「中世末期日本語の〜テイル・〜テアルと動詞基本形」東京大学 国語国文学会『国語と国文学』81-2, pp.47-59.
福嶋健伸（2004b）「[研究ノート]現代日本語の〜テイルと格体制の変更について」実践女子大学 実践国文学会『実践国文学』65, pp.90-99.
福嶋健伸（2005）「「狂言のことば」と現代韓国語の意外な類似点」武蔵野書

院『武蔵野文学』53, pp.7-12.
福嶋健伸（2006a）「動詞の格体制と～テイルについて―小説のデータを用いたニ格句の分析―」矢澤真人・橋本修（編）『現代日本語文法　現象と理論のインタラクション』pp.99-123. ひつじ書房 .
福嶋健伸（2006b）「中世の文法 文法の面白さを文法教育に―クイズで読み進める中世の文法―」『日本語学』25-5, pp.167-177. 明治書院 .
福嶋健伸（2011a）「中世末期日本語の～ウ・～ウズ（ル）と動詞基本形―～テイルを含めた体系的視点からの考察―」京都大学 文学部 国語学国文学研究室『国語国文』80-3, pp.44-64.
福嶋健伸（2011b）「～テイルの成立とその発達」青木博史（編）『日本語文法の歴史と変化』pp.119-149. くろしお出版 .
福嶋健伸（2014）「従属節において意志・推量形式が減少したのはなぜか―近代日本語の変遷をムード優位言語からテンス優位言語への類型論的変化として捉える―」益岡隆志他（編）『日本語複文構文の研究』pp.347-382. ひつじ書房 .
福嶋健伸（2018）「新しい学説はどのように古典文法教育に貢献するのか―～ム・～ムズの違和感を言語類型の変化とテンス・アスペクト・モダリティ体系の変遷から説明する―」日本語文法学会『日本語文法』18-2, pp.11-27.
福嶋健伸（2020）「古典文法書間で「む」「むず」の記載内容はこんなにも違う―「古典文法教育が苦痛であること」の本当の理由―」実践女子大学実践国文学会『実践国文学』98, pp.1-16.
福嶋健伸（2021a）「アスペクト研究における形式と意味の関係の記述方法を問い直す―～テイルの発達を踏まえて―」庵功雄・田川拓海（編）『日本語のテンス・アスペクト研究を問い直す 2―「した」「している」の世界―』pp.285-304. ひつじ書房 .
福嶋健伸（2021b）「現代日本語の「です・ます」と中世前期日本語の「候ふ」の異なり―「丁寧語不使用」の観点から―」野田尚史・小田勝（編）『日本語の歴史的対照文法』pp.243-262. 和泉書院 .

福嶋健伸（2022a）「古典文法書間で「む」「むず」の記載内容はこんなにも違う・その2―「む」と「むず」の違いを大学等の入試問題で問うことは妥当か―」実践女子大学 実践国文学会『実践国文学』101, pp.1-13.
福嶋健伸（2022b）「［研究ノート］中世前期日本語の「候ふ」と現代日本語の「です・ます」の統語的分布の異なりに関する調査報告―文中には丁寧語があるが文末にはない場合―」全国大学国語国文学会『文学・語学』234, pp.60-69.
福嶋健伸（2022c）「モダリティの定義に2つの立場があることの背景―「意志・推量」「丁寧さ」「疑問」「禁止」の各形式の分布が文末に偏ってくるという変化に注目して日本語学史と日本語史の接点を探る―」実践女子大学 実践国文学会『実践国文学』102, pp.1-28.
福島直恭（1997）「『版本狂言記』における待遇的表現形式の出現条件―主節と従属節における現れ方の違いを中心として―」学習院女子短期大学国語国文学会『国語国文論集』26, pp.1-9.
福島直恭（2013）『幻想の敬語論―進歩史観的敬語史に関する批判的研究―』笠間書院.
福田一雄（2013）『対人関係の言語学―ポライトネスからの眺め―』開拓社.
福田嘉一郎（1991）「ロドリゲス日本大文典の不完全過去について」大阪大学 古代中世文学研究会『詞林』9, pp.1-13.
福田嘉一郎（1992）「中世末期口語における～テゴザルと～テゴザッタ―中世語動詞のテンス・アスペクト体系の一班―」大阪大学 古代中世文学研究会『詞林』11, pp.1-16.
福田嘉一郎（2019）『日本語のテンスと叙法―現代語研究と歴史的研究―』和泉書院.
藤井正（1966）「「動詞＋ている」の意味」東京大学 国語研究室『国語研究室』5（『日本語動詞のアスペクト』pp.97-116. むぎ書房 1976 所収）
藤田保幸（2017）「森鷗外が明治二二年に著したデス・マス体による衛生学関係の著述の文章について」日本言語文化研究会『日本言語文化研究』21, pp.32-52.

細川英雄（1972）「禁止表現形式の変遷―「な―」・「な―そ」・「―な」について―」早稲田大学 国文学会『国文学研究』48, pp.87-98.
細川英雄（1982）「国語資料としての広本系『醒睡笑』の性格について―和語における四つ仮名表記を中心に―」信州大学 教育学部『教育学部紀要』46, pp.1-10.
堀江薫・ナロックハイコ（2004）「言語類型論の観点から見たモダリティー―日韓語・英独語の対照に基づいて―」関西言語学会『KLS』24, pp.260-270.
堀川昇（1980）「和泉式部日記の「うちに」をめぐって―背後の時間―」実践女子大学 文学部『実践女子大学文学部 紀要』22, pp.39-53.
前田直子（2009）『日本語の複文―条件文と原因・理由文の記述的研究―』くろしお出版．
牧野美智子（1999）「〈経験〉をあらわすアスペクト形式シテイルについて―〈完了〉とは何か―」東海大学 日本文学会『湘南文学』33, pp.166-177.
増井典夫（2009）「近世後期上方語におけるテルをめぐって」愛知淑徳大学 文学部『愛知淑徳大学論集　文学部・文学研究科篇』34, pp.25-35.
益岡隆志（1987）『命題の文法―日本語文法序説―』くろしお出版．
益岡隆志（1991）『モダリティの文法』くろしお出版．
益岡隆志（1992）「日本語の補助動詞構文―構文の意味の研究に向けて―」『文化言語学　その提言と建設』pp.1-15. 三省堂．
益岡隆志（2000）『日本語文法の諸相』くろしお出版．
益岡隆志（2007）『日本語モダリティ探究』くろしお出版．
町田健（1989）『日本語の時制とアスペクト』アルク．
町田健（訳）（2016）『新訳 ソシュール 一般言語学講義』研究社．
松尾弘徳（2000）「天理図書館蔵『狂言六義』の原因・理由を表す条件句―ホドニとニヨッテを中心に―」九州大学 国語国文学会『語文研究』89, pp.1-13.
松尾弘徳（2008）「因由形式間の包含関係から見た天理図書館蔵『狂言六義』」文献探究の会『文献探求』46, pp.1-15.

松下大三郎（1928）『改撰標準日本文法』紀元社．（訂正版 1930 中文館）
松丸真大（2008）「従属節の丁寧さの段階による 3 場面の分析」社会言語科学会第 22 回研究大会ワークショップ「同一データの複眼的分析からわかること―岡崎敬語調査 3 場面の再分析―」（2008 年 9 月 14 日、於：愛知大学）
松本泰丈（1993）「〈メノマエ性〉をめぐって―しるしづけのうつりかわり―」『国文学 解釈と鑑賞』58-7, pp.118-130. 至文堂．
丸山直子（2022）『書き言葉と話し言葉の格助詞―コーパスと辞書記述の観点から―』ひつじ書房．
三尾砂（1939）「文に於ける陳述作用とは何ぞや」東京帝国大学 国文学研究室『国語と国文学』16-1, pp.66-78.
三尾砂（1942）『話言葉の文法（言葉遣篇）』帝国教育会出版部．（くろしお出版 1995 年再版による）
三上章（1959）『新訂版 現代語法序説』刀江書院（くろしお出版より 1972 年に復刊、書名『続・現代語法序説』）
溝口博幸（2000）「天草版平家物語と九州方言」『国文学 解釈と鑑賞』65-1, pp.93-101. 至文堂．
南不二男（1974）『現代日本語の構造』大修館書店．
南不二男（1993）『現代日本語文法の輪郭』大修館書店．
峰岸明（1959）「今昔物語集に於ける変体漢文の影響について―「間」の用法をめぐって―」国語学会『国語学』36, pp.54-68.
三原健一（1994）『日本語の統語構造―生成文法理論とその応用―』松柏社．
三原健一（1995）「概言のムード表現と連体修飾節」仁田義雄（編）『複文の研究（下）』pp.285-307. くろしお出版．
三原健一（1997）「第Ⅱ部 動詞のアスペクト構造」『ヴォイスとアスペクト』pp.107-186. 研究社．
三原健一（2004）『アスペクト解釈と統語現象』松柏社．
三原健一（2022）『日本語構文大全 第Ⅰ巻 アスペクトとその周辺』くろしお出版．

三宅知宏（2002）「「過程」か「結果」か―日英語対照研究の一視点―」鶴見大学 比較文化研究所『比較文化研究』4, pp.1-14.
三宅知宏（2011）『日本語研究のインターフェイス』くろしお出版 .
宮崎和人（1991）「動詞の辞書記述とアスペクト」『大友信一博士還暦記念辞書・外国資料による日本語研究』pp.237-273. 和泉書院 .
宮地裕（1981）「敬語史論」『講座日本語学 9　敬語史』pp.1-25. 明治書院 .
宮島達夫（1980）「「助動詞」と「補助動詞」」近代語学会『近代語研究 6』pp.455-468. 武蔵野書院 .
宮島達夫（1985）「「ドアをあけたが、あかなかった」―動詞の意味における〈結果性〉―」計量国語学会『計量国語学』14-8, pp.335-353.
宮地朝子（2007）『日本語助詞シカに関わる構文構造史的研究―文法史構築の一試論―』ひつじ書房 .
三好伸芳（2021）『述語と名詞句の相互関係から見た日本語連体修飾構造』ひつじ書房 .
村上昭子（1993）「『大蔵虎明本狂言集』における接続辞について―「間」「程に」を中心に―」松阪大学 女子短期大学部 学術研究会『松阪大学女子短期大学部論叢』31, pp.10-26.
村上謙（2023）『近世後期上方語の研究―関西弁の歴史―』花鳥社 .
村田寛（1997）「〈했었다〉の研究―現代朝鮮語の時間の表現―」朝鮮学会『朝鮮学報』165, pp.1-38.
村松由起子（1994）「「うちに」「まえに」「あいだに」「までに」について」豊橋技術科学大学『雲雀野（人文・社会工学系紀要）』16, pp.29-39.
室城秀之（1993）「古典語の助動詞の学習について―特に、「べし」と「む」を中心に―」教育調査研究所『研究紀要　高国』56, pp.11-24.
メイナード・K・泉子（2000）『情意の言語学―「場交渉論」と日本語表現のパトス―』くろしお出版 .
森英樹（2013）「日本語否定命令文の歴史的変遷」福井県立大学『福井県立大学論集』40, pp.1-13.
森勇太（2021）「近世後期洒落本の丁寧語の運用―現代の談話資料との対照

―」野田尚史・小田勝（編）『日本語の歴史的対照文法』pp.263-282. 和泉書院.
森勇太（2023）「近世後期洒落本に見る丁寧語の運用とその地域差―京都・大坂・尾張・江戸の対照―」日本語文法学会『日本語文法』23-1, pp.104-120.
森田良行（1985）『誤用文の分析と研究―日本語学への提言―』明治書院.
森野崇（2003）「中古の共時態としての敬語、動態としての敬語」『朝倉日本語講座 8 敬語』pp.177-199. 朝倉書店.
森野崇（2004）「「モダリティ」をめぐる諸問題」早稲田大学 国文学会『国文学研究』142, pp.1-10.
森野宗明（1967）「丁寧語「候ふ」の発達過程について―中古・院政期初頭における状況―」国語学会『国語学』68, pp.34-58.
森野宗明（1971）「古代の敬語Ⅱ」『講座国語史 5 敬語史』pp.97-182. 大修館書店.
森山卓郎（1983）「動詞のアスペクチュアルな素性について」大阪大学 文学部『待兼山論叢 文学篇』17, pp.1-22.
森山卓郎（1988）『日本語動詞述語文の研究』明治書院.
森山卓郎（2013）「丁寧語について」東京大学 国語国文学会『国語と国文学』90-7, pp.3-18.
森山由紀子（2003）「謙譲語から見た敬語史、丁寧語から見た敬語史―「尊者定位」から「自己定位」へ―」『朝倉日本語講座 8 敬語』pp.200-224. 朝倉書店.
森山由紀子（2010）「『古今和歌集』詞書の「ハベリ」の解釈―被支配待遇と丁寧語の境界をめぐって―」日本語学会『日本語の研究』6-2, pp.62-77.
八亀裕美（2008）『日本語形容詞の記述的研究―類型論的視点から―』明治書院.
矢澤真人（1983）「情態修飾成分の整理―被修飾成分との呼応及び出現位置からの考察―」筑波大学 国語国文学会『日本語と日本文学』3, pp.30-39.

矢澤真人（1985）「情態修飾成分と〈シテイル〉の意味」『日本語学』4-2, pp.63-80. 明治書院 .
矢澤真人（1987）「連用修飾成分による他動詞文の両義性―状態規定の「～デ」と他動詞文の修飾構成について―」学習院女子短期大学 国語国文学会『国語国文論集』16, pp.68-86.
矢澤真人（1990）「否定越え―「なんだ」の成立をめぐる一試案―」学習院女子短期大学 国語国文学会『国語国文論集』19, pp.94-106.
矢澤真人（1992）「格の階層と修飾の階層」筑波大学大学院 人文社会科学研究科 文芸・言語専攻『文藝言語研究・言語篇』21, pp.53-70.
矢澤真人（1994）「「格」と階層」『森野宗明教授退官記念論集 言語・文学・国語教育』pp.101-118. 三省堂 .
矢澤真人（1997）「発生構文と位置変化構文」筑波大学大学院 文芸・言語研究科 日本語学研究室『筑波日本語研究』2, pp.1-13.
矢澤真人（1998）「「へ」格と場所「に」格―明治期の「へ」格の使用頻度を中心に―」筑波大学大学院 人文社会科学研究科 文芸・言語専攻『文藝言語研究・言語篇』34, pp.135-155.
矢澤真人・橋本修（1998）「近代語から現代語へ―近代語の語法の変化「坊ちゃん」の表現を題材に―」『日本語学』17-6, pp.13-21. 明治書院 .
矢島正浩（2013）『上方・大阪語における条件表現の史的展開』笠間書院 .
安田章（1993）「外国資料の陥穽」京都大学 文学部 国語学国文学研究室『国語国文』62-8, pp.36-50.
安田章（1981）「「語り」の表現機構―中世の場合―」表現学会『表現研究』34, pp.12-22.
矢田勉（2012）『国語文字・表記史の研究』汲古書院 .
柳田征司（1987）「近代語「テアル」」愛媛大学 教育学部 国語国文学会『愛媛国文と教育』19, pp.1-15.
柳田征司（1990）「近代語の進行態・既然態表現」近代語学会『近代語研究 8』pp.1-27. 武蔵野書院 .
柳田征司（1991）『室町時代語資料による基本語詞の研究』武蔵野書院 .

柳田征司（2017）『日本語の歴史　補巻　禁止表現と係り結び』武蔵野書院.
谷部弘子（1997）「「のっけちゃうからね」から「申しておりますので」まで」『女性のことば・職場編』pp.139-154. ひつじ書房.
山内洋一郎（1987）「謡曲の文法」『国文法講座 5』pp.253-272. 明治書院.
山内洋一郎（1997）「助動詞「うず」の終止・連体形について―中世における終止形の残存―」広島文教女子大学 国文学会『文教国文学』37, pp.1-8.
山岡政紀（2000）『日本語の述語と文機能』くろしお出版.
山口明穂（1976）『中世国語における文語の研究』明治書院.
山口明穂（1985）「中世文語の性格」『日本語学』4-5, pp.43-48. 明治書院.
山口明穂（2000）『日本語を考える―移りかわる言葉の機構―』東京大学出版会.
山口堯二（1968）「「まし」の意味領域」京都大学 文学部 国語学国文学研究室『国語国文』37-5, pp.21-35.
山口堯二（1990）『日本語疑問表現通史』明治書院.
山口堯二（1991）「推量体系の史的変容」国語学会『国語学』165, pp26-37.
山口堯二（1997）「完了辞・過去辞の通時的統合―「た」への収斂―」川端善明・仁田義雄（編）『日本語文法　体系と方法』pp.211-227. ひつじ書房.
山口佳紀（1985）『古代日本語文法の成立の研究』有精堂.
山口佳紀（1987）「各活用形の機能」『国文法講座 2』pp.1-36. 明治書院.
山口佳紀（1988）「万葉集における時制と文の構造」『国文学 解釈と教材の研究』33-1, pp.108-113. 學燈社.
山口佳紀（1997）「万葉集における動詞基本形の用法―テンスの観点から―」『万葉集研究 21』pp.297-322. 塙書房.
山崎和夫（1994）「「～ウチニ／～ウチハ」と「モウ／マダ」の視点―時間接続名詞と取り立てのハを巡って―」北九州大学 文学部『文学部紀要』50, pp.15-36.
山崎久之（1960）「敬語の構造」『国文学 解釈と教材の研究』5-2, pp.10-17.

學燈社.
山崎久之（1963）『国語待遇表現体系の研究　近世編』武蔵野書院.
山崎久之（1990）『続国語待遇表現体系の研究』武蔵野書院.
山下和弘（1988）「「テ＋イル」と「テ＋アル」」九州大学 国語国文学会『語文研究』65, pp.17-24.
山下和弘（1989）「「タリ」と「テアリ」」九州大学 国語国文学会『語文研究』66・67, pp.111-117.
山下和弘（1990）「「テ＋イル」と「テ＋アル」の連体用法」『筑紫語学研究』1, pp.24-36.
山下和弘（1996）「中世以後のテイルとテアル」京都大学 文学部 国語学国文学研究室『国語国文』65-7, pp.39-54.
山下健吾（1993）「源氏物語のテンス・アスペクト―パーフェクト論を中心として―」『国文学 解釈と鑑賞』58-7, pp.55-61. 至文堂.
山田巖（1959）「平家物語と中世語法」『講座 解釈と文法 5』pp.35-58. 明治書院.
山田潔（2001）『玉塵抄の語法』清文堂.
山田潔（2008）『中世文法史論考』清文堂.
山田潔（2021）『抄物の語彙と語法』清文堂.
山田瑩徹（1982）「『醒睡笑』の口語性について―略本説話を通して―」日本大学 国文学会『語文』55, pp.21-33.
山田孝雄（1908）『日本文法論』寶文館.
湯澤幸吉郎（1928）「天草本平家物語の語法」茗渓会『教育』539, pp.55-126.
湯澤幸吉郎（1929）『室町時代の言語研究―抄物の語法―』大岡山書店.（再版『室町時代言語の研究』1975 風間書房）
湯澤幸吉郎（1936）『徳川時代言語の研究』刀江書院.（再版 1955 風間書房）
湯澤幸吉郎（1954）『江戸言葉の研究』明治書院.
油谷幸利（1988）「形容詞のない言語―朝鮮語―」『言語』17-8, pp.100-104. 大修館書店.

吉川武時（1973）「現代日本語動詞のアスペクトの研究」Monash 大学 Linguistic Communications 9,（『日本語動詞のアスペクト』pp.155-327. むぎ書房 1976 所収）
吉川武時（1982）「日本語教育におけるテンス・アスペクトのあつかい」『日本語学』1-2, pp.65-71. 明治書院 .
吉川武時（1989）『日本語文法入門』アルク .
吉田金彦（1971）『現代語助動詞の史的研究』明治書院 .
吉田金彦（1973）『上代語助動詞の史的研究』明治書院 .
吉田茂晃（1999）「中古期仮名文における〈タリケリ〉について」天理大学国語国文学会『山辺道』43, pp.43-56.
吉田茂晃（2017a）「生徒に嫌われない古典文法指導を目指して―ヴォイスの助動詞を面白がる―」天理大学 国語国文学会『山辺道』57, pp.35-41.
吉田茂晃（2017b）「生徒に嫌われない古典文法指導を目指して―「推量」の助動詞を面白がる―」天理大学『天理大学学報　語学・文学・人文・社会・自然編』69-1, pp.1-9.
吉田茂晃（2018）「生徒に嫌われない古典文法指導を目指して―連用形承接助動詞を面白がる―」天理大学 国語国文学会『山辺道』58, pp.115-124.
吉田永弘（2000）「ホドニ小史―原因理由を表す用法の成立―」国語学会『国語学』51-3, pp.16-29.
吉田永弘（2005）「鬼のことば―宇治拾遺物語の自敬表現―」國學院大學栃木短期大学『國學院大學栃木短期大学紀要』39, pp.69-89.
吉田永弘（2007）「中世日本語の因果性接続助詞の消長―ニヨッテの接続助詞化を中心に―」青木博史（編）『日本語の構造変化と文法化』pp.181-203. ひつじ書房 .
吉田永弘（2011）「タメニ構文の変遷―ムの時代から無標の時代へ―」青木博史（編）『日本語文法の歴史と変化』pp.89-117. くろしお出版 .
吉田永弘（2013）「「る・らる」における肯定可能の展開」日本語学会『日本語の研究』9-4, pp.18-32.
吉田永弘（2019）『転換する日本語文法』和泉書院 .

米田達郎（2020）『鷺流狂言詞章保教本を起点とした狂言詞章の日本語学的研究』武蔵野書院 .
渡辺誠治（2020）「非情物の存在を表す「V テイル」と「アル」の使い分けについて」日本語教育学会『日本語教育』175, pp.88-99.
渡辺誠治（2021）「有情物の存在を表す「V テイル」と「イル」の使い分けについて」日本語教育学会『日本語教育』178, pp.109-123.
渡辺誠治（2023）「日本語教育における存在表現の導入」日本語文法学会『日本語文法』23-1, pp.37-53.
渡辺実（1953）「叙述と陳述—述語文節の構造—」国語学会『国語学』13・14, pp.20-34.
渡辺実（1971）『国語構文論』塙書房 .

Backhouse, A.E., & H.C., Quackenbush.(1979) Aspects of uchi Constructions. *Papers in Japanese Linguistics* 6, pp.51-86.(Japanese Linguistics Workshop)
Bhat, D.N.S. (1999) *The Prominence of Tense, Aspect and Mood*.Amsterdam: John Benjamins.
Bybee, Joan L., Revere Perkins & William Pagliuca.(1994) *The Evolution of Grammar: Tense, Aspect, and Modality in the Languages of the World*.Chicago: University of Chicago Press.
Comrie, Bernard. (1976) *Aspect*. Cambridge: Cambridge University Press.
Comrie, Bernard. (1985) *Tense*. Cambridge: Cambridge University Press.
Comrie, Bernard.(1998) Perspectives on Grammaticalization. In: Toshio Ohori(ed.) *Studies in Japanese Grammaticalization: Cognitive and Discourse Perspectives*, pp.7-24. Tokyo: Kurosio Publishers.
Dubinsky, Stanley & Shoko Hamano. (2003) Case Checking by AspP: The Syntax and Semantics of Predicative Postpositions. *Japanese/Korean Linguistics* 12, pp.231-242.
Frellesvig, Bjarke. (2010). *A History of the Japanese Language*. Cambridge:

Cambridge University Press.

Goldberg, Adele E. (1995) *Constructions: A Construction Grammar Approach to Argument Structure*. Chicago: University of Chicago Press.(河上誓作・早瀬尚子・谷口一美・堀田優子(訳)(2001)『構文文法論—英語構文への認知的アプローチ—』研究社)

Hopper, Paul J., & Elizabeth Closs Traugott.(2003) *Grammaticalization*. Second edition. Cambridge: Cambridge University Press.

Huddleston, Rodney & Geoffrey K. Pullum. (2002) *The Cambridge Grammar of the English Language*. New York: Cambridge University Press.

Iori, Isao.(2018) A Comparative Study of the Tense-Aspect System between Japanese and English: A Foundation for a Pedagogical Grammar of Japanese Using Learners' Knowledge of Their Mother Tongues. 一橋大学 *Hitotsubashi Journal of Arts and Sciences*. 59-1, pp.1-16.

Iwamoto, Enoch & Kuwabara, Kazuki. (1997) On the Aspectual Property of Locative Inversion and the Status of PP. 神田外国語大学『COE 形成基礎研究費 研究成果報告書(1-A) 先端的言語理論の構築とその多角的な実証—ヒトの言語を組み立て演算する能力を語彙の意味概念から探る—』pp.51-60.

Levin, Beth & Rappaport Hovav, Malka.(1991) Wiping the slate clean: A lexical semantic exploration. *Cognition* 41, p.123-151.

Maslov, Jurij S.(1988) Resultative, Perfect, and Aspect. In: Vladimir P. Nedjalkov.(ed.) *Typology of Resultative Constructions*, pp.63-85. Amsterdam: John Benjamins.

Nakajima, Heizo(2000) On Niwa ... teiru Constructions. In: Keniti Takami, Akio Kamio & John Whitman(ed.) *Syntactic and Functional Explorations*, pp.99-113. Tokyo: Kurosio Publishers.

Ogihara, Toshiyuki.(2004) Adjectival relatives. *Linguistics and Philosophy* 27, pp.557–608.

Ogihara, Toshiyuki & Fukushima, Takenobu. (2015) Semantic properties of the so-called past tense morpheme in Late Late Middle Japanese. *Journal of East Asian Linguistics* 24-1, pp.75-112.

Palmer, F. R. (2001) *Mood and Modality*. Second edition. Cambridge: Cambridge University Press.

Reichenbach, Hans.(1947) *Elements of Symbolic Logic*. New York: Macmillan. (石本新(訳)(1982)(『記号論理学の原理』大修館書店)

Shirai, Yasuhiro.(1998) Where the Progressive and the Resultative Meet: Imperfective Aspect in Japanese, Chinese, Korean and English. *Studies in Language* 22-3, pp.661-692.

Stassen, Leon. (1997) *Intransitive Predication*. Oxford: Clarendon Press.

Takezawa, Koichi(1987) *A Configurational Approach to Case-marking in Japanese*. Ph.D. dissertation, University of Washington.

Traugott, Elizabeth Closs & Richard B. Dasher.(2002) *Regularity in Semantic Change*. Cambridge: Cambridge University Press.

Vendler, Zeno.(1967) *Linguistics in Philosophy*. Ithaca, New York: Cornell University Press.

Whaley, Lindsay J. (1997) *Introduction to Typology: The Unity and Diversity of Language*. Thousand Oaks, California: Sage Publications.

調査資料

※用例を示す場合、表記等を変えている場合がある。

※挙例にあたっては、以下に示す資料のページ数を示した。『天草版平家物語』と『天草版伊曽保物語』のページ数は、原本のページ数である。『万葉集』のみ、ページ数ではなく、国歌大観番号を示している。

上代〜中古日本語の資料

佐竹昭広・木下正俊・小島憲之（著）『補訂版 萬葉集 本文篇』塙書房. 1998.（本書での表記は『万葉集』）

『今昔物語集』: 新日本古典文学大系　岩波書店.

『古事記』『竹取物語』『伊勢物語』『土佐日記』『枕草子』『源氏物語』『紫式部日記』『大鏡』: 新編日本古典文学全集　小学館.

中世前期日本語の資料

高木市之助他（校注）『平家物語』上下巻（旧日本古典文学大系）岩波書店. 1959・1960.

永積安明・島田勇雄（校注）『保元物語　平治物語』（旧日本古典文学大系）岩波書店. 1961.

渡邊綱也・西尾光一（校注）『宇治拾遺物語』（旧日本古典文学大系）岩波書店. 1960.

中世末期日本語の資料

池田廣司・北原保雄（著）『大蔵虎明本狂言集の研究』上中下巻 表現社. 1972・1973・1983.（略称：『狂言台本虎明本』『虎明本』）

岩淵匡他（編）『醒睡笑 静嘉堂文庫蔵 本文編』笠間書院. 1982.（略称：『醒睡笑』）

江口正弘（著）『天草版平家物語 対照本文及び総索引（本文篇）』明治書

院．1986．（略称：『天草版平家物語』）
小高敏郎（校注）『江戸笑話集』（旧日本古典文学大系『きのふはけふの物語』を調査）岩波書店．1966．（略称：『きのふはけふの物語』）
北原保雄・小林賢次（著）『狂言六義全注』勉誠社．1991．（略称：『天理本狂言六義』『天理本』）
京都大学文学部国語学国文学研究室（編）『文禄二年 耶蘇会板伊曽保物語 本文、翻字、解題・索引』京都大学国文学会．1963．（略称：『天草版伊曽保物語』）

※中世末期日本語の資料調査にあっては、以下のものも参考にしている。

大塚光信（編）『大蔵虎明 能狂言集 翻刻 註解』上下巻．清文堂．
大塚光信・来田隆（編）『エソポのハブラス 本文と総索引 本文篇』清文堂．
大塚光信・来田隆（編）『エソポのハブラス 本文と総索引 索引篇』清文堂．
笹野堅（編）『古本能狂言集』一〜四．岩波書店．
笹野堅（校訂）『大蔵虎寛本能狂言』上中下巻．岩波書店．
佐竹昭広・木下正俊・小島憲之（著）『萬葉集 訳文篇』塙書房．
天理大学図書館善本叢書和書之部編集委員会（編）『狂言六義』上下巻 抜書．天理大学出版部刊行．八木書店製作発売．

第 12 章〜第 14 章で使用した古典文法書と国語の教科書

※［ ］内は略称。初版の出版年順に示す。

『新訂 古典文法』［大修館 1］（大修館書店、1986 年 3 月 1 日初版 1 刷、2011 年 4 月 1 日 21 刷）
『読解をたいせつにする 体系古典文法 九訂版』［数研］（数研出版、

1990年2月1日初版第1刷、2021年5月1日九訂版第6刷）
『楽しく学べる 基礎からの古典文法〈三訂版〉』［第一学習 1］（第一学習社、1992年2月1日初版、2020年1月10日改訂30版）
『古典にいざなう 新古典文法』［大修館 2］（大修館書店、1992年4月1日初版第1刷、2017年4月1日第16刷）
『生徒のための古典読解文法』［右文書院］（右文書院、1992年4月1日初版、2013年4月20日改訂16刷）
『古文読解のための 標準古典文法〈三版四訂〉』［第一学習 2］（第一学習社、1995年1月10日初版、2019年1月10日改訂25版）
『【基礎から解釈へ】 新しい古典文法 四訂新版』［桐原書店］（桐原書店、1996年1月10日初版第1刷、2021年1月10日四訂新版第25刷）
『よくわかる 新選古典文法』［東京書籍］（東京書籍、1997年2月1日初版、2021年2月1日第24刷）
『古文解釈のための総合力を養う 完全マスター古典文法〈新版五訂〉』［第一学習 3］（第一学習社、2000年1月10日初版、2020年1月10日改訂21版）
『新修 古典文法 二訂版』［京都書房］（京都書房、2000年1月10日初版第1刷、2021年1月15日二訂版第16刷）
『標準 新古典文法』［文英堂 1］（文英堂、2000年1月20日第1刷、2016年第22刷）※本書執筆時、重版の予定なし。
『詳説 古典文法』［筑摩］（筑摩書房、2012年12月10日初版第1刷、2018年10月10日初版第4刷）
『読解のための必修古典文法〔改訂版〕』［文英堂 2］（文英堂、2013年1月20日第1刷、2021年第9刷）
『必携 古典文法』［明治書院］（明治書院、2013年2月1日初版、2021年2月10日 9版）
『読解する力がつく精選 古典文法』［三省堂］（三省堂、2015年3月10日第1刷、2015年12月20日第3刷）

『言語文化』筑摩書房．2023 年．

既発表論文との関係

各章の内容と、既発表論文との関係は、次の通りである。ただし、いずれの章も、既発表論文に改訂を加えている。

序章　書き下ろし

第1章

福嶋健伸（2002a）「中世末期日本語の～タについて―終止法で状態を表している場合を中心に―」京都大学 文学部 国語学国文学研究室『国語国文』71-8, pp.33-49. 2002年8月.

※本章は、国語学会平成11年度（1999年度）春季大会（於：同志社大学、1999年5月30日）においての口頭発表を、書き直したものである。

第2章

福嶋健伸（2004a）「中世末期日本語の～テイル・～テアルと動詞基本形」東京大学 国語国文学会『国語と国文学』81-2, pp.47-59. 2004年2月.

※本章は、国語学会平成12年度（2000年度）春季大会（於：専修大学、2000年5月28日）においての口頭発表を、書き直したものである。

第3章

福嶋健伸（2011a）「中世末期日本語の～ウ・～ウズ（ル）と動詞基本形―～テイルを含めた体系的視点からの考察―」京都大学 文学部 国語学国文学研究室『国語国文』80-3, pp.44-64. 2011年3月.

※本章は、日本語学会2008年度春季大会（於：日本大学文理学部キャ

ンパス、2008年5月18日）においての口頭発表を、書き直したものである。

第4章

福嶋健伸（2000）「中世末期日本語の〜テイル・〜テアルについて—動作継続を表している場合を中心に—」筑波大学大学院 文芸・言語研究科 日本語学研究室『筑波日本語研究』5, pp.121-134. 2000年8月.

第5章

福嶋健伸（2001）「中世末期日本語のウチ(ニ)節における〜テイルと動詞基本形—状態化形式の文法化をめぐって—」筑波大学大学院 文芸・言語研究科 日本語学研究室『筑波日本語研究』6, pp.139-162. 2001年8月.

第6章

福嶋健伸（2003）「中世末期日本語の〜テアルの条件表現— 〜テアレバは状態表現として解釈できるか—」筑波大学大学院 人文社会科学研究科 日本語学研究室『筑波日本語研究』8, pp.105-122. 2003年11月.

第7章

福嶋健伸（2002b）「中世末期日本語の〜タにおける主格名詞の制限について—終止法で状態を表している場合を中心に—」筑波大学大学院 文芸・言語研究科 日本語学研究室『筑波日本語研究』7, pp.95-105. 2002年8月.

第1部　付章　書き下ろし

第 8 章

福嶋健伸（2014）「従属節において意志・推量形式が減少したのはなぜか—近代日本語の変遷をムード優位言語からテンス優位言語への類型論的変化として捉える—」益岡隆志他（編）『日本語複文構文の研究』pp.347-382. ひつじ書房 . 2014 年 1 月.

第 9 章

福嶋健伸（2022b）「[研究ノート] 中世前期日本語の「候ふ」と現代日本語の「です・ます」の統語的分布の異なりに関する調査報告—文中には丁寧語があるが文末にはない場合—」全国大学国語国文学会『文学・語学』234, pp.60-69. 2022 年 4 月.

※本章は、日本語文法学会第 28 回大会（於：学習院女子大学、2015 年 11 月 15 日）においての口頭発表を、書き直したものである。

第 10 章

福嶋健伸（2021b）「現代日本語の「です・ます」と中世前期日本語の「候ふ」の異なり—「丁寧語不使用」の観点から—」野田尚史・小田勝（編）『日本語の歴史的対照文法』pp.243-262. 和泉書院. 2021 年 6 月.

第 11 章

第 20 回現代日本語文法研究会 (2024 年 3 月 27 日、ZOOM 開催) において、「日本語のテンス・アスペクト・モダリティ体系の変遷」というタイトルで筆者（福嶋）が発表したものを、書き直したものである。

第 12 章

福嶋健伸（2018）「新しい学説はどのように古典文法教育に貢献するのか — ～ム・～ムズの違和感を言語類型の変化とテンス・アスペクト・モダリティ体系の変遷から説明する—」日本語文法学会『日本

語文法』18-2, pp.11-27. 2018 年 9 月.

※本章は、日本語文法学会第 18 回大会シンポジウム「日本語文法研究と教育との接点」(於：筑波大学 筑波キャンパス、2017 年 12 月 2 日）においての発表を、書き直したものである。

第 13 章

福嶋健伸（2020)「古典文法書間で「む」「むず」の記載内容はこんなにも違う―「古典文法教育が苦痛であること」の本当の理由―」実践女子大学 実践国文学会『実践国文学』98, pp.1-16. 2020 年 10 月.

※本章は、第 136 回全国大学国語教育学会（於：茨城大会、2019 年 6 月 1 日）においての口頭発表を、書き直したものである。

第 14 章

福嶋健伸（2022a)「古典文法書間で「む」「むず」の記載内容はこんなにも違う・その２―「む」と「むず」の違いを大学等の入試問題で問うことは妥当か―」実践女子大学 実践国文学会『実践国文学』101, pp.1-13. 2022 年 3 月.

第 15 章

福嶋健伸（2004b)「[研究ノート] 現代日本語の～テイルと格体制の変更について」実践女子大学 実践国文学会『実践国文学』65, pp.90-99. 2004 年 3 月.

第 16 章

福嶋健伸（2006a)「動詞の格体制と～テイルについて―小説のデータを用いたニ格句の分析―」矢澤真人・橋本修（編)『現代日本語文法現象と理論のインタラクション』pp.99-123. ひつじ書房. 2006 年 3 月.

第 17 章

福嶋健伸（2021a）「アスペクト研究における形式と意味の関係の記述方法を問い直す― ～テイルの発達を踏まえて―」庵功雄・田川拓海 (編)『日本語のテンス・アスペクト 研究を問い直す 2 ―「した」「している」の世界』pp.285-304. ひつじ書房. 2021 年 3 月.

第 18 章

福嶋健伸（2022c）「モダリティの定義に 2 つの立場があることの背景―「意志・推量」「丁寧さ」「疑問」「禁止」の各形式の分布が文末に偏ってくるという変化に注目して日本語学史と日本語史の接点を探る―」実践女子大学 実践国文学会『実践国文学』102, pp.1-28. 2022 年 10 月.

終章　書き下ろし

研究の引用にあたって

本書は、筆者がこれまでに書いてきた複数の論文を基にしているが、それなりの加筆と修正を行っている。よって、今後、筆者の研究に言及して頂く場合には、本書の内容を参照して頂ければ幸いである。ただし、プライオリティが問題となる議論の場合には、基になった論文に、言及して頂ければと思う（556～560ページに、本書の各章と既発表論文との関係を示したので、そちらをご参照頂きたい）。

また、筆者自身にも経験があるが、先行研究を引用する際、「著者の名前の読み方」「出版社の正式名称（本書であれば、三省堂か三省堂書店か）」「タイトルの英訳」等に確信が持てないため、少々、手間がかかることがある。

その手間を省くため、本書を引用する際に必要な情報を、日本語と英語でまとめて示しておく。必要に応じて、ご参照頂ければ幸いである。

福嶋健伸（2025）『中世末期日本語のテンス・アスペクト・モダリティ体系―古代から現代までの変遷を見通す―』東京：三省堂.

※ 2025年3月31日

Fukushima, Takenobu.（2025）*Tense-Aspect-Modality System in Late Medieval Japanese: The key to the Transition of Japanese from Ancient to Contemporary times*. Tokyo: Sanseido.

あとがき

本書の議論を通して、中世末期日本語のテンス・アスペクト・モダリティ体系が明らかになり、不明であった部分が、それなりにはっきりしたと思う。

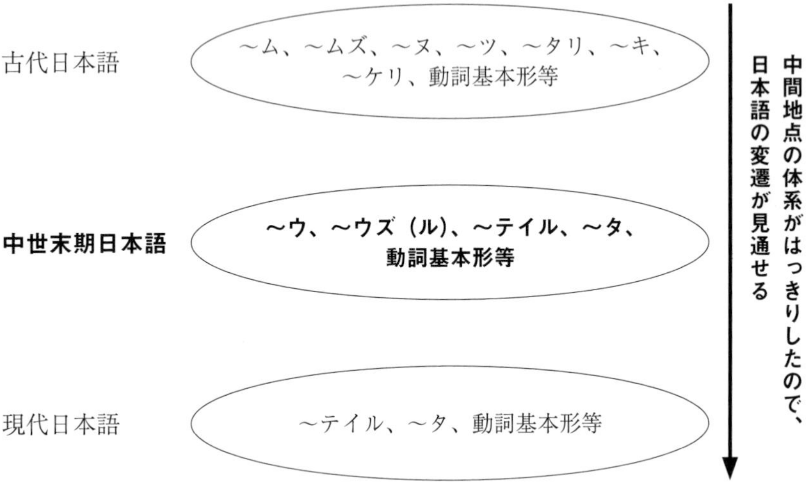

終章で述べたように、本書で明らかにした中世末期日本語の体系は、奇抜なものではない。むしろ、歴史的な流れの中で自然なものだろう。時期的に、古代日本語と現代日本語のほぼ中間に位置する言語を調査した結果、古代日本語と現代日本語のほぼ中間的な状況だったということである。

また、本書が示した、日本語のテンス・アスペクト・モダリティ体系の変遷に関する見通しも、自然なものと考えている。〜テイルが発達し、現代日本語のように、動詞基本形（スルの形）と〜テイルとが、「非状態（完成的）／状態（継続的）」の対立を形成する体系になると、動詞基本形が、ひとまとまりの運動を表すようになるので、基本的には、「未来」のことを表すようになる。「未来」のことは、まだ起こっていないことなので、「非現実」の出来事の一部である。つまり、動詞基本形がそのままの形で、「非現実」のことを表すようになるわけである。そうすると、「動詞基本形がそのままの形で「現実」のことを表し、動詞基本形に〜ウ・〜ウズ（ル）（あるいは、〜ム・〜ムズ）を接続させることで「非現実」のことを表す」という古代日本語からの体系は、崩れることになる。その崩壊していく体系にかわって、〜ダロウ等の新たな形式が台頭してくるのである。

これも終章で述べたが、1000年以上にわたる日本語の変遷のポイントを、一言で述べれば、「走る／走っている」のような「非状態（完成的）／状態（継続的）」という対立が確立すれば、「走る／走らむ」系統の「現実／非現実」の対立は崩れざるをえないということである。古代日本語の〜ムの影響力は、このようにして減少していったといえる。

本書のように、「〜テイルの発達」と「〜ウ・〜ウズ（ル）の減少」を体系的に捉えることによって、日本語の変遷を見通すことができるようになる。

さらに、本書では、「言語類型の変化（ムード優位言語ではなくなる）」「一部の従属節の従属度の上昇」ということを述べた。「ムード優位言語ではなくなる」という点は、〜ム等の複語尾的な形式が消滅していくという事実を、言語類型の変化として捉えたということである。また、「一部の従属節の従属度の上昇」という点は、既に、いくつかの先行研究で言及があることであり、本書も、その流れを支持しているということになる。研究者によって意見が異なるとは思うが、それは研究者としての立場の違いであって、本書の主張に無理があるというようなものではないだろう。

第12章や第18章の「ワンピースの仮説」に関しては、考え方の方向性を述べたものであって、詳細は今後の課題といえる。筆者は、「〜テイルの発達」と「〜ウ・〜ウズ（ル）の減少」を、テンス・アスペクト・モダリティ体系の変遷の中で、関連させて捉えてもよいと考えているし、また、「意志・推量形式の統語的分布の変遷」と「丁寧語の統語的分布の変遷」に、共通点を見いだしてもよいと考えている。さらにいえば、個々別々に研究されている項目間を横断するような発想が、もっとあってもよいと思っている。出てきたものが妥当かどうかは、その都度、慎重に検討すればよいのであって、項目横断的な発想を選択肢に入れる柔軟さも重要だと思うのである。この仮説に強い批判もあるだろう。しかし、強い批判がでるような状況下だからこそ、「もう少し柔軟に選択肢を考えてもよいのではないか」という意味を込めて、「ワンピースの仮説」を述べたいと思う。

本書が、ささやかなりとも、日本語や言語の研究に寄与できれば、これにまさる喜びはない。

謝辞

本書は、私が大学院生時代より、二十数年に渡って続けてきた、中世末期日本語を中心とする研究をまとめたものである。

振り返ってみれば、本当に過分なほど、恵まれた研究人生だと思う。この場を借りて、皆様に、深くお礼を申し上げたい。

私は、横浜国立大学教育学部小学校課程国語専攻に入学し、ここで、鈴木重幸先生と、工藤真由美先生のお二人に、言語学の基礎を教えて頂いた。何という僥倖であろうか。私がアスペクトの研究者になることは、既に、この時点で、運命付けられていたようにすら感じる。私が学部3年生の時に鈴木重幸先生はご退職になり、卒業論文の執筆にあたっては、峰岸明先生と、工藤真由美先生から、ご指導を頂くことになる。学問的系統の異なるお二人からのご指導は、とても貴重なものであった。考え方を相対化することの重要さに加え、ある一定レベル以上の議論においては、「何を前提とするのか」「どこに力点を置くのか」ということが研究の方向性を大きく分けるということも学ぶことができた。さらには、言語学研究会関係の方々からご指導を頂く機会もあり、鈴木泰先生に、歴史的な研究の面白さを教えて頂けた。これ以上ないほど恵まれた学部時代であった。

横浜国立大学大学院の入学試験を受けたものの、不合格。筑波大学大学院の博士課程文芸・言語研究科の入学試験を受けたところ、合格を頂けたので、そちらに進学することになる。筑波大学にて、北原保雄先生、林史典先生、坪井美樹先生、矢澤真人先生、大倉浩先生、橋本修先生より、手厚いご指導を頂くことができた。また、大学院の1年目に、卒業論文を研究論文（『筑波日本語研究』2号掲載）としてまとめることができたのも、大変、嬉しいことであった。日本学術振興会特別研究員（DC2）として研究ができたことも、幸いだったと思う。さらには、ここで、シビアな議論ができる、先輩・同輩・後輩と出会えたことも大きい。この方々とは、今でも研究会が続いている。

加えて、この時期と前後して、通称、「学団」「組」という二つの研究会に参加できたことも、運がよかったとしか言いようがない。研究会メンバーから頂いた貴重なご意見の数々は、私にとって、かけがえのない宝物である。他にも、多くの研究会にお世話になった。

筑波大学大学院修了後、実践女子大学に勤めることになった。職場としてとても恵まれており、共に働く先生方から、様々な学問的アドバイスを頂くことができた。また、実践女子大学国文学科の歴代の助教の方々との議論も刺激的であった。

共同研究者として、安平鎬先生（韓国誠信女子大学校）や荻原俊幸先生（University of Washington）と出会えたことも大きかった。中世末期日本語と現代韓国語の共通性や、中世末期日本語の理論的な分析を学ぶことで、視野を広げることができた。

荻原俊幸先生には、2011 年度の長期国外研修の際にも、大変お世話になった。また、2023 年度の長期国内研修においては、劉志偉先生（埼玉大学）に、大変お世話になった。お二人の様々なご配慮、とても有り難く、お陰で、研究に集中することができた。

出版にあたっては、三省堂の山本康一氏と岩下七海氏に、ひとかたならぬお世話になった。山本氏には、企画の段階からご相談にのって頂き、刊行までのロングランに、最初からお付き合い頂いた。山本氏が伴走して下さること、非常に心強かった。岩下氏の緻密な校正には、何度も助けられた。ゲラのご指摘に、一つ一つお礼を申し上げることはできないが、いつもありがたかった。お二方のご理解とご支援のお陰で、なんとか出版までたどり着くことができた。

いつも支えてくれている妻と娘にも、お礼を言いたい。私には本当に過ぎた二人だ。

お世話になった全ての方々に、心より感謝の言葉をお伝えしたい。

本書には、科学研究費補助金（課題番号：19K00631・15K02575・24720210・20720124・18720124・16720110・00J05260）による研究成果が含まれている。また、本書は、実践女子学園学術・教育研究図書出版助成金を受けている。記して感謝申し上げる。

最後になるが、父（常好）と、母（文子）にも、お礼を伝えたい。育てやすい子供ではなかっただろう。本当に、どうもありがとう。

2025年3月

索引

※章や節のタイトルになっているものは、できるだけ避けて索引を作成した。目次とあわせて、索引を見て頂ければと思う。索引では、語句の説明をしている箇所や、本書の議論に直接関与する部分を中心に、ページ数を示している。

【A-Z】

【あ行】

【か行】

【さ行】

【た行】

【な行】

【は行】

【ま行】

【や行】

【ら行】

【わ行】

執筆者紹介

福嶋 健伸（ふくしま たけのぶ）

実践女子大学文学部国文学科教授。博士（言語学）。1973年、東京生まれ。日本学術振興会特別研究員（DC2）を経て、2003年3月、筑波大学大学院博士課程文芸・言語研究科言語学専攻（日本語学）修了。2003年4月、実践女子大学文学部国文学科助手に着任。専任講師、准教授を経て、2017年4月より現職。2011年4月より1年間は、米国 University of Washington の Department of Linguistics の Visiting Scholar。

主要論文

「中世末期日本語の〜ウ・〜ウズ（ル）と動詞基本形—〜テイルを含めた体系的視点からの考察—」（京都大学文学部国語学国文学研究室『国語国文』80-3, 2011年3月）
「新しい学説はどのように古典文法教育に貢献するのか — 〜ム・〜ムズの違和感を言語類型の変化とテンス・アスペクト・モダリティ体系の変遷から説明する—」（日本語文法学会『日本語文法』18-2, 2018年9月）

装　丁　　三省堂デザイン室
組　版　　株式会社 ぷれす

中世末期日本語のテンス・アスペクト・モダリティ体系
古代から現代までの変遷を見通す

2025年3月31日　第1刷発行

著　者　福嶋健伸（ふくしま・たけのぶ）
発行者　株式会社 三省堂　代表者 瀧本多加志
印刷者　三省堂印刷株式会社
発行所　株式会社 三省堂
〒102-8371　東京都千代田区麴町五丁目7番地2
電話　(03) 3230-9411
https://www.sanseido.co.jp/

〈中世末期日本語・592pp.〉

落丁本・乱丁本はお取り替えいたします。

ISBN 978-4-385-36307-3